Der Aufstieg des Hauses Habsburg

Gerhard Herm

Der Aufstieg des Hauses Habsburg

ECON

Sonderausgabe 1996

Veröffentlicht im ECON Taschenbuch Verlag GmbH,
Düsseldorf, 1994

Umschlaggestaltung: Lutz Kober, St. Goarshausen
Druck und Bindearbeiten: Ebner Ulm
Printed in Germany
ISBN 3-612-26094-4

Inhalt

I.
Der älteste Kaiser der Welt

Der Schimmer, der die Straßen von Wien erfüllte, war nicht mehr ganz so farbig wie in früheren Tagen – schon machte sich ein Hauch von Grau bemerkbar –, aber immer noch war er bunt genug. Allein die Farbe Rot kam in zehn verschiedenen Schattierungen vor. Es gab Scharlachrot, »Amarant« – also Fuchsschwanzrot –, gab Krebsrot, Krapprot, Bordeauxrot, Blaßrot, Rosenrot, Kirschrot, Karmesinrot und Dunkelrot. Dazwischen leuchteten Kaisergelb, Schwefelgelb. Orangegelb, Meergrün, Apfelgrün, Papageiengrün, Lichtblau und Himmelblau. Sogar das durchschimmernde Grau war zweimal, als Hecht- und als Aschgrau, vertreten. Dazu dann noch die verschiedenen Knöpfe! Weiß leuchteten sie zu »lichtdrapblauen«, gelb zu stahlgrünen Aufschlägen, und jede dieser Kombinationen war auch ein Signalement. Himmelblau mit Gelb hieß Infanterieregiment Nr. 4 »Hoch- und Deutschmeister«. An Apfelgrün und Weiß erkannten Eingeweihte das Regiment »Alt-Starhemberg«, an Rosenrot und gelber Knopfreihe das Regiment »Jung-Starhemberg«.

Zu diesen farbigen Infanterieeinheiten gesellte sich die noch bedeutend buntere Kavallerie. Husaren trugen, wenn sie dem Regiment »Graf Radetzky« angehörten, zur dunkelblauen, mit Schnüren besetzten Attila einen krapproten Tschako oder prunkten, wie das durchaus österreichische Regiment »Friedrich Leopold Prinz von Preußen«, in Lichtblau und Weiß. Die Dragoner hatten rote Hosen und hellblaue, locker umgehängte Pelzjacken, ihre Offiziere weiße Stulpenhandschuhe und blinkende Griechenhelme, die Ulanen jenen abenteuerlich anmutenden, von einem viereckigen Deckel überragten Lackhelm, der »Tschapka« hieß und aus Polen kam. Auf den Hüten der grünschwarzen Landwehrsoldaten wehten schillernde Hahnenfedern. Und die bosnischen Regimenter trugen den leuchtendroten türkischen Fez. Für den grauen Ton im Bild hingegen waren die neueren Uniformen der

Jäger verantwortlich, denn man wußte bereits, daß im nächsten Krieg die Tarnung wichtiger sein würde als das Imponiergehabe und die Drohgebärde einer in allen Farben prangenden, von Fahnen überwehten Streitmacht.

Das Militär war indessen nur einer von vielen Bestandteilen des schimmernden Bildes. Hinzu kamen an diesem Tag die Hofreitknechte auf ihren tänzelnden Lipizzanern, die schwarzlackierten, reich beschlagenen Galakutschen, die Lakaien in dunklen, goldbestickten Röcken aus dem achtzehnten Jahrhundert, die Staatsbeamten in tressengeschmückten Uniformen, die Ritter und Offiziere vom Goldenen Vlies, von der Eisernen Krone, dem Franz-Joseph- oder dem Maria-Theresia-Orden. Nicht zuletzt kam dann auch noch die Geistlichkeit hinzu: Prälaten in Violett, Priester im Chorhemd, rot-weiße Ministranten, endlich unter dem schwankenden Baldachin der Kardinal, die goldfunkelnde Monstranz im Arm.

Es war Fronleichnam, ein Fest, das die Herrscher des Hauses Habsburg wie kein anderes zu feiern pflegten. An diesem Tag zeigten sie sich dem Volk, an Fronleichnam demonstrierten sie ihren Rang, ihre Stellung und ihre Haltung vor der Welt. Das hieß nichts anderes, als daß sie sich vor allem zur eigenen Dynastie und zu ihrem Glauben bekannten.

Fronleichnam ist eines der katholischsten unter den vielen Kirchenfesten. Wer den ehemals bäuerlichen Flurgang mit derartigem Aufwand beging wie die Habsburger, legte damit ganz bewußt auch Zeugnis ab und bestimmte, was er war oder sein wollte. Die Habsburger hatten das immer so gehalten, zuweilen sogar in bewußt herausfordernder Weise. Aber schließlich war die gesamte, in diesem Jahr 1914 schon über sechshundert Jahre währende Geschichte habsburgischer Herrschaft eine einzige, mitunter großartige, zuweilen aber auch nur hartnäckige Herausforderung an die Welt gewesen. Bis zu diesem Jahr 1914 hatte Habsburg dabei meistens gewonnen oder zumindest das Glück gehabt, nie völlig zu unterliegen. Daß dieser Fronleichnamstag der letzte vor dem großen Krieg war, den es nicht überstehen sollte, ahnten nicht einmal die schwärzesten Pessimisten. Und deren gab es in Wien beträchtlich mehr als irgendwo sonst auf der Welt.

Noch einmal jedoch entfaltete sich der Glanz einer Monarchie, die – zumindest als Erscheinung – ihresgleichen nicht hatte. Er verdichtete sich um einen alten, schon gebrechlichen Mann. Seine Untertanen kannten Franz Joseph als ehrwürdige Vatergestalt, die aus wasserblauen, etwas verkniffenen, aber gar nicht gütigen Augen von den Wänden aller Amtsstuben herabblickte. Sie kannten seinen weißen Backenbart, dessen beide Flügel ein mächtiger, ebenfalls weißer Schnauzbart verband. Mit seinem Bild waren sie vertraut wie mit dem ihrer eigenen Großväter, und nicht wenige mochten ihn sogar für einen Bruder des lieben Gottes halten, so lange hing sein Konterfei schon an den Wänden.

Doch war Franz Joseph nicht nur als Porträt allgegenwärtig, sondern auch als lebende Erscheinung: In der Monarchie dürfte es ganze Heerscharen älterer Herren gegeben haben, die sich ihm in Barttracht und Haltung derart angeglichen hatten, daß man sie für leibliche Vettern des Kaisers halten konnte. Dem damals dreiundachtzigjährigen Mann war es gelungen, seinem riesigen Reich die Maske der eigenen Person anzupassen. Monarch und Monarchie schienen dasselbe zu sein. Es war eine Leistung, die Franz Joseph I. nur deshalb hatte erbringen können, weil er nicht in erster Linie Österreicher war, nicht Deutscher, Böhme, Ungar oder Italiener noch gar dies alles zusammen, sondern vor allem Angehöriger einer besonderen Nation, und die trug den Namen Habsburg.

Die Wiener, die sich am Fronleichnamstag 1914 in der guten Stube ihrer Stadt versammelt hatten, dem Korso, von der Hofburg über den Kohlmarkt, den Graben, die Kärntner Straße, sahen den Kaiser in einer Wolke aus viel Dunkelblau mit Krapprot und Lichtblau, Gold, Silber, Lackschwarz, Hufgetrappel, Marschtritt, Fanfarenruf und den aufbrandenden Klängen des »Gott erhalte, Gott beschütze« heranschweben. Sie sahen den makellos weißen Rock der Generalsgala, den von einem mächtigen Strauß aus Papageienfedern überwehten Hut und erblickten somit eine Erscheinung, die ihnen zutiefst vertraut, aber dennoch kaum näher war als der Herr des Himmels.

Hätten sie ihn genauer ins Auge fassen können, wäre vielleicht der eine oder andere dem Eindruck erlegen, daß der Herrscher, der da vorbeifuhr, eigentlich nur ein alter Bauer mit schweren Augenbrauen, knolliger Nase, Tränensäcken unter den Augen und einem etwas fliehenden Kinn sei. Franz Joseph war schon längst keine strahlende, auch keine imponierende Erscheinung mehr, doch dessen bedurfte er gar nicht. Sein Rang hob ihn über alles hinaus, was sonst noch Europas Throne besetzt hielt. Daß er dazu auch eine Kaiserkrone trug, hatte eigentlich nur am Rande Bedeutung.

Kaiser gab es zu seiner Zeit schon mehrere, einen in Rußland, einen in Abessinien, sogar einen in Deutschland. Aber wer von ihnen konnte sich auch »apostolischer Herrscher« nennen? Wer trug, wie er, außer dem Diadem des Imperators elf weitere Königskronen? Wer konnte noch von sich sagen, er sei Erzherzog, Großherzog, Großfürst, achtfacher gewöhnlicher Herzog, dreifacher Markgraf, vierfacher gefürsteter Graf, einmal Fürst, viermal einfacher Graf und dreimal Freiherr? Wer herrschte noch über solche bereits fast sagenhafte Reiche wie Lodomerien und Illyrien, war König von Jerusalem und durfte, ohne daß man darüber lächelte, offiziell bekunden, er regiere auch in der überwiegend preußischen Provinz Oberschlesien, in Ragusa und Zara, in der Toskana und in Parma? Franz Joseph konnte es und tat es.

Unter anderem trug er auch den Titel eines Herzogs von Auschwitz.

Die Rangbezeichnungen des vorletzten habsburgischen Kaisers machten nur einen Teil jenes Schimmers aus, der über Wien lag, denn dazu gehörten nicht allein farbiges Tuch und blitzender Schmuck, sondern ebensosehr Namen und Begriffe aus alter, ja ältester Zeit. Einige davon verkörperten bereits die Regimentsabordnungen, die seinem Wagen voranritten oder hinter ihm hermarschierten. Die Graf-Montecuccoli-Dragoner, scharlachrot und gelb, erinnerten an die glorreichen Tage und Siege der Türkenkriege, die völlig dunkelblauen Jarygier-und-Kumanier-Husaren sogar an die Zeit der Mongolenstürme des dreizehnten Jahrhunderts und die mit dem Namen Starhemberg geschmückten Infanteristen an die Belagerung von Wien im Jahr 1683. Der Schimmer war materiell und immateriell zugleich, er war Glorie, Stolz und Trauer, war aus dem Stoff, aus dem die Geschichte samt den schönen und finsteren Träumen ist, die sie überwölben. Er war kaiserlich, königlich, kaiserlich-königlich, kaiserlich und königlich – doch vor allem war er habsburgisch, das bekräftigte sogar der Himmel. Wenn der Kaiser sich an Fronleichnam zeigte, herrschte »Kaiserwetter«; blauer Himmel mit flockigen Frühsommerwolken, allenfalls noch ein zaghaft kühler Wind, der sich einen Weg von den Alpenausläufern durch das Wiener Becken suchte. Solches Zuvorkommen schuldete Gott den Habsburgern einfach, denn sie hatten bereits mehr als genug für ihn getan.

Der schönste Titel, der den gebrechlichen Mann im Generalsrock und Federbuschhut schmückte, war ihm freilich von einem Juden aus Galizien verliehen worden. Mit zwei einfachen Sätzen hatte der Dichter Joseph Roth Franz Joseph I. von Habsburg-Lothringen dort hingerückt, wo er am Fronleichnamstag 1914 schon halb und halb hingehörte, ins Märchen. Die Sätze lauten: »Der Kaiser war ein alter Mann. Er war der älteste Kaiser der Welt.«

Als reine Feststellung hätte dies freilich auch dann gegolten, wenn Franz Joseph damals noch ein Jüngling gewesen wäre. Er vertrat eine Dynastie, deren Anfänge sich in nebelhaft fernen, nahezu sagenhaften Zeiten verloren. Seine Familie war eine der ältesten, nach eigener Überzeugung sogar »die« älteste Familie der Welt. Zu ihren Mitbegründern zählten angeblich homerische Helden, römische Cäsaren, germanische Heerkönige, Karl der Große, Dschingis Khan, Mohammed und – das war ebenfalls eine ihrer Überlieferungen – Jesus Christus selbst. Habsburg galt Habsburg nicht nur als Geschlecht oder Stamm oder selbst als eigene Nation unter den Nationen, Habsburg war – für Habsburg – der Inbegriff der Menschheit.

Himmelblau und gelb – mit dunklen Pantalons – zog das Infanterieregiment Nr. 4 vorbei, die Schnürstiefel bei jedem dritten Marschtakt fest aufs Pflaster setzend: »Wir sind vom k.u.k. Infanterieregiment, Hoch- und Deutschmeister Numero vier.« Auch das war so eine Erinnerung.

Als sich der Deutsche Ritterorden mit seinen Hoch- und Deutschmeistern nach Nordosten aufgemacht hatte, um an der Ostsee die heidnischen »Preußen« zu bekämpfen, war der erste namhafte Habsburger gerade vom Licht der Geschichte erfaßt worden. Für den alten Mann im Feldmarschallshut mag es ein Ereignis gewesen sein, das sich vor gar nicht allzu langer Zeit abgespielt hatte, seine Soldaten bezeugten es ja noch immer. Ein Stauferkaiser hatte den Orden mit aus der Taufe gehoben, ein Staueranhänger war dieser Rudolf I. gewesen, ein Hohenzoller hatte ihm die deutsche Krone angetragen, ein anderer Zoller hatte, wenige Geschichtsminuten später, den Ordensstaat in einen künftigen Eckpfeiler des preußischen Staates umgewandelt. Dann hatte Preußen begonnen, die Habsburger aus Deutschland hinauszudrängen, ihnen die damals gewonnene Krone geraubt und sich schließlich an ihrer Stelle im Reich etabliert. Jetzt war ein Preußenkaiser Franz Josephs engster Verbündeter, ein Erzherzog Hochmeister des einst in Preußen tätigen Ordens und das vorbeiziehende österreichische Regiment die letzte lebende Erinnerung an dessen militärische Leistungen.

Wie sollte man angesichts solcher Ereignisketten nicht wirklich dem

Eindruck erliegen, das Gestern und das Heute seien nur die verschwimmenden Ränder einer ewig währenden Gegenwart, der Franz Joseph ebenso angehörte wie die Heerschar seiner kaum noch zu zählenden Vorfahren?

In welchen Vorstellungen der Kaiser sich insgeheim bewegte, wußte im Grunde niemand so richtig. Es liegt jedoch nahe zu vermuten, er habe, nach einem so langen Leben als Herrscher, zwischen den Kulissen, vor denen sein Vorfahr Rudolf I. agiert hatte, und denen, die ihn selbst umgaben, keinen wesentlichen Unterschied mehr erkannt, nicht weil er dazu unfähig gewesen wäre, sondern weil er es für überflüssig hielt. Alles lag ja wirklich so nahe zusammen, daß man es beinahe mit Händen greifen konnte, selbst hier auf dem Wiener Fronleichnamskorso.

Das Marchfeld, auf dem Rudolf I. sich die Herzogtümer Österreich und Steiermark erkämpft hatte, grenzte unmittelbar an Franz Josephs Hauptstadt. Noch näher lag Aspern, der Ort, an dem Habsburg seinem gefährlichsten Gegner Napoleon die erste Schlappe beigebracht hatte, die der Korse bis dahin einstecken mußte. Doch lag ebenfalls im Marchfeld auch Deutsch-Wagram, Schauplatz jener Schlacht, in der Napoleon die Niederlage von Aspern wieder wettgemacht hatte. Und übermäßig lange brauchte man nicht einmal, um von dort wiederum Austerlitz bei Brünn zu erreichen, Stätte der Dreikaiserschlacht, die dem Herrscher über Frankreich einen seiner größten Triumphe, dem Haus Habsburg einen seiner schwersten Schicksalsschläge bescherte. Nochmals drei stramme Marschtage weiter im Norden lag schließlich jenes Königgrätz, dessen Name gleichbedeutend war mit dem endgültigen Austritt Österreichs aus der deutschen Geschichte. Preußische Truppen hatten dort die bunte k.u.k. Armee vom Feld gefegt und das einst von Habsburg beherrschte Reich usurpiert.

Schon von den Türmen Wiens aus konnte man also beträchtliche Teile der Geschichte einer Familie überblicken, die einst die halbe Welt beherrscht hatte. Und nicht nur die Deutschmeister weckten Erinnerungen, welche bis zum ersten habsburgischen König zurückreichten, sondern auch die ungarischen Husaren mit dem Kampfschmuck aus schwarz-gelben Leopardenfellen. Ihre Vorfahren hatten Rudolf I. zu seinem Sieg auf dem Marchfeld verholfen. Nun gehörte Ungarn zu den Königreichen Franz Josephs. Die Krone des heiligen Stephan, die er trug, berechtigte ihn dazu, sich »apostolisch« zu nennen.

Wie hätte man einer derartigen Entwicklung mit nackter Logik beikommen können oder selbst mit der Annahme, die Geschichte unterliege organischen Wachstumsgesetzen? Angesichts der märchenhaft bunten Erscheinung, die Habsburg noch so kurz vor dem Ersten Weltkrieg bot, möchte man eher der Verlockung nachgeben, die ganze Geschichte dieses Hauses tatsächlich für ein Märchen zu halten, wenn auch für ein wahr gewordenes.

Es wäre zwar weder ein unbedingt erfreuliches Märchen noch gar ein erbauliches, doch träten durchaus märchenhafte Gestalten darin auf, Magier zum Beispiel, Zauberer, auch Könige, die sich nicht den Schwingen der Adler, sondern den Flügeln der Schmetterlinge anvertrauten. Und Frauen kämen vor in allen Erscheinungsformen ihres Geschlechts, Heldinnen darunter, aber auch solche, die ihr Leben lang mit bloßen Füßen über Glassplitter gehen mußten.

Weit hinter den Wagen des Kaisers, der Erzherzöge und Erzherzoginnen fuhr eine Kutsche, in der die Herzogin von Hohenberg, geborene Gräfin Chotek, über die Kärntner Straße rollte. Sie war die Frau von Franz Josephs Neffen, dem Thronfolger Franz Ferdinand, wurde aber vom Protokoll kaum besser als eine x-beliebige Hofdame behandelt. Auf Anordnung des Kaisers durfte sie nicht einmal zusammen mit ihrem Mann in einer Kalesche sitzen. Der Grund: Sie war den Habsburgern nicht ebenbürtig und konnte es auch durch die Prinzen und die Prinzessin nicht werden, die sie schon geboren hatte. Eines Tages sollte die Herzogin mit Franz Ferdinand an der Spitze des Reiches stehen, ohne selbst deswegen von der Herrscherfamilie völlig anerkannt zu werden. Nach den Gesetzen des Märchens mußte solche Grausamkeit sich rächen.

Um der »Soph« wenigstens einmal die Gelegenheit zu einem großen Auftritt vor aller Welt zu bieten – zumindest war dies einer seiner Gründe –, setzte der Thronfolger wenige Tage nach dem Fronleichnamsfest von 1914 eine Inspektionsreise in die südslawischen Provinzen des Reiches an. Auf dieser Tour kam er mit seiner morganatisch angetrauten Frau auch nach Sarajewo. Dort wurden beide am 28. Juni ermordet. Die Schüsse, die sie niederstreckten, kündigten den Ersten Weltkrieg an und läuteten das Ende Habsburgs ein. Daß aber im Getöse dieses Untergangs gerade auch der Name Hohenberg mitschwingt, verleitet zu dem weiteren Verdacht, die Geschichte Habsburgs sei nicht nur ein wahres Märchen, sondern auch als Rondo komponiert worden. An ihrem Beginn war es nämlich genauso gewesen: Die Frau Rudolfs I. hatte, vor ihrer Ehe, ebenfalls Hohenberg geheißen.

So viele Motive, Geschichten, Erinnerungen also, die sich zusammenfügen, wenn Habsburg ein letztes Mal seinen Glanz entfaltet. Nichts ist völlig neu, nichts wirklich alt, fast alles war schon einmal geschehen, bis es dann wieder geschah. Beginn und Ende neigen sich einander zu, als sollte ein Ring geschmiedet werden. Und nichts ist in sich abgeschlossener als ein Ring.

II.
Im Schatten der Staufer

Strahlend blau breitete sich zu Füßen des jungen Mannes die Bucht von Neapel aus. Links ragte der Vesuv empor, zu seiner Rechten die vom Dunst verschleierten Felsen Capris, er selbst stand auf dem Blutgerüst. Als sein letzter Appell an die Gerechtigkeit der Richter wirkungslos verhallt war, streifte er die Handschuhe ab, zog das Obergewand aus und seufzte: »Mutter! Welches Leid bereite ich dir!« Dann legte er seinen Kopf auf den Block, der Henker schlug zu.

Das geschah am 29. Oktober 1268. Mit dem Tod Konradins, des Enkels von Kaiser Friedrich II., war die Epoche der Staufer endgültig abgeschlossen.

Zu den Gefährten des sechzehnjährigen Königs von Jerusalem und Sizilien, die das blutige Ereignis gewissermaßen aus der Ferne miterlebten, gehörte auch ein mehr als dreimal so alter Mann namens Rudolf von Habsburg. Der Streich des Scharfrichters dürfte ihn nahezu körperlich getroffen und zutiefst aufgewühlt haben, denn eigentlich hätte er zu denjenigen gehören müssen, die mit gefesselten Händen darauf warteten, nach ihrem König ebenfalls hingerichtet zu werden.

Als Konradin aufgebrochen war, um sein sizilisches Erbe dem vom Papst eingesetzten Karl von Anjou zu entreißen, hatte sich ihm Rudolf ohne langes Nachdenken angeschlossen. Eine andere Entscheidung wäre für ihn gar nicht in Frage gekommen. Er betrachtete sich als Ziehsohn Kaiser Friedrichs II., war zumindest dessen Patenkind und hatte stets den Parteigängern der Staufer angehört. Aber dann, in Verona, hatte er es trotzdem vorgezogen, sich den vielen anderen anzuschließen, die Konradins Heer wieder verließen, als es sich zeigte, daß der junge Staufer kein Geld mehr besaß, um seine Gefolgsleute zu bezahlen.

Fast siebentausend hatten die Pferde gewendet und waren nach Hause zurückgeritten, obwohl sie sich als Vorschuß auf ihre Leistungen staufische Familiengüter hatten verpfänden lassen. Das führte dazu, daß Konradin die entscheidende Schlacht gegen Karl von Anjou verlor, daß er gefangengenommen und, nach einem Scheinprozeß, zusammen mit zwölf weiteren Gefährten geköpft wurde.

Rudolfs Entscheidung, Konradin von Verona aus mit viel zu geringen Kräften weiterziehen zu lassen, mag nicht besonders ritterlich gewesen und mag ihm auch nicht leichtgefallen sein, aber es war der Entschluß eines erfahrenen Mannes, der sich in der Welt auskannte und die Zeichen der Zeit zu deuten wußte. Mit seinem Taufpaten, dem gewaltigen Kaiser Friedrich, war er durch dick und dünn gegangen, hatte sich aus Treue zu ihm sogar zweimal vom Papst bannen lassen. Auf dem Weg nach Verona indessen war ihm klargeworden, daß der junge und liebenswürdige Prinz nicht die Statur besaß, auf den Spuren Barbarossas, Heinrichs VI. und eben Friedrichs II. zu wandeln, und daß die, die ihm trotzdem nachfolgten, Abenteurer oder Glücksritter waren.

Einen Abenteurer aber hätte man Rudolf nicht nennen können und einen Glücksritter nur insofern, als er, wie jeder andere seines Standes, stets um höhere und geringere Einsätze spielte: hier ein Stück Land, dort ein Lehen oder eine sonstige gesicherte Einkommensquelle. Das entsprach den Regeln der Zeit. Wer sich als Adliger im Deutschen Reich behaupten wollte, mußte über einen sicheren Rückhalt verfügen, am besten über mehrere solide Grafschaften, ein paar Städte dazu. Auch Reichsbesitz oder Klöster, die man als Vogt verwaltete, waren nicht zu verachten.

Da Rudolf diese Regel aber schon früh begriff und sich nach ersten politischen Engagements strikt an sie hielt, war er zu der Zeit, da Konradin starb, schon lange kein armer Mann mehr, ebensowenig wie sein Vater einer gewesen war. Ihm, Albrecht dem Reichen, ebenfalls ein Anhänger Friedrichs II., hatten beträchtliche Ländereien diesseits und jenseits des Oberrheins gehört, er war Vogt der Klöster Murbach, Muri, Luzern, außerdem noch Graf des Zürichgaus gewesen. Von diesem Besitz erhielt Rudolf nach seinem Tod zwar nur die Hälfte, doch dafür hatte er nacheinander die auch nicht gerade unbetuchten Grafen von Kiburg und Zähringen beerbt. Darüber hinaus war es Rudolf gelungen, so viele weitere Grafschaftsrechte, Vogteien, Lehen und Eigengüter zu erwerben, daß er bald über ein stattliches, einigermaßen zusammenhängendes Territorium verfügte. Als breites Band zog es sich durch das Elsaß, von Straßburg zum Kaiserstuhl und zum Breisgau hinab, von dort zum Thurgau, Aargau und Zürichgau hinüber. Rudolfs Familie selbst hatte von alters her mitten in diesem alemannischen Revier gesessen.

Ihr Stammsitz, die Habichtsburg oder Habsburg, erhob sich auf dem Wülpelsberg, einem Höhenrücken südlich des Zusammenflusses von Reuß und Aare. Werner II., Landvogt im Oberelsaß und Bischof von Straßburg, soll die Feste um 1020 errichtet haben, einen wuchtigen Bau mit Wehrturm und angebautem Palas, der weder sonderlich eindrucksvoll noch großartig wirkt und schon gar nicht gemütlich.

Wo die Habsburgs aber eigentlich herstammten, geriet schon derart früh in Vergessenheit, daß sie später um so weniger Mühe hatten, sich eine Ahnentafel zuzulegen, die ihren Ansprüchen genügte. Ein Herzog namens Ethiko wurde dabei bemüht, er soll zur Merowingerzeit im Elsaß regiert haben und möglicherweise selbst mit den fränkischen Königen oder wenigstens einem ihrer Hausmeier verwandt gewesen sein. Etwas später wurden daraus sogar zwei römische Brüder, einen von ihnen soll Bedächtigkeit, den anderen Kühnheit ausgezeichnet haben – das war schon auf Rudolf zugeschnitten, dem man beide Eigenschaften zubilligen kann. Einigermaßen sicher ist jedoch nur ein Mann namens Guntram nachzuweisen, der in den Tagen Ottos des Großen auftauchte und ebenfalls schon den Beinamen »der Reiche« trug. Dessen Ururenkel nannte sich dann als erster »von Habsburg«, weil er bereits auf der gleichnamigen Burg residierte. Und ihm wiederum eiferten tüchtige Nachfahren derart erfolgreich nach, daß es immer wieder einmal Grund gab, den einen oder anderen ebenfalls als »der Reiche« zu bezeichnen, als letzten eben Rudolfs Vater Albrecht.

Im übrigen trug dieser Albrecht seinen Beinamen auch insofern zu Recht, als er erkannte, daß nicht mehr Grund und Boden allein ein sicheres Einkommen gewährten, sondern daß die viel ergiebigeren Geldquellen in den Städten sprudelten. Und da er sich ohnehin im Tal und unter Bürgern wohler zu fühlen schien als auf der zugigen Höhe, verließ er die Habsburg, um in der aargauischen Stadt Brugg ein wohnlicheres Stadthaus zu beziehen. Darin wurde ihm sein ältester Sohn geboren, und darin ist Rudolf aufgewachsen, ein Adelssproß, der zusammen mit den Söhnen von Handwerkern oder Kaufleuten aufwuchs, wobei er viel von ihrer Denkungsweise annahm.

In der Zeit, da Rudolf sich bemühte, seinen ererbten Besitz nach allen Seiten hin auszuweiten, sah man ihn nicht selten auf der Seite der Bürger stehen, so etwa, als er den Straßburgern half, sich gegen ihren besitzgierigen Bischof zu wehren, oder als er den Basler Bischof am Aufbau eines eigenen Territoriums hinderte. Derartige Aktivitäten trugen schon früh zu seiner Popularität bei. Er war kein klirrender Held, dessen Taten sich in Liedern und Gedichten feiern ließen, eher schrieb man ihm Geradlinigkeit, leutseliges Wesen und in Geschäften jene kraß nüchterne Haltung zu, die jedem verständlich erscheint, der selbst Geschäfte betreibt. Daß er auch verschlagen und heimtückisch sein konnte, nahm man in Kauf, denn es paßte ja in diesen Rahmen durchaus hinein. So galt es als Beleg für Rudolfs aufrechte Art, daß er einen Sankt Gallener Abt, mit dem er in Streit lag, eines Abends einfach besuchte, sich an seinen Tisch setzte und die strittige Angelegenheit von Mann zu Mann regelte. Als heimtückisch hingegen erwies sich Rudolf in der Auseinandersetzung mit einem Ritter, dessen Burg er haben wollte. Er schloß zuerst Frieden mit ihm, machte den jungen Mann dann betrunken und ließ ihn endlich unter das Eis eines zugefrorenen Teiches stoßen.

Solch scheinbar widersprüchliche Züge prägten auch Rudolfs Gesicht. Ein naiver, sehr naturalistisch arbeitender Bildhauer hat uns sein Porträt hinterlassen, es ist das einzige dieser Art im Dom von Speyer, der Grablege der ersten Habsburger-Könige. Etwas skeptisch blickt er unter seiner Krone hervor, mit gerunzelter Stirn, hochgezogenen Augenbrauen und gesenkten Mundwinkeln; scharfe Falten ziehen sich von der mächtigen Nase zum Kinn herab. Wer dieses Bild mit der nicht minder skeptisch lächelnden, aber cäsarenhaften Büste vergleicht, die ein unbekannter Italiener von Friedrich II. schuf, meint zu begreifen, daß spätestens mit Konradins Tod wirklich ein Zeitalter zu Ende gegangen war, mit Rudolf von Habsburg aber ein völlig anderes begann. Staufische Löwenhaftigkeit, die große imperiale Geste, der Griff nach den Sternen, all das war nicht mehr gefragt. Von jetzt an wurde gerechnet, kühl und realistisch geplant und nur noch das Mögliche anvisiert. Rudolf hat diesen neuen Typus auf nahezu vollkommene Weise verkörpert.

Er machte sich nichts aus Äußerlichkeiten und legte weder auf gute Kleidung noch auf erlesenes Essen sonderlichen Wert. Wenn er auf Reisen war, stieg er im nächstbesten Wirtshaus ab, nahm bei den einfachen Leuten Platz und trank mit ihnen. Geistige Interessen besaß er so gut wie keine, aber gute Witze liebte er über alles. Das hatte zur Folge, daß sich auch um ihn selbst schon frühzeitig Anekdoten rankten.

Einem Wirt, der ein Darlehen nicht zurückzahlen wollte, soll er einmal seine Mütze abgeschmeichelt, sie dann heimlich der Wirtsfrau zugesandt und als Beleg dafür ausgegeben haben, daß ihr Mann nun doch zahlen wolle. Nachdem sein Bote das gutgläubig ausbezahlte Geld zurückgebracht hatte, habe der Habsburg die Summe dem Gläubiger überreicht und den Schuldner angeblich verprügelt. Derlei Histörchen, ob wahr, ob erfunden, trugen sehr zu Rudolfs Beliebtheit bei, doch tritt er aus anderen Erzählungen auch als ausgesprochener Geizkragen hervor. Er war sicherlich wohlhabend genug, um anständig essen zu können, trotzdem gab er sich mit dem sauersten Wein und dem billigsten Brot zufrieden, in Mainz wollte man sogar gesehen haben, wie er ein zerrissenes Wams mit eigenen Händen flickte.

Alte Schulfibeln lehren, daß Sparsamkeit und Bescheidenheit Tugenden sind, die auch Herrscher zieren und vom Himmel belohnt werden. Die Habsburger könnten sehr wohl als Beleg dafür dienen, daß an dieser Weisheit etwas Wahres sei. Nicht nur Rudolf war ein geradezu kleinlicher Pfennigfuchser und Brotrindenknabberer, auch viele seiner Nachfahren, bis hin zu Franz Joseph I., waren es.

Gerade diese füchsisch biedere Maske mag es denn auch gewesen sein, die Rudolfs mächtige Standesgenossen dazu bewog, ihn mit ihren Stimmen zum deutschen König zu erheben. Was hatte man schon von einem Mann zu befürchten, der in verrosteter Rüstung und abgelaufenen Stiefeln den Geschäften nachging? Er würde sich in seinem gewohnten Kleinkram verlieren und ihnen die Zügel der großen Politik überlassen.

Damit sie diesem Trugschluß erliegen konnten, hatte allerdings vorher eine mächtige Hand von sehr weit her in die deutschen Verhältnisse eingreifen müssen.

Tedaldo Visconti, Archidiakon, also zweithöchster Amtsträger im Erzbistum Lüttich, war 1272 mit dem englischen Thronfolger Eduard nach Palästina gefahren, um herauszufinden, wie man das christliche, von Kreuzfahrern gegründete Königreich Jerusalem vor dem Untergang retten könne. Seine Hauptstadt mit Grabeskirche, Ölberg und Garten Gethsemane war damals längst in die Hände des türkischen

Mameluckensultans Baibars gefallen. Das ganze Gemeinwesen bestand nur noch aus einem schmalen Küstenstreifen zwischen Akko und Sidon, und ein Hort glaubenskämpferischer Tugenden war es sowieso nicht mehr. Die aus Angehörigen aller europäischen Nationen zusammengewürfelte Oberschicht des Königreichs gab das Geld, das ihr vom Abendland zufloß, mit vollen Händen aus, keineswegs für Waffen freilich und Soldaten, sondern für schöne Pferde, Äffchen, Frauen, Seidengewänder und andere Luxusartikel des Orients. Visconti erkannte, daß es nur eine Möglichkeit gab, diesem bedauerlichen Zustand abzuhelfen: Der Westen mußte noch einmal in Kreuzzugsstimmung versetzt werden und dem bedrohten Land an der Ostküste des Mittelmeers mit einem gewaltigen Heer zu Hilfe kommen.

Wer aber hätte zu diesem Unternehmen aufrufen können? Der Papst? Klemens IV., ein ehemaliger Hofjurist Ludwigs IX. von Frankreich, hatte seine ganze Kraft darauf verwendet, die letzten Staufer zu vernichten und an ihrer Stelle seinen Landsmann Karl von Anjou auf Sizilien und in Süditalien zu etablieren. Als Klemens endlich am Ziel seiner Wünsche stand, im Jahr der Hinrichtung Konradins, starb auch er. Seither hatten sich die Kardinäle nicht mehr auf einen neuen Nachfolger Petri einigen können. Der päpstliche Stuhl stand leer. Blieb also nur die zweite Macht, die das Abendland verkörperte, der Kaiser des Heiligen Römischen Reiches. Doch unglücklicherweise gab es seit dem Tod des 1250 gestorbenen Friedrich II. auch keinen Kaiser mehr. Tedaldo Visconti sann noch darüber nach, wie diesem Problem zu begegnen sei, da erfuhr er, daß das römische Kollegium ihn zum nächsten Pontifex gewählt habe. Sofort reiste er aus Akko ab, beseelt von einem einzigen Gedanken: Er wollte den dahinsiechenden Kreuzfahrerstaat retten und sich dafür zunächst einmal einen Kaiser suchen. Im März 1272 bestieg der gewesene Archidiakon als Gregor X. den Heiligen Stuhl. Schon Wochen später gingen Botschaften nach Deutschland ab, in denen die Kurfürsten aufgefordert wurden, die Verhältnisse im Reich endlich wieder zu ordnen und ihm einen deutschen König zu präsentieren, den er zum Kaiser krönen könne.

Was Gregor verlangte, kam beinahe der Aufforderung gleich, die Quadratur des Kreises zu lösen. In Deutschland hatten zuletzt zwei Ausländer geherrscht, und das auch noch zur selben Zeit, der Spanier Alfons der Weise von Kastilien und der Engländer Richard von Cornwall. Wirklich regiert freilich hatte weder der eine noch der andere. Sie waren auf verschiedenen Wahlversammlungen zum König erhoben worden, ohne sich danach um ihren Sprengel sonderlich zu kümmern. Die Deutschen wollten damals keinen starken Regenten mehr, sie befanden sich auf dem Weg zu einer Adelsrepublik, in der lokale Machthaber das Sagen haben sollten: geistliche Herrn und weltliche, Städte und Städtebünde. Sie wären sogar bereit gewesen, als nächsten Herrscher den König von Frankreich, einen Neffen des Stauferfeindes Karl von Anjou, zu wählen oder auch den böhmischen König Ottokar II. Beide hatten für ihre Sache bereits erhebliche Summen ausgegeben, deren Empfänger vor allem die wichtigsten Männer im Reich waren, die Kurfürsten, denn ihnen stand das Recht zu, den König zu küren. Doch hatten sich diese, als des Papstes Botschaft eintraf, erst in einem einzigen Punkt zusammenraufen können: Derjenige, dem sie ihre Stimme geben würden, sollte schwach sein und schwach bleiben, er durfte nicht in der Lage sein, sie selbst zu ducken. Ein Ausländer hätte solchen Bedingungen gar nicht schlecht entsprochen, denn er hätte sich mit den innerdeutschen Angelegenheiten kaum befaßt und seinen deutschen Königstitel nur zur Erlangung der Kaiserkrone benutzt.

Dieses Spiel indessen wollte Papst Gregor nicht mitspielen. Die Franzosen waren ihm, seit sie auch in Unteritalien saßen, schon viel zu mächtig, und an dem Mann im fernen Böhmen fand er ebenfalls keinen rechten Gefallen. Damit erwies sich der Italiener aus Piacenza in jener Zeit als der einzige Reichspatriot. Jeder geeignete Mann in Deutschland, so lautete seine Botschaft, sei ihm recht, sofern er nicht staufisches Blut in den Adern habe. Habe man ihm bis August 1273 keinen Kandidaten genannt, werde er selbst einen bestimmen.

Die Deutschen entfalteten daraufhin eine geradezu hektische Aktivität. Der Erzbischof von Mainz setzte sich mit seinen anderen geistlichen Amtsbrüdern aus dem Kurfürstenkollegium, den Oberhirten von Köln und Trier, erneut zusammen. Er gewann auch noch den Pfalzgrafen bei Rhein, womit er schon vier von den sieben Wahlmännern beieinander hatte. Zunächst fielen ihre Blicke auf einen Grafen von Anhalt, weil sie mit ihm auch die beiden ostdeutschen Kurfürsten, den Herzog von Sachsen und den Markgrafen von Brandenburg, zu überzeugen hofften. Aber da griff ein weiterer lokaler Potentat in das Geschehen ein und lenkte sehr geschickt die Aufmerksamkeit aller auf Rudolf von Habsburg. Es war der Nürnberger Burggraf Friedrich III.

von Hohenzollern. Weshalb er gerade auf den noch kaum bekannten schwäbischen Grafen gekommen war, läßt sich zur Not erraten. Rudolf zählte schon vierundfünfzig Jahre, er würde also kein volles Lebensalter mehr regieren und deshalb auch kaum die Zeit finden, seine Macht über Gebühr zu festigen.

Wie sich erwies, hatte Friedrich III. aufs richtige Pferd gesetzt. Im Frühherbst 1273 waren sich sechs der sieben Wahlmänner einig. Sie beauftragten Friedrich, ins Feldlager vor Basel zu reiten; Rudolf stand gerade wieder einmal gegen den Bischof dieser Stadt im Krieg. Mitte September kam der Zoller dort an. Und ein schäbig gekleideter, hagerer Mann mit vermutlich schon ergrauendem Haar erfuhr, daß Kurfürsten wie auch der Reichstag ihm die deutsche Krone anboten. Als der Bischof von Basel davon hörte, rief er: »Herrgott, jetzt sitze fest auf deinem Stuhl, sonst nimmt der Habsburg ihn dir ab.« Es war, wie sich noch erweisen sollte, keine völlig falsche Voraussage.

Rudolf dürfte, bevor er die Wahl annahm, blitzschnell überschlagen haben, was ihm seine neue Würde einbringen konnte und was sie ihn kosten würde. Dabei scheint er zu einem recht annehmbaren Ergebnis gekommen zu sein. Einerseits mußte er sich zwar denen, die ihn unterstützten, mit Geld erkenntlich zeigen, andererseits konnte er als König seine bisherige Erwerbspolitik auf breiterer Basis fortsetzen, wodurch sich die einmalige Ausgabe zumindest amortisieren mochte. Und schließlich fühlte er sich als ehemaliger Parteigänger der Staufer dem Reich genug verpflichtet, um ihm auch nützen zu wollen. Eine dieser Überlegungen gab schließlich den Ausschlag.

Am 1. Oktober ritt Rudolf mit seiner Frau, Gertrud von Hohenberg, nach Frankfurt, wo der Wahlakt feierlich vollzogen wurde. Anschließend zog er weiter nach Aachen, wo man ihn krönte und wo die Kurfürsten – nach einem aus der Zeit Karls des Großen stammenden Brauch – ihn bei Tisch bedienten. Zum ersten Mal seit dreißig Jahren hatten die Wahlmänner dem Reich, ohne lautes Gezänk und ohne langwierigen Parteienstreit, wieder einen König gegeben. Es war ein Vorgang, der den Papst derart beeindruckte, daß er Rudolf seine staufische Gesinnung nachsah und die beiden Bannflüche, die auf ihm lasteten, nach etlichem diplomatischen Hin und Her großzügig ignorierte. Gregor forderte den Gewählten sogar auf, alsbald nach Rom zu kommen, damit er ihn zum Kaiser krönen und der Habsburger dann ins Heilige Land aufbrechen könne.

Nur ein Mißton mischte sich in die Aachener Feierlichkeiten: Ottokar von Böhmen focht die Wahl an, weil man ihn, der auch das Kurrecht beanspruchte, übergangen und seine Stimme an den Herzog von Niederbaiern übertragen hatte. Davon nahm jedoch keiner der hohen Herren Notiz, denn Ottokars Anspruch stand nicht eben auf festen juristischen Füßen. Nur einer bewahrte diesen Störversuch in seinem Gedächtnis: König Rudolf. Ottokar konnte nicht ahnen, daß er sich mit seinem Protest um Kopf, Krone und Besitz brachte.

Das Land, über das nun zum ersten Mal der Schatten eines Habsburg fiel, hatte viele Vorzüge. Es war reich an Wäldern, an Dörfern, an Städten, Ritterburgen, Klöstern und Kirchen. Sein gravierender Nachteil bestand jedoch – zumindest für einen König – darin, daß es nicht von einem Punkt aus regiert werden konnte. Das »Regnum« der Deutschen lebte aus eigener Kraft und Schwäche, eigenen Rechtsvorstellungen und tief eingewurzelten, hundertfältigen Traditionen. In den Köpfen seiner Bewohner mischten sich christliche Vorstellungen mit heidnischen Überlieferungen, Bräuche aus germanischen Zeiten waren noch ebenso lebendig wie jüngere kirchliche. Sein politischer Zustand glich dem einer Republik mit stark ausgeprägten freiheitlichen Zügen, und die Deutschen hatten sich einigermaßen gut darin eingerichtet. In allen Hohlräumen der Macht gediehen Gremien, mit deren Hilfe sie sich – vom Staat völlig unabhängig – selbst verwalteten. Solche Versammlungen traten meist im Schatten eines Birnbaums, einer Eiche oder – vorzugsweise – einer Linde zusammen. So etwa, wenn Freischöffen in ihr Amt eingeführt wurden:

»Der Freigraf sagte den Neuaufgenommenen mit bedecktem Haupt die heimliche Feme, Strick, Stein, Gras, Grein und klärte ihnen das auf. Dann teilte er ihnen das Notwort mit: Reinir dor Fewer (Reinigt durch Feuer) und klärte ihnen das auf. Hierauf lehrte er sie also den heimlichen Schöffengruß: Ein Schöffe, der zu einem anderen kommt, legt seine rechte Hand auf seine linke Schulter, sprechend: Ich grüß Euch, lieber Mann! Was fanget Ihr hier an? Dann legt er seine rechte Hand auf die linke Schulter des anderen Schöffen und dieser tut desgleichen und spricht: Alles Glück kehre ein, wo die Freischöffen sein.«

Freischöffen mußten schwören, die geheimen Losungen »vor Weib, Kind, Sand und Gras« zu bewahren. Brachen sie ihren Eid, dann drohte ihnen ein dreisträngiger Strick.

Das alles klingt nach Verschwörung, Geheimbündelei und finsteren, von Dunkelmännern betriebenen Machenschaften. Dabei bedeutete »verfemt« nichts weiter als verurteilt sein, und Feme steht für ein Gericht, das zu Rudolfs Zeiten allgemein anerkannt war und das sich bereits auf eine lange Tradition berufen konnte. Die Freigrafenwürde vererbte sich ebenso wie der Besitz, an dem sie hing. Sie wurde von der Kirche anerkannt, aber auch von den weltlichen Machthabern, obwohl die Männer, die sich mit ihr schmückten, einfache Bauern sein konnten. Als Freischöffe wiederum war jeder unbescholtene, nicht leibeigene Mann zugelassen, er brauchte weder Amt noch größeres Vermögen, noch Rechtskenntnisse zu haben, man setzte einfach voraus, daß alle gestandenen Erwachsenen die Normen kannten, nach denen geurteilt wurde. Auf dem Tisch des vorsitzenden Freigrafen lagen während der Verhandlung ein Schwert und ein Strick. Auf das Schwert mußten die Eide abgelegt werden, der Strick diente dem Vollzug der Strafe. Ein Femegericht fällte nur zwei Urteile: Freispruch oder Tod, gehängt wurde an Ort und Stelle.

Hatte sich aber ein Angeklagter geweigert, vor dem »offenen Thing« zu erscheinen, dann kam er vor die »heimliche Acht«, die ihn, ob anwesend oder nicht, für »unwürdig, echtlos, rechtlos, siegellos, ehrlos, friedlos und unteilhaftig allen Rechts« erklärte. Er war danach vogelfrei, er wurde gejagt, wo immer er sich aufhalten mochte, die Feme hatte einen langen Arm. Viel schneller als ein königliches Urteil gelangten ihre Briefe von einem Ende des Landes zum anderen. »Wissende«, in deren Hand sie gerieten, durften ihr Siegel erbrechen, »Nichtwissende« wurden durch den Vermerk abgeschreckt: »Diesen Brief soll niemand öffnen, niemand lesen oder lesen hören, es sei denn ein echter, rechter Freischöffe.« Keiner hätte es gewagt, diesen Warnspruch zu mißachten, denn jedem brannte das unheimliche Papier derart in der Hand, daß er es so schnell wie möglich weitergab. Der Vogelfreie wurde irgendwo, irgendwann gefangen, vor drei Freischöffen gestellt und hingerichtet. Im Stamm des Baumes, an dem er hing, steckte ein Messer.

Nicht selten geschah es auch, daß ein braver Landmann oder Bürger, der sich vor Schreck schon bekreuzigt hatte, weil da plötzlich ein Hingerichteter vor seiner Nase baumelte, zurücktrat, erneut hinschaute und ein zweites Mal das Kreuz schlug. Er hatte erkannt, daß der Tote am Baumast kein einfacher Mann war, sondern ein Ritter.

Ritter hatten bis vor kurzem noch zur Elite des Reiches gehört. Sie saßen in ihren Burgen, blickten auf das gemeine Volk herab und sahen es als Ehre an, das eigene Leben jederzeit aufs Spiel zu setzen, wenn ihre Lehnsherren, Grafen, Fürsten, Herzöge oder Bischöfe sie riefen, weil deren oberster Lehnsherr, der König oder Kaiser, wiederum sie ins Feld gerufen hatte. Klirrende Heere überschritten dann die Alpen, die Vogesen oder die Elbe, um mit Waffengewalt zu demonstrieren, daß die Deutschen das erste Volk Europas seien. Von solchen Kriegs- oder Kreuzzügen hatten die Ritter auch gelebt, denn einmal brachten sie Beute ein, aber zum anderen auch Lohn; ein verdienstvoller Mann konnte in der Adelshierarchie, der er auf der untersten Ebene angehörte, Karriere machen, eine höhere Stellung erringen, vielleicht sogar ein dem König direkt zugeordneter Kronvasall werden oder ein Grafschaftsrecht an sich bringen.

Das freilich war immer schwerer geworden, je mehr die Kaiser sich vor allem in Italien und kaum noch in Deutschland engagierten und schließlich sogar Männer die Krone trugen, denen es an Macht fehlte, sich gegen den eigenen höheren Adel durchzusetzen. Spätestens mit dem Tod Friedrichs II. hatte im Reich ein Verteilungskampf um die heimatlos gewordenen, ehemals vom Kaiser verwalteten Reichsgüter und alle damit verbundenen Titel eingesetzt, dem nur die härtesten, reichsten und gerissensten Adeligen gewachsen waren, etwa die Habsburgs. Einfache Rittersleute hingegen, von schmalem Besitz und mit wenig Sinn fürs Taktieren, sahen sich mehr und mehr an den Rand des Geschehens und schließlich ganz an die Wand gedrückt. Sie saßen auf ihren bröckelnden Landsitzen, umgeben von ein paar Knechten und unfreien Bauern, ihr Wappen reichte schließlich nicht einmal mehr aus, die eigenen Blößen zu bedecken. Kriege gab es zwar nach wie vor, aber es waren lokale, halb räuberische Auseinandersetzungen zwischen den kleineren territorialen Machthabern – den Habsburgs etwa und dem Bischof von Basel –, außerdem konnten sie auch mit billigen Söldnern bestritten werden. Die Ritter mit ihrem ausgefeilten Ehrenkodex und den auf sie zugeschnittenen, genau umrissenen Vorstellungen vom Kämpfen wurden immer weniger gebraucht. Sie waren arbeitslos geworden.

In dieser Situation erinnerten sich viele Wappenträger eines Rechtes, das es nahezu jedermann gestattete, seinen eigenen Krieg zu führen. Man mußte nur einen Grund finden, sich beleidigt, betrogen oder hintergangen zu fühlen, sandte daraufhin dem erkorenen Widersacher den »Fehdebrief« zu und konnte ihn, drei Tage später, angreifen, um eine Entschuldigung oder – besser noch – eine Entschädigung aus ihm herauszupressen. Es war ein Brauch, der sich immer mehr einbürgerte und schließlich geradezu als Geschäft betrieben wurde. Ungezählte »Strauchdiebe« lebten aus dem »Stegreif« (dem Steigbügel), überfielen Dörfer, Städte, Klöster, Kaufmannszüge und zogen sich mit der errafften Beute wieder auf ihre Burgen zurück. Der gemeine Mann konnte nahezu nichts gegen sie unternehmen, selbst Fürsten oder die Räte wohlsituierter Städte mußten ihr Treiben ohnmächtig hinnehmen. Nur dem langen Arm der Feme gelang es ab und zu, einen dieser Raubritter zu stellen und ihn in gewohnter Weise an Ort und Stelle aufzuknüpfen. Aber natürlich kamen selbst die Freigrafen und Freischöffen leichter an irgendeinen kleinen Gauner heran als an Männer, die sich ihrer Haut zu wehren wußten. Das Treiben arbeitslos gewordener Angehöriger einer ehemaligen Elite nahm immer krassere Formen an. Zu der Zeit, da Rudolf König wurde, hatte es sich bereits zur wahren Pest ausgewachsen, gegen die kein Kraut gewachsen zu sein schien.

Beide Erscheinungen, Feme und Raubritterwesen, kennzeichneten das Bild einer Gesellschaft, die ihre Angehörigen nahezu zwang, sich zu nehmen, was ihnen nach eigener Ansicht zustand, sei es ein Einkommen zur Erhaltung ererbten Lebensstandards, sei es das Recht. Und fast überall, wohin man auch sonst noch blicken mochte, sah es kaum anders aus. Die adeligen Buschklepper vollzogen auf ihrer Ebene nur nach, was mit bedeutenderen Machtmitteln auch die größeren Territorialherren betrieben. Und das Volk wehrte sich dagegen, indem es geheime Bünde schuf, die, meist im Namen Karls des Großen, solch zügellosem Treiben Riegel vorzuschieben versuchten.

In dieses Gefüge nun mußte Rudolf sich als König ebenso einpassen, wie er es vorher schon als Graf von Habsburg getan hatte. Er besaß eine Würde, aber wenig Macht, war praktisch kaum mehr als der Präsident einer von verschiedenen Interessengruppen getragenen, sich gerade konstituierenden Republik. Das Kurfürstengremium, das es auch erst seit den Tagen des letzten Stauferkaisers gab, stellte so etwas wie eine Nebenregierung oder einen Aufsichtsrat dar, verfügte jedoch selbst weder über die von der Tradition geheiligte Würde, die es unanfechtbar gemacht hätte, noch über die Mittel, sich überall im Reich durchzusetzen. Mächtiger als der König war es freilich allemal, denn dieser konnte fast keine grundlegende Entscheidung treffen, ohne sich zuvor bei den Kurfürsten rückzuversichern. Außerdem blieb Rudolf selbst im Purpur noch der kleine Graf aus Schwaben, denn er gehörte nicht einmal der obersten Gesellschaftsschicht, dem Fürstenstand, an. Wie also konnte er hoffen, die Gelder, die er ausgegeben hatte, um nach seiner Nominierung auch wirklich gewählt zu werden, würden jemals zurückfließen oder sogar noch Zinsen tragen?

Rudolf scheint sehr wohl gewußt zu haben, was er tun mußte, um dieses Ziel zu erreichen. So machte er zum Beispiel keineswegs den Fehler, auf königliche Vorrechte zu pochen, die doch nicht einzuklagen waren, oder sich auf Traditionen zu berufen, die niemand mehr ernst genommen hätte. Vielmehr verhielt er sich wie ein Erster unter Gleichen, warb um Anerkennung und Sympathie, knüpfte Beziehungen, pflegte Freundschaften. Und nicht nur bei den mächtigen Kur- und Reichsfürsten suchte er, sich beliebt zu machen, sondern auch bei den Städten, ja sogar beim gemeinen Volk. Er hatte nämlich als einer der ersten klar erkannt, was dieser Staat der Deutschen wirklich war, und er sprach es immer häufiger aus. Eine »res publica« nannte er ihn und die Reichs- oder Hoftage ein »parlamentum«.

Dieses Verhalten kennzeichnet Rudolf als geschmeidigen Politiker, aber ebensosehr auch als klugen Geschäftsmann. Die für seine Wahl ausgegebenen Gelder waren eine Investition auf lange Sicht, deshalb begnügte er sich zunächst mit der einzigen Rendite, die sich aus ihnen herauswirtschaften ließ. Er erwarb »Goodwill«, wie man heute sagen würde – in der Hoffnung, dieses Kapital später mit besseren Gewinnaussichten reinvestieren zu können.

Mit zu den ersten, die für Rudolfs Sympathiewerbung bezahlen mußten, gehörten die Raubritter. Von Erfurt aus setzte er 1289 eine »Polizeiaktion« in Gang, welche an die achtzig von ihnen Burg, Wappen und Leben kostete. Einige wurden in den Mauern ihrer Sitze niedergemacht, ein paar weitere Dutzend vor den Toren der thüringischen Stadt feierlich zum Tode verurteilt und hingerichtet. Für Rudolf war es ein Unternehmen, das wenig kostete, ihm aber um so mehr Popularität einbrachte. Er hatte dem Recht eine Bresche geschlagen, und das zahlte sich politisch aus.

Etwas riskanter war Rudolfs nächstes Manöver. Er ließ Vertreter der

Städte in allen Reichstagsgremien zu, in denen Finanz- und Steuerfragen behandelt wurden, womit er den Bürgermeistern und Ratsherren freilich nur eine andere Maßnahme zu versüßen suchte. Da im ganzen Land wirklich keine andere einigermaßen ertragreiche Geldquelle mehr zu erschließen war, erlegte er den Bürgern eine dreieinhalbprozentige Vermögenssteuer auf. Zu seinem Glück schlug ihm aber auch dies nicht allzusehr zum Nachteil aus, denn einmal war es so gut wie unmöglich, die bürgerlichen Vermögen von Staats wegen richtig zu schätzen, was der Steuerverminderung Tür und Tor öffnete, und zum anderen verhielt auch König Rudolf sich nicht viel anders als früher der Graf von Habsburg.

Noch immer sah man ihn allerorten, Schenkel bei Schenkel, mit einfachen Handwerkern an grobgehobelten Wirtshaustischen hocken; auch geschah es schon einmal, daß er aus kalter Nacht unvermutet in eine Backstube trat, um am Ofen seine Hände zu wärmen. Die Bürger mochten ihn weiterhin, weil er es verstand, sich als einer der Ihren zu geben, und weil er ein Ohr für ihre Sorgen hatte.

Auf einer dritten Ebene wiederum agierte Rudolf völlig anders. Seine sechs Töchter versuchte er, so vorteilhaft wie möglich an den Mann zu bringen, dabei erzielte er sehr schöne Erfolge. Der Pfalzgraf bei Rhein, die Herzöge von Sachsen und Niederbaiern sowie der Markgraf von Brandenburg wurden seine Schwiegersöhne, das waren vier der sieben Kurfürsten. Die anderen drei konnte er auf solche Weise nicht an sich binden, sie gehörten dem geistlichen Stand an. Immerhin macht dieses Manöver deutlich, worauf es dem Habsburg langfristig ankam. Rudolf dachte bereits an die nächste Generation, er wollte es seinem ältesten Sohn so leicht wie möglich machen, sich nach ihm zum König wählen zu lassen. Und das wiederum hieß: Es genügte ihm nicht, die Krone für sich selbst erlangt zu haben, sie sollte auch fürderhin beim Haus Habsburg bleiben. Was Rudolf vor Augen stand, war von Anfang an eine Dynastie.

Demselben Fernziel diente schließlich auch die Annahme eines Auftrags, den er sich von den Kurfürsten erteilen ließ, obwohl er geahnt haben mag, daß seine Erfüllung ihm mehr Feinde als Freunde einbringen und das ganze Unternehmen ohnehin nicht sehr ertragreich sein würde. Rudolf sollte alle Güter und Rechte zurückfordern, die bis 1245 dem Reich gehört hatten, während der letzten Regierungsjahre Friedrichs II. und in der Zeit danach jedoch von kleineren und größeren Territorialherren eingesackt worden waren. Der Habsburg nahm diese Aufgabe umsichtig, wenngleich äußerst vorsichtig in Angriff. Norddeutschland, das er nie betrat, blieb fast völlig links liegen, im Südwesten hingegen, seinem eigenen Interessengebiet, wurde er mit Nachdruck tätig. Königliche Kommissionen stellten fest, wer sich wo auf ungerechtfertigte Weise eingenistet hatte. An die überführten Täter erging dann die Aufforderung, den usurpierten Besitz unverzüglich einem beamteten »Reichslandvogt« zu unterstellen und jeglichen Anspruch darauf abzuschreiben.

Durch derlei Gesten, denn sehr viel mehr als Gesten konnten es nicht sein, ließen sich freilich nur kleinere Machthaber einschüchtern, größere, wie etwa der Graf von Württemberg, zeigten den Königsboten die kalte Schulter. Sie wußten gut genug, daß Rudolf nicht die Macht hatte, sie gewaltsam in die Schranken zu weisen. Ein Nebenziel, das er mit den sogenannten »Revindikationen« verfolgt hatte, mußte der Habsburg deshalb bald wieder aus seinen Plänen streichen. Es gelang ihm nicht, das ehemalige Herzogtum Schwaben wiederherzustellen und seinen jüngeren Sohn damit zu belehnen.

Die wenigen Städte, Dörfer und Klöster aber, die er zurückgewann, reichten nicht einmal aus, den Herrscher mit seinem Gefolge zu beherbergen und zu ernähren, wenn er – König ohne Hauptstadt – durch die Lande zog. Auch weiterhin blieb Rudolf auf die Gastfreundschaft der Bischöfe und vor allem der reichen Städte angewiesen, sein Königsmantel war ein Bettlerkleid.

Dennoch, den langfristigen Spekulationen des Habsburgs diente selbst das an sich recht kläglich ausgefallene Unternehmen zur Rückgewinnung ehemaligen Reichsgutes. Allein der kurfürstliche Auftrag, im Namen der Krone gegen unrechtmäßige Besitzer vorzugehen, war pures Gold wert. Hatte nicht auch Ottokar II. von Böhmen in der Zeit, da ein Spanier und ein Engländer über Deutschland herrschten, Reichslande an sich gerissen, ohne die Zustimmung der Reichsfürsten einzuholen? Und was waren im Vergleich zu seiner Beute die paar Landfetzen, die man vielleicht dem Württemberg oder einem anderen seinesgleichen hätte entreißen können?

Ottokar saß nicht nur in seinen Erblanden Böhmen und Mähren, sondern, seit dem sogenannten Interregnum, auch in Österreich, der Steiermark, Kärnten, Krain und dem Egerland. Sein Herrschaftsgebiet reichte vom Erzgebirge bis zur Adria. Dieses riesige Revier aber dürfte der Habsburg vor allem im Auge gehabt haben, als er den Revindikations-Auftrag akzeptierte. Darauf zielte von Anfang an seine langfristige Spekulation. Das war der Gewinn, auf den es ihm ankam.

Da indessen die Kurfürsten im Grunde nicht anders dachten als er und ihm deshalb vom Gesicht ablesen konnten, was in seinem Kopf vorging, mußte er sein Vorhaben so vorsichtig wie möglich betreiben. Doch unwissentlich spielte dann Ottokar selbst das Spiel des Habsburg.

Nicht genug damit, daß er Rudolfs Wahl nicht anerkannte und ihn beim Papst verächtlich zu machen suchte, der Böhme weigerte sich auch, vor dem deutschen König den Huldigungseid abzulegen, den er ihm schuldete. Als Angehöriger des tschechischen Fürstenhauses Přzemysl war er zwar erblicher Besitzer von Böhmen und Mähren, als König und Reichsfürst hingegen Lehensmann der deutschen Krone. Das freilich meinte Ottokar gegenüber einem »kleinen Grafen aus Schwaben« verleugnen zu können.

Im November 1274 befahl der in Nürnberg zusammengetretene Reichstag dem Böhmen, die annektierten Gebiete herauszugeben. Weigere er sich »binnen Jahr und Tag«, diesen Spruch zu respektieren, so verfalle er der Reichsacht und müsse auf sein Lehen verzichten. Ottokar weigerte sich, er wurde geächtet.

Damit war Rudolf dem Ziel seiner Wünsche schon ziemlich nahe. Er überstürzte jedoch nichts, sondern bewegte sich auch weiterhin auf leisen Sohlen in dem mit allerlei Fallen gespickten Feld der deutschen Politik.

III.
Kaiser wurde Rudolf nie

Österreich hatte zu der Zeit, da Rudolf von Habsburg es ins Auge faßte, schon viele Herren gehabt und viele verschiedene Namen getragen. In Urkunden aus der Zeit Karls des Großen war es als »pagus orientalis«, als Ostgau, aufgetaucht, baierische Herrscher hatten es zuvor schon ihre »Ostmark« genannt. Gegen Ende des 10. Jahrhunderts war die Bezeichnung »Ostarichi« aufgekommen, und im 12. Jahrhundert nannte man das Land »Austria«.

Die Babenberger, aus Baiern stammend, bauten Österreich zu einem mächtigen und reichen Staatswesen aus, das etwa vom heutigen Linz bis dicht vor Preßburg reichte. Sie kämpften gegen Ungarn, erhielten von den jeweiligen deutschen Königen beträchtliche Schenkungen, erlangten die Markgrafen- und, zur Zeit der Staufer, die Herzogswürde. Leopold V. von Babenberg konnte im Erbweg auch noch das Herzogtum Steiermark an sich bringen; der Hof seines Nachfolgers Leopold VI., des »Glorreichen«, war einer der glanzvollsten kulturellen Mittelpunkte des Reiches. Walther von der Vogelweide lernte dort das Verseschreiben, und der unbekannte Verfasser des »Nibelungenliedes« dürfte sich ebenfalls längere Zeit in Wien aufgehalten haben. Leopolds Enkel, Friedrich der Streitbare, unternahm dann sogar den Versuch, aus Österreich ein Königreich zu machen, welches vom Kamm des Böhmerwaldes bis nach Kroatien gereicht hätte, allerdings geriet er dadurch mit dem gleichnamigen Kaiser in Konflikt.

Friedrich II. verhängte über den Babenberger die Reichsacht, wenig später fiel der Streitbare in einer Schlacht gegen die Ungarn. Und kurz nach dem Tod des letzten Stauferkaisers riß dann Ottokar von Böhmen das damals herrenlose Land an sich.

Im Jahr 1276 nun ritt Rudolf von Habsburg in jenen Trichter hinein, der vom Böhmerwald und seinen Ausläufern im Norden sowie von den Alpen samt ihren Ausläufern im Süden gebildet wird und der direkt dem Korken in diesem Flaschenhals entgegenführt, der Stadt Wien. Rudolf bewegte sich auf den Spuren seines Taufpaten Friedrich II., entschlossen, ein Unternehmen fortzuführen, das von jenem begonnen worden war.

Der Staufer hatte nach dem Tod Friedrichs des Streitbaren Österreich und die Steiermark zu Reichsländern erklärt. Damit hatte er sie weniger für die Krone als für sich selbst in Besitz nehmen wollen, und zwar aus guten strategisch-politischen Gründen. Die Lande »ob der Enns« und »nid der Enns«, Oberösterreich und Niederösterreich, sowie die inzwischen dazugekommenen übrigen Gebiete, das Herzogtum Kärnten, das Herzogtum Krain, die Grafschaft Cilli zwischen Drau und Save sowie endlich die Herrschaft Görz in Istrien, lagen außerhalb des in unzählige Kleinstaaten aufgesplitterten deutschen Staatsgebietes.

Sie waren noch klassischer Kolonialboden und würden dem Zugriff eines starken Machthabers viel weniger Widerstand entgegensetzen als die in ihre Eigenarten und Eigenrechte vernarrten Deutschen zwischen Rhein und Inn. Dort bildete sich eine Föderation heraus, ein Bundesstaat, ja nahezu eine Bundesrepublik, hier im Osten aber bot sich die Möglichkeit, ein zentral regiertes Gemeinwesen auf die Beine zu stellen.

Friedrich II. hatte dies klar erkannt, hatte überdies begriffen, daß man das Altreich von Österreich her in Schach halten konnte. Daher rührte sein Entschluß, sich in Wien festzusetzen und von der ehemaligen Ostmark aus eine Brücke zu seinen italienischen Herrschaftsgebieten zu schlagen. Der Staufer konnte es noch nicht ahnen, aber genau dieser Plan machte ihn zum Mitbegründer des späteren Habsburgerreiches. Auch Rudolf dürfte kaum so weit in die Zukunft vorausgeblickt haben, war jedoch klug genug, die Gedankengänge seines Ziehvaters nachvollziehen zu können. Ottokar von Böhmen, in dessen Adern staufisches Blut floß, war es freilich auch. Überdies schien er von seiner Statur her viel besser geeignet zu sein, das Erbe Friedrichs II. anzutreten. Er führte nicht nur den doppelschwänzigen Löwen im Wappen, er war auch eine löwenhafte, mächtige Erscheinung, fähig zu großen, kühnen Taten, von maßlosen Träumen beflügelt, dazu reich und selbstbewußt; man nannte ihn sowohl den »eisernen« als auch den »goldenen« König. Rudolf dagegen: hager, mager, von Sorgen zerfurcht, ein Mann der klugen, nüchternen Berechnung, der auskalkulierten Winkelzüge, abhold jedem pomphaften Glanz. Aber die Zeit der Löwen war nun einmal vorbei und die der Füchse gekommen.

Rudolf hatte den Entschluß, Ottokar nach dessen Ächtung durch den Reichstag anzugreifen, derart schnell in die Tat umgesetzt, daß die Kurfürsten ihm selbst dann, wenn es ihre Absicht gewesen wäre, nicht mehr in den Arm hätten fallen können. Das dazu benötigte Heer stellte er beinahe mühelos auf die Beine. Mitstreiter liefen ihm von allen Seiten zu, einmal weil ein Feldzug gegen Böhmen reiche Beute versprach, zum anderen, weil Ottokar keineswegs nur großmütig war, sondern auch arrogant, und sich damit viele Feinde gemacht hatte. Die Kerntruppe der habsburgischen Streitmacht bestand aus Schwaben und Franken, Männern, die nicht allein an den eigenen Nutzen dachten, sondern sich auch dem Reich und der Reichsidee verpflichtet fühlten. Mit ihnen zog Rudolf zunächst nach Regensburg, wo Herzog Heinrich von Niederbaiern zu der noch kleinen Schar stieß. In Linz schlossen sich dem Habsburg auch Österreicher an, Lehensleute des böhmischen Königs, die ihm grollten. Und als Rudolf plötzlich bekanntgab, daß er nicht nach Böhmen vordringen, sondern auf Wien marschieren wollte, schwoll sein Heer derart an, daß es bald aus rund zweitausend Rittern bestand, eine für damalige Zeiten gewaltige Truppe. Schließlich, nachdem auch noch Ladislaus IV. von Ungarn, ein Abkömmling des halb heidnischen Turkvolkes der Kumanen, gegen den Böhmerkönig mobil gemacht und Rudolfs guter Freund, Graf Meinhard von Tirol, fast kampflos Kärnten, Krain und die Steiermark besetzt hatte, war es um Ottokar bereits geschehen. Zu einer Schlacht kam es gar nicht erst, der Přzemyslide ritt waffenlos nach Wien in Rudolfs Feldlager, um Frieden zu erbitten und den verweigerten Huldigungseid nachzuholen. Es soll eine Szene gewesen sein, die kein Berater für Öffentlichkeitsarbeit besser hätte arrangieren können, falls sie sich wirklich so abgespielt hat, wie die Überlieferung es wahrhaben will.

Auf einem einfachen Holzschemel saß der deutsche König, gekleidet in ein geflicktes Lederwams, das fast schon sein Markenzeichen war. Vor ihm nun kniete der mit allen Insignien seiner Würde ausgestattete Ottokar, auf blankem Helm den böhmischen Löwen, auf der Brust das rot-weiß-rote Wappen der Babenberger, um die Schultern den purpurnen Königsmantel. Daß der Habsburg den Lehnseid wie auch die Verzichterklärung auf Österreich, die Steiermark, Kärnten,

Krain und das Egerland huldvoll entgegennahm, um den Geschlagenen dann zu sich emporzuziehen, was sonst hätte man im Rahmen dieses lebenden Bildes von ihm erwarten können? Als die beiden wieder auseinandergingen, waren sie ohnehin so gut wie verschwägert. Rudolf, der Begründer nicht nur der habsburgischen Hausmacht, sondern auch der habsburgischen Heiratspolitik, hatte einen seiner Söhne mit Ottokars Tochter und seine eigene Tochter Guta gleichzeitig mit Ottokars Sohn Wenzel verlobt. Wenzel würde eines Tages seinem Vater auf den böhmischen Thron nachfolgen.

Alle diese Zukunftspläne ruhten freilich noch auf schwankendem Grund. Das ganze Unternehmen war zu schnell und zu glatt abgelaufen. Einen Mann wie Ottokar schlug man nicht mit der linken Hand aus dem Feld. Auch die Häupter der deutschen Fürstenrepublik konnte Rudolf keineswegs vor vollendete Tatsachen stellen, indem er etwa die dem Reich gewonnenen Gebiete einfach seinem eigenen Besitz zuschlug. Fürs erste mußte er noch seiner vorsichtigen Politik treu bleiben. Also ritt der Habsburg zurück, erstattete Meldung und ging weiterhin dem mühsamen Königsgeschäft im Inneren Deutschlands nach. Daß er dabei in Wirklichkeit nur auf seine nächste Chance lauerte, erwies sich zwei Jahre später.

Der Böhme hatte nicht im Traum daran gedacht, sich an den »Wiener Frieden« vom 3. Dezember 1276 zu halten. Von Prag aus begann er, sofort nach seiner Heimkehr, eine neue Widerstandsfront gegen die »unersättlichen Deutschen« aufzubauen. Er brachte die schlesisch-polnischen Piastenherzöge auf seine Seite, gewann die Gunst des wankelmütigen Herzogs von Niederbaiern zurück und verbündete sich mit seinem Schwager, dem Markgrafen Otto von Brandenburg. Der Grund, weswegen sich die beiden Reichsfürsten ihm anschlossen, lag auf der Hand. Sie begriffen durchaus, daß Rudolf den alten Plan Friedrichs II. zu verwirklichen suchte, indem er südöstlich der alten Reichsgrenzen eine Bastion errichtete, von der aus die deutsche Fürstenrepublik dominiert werden konnte. Daran lag ihnen naturgemäß nicht das mindeste, denn eine Familie mit solcher Hausmacht würde auch die Königswürde und die Kaiserkrone als erblichen Besitz beanspruchen, und es würde schwer, wenn nicht unmöglich sein, ihr diese Insignien vorzuenthalten.

Daß aber nicht nur der Niederbaier und der Brandenburger, sondern auch eine ganze Reihe anderer Territorialherren so dachten, war wiederum Rudolf klar. Er spann deshalb seine Netze noch vorsichtiger als vor dem ersten Österreichzug, einigte sich heimlich mit Ladislaus von Ungarn über einen Doppelangriff gegen Böhmen und vertraute sich in Deutschland nur Männern an, auf die er absolut bauen konnte. Es waren auch dieses Mal vor allem Schwaben und Franken, an ihrer Spitze sein inzwischen guter Freund Friedrich III. von Nürnberg. Ihm hatte er 1273 einen sogenannten »großen Lehnsbrief« erteilt, der die Erbfolge in der Burggrafschaft Nürnberg zugunsten des Hauses Hohenzollern regelte.

Die Chance, auf die Rudolf lauerte, wurde ihm 1278 geboten. Anhänger Ottokars in Österreich erhoben sich gegen die eingesetzten königlichen Vögte. Der Habsburg saß im Sattel, sobald er davon unterrichtet worden war. Er brach diesmal mit einem derart kleinen Heer in Richtung Südosten auf, daß seine fürstlichen Konkurrenten den Abmarsch kaum bemerkten. Doch wie beim ersten Mal schwoll erneut die geringe Schar ganz von alleine an, Zeichen dafür, daß Rudolfs Sympathisanten sehr wohl auf das Unternehmen vorbereitet gewesen waren, auch Ladislaus der Kumane. Am 25. August vereinigten sich Ungarn und Deutsche auf dem Marchfeld nördlich von Wien. Ihnen gegenüber, am anderen Ufer des Flüßchens Weidenbach, stand Ottokar mit seinen Streitkräften.

Rudolf wußte, daß es für ihn um alles oder nichts ging, deshalb entwarf er, für damalige Zeiten völlig ungewöhnlich, einen regelrechten Schlachtplan. Seine Ritter sollten nicht, wie sie es gewohnt waren, den Gegner frontal angreifen, um dann die Entscheidung im Kampf Mann gegen Mann zu erzwingen. Einen Teil von ihnen hielt er vielmehr als Reserve zurück, sie hatten Befehl, erst in den Kampf einzugreifen, wenn das feindliche Heer bereits voll im Gefecht stand. Wie fast alles, was der Habsburg unternahm, war dies ein kluger Zug, widersprach freilich jeglichen ritterlichen Ehrbegriffen. Dennoch folgten ihm seine Leute.

Die Schlacht begann am nächsten Morgen. Es war, auch das schien berechnet zu sein, ein Freitag. Rudolf glaubte fest, daß Freitage für ihn Glückstage seien.

Friedrich von Hohenzollern führte den Angriffskeil der habsburgischen Streitmacht an. Gleichzeitig mit ihm brachen die Ungarn los, Europas beste Reitersoldaten. Rudolf, der im Mai seinen sechzigsten Geburtstag gefeiert hatte, focht mitten im dicksten Getümmel. Sein um zwölf Jahre jüngerer Gegner hielt es auf der anderen Seite ebenso. Aber nicht persönliche Tapferkeit entschied das blutige Treffen, sondern, wie vorausgeplant, das geschlossene Geschwader der Reservetruppe. Im entscheidenden Moment fiel es über die bereits ermattenden Böhmen her und jagte sie auseinander. Ottokar selbst wurde von einem seiner eigenen Leute ermordet. Den Rest der Truppe trieben die Ungarn zu Paaren. Es war ein derart blutiges Gemetzel, daß die Bewohner des nahe gelegenen Ortes Dürnkrut noch Tage später gepanzerte Leichen aus der March und ihrem Nebenarm, dem Weidenbach, fischten. Rudolf aber konnte nach diesem spektakulären Sieg endlich zu erkennen geben, worauf er von Anfang an abgezielt hatte.

Konnte er wirklich? Der Habsburg dachte nicht daran, sich eine derartige Blöße zu geben. Sein nächstes Ziel war Wien.

»Sie verjubelten hier drei Monate, aßen und tranken und taten sonst nichts Gescheites.« So heißt es in einem Bericht aus der Zeit, als Friedrich II. in der Stadt geweilt hatte. Der Bericht dürfte zutreffend sein, denn Wien war damals eine reiche Kommune. Seine Bürger lebten vom Osthandel, von Pilgern und Kreuzfahrern auf dem Weg nach Jerusalem, sie besaßen Stadt- und Stapelrecht und blickten bereits auf eine über tausend Jahre alte Geschichte zurück. Kelten hatten hier gesiedelt, dann die Römer, Kaiser Marc Aurel war im damaligen Vindobona gestorben. Der lateinische Name deutet darauf hin, daß es auch Wein gab.

Im Unterschied zu seinen Begleitern hatte Friedrich der Staufer, als er 1237 in Wien war, allerdings durchaus etwas Gescheites getan. Er hatte den Platz nicht nur zur Reichsstadt erhoben, sondern in ihren Mauern auch zum ersten Mal jenes Gremium versammelt, das fortan »durch recht den kuning kiesen«, also wählen, sollte, das damals noch aus sechs Mitgliedern bestehende Kurfürstenkollegium. Von ihm hatte er seinen Sohn Konrad zum deutschen König und damit zum designierten kaiserlichen Thronfolger erheben lassen. Durchaus möglich, daß Rudolf von Habsburg an dem feierlichen Staatsakt damals auch schon teilnahm. Auf jeden Fall wußte er davon und hoffte wohl, das Manöver des Staufers zur Absicherung der eigenen Dynastie nachvollziehen zu können. Aber zunächst einmal mußte er seinen bei Dürnkrut errungenen Sieg politisch absichern.

Wo Rudolf in Wien gewohnt hat, ist nicht überliefert. Es dürfte jedoch die alte Residenz »am Hof« gewesen sein, eine von dem Babenberger Heinrich Jasomirgott errichtete Burg im Zentrum der Stadt. Aus ihren Fenstern blickte man bereits auf den Stephansmünster einen spätromanischen Bau, der gerade eben fertig geworden war. Dank Rudolf avancierte Wien nun über Nacht zur Reichszentrale und sollte es zunächst einmal für vier Jahre bleiben. So lange nämlich hielt der Habsburg sich dort auf, seinem kurfürstlichen Aufsichtsrat nahezu unerreichbar. Und auch er tat, wie Friedrich II., in dieser Frist einige recht gescheite Dinge.

Vor allem kam es Rudolf darauf an, seinen Neidern und Konkurrenten im Reich den Wind aus den Segeln zu nehmen. Obgleich er das böhmische Heer zerschlagen und seine Truppen tief nach Mähren hinein hatte vordringen lassen, vermied der Habsburg es geschickt, sich auch noch Otto V. von Brandenburg, Ottokars Schwager und Verbündeten, zum Gegner zu machen. Vielmehr trug er ihm die Vormundschaft für Wenzel, den achtjährigen, mit seiner eigenen Tochter verlobten Sohn des toten Königs, an und erklärte gleichzeitig, er wolle das besetzte Land nur so lange unter eigene Verwaltung nehmen, bis die ihm entstandenen Kriegskosten wieder hereingebracht seien. Dafür veranschlagte er fünf Jahre, Zeit genug, um in dem reichen Mähren auch noch etwas Gewinn zu erwirtschaften.

Anders verfuhr der Habsburg mit den von Ottokar annektierten Herzogtümern Österreich und Steiermark, auch anders als sein großes Vorbild. Friedrich II. hatte den babenbergischen Besitz gutgeschulten sizilianischen Generalkapitänen unterstellt. Rudolf war dazu – mangels fähiger Beamter – nicht in der Lage. Deshalb blieb ihm, nach den Regeln des Lehnsrechtes, nur eine zweite, freilich sehr willkommene Möglichkeit: Er mußte die Herzogtümer einem neuen Inhaber zuweisen. Genau das dürfte von Anfang an seine Absicht gewesen sein – aber natürlich posaunte er nicht gleich hinaus, wer dafür vorgesehen sei.

Statt dessen verhielt er sich während dieser vier Wiener Jahre kaum anders als daheim im Reich. Er sicherte den Landfrieden, setzte Richter ein, verhandelte mit dem einheimischen Adel, der Kirche, den Städten, lockerte einige der Bürden, die Ottokar ihnen auferlegt hatte, setzte alte Rechte wieder in Kraft. Kurzum: Er warb um Sympathie und Anerkennung, er sammelte »Goodwill«. Und als 1279 das Herzogtum Kärnten samt Krain ebenfalls an das Reich zurückfielen, weil Philipp von Spanheim gestorben war, der letzte nominelle Herr dieser Gebiete, verfuhr Rudolf dort genauso. Monatelang war er zwischen Katschberg und Wörther See, Fürstenfeld und Köflach unterwegs, ein ernsthafter, leutseliger Mann, der zuhörte, der Vertrauen erweckte, mit dem es sich reden ließ. Drei Jahre später konnte er die Früchte seiner vielfältigen Bemühungen endlich pflücken.

Als der König 1282 Wien wieder verließ, regte sich kaum jemand darüber auf, daß er seinen ältesten Sohn Albrecht als Statthalter zurückließ. Ebensowenig stieß man sich daran, daß er bekanntgab, er wolle ihn und seinen anderen Sohn Rudolf mit Österreich, der Steiermark, Kärnten und Krain belehnen, diese Gebiete also mehr oder weniger dem eigenen Familienbesitz zuschlagen. Nur der Erzbischof und Kurfürst von Köln erhob Protest, alle anderen Mitglieder des Wahlmännergremiums stimmten der kecken Bereicherungsmaßnahme, wenn auch zähneknirschend, zu und erteilten Rudolf ihre Zustimmung in Form der rechtlich vorgeschriebenen »Willebriefe«.

Auf dem Reichstag desselben Jahres, er fand in Augsburg statt, wurden die beiden Königssöhne dann offiziell in ihrem neuen Amt bestätigt und gleichzeitig in den Reichsfürstenstand erhoben, eine Adelsklasse, der ihr Vater selbst nicht angehörte. Das seit langem anvisierte Ziel war also erreicht. Und Rudolf war derart zufrieden mit seinem Erfolg, daß er keine Einwände erhob, als die österreichischen Landstände baten, mit nur einem Herzog bedacht zu werden, worauf Rudolf der Jüngere zugunsten Albrechts zurücktreten mußte.

In seiner nüchternen Einschätzung dessen, was möglich war, und dessen, was sich nun einmal nicht mit einem Schlag erreichen ließ, zeigte sich der Habsburg 1286 sogar bereit, das schon gewonnene Kärnten wieder herauszurücken und an seinen Freund Meinhard II. von Tirol abzutreten. Er hielt nichts davon, sich gleich beim ersten Zubiß zu verschlucken; derlei Fähigkeit zum Maßhalten war eine seiner herausragenden Tugenden. Allerdings könnte sie auch schon in jenem Sendungsbewußtsein begründet gewesen sein, das viele spätere Mitglieder seiner Familie beseelte: Die Habsburger waren fast immer davon überzeugt, daß die Zeit für sie arbeiten werde – oder Gott.

Am normalsten hat sich denn auch in dieser ganzen Angelegenheit der Erzbischof von Köln verhalten. Erst sein Protest gegen die Annektion der babenbergischen Herzogtümer machte deutlich, was Rudolf eigentlich gelungen war. Der Habsburg hatte auf offener Bühne, vor den Augen von Experten, die alle Tricks des Gewerbes kannten und deshalb immer wußten, was er als nächstes tun würde, das Kaninchen aus dem Hut gezaubert. Theoretisch hätten sie seine Darbietung an jeder beliebigen Stelle unterbrechen und ihm zurufen können: So geht's nicht. Statt dessen hatten sie geduldig im Parkett gesessen, um mitzuerleben, wie sie vor aller Öffentlichkeit ausmanövriert wurden. Ihr politisches Grundprinzip lautete: »Ein deutscher König darf nicht stark und reich genug sein, um aus eigener Kraft die Ordnung der ›res publica‹ gefährden zu können.« Aber keiner von ihnen verhinderte, daß Rudolf sich genau diese Position erwarb.

Als Inhaber der, neben Böhmen und Mähren, größten Flächenstaaten im Reich würde seine Familie von nun an ein politisches Gewicht besitzen, das kein anderer Territorialherr, ja nicht einmal alle zusammen, austarieren konnten. Wenn künftig ein Habsburg die Krone beanspruchte, ließ sich voraussehen, daß er sie bekommen mußte, sei's auch nur deshalb, weil er die Möglichkeit besaß, seine Wähler mit Geld für sich einzunehmen, sprich: sie zu schmieren. Damit aber war schon fast jede Chance vertan, die deutsche Adelsrepublik auf einigermaßen republikanische Weise zu führen und im republikanischen Sinn weiter auszubauen. Die Zeichen der Zeit wiesen von nun an auf Monarchie, ja sogar auf Erbmonarchie hin.

Und das hatte, ohne es sonderlich zu verhehlen, ein eigentlich unscheinbarer, bieder auftretender Mann aus dem Schwäbischen zuwege gebracht. Es war ein politisches Meisterstück, zu dem es in der Geschichte kaum Parallelen gibt. Kein großer, spektakulärer Krieg, nur eine einzige bedeutende Schlacht, von da an nichts als geduldige Kleinarbeit, dann dieser grandiose Erfolg!

Trotzdem wäre für Rudolf nichts falscher gewesen, als es mit diesem Erfolg genug sein zu lassen. Wenn er seine in Österreich gewonnene Hausmacht politisch nutzen, die Krone also für immer an sein Haus bringen wollte, mußte er noch ein weiteres Hindernis nehmen, er mußte auch Kaiser werden. Nur ein Kaiser konnte seinen Sohn als König einsetzen lassen und ihn damit zum eigenen Nachfolger erheben, zwei Könige nebeneinander ließ das Recht nicht zu. Aber keineswegs das pure Eigeninteresse allein forderte diesen Schritt, auch das Volk wollte seinen Herrscher wieder in dem Krönungsmantel sehen, den zuletzt Friedrich II. getragen hatte.

Im Sommer 1284 erhielt Rudolf, der gerade in Wetzlar seinen Geschäften nachging, eine merkwürdige Botschaft. Kein Geringerer als der allgemein tot geglaubte Staufer Friedrich forderte ihn auf, seine Krone abzulegen und sich ihm, dem rechtmäßigen deutschen Herrscher, zu unterwerfen. Die Botschaft kam aus Neuß, wo man davon überzeugt war, daß Friedrich keineswegs tot, sondern, in seinem neunzigsten Lebensjahr, aus dem Orient zurückgekehrt war. Zuerst hatte er sich in Köln gezeigt, ein schöner alter Mann von majestätischer Erscheinung. Inzwischen lebte er in der linksrheinischen Zoll- und Handelsstadt, vom Volk verehrt und anerkannt, denn er verstand es nicht nur, wie ein Kaiser aufzutreten, er war auch in den staufischen Hofsitten erstaunlich gut bewandert.

Rudolf selbst hatte von dem wiedergekehrten Friedrich schon gehört, bevor ihn dessen Schreiben erreichte, der Mann machte recht tatkräftig Politik. Er sandte gesiegelte Botschaften aus, empfing lokale Machthaber und mischte sich sogar in laufende kriegerische Auseinandersetzungen ein. Als er nun auch noch ankündigte, er werde selbst nach Wetzlar kommen, fand der Habsburg es an der Zeit, diesem Treiben ein Ende zu bereiten.

Reichsmarschall Pappenheim erhielt Order, den angeblichen Staufer abzufangen und in die Stadt zu bringen. Dort blickten sich die beiden Könige zum ersten Mal ins Auge, es muß für Rudolf ein seltsames Erlebnis gewesen sein. Der gefangene Alte schien Friedrich II. wirklich so gut gekannt zu haben, daß er ausführlich von ihm berichten und sein Gegenüber damit an die Zeit erinnern konnte, die er selbst in der Umgebung des Kaisers verbracht hatte. Trotzdem ließ Rudolf den königlichen Wiedergänger auf die Folterbank spannen, wobei herauskam, daß sein wahrer Name Dietrich Holzschuh war und er auf niederdeutsch Tile Kolup genannt wurde. Ob der Mann bewußt hatte betrügen wollen oder nur krausen Wahnvorstellungen erlegen war, kam aber schon deshalb nicht an den Tag, weil Folterknechte kaum geeignet sind, derartig feinen Unterschieden nachzuspüren. Sie begnügten sich mit dem Nachweis, daß Holzschuh-Kolup »auf fremdem Acker mähen wollte«, was Rudolf keine andere Wahl ließ, als ihn zum Tode zu verurteilen.

Der entlarvte Betrüger wurde auf einen Wagen gebunden und verbrannt. Alle weiteren Fragen, die sein Erscheinen aufgeworfen hatte, blieben somit unbeantwortet, etwa die nach Hintermännern, rheinischen Adeligen vielleicht, die es Rudolf noch nachtrugen, daß er sich in Österreich so ausgiebig bereichert hatte. Immerhin war Holzschuh in einer Stadt, die dem Kölner Erzbischof gehörte, lange geduldet und offensichtlich auch mit genügend Mitteln versehen worden, um seinen Hofstaat zu unterhalten.

Aber freilich: Wenn dieser Verdacht zutraf, was hätten die Rheinländer mit einem derartigen Betrugsunternehmen bezwecken wollen? War es nur eine Art von Karnevalsscherz gewesen? Oder hatte man Rudolf bedeuten wollen: Zieh endlich nach Italien und verschaffe dir die Kaiserkrone? Das Volk, soviel hatte die Tile-Kolup-Affäre verdeutlicht, träumte noch immer von den Tagen staufischer Reichs-Herrlichkeit und wünschte sie wieder zurück. Rudolf hingegen, das war ebenfalls bekannt, schien keine sonderlich große Lust auf einen Romzug zu verspüren – obwohl er mehr als alle anderen daran interessiert sein mußte, sich vom Papst krönen zu lassen. Den Grund für sein Widerstreben soll er einmal selbst genannt haben – und zwar auf sehr offenherzige Weise: Er bekannte, kein Löwe zu sein, sondern ein Fuchs.

»Vor Zeiten«, erzählte er, »waren viele Tiere geladen, in einen hohlen Berg zu gehen. Alle Tiere taten wie geheißen, nur der Fuchs wollte erst sehen, ob sie auch wiederkämen. Keines kam zurück, da blieb der kluge Fuchs lieber draußen.« Die Höhle, das ließ sich leicht erraten, war Italien. Viele Deutsche hatten sich schon in sie hineingewagt, viele waren nicht mehr wiedergekehrt.

Rudolfs Bemühungen um die Kaiserkrone muten, im Vergleich mit seinen anderen Aktionen, nahezu tragikomisch an. Er wollte diese Insignie der höchsten Macht ja haben, aber aus Gründen, denen man vermutlich nur mit tiefenpsychologischen Spekulationen beikommen könnte, hat er sich beim Versuch, sie zu erlangen, immer wieder selbst ein Bein gestellt.

Das begann bereits zu der Zeit, in der noch Gregor X. auf dem Stuhl Petri saß, jener Papst, der ihn als König bestätigt hatte. Schon war mit ihm der Krönungstermin vereinbart, da mußte Rudolf bekennen, daß er kein Geld habe, und den Pontifex um einen Reisekostenvorschuß bitten. Die geforderte Summe wurde auch abgesandt, aber als sie eintraf, war der ausgemachte Termin verstrichen. Unverdrossen schlug Gregor daraufhin ein neues Datum vor. Er bekam jedoch die Antwort, der Habsburg sei zwar bereit, sich am Himmelfahrtstag 1276 in Rom einzufinden, nur habe er das übersandte Geld inzwischen verbraucht und müsse also nochmals um finanzielle Unterstützung bitten. Nun war aber 1276 auch das Jahr, in dem sich Rudolf zum ersten Mal die Gelegenheit bot, Ottokar von Böhmen anzugreifen. Als er nach dem Friedensschluß aus Wien zurückkehrte, mußte er erfahren, daß Gregor inzwischen gestorben war.

Zweifellos war dieser Tod für den Habsburg ein Verlust, denn als neuen Papst wählte das Kardinalskollegium den französischen Dominikaner Pierre de Tarantaise, der zu den Anhängern des Stauferfeindes Karl von Anjou gehörte und dem Deutschen nicht gerade wohlgesinnt war. Der ehemalige Mönch forderte von Rudolf zunächst einmal den Verzicht auf die zum Reich gehörende Grafschaft Romagna, ehe er bereit sei, in Verhandlungen über die Krönung einzutreten. Rudolf sagte weder ja noch nein, eröffnete vielmehr zähe Verhandlungen, die ihm aber nur eines einbrachten: Zeit, in der er sich nicht entscheiden mußte, ob er die gefährliche Höhle Italien betreten oder seinen füchsischen Instinkten gehorchen sollte. Er konnte draußen bleiben. Papst Innozenz V. starb noch im Jahr seiner Thronbesteigung, ebenso Hadrian V., der ihm nachgefolgt war. Der Mediziner Petrus Juliani machte dann als Johannes XXI. 1276 sogar zum Drei-Päpste-Jahr, ohne jedoch seinen Amtsantritt um mehr als fünf Monate zu überleben.

Erst als Rudolf sich – nach der Schlacht von Dürnkrut – gerade mit den Verhältnissen in Wien und den babenbergischen Herzogtümern vertraut machte, übernahm wieder ein Italiener, der zu den Feinden Karls von Anjou gehörte und damit fast automatisch ein Parteigänger des deutschen Königs war, das höchste Kirchenamt. Umgehend forderte dieser Nikolaus III. den Habsburg auf, sich endlich zum Kaiser krönen zu lassen, so selbstlos allerdings wie der um das Königreich Jerusalem bangende Gregor X. war er nicht. Papst Nikolaus entstammte der römischen Adelsfamilie Orsini und trachtete in erster Linie danach, seiner Sippe die Macht über den Kirchenstaat zu verschaffen – nicht ohne ihn vorher aus Reichsbesitz beträchtlich vergrößert zu haben.

Rudolf sah sich nun schon nicht mehr in der Lage, solche Wünsche abzuweisen. Die Zeit drängte. Wenn er die Kaiserkrone noch gewinnen wollte, um seiner Familie die Königswürde zu sichern, mußte er sich sputen, und das hieß in diesem Fall nachgeben. Die Romagna wurde an einen Neffen des Orsini-Papstes übertragen, und ein Parteigänger von ihm wurde zum Statthalter in der Toskana bestellt. Damit ging dieses schon seit Generationen von Päpsten, den Anjous und früheren Kaisern begehrte Gebiet dem Reich mehr oder weniger verloren.

Indes war Nikolaus ein so schlechter Verhandlungspartner auch wieder nicht, er verstand zumindest, worauf Rudolf abzielte, und scheint für seine Pläne volles Verständnis gehabt zu haben. Tolomeo von Lucca, ein Dominikaner, behauptete später, der Orsini und der Habsburg hätten zusammen einen »Reichsteilungsplan« erarbeitet, der den Interessen beider Familien gerecht geworden wäre. Deutschland sollte in eine habsburgische Erbmonarchie umgewandelt und in Italien sollten zwei Königreiche für Verwandte des Papstes geschaffen werden. Das burgundische Arelat – es reichte vom Oberrhein bis zur Provence und hatte seit frühen Stauferzeiten zum Reich gehört – sollte der Enkel Karls von Anjou bekommen. Vorsorgend hatte ihn Rudolf bereits mit einer seiner sechs Töchter verlobt.

Ob diese Abmachung zwischen König und Papst tatsächlich zustande kam, ist nicht völlig sicher. Dafür, daß es sie gab, spricht freilich die Wahrscheinlichkeit. Rudolf hatte das Fundament seiner Hausmacht bereits gelegt, jetzt kam es ihm nur noch darauf an, die deutsche Adelsrepublik an die Kette zu legen. Wenn er dafür nur mit altem Reichsbesitz jenseits der Alpen zahlen mußte, um so besser. Es wäre für ihn ein guter Handel gewesen.

Sollte der habsburgisch-orsinische Teilungsplan aber nur Gerücht gewesen sein, wäre damit zumindest bewiesen, daß einige Leute, wie etwa Tolomeo von Lucca, ziemlich genau wußten, worauf Rudolf hinauswollte. Er war längst durchschaut und sollte das später drastisch vor Augen geführt bekommen.

Sich mit Nikolaus III. zu einigen gelang dem Habsburg dann ohnehin nicht. Auch dieser Papst starb für ihn zu früh. Das nun schon fast possenhafte Spiel um die Kaiserkrone ging trotzdem weiter.

Der nächste Pontifex, Martin IV., ein Franzose, stand wieder vollkommen unter dem Einfluß Karls von Anjou. Er gab dem Landsmann alles zurück, was dieser zur Zeit seines Vorgängers in Sizilien verloren hatte, beschwor damit jedoch nur ein Ereignis herauf, das von den Bewohnern der Insel noch heute besungen wird. Angestachelt von Agenten des byzantinischen Kaisers Andronikos II., erhoben sich am 30. März 1282 die Bürger Palermos gegen das verhaßte französische

Besatzungsregime und schlachteten in der »Sizilianischen Vesper« Tausende seiner Vertreter ab. Mit der Anjou-Herrschaft in Süditalien war es damit für alle Zeiten vorbei. Die Sizilianer baten König Peter III. von Aragon, sie unter seinen Schutz zu nehmen, eine Aufforderung, welcher der Spanier ohne Säumen nachkam.

Doch auch Martin IV. starb noch zu Rudolfs Lebzeiten, und die Kardinäle wählten als nächsten Papst wieder einen Italiener, mit dem er erneut über die Kaiserkrönung reden konnte. Honorius IV. zeigte sich geneigt, den deutschen König in Rom zu empfangen. Anders als Gregor X., der sogar die Reise des Habsburg vorfinanziert hatte, wollte er allerdings zunächst einmal deutsches Geld sehen. Und da Rudolf inzwischen längst dafür bekannt war, daß er die eigene Barschaft nur ungerne angriff, schickte der Papst einen Legaten über die Alpen, um dem knauserigen Schwaben auf die Sprünge zu helfen. Es war ein Unternehmen, das vollkommen fehlschlug.

Honorius' Abgesandter, der Kardinalbischof von Tusculum, ging, kaum daß er eingetroffen war, stracks auf die wohlgefüllten Kassen des deutschen Klerus los. Auf dem Konzil von Würzburg forderte er im März 1287 für den geplanten Romzug einen zusätzlichen Zehnt. Mit dem, was daraufhin geschah, dürfte er kaum gerechnet haben. Ein Sturm der Empörung schlug ihm entgegen, der fast schon wie der vorausgeworfene Schatten des Ablaßstreites anmutet. Und damals, wie auch bei dem späteren, von Luther ausgelösten Ereignis, stand ein Habsburg mitten zwischen den Fronten.

Der Italiener hatte gerade zu erkennen gegeben, worauf er abzielte, da war schon Rudolfs mißtrauischster Gegenspieler, der Kölner Erzbischof Siegfried von Westerburg, auf den Beinen. Was wollte die Kurie? Noch mehr Geld, als die Päpste schon bisher aus Deutschland herausgepreßt hatten? Wofür war denn der letzte Kreuzzugszehnt ausgegeben worden? Zur Befreiung des Heiligen Landes etwa? Mitnichten! Die Vertreibung der Staufer aus Süditalien hatte man damit finanziert. Und nicht anders war es mit den Abgaben gewesen, die den westlichen Bistümern des Reiches auferlegt wurden, als der Anjou gegen Aragon kämpfte, man hatte sie kaltlächelnd zur Finanzierung der französischen Unternehmungen verwendet. Waren denn die Deutschen den Königen in Paris tributpflichtig, nur weil gerade Franzosen auf dem Stuhl Petri saßen? Wahrlich, was Rom sich anmaße, habe die Grenze des Zumutbaren schon längst überschritten, und diese neue Forderung sei geradezu der Gipfel des Hohns. Wer garantiere denn dafür, daß man die erlangten Gelder nicht wiederum in Unternehmen investiere, welche den Interessen des Reiches zuwiderliefen?

Siegfried von Westerburg muß dem Kardinalbischof wie eine Verkörperung des sprichwörtlichen »furor teutonicus« erschienen sein. Er gebrauchte in einem Atemzug politische, rechtliche, antifranzösische Argumente. Nicht nur als Kirchenmann sprach der Kölner, sondern auch als nationalbewußter Deutscher. Und schließlich brachte er sogar die angebliche Abmachung zwischen dem verstorbenen Orsini-Papst und seinem eigenen König aufs Tapet. Rom, so behauptete Siegfried, wolle die Kurfürsten entmachten, wolle diesseits der Alpen eine Erbmonarchie begründen und die Deutschen ihres traditionellen Anspruchs auf die Kaiserwürde berauben. Wahrlich, er spie Feuer und Rauch, er glich einem Drachen aus den germanischen Wäldern, und seine versammelten Standesgenossen stimmten ihm in stürmischer Erregung zu.

Hätte Rudolf sich nicht buchstäblich vor den Legaten gestellt, der Mann aus Tusculum wäre kaum unbeschädigt aus dem Tagungsraum gelangt. Mit dem Schwert in der Hand mußte der König dessen Rückzug decken. Es war eine der schwersten Niederlagen seines bisherigen Lebens, war der Schlußstrich unter den Plan, die Kaiserwürde zu erlangen. Der Westerburg und seine Gesinnungsfreunde hatten ihm deutlich vor Augen geführt, daß sie nicht mit ansehen würden, wie er das Haus Habsburg endgültig als Herrscherdynastie etablierte. Wie ernst es ihnen damit war, erfuhr Rudolf wenige Tage später. Bei Cambrai wurde der Kardinalbischof überfallen, halb zu Tode geprügelt und ausgeraubt. Ein Papst, dem er in diesem Zustand unter die Augen trat, würde kaum mehr bereit sein, den deutschen König bei sich zu empfangen. Es war ein brutaler, aber wohlberechneter Schlag gegen den Habsburg, und er traf.

Honorius starb zwar noch im Jahr des Würzburger Konzils, aber sein Nachfolger, ein friedfertiger, höflicher Mann, sollte von allen acht Päpsten, die Rudolf seit seiner Königskrönung zu Partnern oder Gegenspielern gehabt hatte, derjenige sein, den er nicht mehr überlebte.

Der Habsburg war seiner eigenen Natur zum Opfer gefallen, seiner Schlauheit, seiner Neigung zum Schachern, seiner fast kleinbürgerlich wirkenden Unsicherheit im Umgang mit Päpsten und den verzwickten italienischen Angelegenheiten. Aber vielleicht erlag er auch nur einem

Trauma, das ihm, wie so vieles andere, die Staufer vererbt hatten. Friedrich II., sein Sohn Manfred, sein Enkel Konradin, sie alle waren aus der Höhle, vor welcher der Fuchs der Fabel zurückscheute, nicht mehr herausgekommen. Dies mag erklären, daß Rudolf nicht ebenso entschlossen nach der Kaiserkrone griff, wie er vorher Österreich in seinen Besitz gebracht hatte. Am Weg nach Rom lauerten zu viele Gespenster. Kaiser wurde Rudolf nie.

Auch mit einem anderen Teil seines staufischen Erbes konnte er nur wenig anfangen.

»Seit jener Zeit«, hatte im Jahr 1214 ein Chronist aus Halle notiert, »verloren die Deutschen ihr Ansehen bei den Franzosen.«

Der lapidare Satz bezieht sich auf die Schlacht von Bouvines, nahe Lille, in der ein englisch-niederdeutsches Heer von französischen Rittern schmachvoll geschlagen worden war. Philipp II. August, König von Frankreich, hatte nach dem blutigen Gemetzel zwischen Leichenbergen den goldenen Reichsadler gefunden und ihn an seinen Verbündeten Friedrich II. gesandt. Der Staufer hatte bei Bouvines zwar mitgesiegt, denn der Verlierer dieser Partie, Otto von Braunschweig, ein Sohn Heinrichs des Löwen, war sein innenpolitischer Gegenspieler gewesen. Die etwas verächtliche Herablassung, die in Philipp Augusts scheinbar großzügiger Geste gelegen hatte, dürfte Friedrich II. aber trotzdem getroffen haben. Wie tief, so schien der Franzose zu fragen, war die mächtigste Nation Europas gesunken, wenn ihr Herrscher schon fremder Hilfe bedurfte, um einen Widersacher aus der Welt zu schaffen, der sich auch noch als miserabler Feldherr erwiesen hatte.

Tatsächlich markiert jener 22. Juni 1214, an dem der Welfe sein Heer verlor, einen geschichtlichen Wendepunkt. Frankreich war aus dem Schatten des Heiligen Römischen Reiches herausgetreten und erhob seitdem den Anspruch, eine ebenbürtige Großmacht zu sein – was dieses Reich alsbald zu spüren bekam.

Karl von Anjou, Bruder König Ludwigs des Heiligen, war der erste französische Machthaber, der es wagte, deutsche Herrscher in die Schranken zu fordern. Sein großes, mit siebzehn Türmen bestücktes Schloß in Angers, am Ufer der Maine, wurde zum Hauptquartier einer Kampagne, die auf das staufische Süditalien und darüber hinaus auf das Kaiserreich Byzanz zielte. Sizilien und Neapel bekam der Anjou zwar zunächst in die Hand, aber Byzanz entriß ihm die Insel wieder, ohne einen einzigen Soldaten in Marsch zu setzen. Für so etwas hatte man in Konstantinopel Männer, die mit Geld und klugen Worten einen Volksaufstand entfesseln konnten: die Sizilianische Vesper.

Karl war damit abgeschlagen, auch Neapel ging den Franzosen wieder verloren. Der nächste König in Paris, Philipp IV., genannt »der Schöne«, ließ sich trotzdem nicht entmutigen. Zäh und zielbewußt baute er Frankreich zum Zentralstaat aus, für Deutsche eine ebenso utopisch anmutende wie unverständliche Operation, Rudolf freilich hätte gerne daran Maß genommen. Statt dessen mußte er, als gekrönter Präsident auf Lebenszeit, auch Frankreich gegenüber mit den Mitteln agieren, die ihm seine selbstherrlichen fürstlichen Mitregenten je nach Laune und eigenem Interesse gewährten oder vorenthielten. Es waren, wie sich bald erweisen sollte, viel zu geringe Mittel.

Philipp der Schöne dehnte seinen Einflußbereich beharrlich nach allen Seiten hin aus. Lyon fiel ihm zu, das bisher, wenigstens nominell, zum Reich gehört hatte. Kurz darauf wehte seine Standarte von den Türmen des ebenfalls reichsunmittelbaren Avignon. Dann war das rechts der Rhône gelegene Bistum Viviers an der Reihe, daraufhin das Kloster Beaulieu bei Verdun, und schließlich mischte er sich auch in die Angelegenheiten der Freigrafschaft Burgund ein, die zum staufischen Hauserbe gehörte. Das alles geschah mit Methoden, wie sie später auch Ludwig XIV. anwenden sollte. Französische Juristen machten alte Rechte geltend, französische Truppen exekutierten sie. Rudolf konnte dagegen protestieren, soviel er wollte, wo es kein Gericht gab, war auch kein Urteil zu erwarten. Und solcher Lappalien wegen Krieg anzufangen, hielt er für sinnlos. Ohnehin hing sein Herz nicht sonderlich an den über halb Europa verstreuten Satelliten des Reiches. Nur dort wurde der deutsche König aktiv, wo seine privaten Interessen ins Spiel gerieten. Dabei verhielt er sich zuweilen fast schon so, als sei ihm das berühmte Motto der späteren Habsburger bereits Leitstern und Motiv gewesen: »Laß andere Krieg führen! Du, glückliches Österreich, heirate.«

Seinen Lieblingssohn Hartmann hatte Rudolf mit einer englischen Königstochter zusammenbringen wollen, weil deren Familie Ansprüche auf die Provence und andere Teile des Arelats zu haben glaubte. Als aber Hartmann 1281 im Rhein ertrunken war, lancierte Rudolf sofort jenes andere Projekt, das zur Verheiratung einer seiner Töchter mit dem Enkel Karls von Anjou führte: Konnte ein männlicher Habsburger nicht Herrscher des Arelats werden, so sollte wenigstens eine Habsburgerin dessen Krone tragen.

Auch diese Ehe trug freilich nicht die erhofften politischen Früchte. Unter dem Druck Philipps des Schönen begann das ehemalige Reichsland zu zerbröckeln und schließlich, samt seiner Hauptstadt Arles, in Frankreich aufzugehen.

Böse wurde Rudolf erst, als der französische König in der Freigrafschaft Burgund und vor allem in der starken Festung Besançon nicht mehr nur als Schiedsrichter auftrat, sondern ihren Inhaber, den Pfalzgrafen Otto, zum offenen Abfall vom Reich aufstachelte. Auch hier mußten freilich erst private Interessen hinzutreten, ehe Rudolf handelte. Otto, ein Urenkel Barbarossas, verbündete sich mit dem Grafen von Savoyen, und dessen Hoheitsgebiet grenzte in den Alpen an den Hausbesitz des Habsburgs. Sehr geschickt nutzte der König nun die vom Kölner Erzbischof schon in Würzburg angefachte antifranzösische Stimmung aus, er proklamierte einen Krieg gegen »das Welschvolk«. Der Aufruf war ein voller Erfolg. Mehr Ritter denn je scharten sich um Rudolfs Heerfahne, ein rotes Tuch mit weißem Kreuz. Der Pfalzgraf und sein Verbündeter waren ihnen schon deshalb nicht gewachsen, weil sich der Habsburg wieder einer ungewöhnlichen Taktik bediente. Bei Nacht überstiegen gebirgskundige Männer aus Schwyz einen Alpenpaß im Rücken des feindlichen Lagers und machten die Mehrzahl der schlafenden Burgunder nieder. Dieses Stoßtruppunternehmen brach Otto das Genick, und ganz Deutschland jubelte über einen Sieg, den es gegen »Frankreich« errungen hatte. Philipp der Schöne indessen blieb – nach außen hin – völlig ungerührt.

Er hatte diesen Konflikt zwar ausgelöst, sich dabei aber selbst immer nur durch Mittelsmänner vertreten lassen, die letzten Endes auf eigene Rechnung und Gefahr handelten. Wenn sie diesmal unterlegen waren – pas de quoi. Die Freigrafschaft Burgund, in Frankreich Franche Comté genannt, würde ihm früher oder später ohnehin zufallen. Ihre Bewohner orientierten sich längst nach Paris, das wußte auch Rudolf. Er hatte das strittige Gebiet nicht ernsthaft zurückgewinnen, sondern dem Grafen von Savoyen nur die Faust zeigen wollen. Und an kaum etwas wäre ihm weniger gelegen gewesen als an einem ausgewachsenen Krieg mit Philipp. Im Westen ließ sich für seine Familie ohnehin nichts mehr holen; wenn dort Frieden herrschte, war es genug. Außerdem hatte er die Figuren seines Spiels ja nicht nur über das Reichsgebiet verteilt, sondern eine davon auch in Frankreich aufgestellt.

Drei Jahre nach dem Tod seiner Frau Gertrud hatte sich Rudolf sogar persönlich im linksrheinischen Raum engagiert. Als bereits sechsundsechzigjähriger Mann heiratete er Agnes von Burgund, die blutjunge Tochter eines französischen Kronvasallen, und trat – als Morgengabe gewissermaßen – dem mit ihr verwandten Königshaus die reichsunmittelbare Grafschaft Vienne ab.

Sollte er allerdings gehofft haben, seine Nachfahren damit gegen Westen hin so abgeschirmt zu haben, daß sie sich ungestört im Osten etablieren und entfalten konnten, so wäre er einer Täuschung erlegen. Zu dem Erbe, das er ihnen hinterließ, gehörte auch jene antifranzösische Stimmung, die aus der Wut und Trauer über den Zerfall des Reiches geboren worden war. Ihr konnten sich die späteren Habsburger vor allem darum nicht entziehen, weil sie, noch ausufernder als Rudolf, Reichspolitik und Familienpolitik miteinander vermengten. Was sie für ihr Haus erheirateten, suchten sie mit den Machtmitteln, über die deutsche Könige oder Kaiser verfügten, zu erhalten. Dadurch wurde die Rivalität zwischen Frankreich und Deutschland derart aufgeheizt, daß sie sich endlich zur berühmt-berüchtigten Erbfeindschaft auswachsen konnte. Den Keim dieser Entwicklung hatte Rudolf gelegt, als er begann, mit Reichsgut für die Sicherung seiner eigenen Interessen zu bezahlen, in Italien, damit er gekrönt werde, in Frankreich, damit sein elsässisch-schweizerischer Grundbesitz nicht in Gefahr geriete. War aber das eine Manöver auf fast groteske Weise fehlgeschlagen, so sollte das andere jahrhundertelang nichts als Übel zeitigen. Und am Ende seines Lebens mußte Rudolf sich auch noch eingestehen, daß er sogar das für ihn wichtigste seiner Vorhaben kaum würde verwirklichen können. Eine mächtige Partei im Kurfürstengremium weigerte sich einfach, noch vor seinem Tod einem zweiten Habsburg die Königskrone zuzusichern. Die Gründe dafür mußte Rudolf teilweise selbst verantworten, er hatte viele Fehler gemacht. Er hatte allerdings auch sehr viel Pech gehabt.

Pech war es gewesen, daß der überall beliebte Hartmann, sein zweitjüngster Sohn, die eigenen sportlichen Fähigkeiten als Schwimmer überschätzte. Mit Hartmann hatte Rudolf nicht nur ein Kind verloren, was ihn als Vater schmerzte, sondern auch einen Sympathieträger, der die Sache des Hauses Habsburg in der Öffentlichkeit hervorragend vertreten hatte, was ihn als Politiker getroffen haben muß. Von den beiden Söhnen, die ihm danach noch blieben, kam der ältere als Kronprätendent zunächst nicht in Frage, denn er saß in Wien und war vollauf damit beschäftigt, den österreichischen Besitz zu erhalten. Außerdem mangelte es diesem Albrecht viel zu sehr an Fingerspitzengefühl und diplomatischem Takt, als daß man ihn den Wahlmännern hätte präsentieren können, er war zu hochfahrend, zu sehr von sich selbst eingenommen. Von Rudolf, dem Jüngeren, galt dies weniger, deshalb schlug der Vater ihn als seinen Nachfolger vor. Die Chancen, daß der Prinz genügend Stimmen zusammenbekommen würde, standen zunächst auch gar nicht schlecht. Einmal hatte Rudolf auf seinen Mitbesitz an Österreich und der Steiermark verzichtet, verfügte also nicht über eine Hausmacht, die ihn politisch gefährlich machte, zum anderen waren alle weltlichen Kurfürsten mit ihm verschwägert oder Söhne seiner Schwestern. Die Wahl hätte also beinahe im Familienkreis stattfinden können. Bevor jedoch die Thronfolgefrage akut geworden war, war – wieder Pech für Rudolf – auch der mit Agnes von Böhmen verheiratete, zweite Habsburger namens Rudolf gestorben, damit stand nur noch der unbeliebte Albrecht zur Verfügung. Rudolf, der Vater, versuchte sofort, ihn den Mitgliedern des Reichstags nahezubringen. Doch da begannen sich die Fehler zu rächen, die er begangen hatte.

Der schlimmste war sein Verhalten gegenüber Siegfried von Westerburg gewesen. Kölns Erzbischof hatte ihm zwar, nicht nur nach der Annektierung von Österreich und nicht nur auf dem Würzburger Konzil von 1287, sondern auch bei vielen anderen Gelegenheiten Prügel in den Weg geworfen. Trotzdem war es mehr als unklug, sich mit diesem einflußreichen Mann noch zusätzlich zu verfeinden. Eben das aber hatte Rudolf getan.

Nachdem Siegfried am 5. Juni 1288 die Schlacht bei Worringen gegen eine Allianz der Grafen von Jülich, Cleve, Mark und Brabant verloren hatte und dabei sogar gefangengenommen worden war, rührte der Habsburg hinterher keine Hand, um ihm bei der Wiederherstellung seines schwerbeschädigten Ansehens zu helfen, obwohl dies für einen klugen, abwägenden Politiker geboten gewesen wäre. Vielmehr versuchte er, den Geschlagenen zusätzlich zu demütigen, er kannte bedenkenlos die Rechte der Sieger auf das an der Maas gelegene Herzogtum Limburg an, um dessentwillen der ganze Streit entstanden war, und nahm dem Kölner sogar seinen ehrwürdigsten Titel ab. Reichserzkanzler hatten sich bisher die meisten Erzbischöfe in Deutschlands heiligster Stadt genannt, Rudolf übertrug die damit verbundenen Befugnisse an seinen Hofkanzler Rudolf von Hoheneck, einen Mann, der nicht einmal Reichsfürst oder Graf, sondern nur ein armer Ritter aus Schwaben war.

Der adelsstolze Westerburg wie auch sein Amtsbruder auf dem Erzstuhl von Trier müssen diese Geste als einen Schlag ins Gesicht empfunden haben. Daß beide fortan darüber nachsannen, wie sie diese Demütigung Rudolf eines Tages heimzahlen könnten, mutet vielleicht nicht eben edel an, ist aber menschlich zu verstehen. Deutschlands dritter Erzbischof, jener von Mainz, sah die ganze Angelegenheit hingegen mit anderen Augen. Aber das ärgerte den Kölner und den Trierer noch mehr, denn ihr Mainzer Amtsbruder war ihnen schon immer ein Dorn im Auge gewesen.

Heinrich von Isny gehörte nicht einmal dem niederen Adel an, er war von bürgerlicher Herkunft, ein gewöhnlicher Minoritenbruder. Rudolf hatte den etwas rundlichen Mann, der von seinen Landsleuten »Knoderer« oder »Kugullin« (etwa: »Kugelbauch«) genannt wurde, zunächst als Vorleser beschäftigt, ihn dann aber immer mehr als Berater in Staats- und Familiensachen herangezogen und schließlich dafür gesorgt, daß ihm das Mainzer Erzbistum übertragen wurde. Dieses ehrwürdigste Kirchenamt im Reich führte der Allgäuer, entgegen allen Erwartungen, auf tadelsfreie Weise, nicht nur als Priester und Politiker, sondern auch als Kriegsführer, als Botschafter in Rom und als zeitweiliger Statthalter in Thüringen und Meißen. Daß man ihn bezichtigte, sich der Magie ergeben zu haben, hat dem Knoderer nicht geschadet, es verleitet heute allenfalls zu dem Verdacht, sein Dienstherr Rudolf I. habe, wie später Kaiser Rudolf II. von Habsburg, auch schon eine gewisse Vorliebe für Alchimisten und andere Praktikanten der »Schwarzen Kunst« gehabt. Die Vorstellung, Gold machen zu können, mag für ihn, der zwar wohlhabend, aber fast nie flüssig war, faszinierend genug gewesen sein, um mit ihr wenigstens zu liebäugeln. Ob der ehemalige Mönch auf dem Stuhl des Erzbistums ihm in seinen häufigen finanziellen Schwierigkeiten helfen konnte, ist freilich nicht überliefert. Als Staatsmann indessen stand er ihm vorbehaltlos zur Seite, auch gegen seine Amtsgenossen in Köln und in Trier.

Unglücklicherweise starb der Knoderer jedoch, ehe es im Reichstag und im Kurfürstenkollegium wegen der Thronfolge zum Stechen kam. Und sein Nachfolger bekannte sich wieder zu der exklusiven Aristokratenriege, deren Mitglieder in den drei alten Römerstädten als geistliche und weltliche Herren regierten. Auch das gehört zum Kapitel »Rudolfs Pech«. Er konnte dagegen nicht einmal das beträchtliche Guthaben aktivieren, welches er sich, trotz seiner eigennützigen Hausmachtpolitik als deutscher König, erworben hatte.

Der Habsburger war ja beliebt und wurde auch anerkannt. Niemand leugnete, daß es ihm gelungen war, das Ansehen der Krone zu stärken, niemand bestritt, daß er sich wie kein anderer seiner unmittelbaren Vorgänger um Frieden und Sicherheit im Landesinnern, aber auch an den Grenzen bemühte. Das Raubritterwesen hatte er eingedämmt, die Rechte der Territorialherren, willkürlich Wegzölle zu erheben, stark beschnitten. Die Städte konnten während seiner Amtszeit freier atmen als in den vergangenen Jahren, sogar das staatliche Finanzwesen war so weit gediehen, daß es diese Bezeichnung überhaupt einigermaßen verdiente. Mit einem Wort: Den Deutschen war es keineswegs schlecht bekommen, daß sie achtzehn Jahre lang von einem Mann regiert worden waren, der rechnen konnte, der einen klaren, nüchternen Blick für das Machbare hatte und der über eine staunenswerte Arbeitskraft verfügte.

Müßig oder auch nur entspannt kann man sich diesen Rudolf von Habsburg überhaupt nicht vorstellen, ständig war er unterwegs, ständig in Bewegung, fast nie allein, immer von Zuhörern und Gesprächspartnern umgeben, redend, laut denkend, Vorschläge erwägend oder verwerfend. Zu seinen etwas füchsischen Zügen fügte sich eine Art von advokatenhafter Schläue und jene Versiertheit im Umgang mit materiellen Werten, die auch gute Bankiers auszuzeichnen pflegt.

Nur derartige Fähigkeiten hatten ihn in die Lage versetzt, einen Besitz zu erwerben, zu dem nicht nur so sichere Anlagewerte gehörten wie die ausgedehnten Liegenschaften in Österreich-Steiermark oder in seinem alemannischen Heimatrevier, sondern auch teils wohlerworbene, teils nur erhoffte Ansprüche, welche sich eines Tages aus seiner Heiratspolitik ergeben mochten.

Mathilde, Hedwig, Agnes, Katharina, Guta und Clementia, die sechs Habsburgermädchen, waren in Brandenburg, Sachsen, Böhmen, Anjou sowie zweimal in Baiern gut untergebracht und konnten dazu als familiäre Brückenköpfe in Nachbargebieten angesehen werden: einerseits wohlversorgte Töchter, andererseits lebendes Kapital, das, in wer weiß welchem künftigen Erbfall, vielleicht einmal Zinsen tragen würde.

Aber inzwischen war Rudolf über der Arbeit an seinem Lebenswerk dreiundsiebzig Jahre alt geworden. Wie man an dem damals entstandenen Bild im Speyrer Dom ablesen kann, begannen seine Kräfte nachzulassen. Man schrieb das Jahr 1291. Rudolf mußte einen letzten Versuch unternehmen, die Fehler auszubügeln, die ihm unterlaufen waren, als er sich noch um die Kaiserkrone bemüht hatte. Er mußte zumindest die Thronfolge des unbeliebten Albrecht sichern.

Nochmals also ein Reichstag, nochmals eine beschwerliche Reise nach Frankfurt, nochmals die Konfrontation mit den Reichs- und Kurfürsten. Völlig verloren scheint seine Sache keineswegs zu sein. Der Sachse, der Brandenburg, der als Pfalzgraf bei Rhein amtierende und deshalb wahlberechtigte Oberbaier gehören zur Sippe. Wenzel, den Mann seiner zweitjüngsten Tochter, hat Rudolf durch die Bestätigung der strittigen böhmischen Kurwürde und die Zusicherung des erblichen Erzschenkenamtes zusätzlich geködert. Das sind vier Stimmen gegen die drei der geistlichen Wahlmänner. Was spricht dagegen, daß sie ausreichen werden?

Dagegen spricht nach wie vor, daß man Albrecht nicht nur nicht mag, sondern auch fürchtet. Er ist Herr dieses riesigen Besitzes im Südosten, er hat dort unten gezeigt, daß er Macht zu handhaben weiß, daß er im Zweifelsfall seinen Willen brachial durchsetzt. Auch kommt es ihm nicht gerade zustatten, daß der Vater ihn nach dem Tod von Ladislaus dem Kumanen mit Ungarn belehnte. Das war zwar kaum mehr als eine vorsorgliche Anmeldung habsburgischer Ansprüche auf das Land an Donau und Theiß, zeigt aber deutlich genug, in welchen Dimensionen diese Familie bereits denkt. Eines Tages wird Albrecht oder sein Sohn möglicherweise an der Spitze magyarischer Reiter herangezogen kommen, um die deutschen Fürsten seinem Willen völlig zu unterwerfen. Und diese Gefahr sollen die Kurfürsten sehenden Auges heraufbeschwören? Nicht einmal der Sachse, der Brandenburg und der wittelsbachische Pfalzgraf bei Rhein können sich dazu überwinden. Nur der Böhme wirbt ein wenig für Albrecht, alle anderen schließen sich den drei geistlichen Wählern an und lehnen ihn ab. Rudolf weiß, daß er endgültig geschlagen ist. Er weiß aber auch, daß er nur noch kurze Zeit zu leben hat. So verabschiedet er sich in Frankfurt von den deutschen Fürsten und gleichzeitig von der Welt.

Über Germersheim, eine Stadt, die er selbst begründet hat, reitet der Dreiundsiebzigjährige direkt nach Speyer, um dort begraben zu werden. Es ist eine Geste von kaum überbietbarer Großartigkeit, obwohl sich in ihr vor allem Rudolfs geradezu krasser Realitätssinn spiegelt. Realist ist ja nur, wer alle Gegebenheiten, denen das menschliche Leben unterliegt, vorbehaltlos anerkennt – auch den Tod. Ihn jedoch völlig bewußt als Schlußstein in das eigene Dasein einzufügen, heißt, das Sterben sogar segnen.

Mit seinem letzten Ritt hat Rudolf eine der ehrwürdigsten habsburgischen Traditionen begründet. In dieser Familie wußte man auch fürderhin zu sterben wie in kaum einer anderen. Alle bedeutenden Nachfahren ihres ersten Königs sind von der Welt so gelassen abgetreten, als gelte es, nur den Aufenthaltsort zu wechseln. Doch möglicherweise machte diese Gelassenheit die wichtigste Stärke der Habsburger aus. Möglicherweise liegt darin sogar das Geheimnis ihres märchenhaften Aufstiegs verborgen.

Im Morgengrauen des 15. Juli 1291 tauchten die Türme des Speyrer Doms vor König Rudolf I. auf. Am selben Tag ist er gestorben.

IV.
König Albrechts Aufstieg und Ende

Auf dem Schauplatz, den Rudolf I. verlassen hatte, stand breit, mächtig und triumphierend der Erzbischof von Köln. Ihm war es gelungen, die Wahl des jüngeren Rudolf zu vereiteln. Er vor allem hatte auch die Thronfolge Albrechts verhindert und somit verteidigt, was er als sein gutes kurfürstliches Recht ansah: die Möglichkeit, einen ihm und den eigenen Vorstellungen gemäßen König zu nominieren. Geliebt hat diesen herrischen, verschlagenen, rücksichtslosen Mann wohl kaum jemand, nicht einmal sein eigenes Domkapitel oder die Kölner Bürger. Dennoch gehörte Siegfried von Westerburg zu den herausragenden Politikern seiner Zeit, wenn auch nur, weil er wußte, wie man sich durchsetzt. Nach Rudolfs Niederlage auf dem Frankfurter Reichstag war Siegfried der wahre Königsmacher in Deutschland. Als er dem Kurfürstenkollegium seinen favorisierten Kandidaten präsentierte, durfte dieser sich praktisch schon als gewählt betrachten.

Westerburg hatte Adolf von Nassau vorgeschlagen, einen Adeligen, auf den die Bezeichnung »kleiner Graf« viel besser zutraf als seinerzeit auf den Habsburg; Adolf verfügte wirklich nur über einen ganz geringen Besitz zwischen Weilburg und Wiesbaden. Auch den Begriff »Wahlkapitulation« konnte man, auf ihn bezogen, fast wörtlich nehmen; denn um gewählt zu werden, mußte er vor den Kurfürsten regelrecht kapitulieren. Das machte Adolf von vornherein zu einem Herrscher auf Widerruf. Erfüllte er nur eine Klausel der ihm aufgenötigten Verträge nicht, so durften die Wahlmänner ihn wieder absetzen. Aber natürlich hoffte auch der Nassau trotz aller ihm angelegten Fesseln, während seiner Amtszeit die eigene Hausmacht derart zu stärken, daß er später, wenn es um seine Nachfolge ging, ein entscheidendes Wort werde mitreden können.

Bei Adolfs Wahl war Albrecht nicht anwesend, er befand sich gerade erst auf dem Weg nach Frankfurt. Als man ihm hinterbrachte, was auf dem Römerberg geschehen war, bog er sofort von seinem Weg ab und ritt in die habsburgischen Stammlande, um dort einige anliegende Streitfälle mit Luzern, Zürich und Konstanz zu regeln. Er begriff gut genug, daß die Vereinbarungen zwischen Kurfürstengremium und dem designierten König sich in erster Linie gegen ihn richteten. Zu denen, die dort mitgestimmt hatten, gehörte auch sein Schwager und ehemaliger Parteigänger Wenzel II. von Böhmen. Der trachtete mittlerweile danach, ein Stück von Österreich, nach Möglichkeit sogar das ganze Land, an sich zu bringen. Eine offene Auseinandersetzung mit ihm hielt Albrecht jedoch noch für verfrüht.

Rudolfs Sohn, der, einem Zeitgenossen zufolge, von eher bäuerlichem Aussehen war und nur ein Auge hatte, mag wirklich weder anziehend noch liebenswert gewesen sein, aber er war alles andere als dumm. Gegen Ende des Jahres 1292 suchte er sogar König Adolf auf, händigte ihm die Kroninsignien aus und leistete für seine Reichslehen den Huldigungseid. An dem Strick, an dem sein Vater einst Ottokar II. aufgehängt hatte, wollte er nicht baumeln.

Das hieß freilich keineswegs, daß Albrecht seine Hoffnung, eines Tages doch noch deutscher Kaiser zu werden, schon beerdigt hätte, im Gegenteil. Nun mußte eben die Zeit für ihn arbeiten – oder Gott. Man konnte ja ein bißchen nachhelfen.

Die Zeit arbeitete tatsächlich für Albrecht. Der Nassau hatte bei seinen Bemühungen um eine Hausmacht nur wenig Glück. Zwar gelang es ihm, die Mark Meißen als Reichslehen einzuziehen, weil ihre bisherigen Inhaber, die Wettiner, in direkter Linie ausgestorben waren, und auch das Land Thüringen konnte er kaufen. Durch beide Aktionen geriet Adolf jedoch in schwere Händel mit Verwandten der Wettiner, die ihr Familienerbe nicht aufgeben wollten, und in einen noch ernsteren Interessenkonflikt mit Gerhard von Eppstein, dem Mainzer Erzbischof, der in Thüringen Eigenbesitz hatte. Um sich beider Gegner zu erwehren, schloß der deutsche König einen Subsidienvertrag mit England, investierte das erhaltene Geld aber keineswegs, wie es abgesprochen war, in einen Krieg gegen Frankreich, sondern führte sein Heer in das umstrittene Thüringen. Schon konnte er glauben, sich dort durchgesetzt zu haben, da starb 1297 sein mächtigster Verbündeter Siegfried von Westerburg. Möglicherweise hätte Adolf diesen Verlust verkraftet, wäre in der Zwischenzeit nicht Albrecht von Österreich äußerst aktiv gewesen.

Der Habsburg hatte seinen Schwager Wenzel II. wieder ins eigene Lager gezogen, hatte die Kurfürsten von Sachsen und Brandenburg für sich gewonnen und auch die wettinischen Verwandten auf sich eingeschworen. Die Auseinandersetzung um Thüringen brachte ihm dann auch noch den Erzbischof von Mainz als Verbündeten ein. Am Pfingstfest 1297 versammelte sich diese bunt gemischte Gruppe in Prag, um anläßlich der Krönung Wenzels zum König vom Böhmen die Weichen der deutschen Politik neu zu stellen. Was die Verschwörer dort planten, könnte man einen reinrassigen Staatsstreich nennen. Dem Nassau sollte nachgewiesen werden, daß er einzelne Bedingungen seiner Wahlkapitulationen verletzt habe, um ihn dann schlicht für abgesetzt zu erklären. Wenigstens vertrat Gerhard von Eppstein die Ansicht, man könne so vorgehen. Er war damals gerade auch Reichserzkanzler.

Am 15. Juni 1298 empfing der Mainzer Erzbischof in seiner Episkopalkirche alle Kurfürsten, die an der Prager Verschwörung beteiligt waren – mit ihm zusammen insgesamt vier –, und eröffnete gegen Adolf den Prozeß. Es war ein in der deutschen Geschichte bis dahin einmaliger Vorgang. Daß der Papst deutsche Herrscher bannte und damit, zuweilen, ihre Absetzung erzwang, das hatte es schon gegeben. Aber daß nun so etwas wie ein quasiparlamentarischer Ausschuß den Thron umstieß, davon hatte man noch nie gehört. Die selbsternannten Ankläger beteten eine endlos lange Liste von Vergehen, ja sogar Verbrechen herunter, welche der Nassau sich habe zuschulden kommen lassen, und sprachen ihn in keinem Punkt frei. Eide sollte er gebrochen, die Fürsten unterdrückt, das Recht verweigert haben. Ein Glück, daß der Mainzer Dom kein Glashaus war, wahrscheinlich hätte er sonst den juristischen Steinhagel kaum überstanden.

Albrecht war auch bei dieser Verhandlung nicht anwesend. Er setzte weniger auf Paragraphen als vielmehr auf das, was die Kurfürsten immer gefürchtet hatten – auf seine Macht. Mit einem starken Heer rückte der Habsburg von Osten her auf Mainz zu, und je näher er dem Rhein kam, desto mehr schwoll seine Streitmacht an. Nicht nur alte Parteigänger seines Vaters stießen zu ihm, sondern auch Konjunkturritter, die einen neuen Morgen witterten. Bei Straßburg sammelte Albrecht seine Kräfte. Adolf entschied sich dafür, ihm den Weg in die Erzbischofsstadt zu versperren.

Am Fuß des Donnersberges im Nordpfälzer Bergland stellte der deutsche König seine Mannschaft auf. Rheinländer gehörten ihr an, Baiern, Franken, Elsässer, auch der Abt von St. Gallen mit einigen Leuten war dabei, unter ihnen ein gewisser Christian Kuchimeister, der später über die sogenannte »Ritterschlacht bei Göllheim« berichtete.

Dank Kuchimeister wissen wir, daß der 23. Juni 1298, der Tag, an dem die Schlacht stattfand, ein glühend heißer Tag war. Adolf und Albrecht hatten beide ihre Heere in je drei »Treffen« gegliedert: Angriffsspitze, erste Reserve, zweite Reserve. Taktische Befehlshaber waren die Fahnenträger, denn an ihnen mußten sich die Streiter orientieren: Wenn die Fahne sank, pflegten sie aufzugeben.

Adolfs baierische Hilfstruppen eröffneten die Schlacht. Sie prallten gegen die tausend gepanzerten Reiter, welche der Herzog von Kärnten Albrecht zugeführt hatte, und wurden zurückgeschlagen. Dem Bannerträger, einem Gottfried von Brauneck, gelang es jedoch, die Baiern wieder zu sammeln und noch einmal gegen den Feind zu führen. Kuchimeister berichtet, der fränkische Adelige habe die Fahne des Herzogs von Niederbaiern, die schon am Boden lag, wieder aufgehoben und sie mit der des Herzogs von Oberbaiern zusammengebunden, obwohl er bereits schwer verwundet war. Die Entscheidung fiel dann aber doch nicht unter dem weiß-blauen Tuch, sondern unter den zwei Reichsflaggen.

Sowohl Adolf wie auch Albrecht ließen sich die rote deutsche Sturmfahne mit dem weißen Kreuz vorantragen. Und der Habsburger bewies, daß er ein gelehriger Sohn seines Vaters war. Hatte Rudolf einst die Reservetruppe »erfunden«, so erkannte Albrecht, daß es erfolgversprechender war, die Pferde anzugreifen als den Mann. Mit den von ihm eingeführten spitzen Schwertern stachen seine Leute den feindlichen Reitern die Rosse reihenweise zwischen den Schenkeln weg, womit ihre Gegner schon ausgeschaltet waren. Ein Ritter zu Fuß taugte im Nahkampf so gut wie nichts. Viele von ihnen erstickten sogar einfach in den heiß gewordenen Eisenrüstungen. Mit einer immer kleiner werdenden Schar preschte Adolf schließlich verzweifelt durch das Getümmel, hier einen Einbruch in die eigenen Linien wieder begradigend, dort ein paar fliehende Männer um sich sammelnd und sie wieder an den Feind führend. Seine allseits gerühmte Tapferkeit half ihm indes nichts mehr. Als auch der königliche Bannerträger, Heinrich von Isenburg, einen Hitzschlag erlitt und aus dem Sattel stürzte, war es um den Nassau geschehen. Schwer verwundet brach er zusammen.

Die Baiernherzöge traten daraufhin den Rückzug an, und an die siebenhundert von Adolfs Leuten gerieten in Gefangenschaft. Die Leiche des Königs soll derart verstümmelt gewesen sein, daß man ihn nach der Schlacht kaum identifizieren konnte. Erst elf Jahre später wurde der Nassau im Speyrer Dom beigesetzt – zusammen übrigens mit seinem Gegner Albrecht von Habsburg.

Albrecht selbst aber konnte sich damals, 1298, in der schönen Gewißheit wiegen, daß er gewonnen und seines Vaters Absicht postum verwirklicht habe. Zwischen ihm und der Krone lag jetzt nur noch die kurze Wegstrecke nach Mainz. Ohne Hast sammelte er seine Leute, ohne Hast ritt er dem Ort entgegen, an dem die Mitverschworenen von Prag sich versammelt hatten, um ihn – wen sonst? – zum nächsten deutschen König zu erheben.

Welche Gefühle die vier Kurfürsten bewegten, als sie von Albrechts Sieg in der Pfalz erfuhren, ist nicht so leicht zu ermessen. Eben noch, bei Adolfs Wahl und dem Prozeß gegen ihn, hatte das republikanische Prinzip triumphiert: Die Wahlmänner gaben die Krone und nahmen sie wieder, der König war nicht mehr als ein geschäftsführender Präsident. Doch nun rückte eben der heran, den sie am meisten gefürchtet hatten, um den Abgesetzten zu beerben. Und ihnen, seinen Mitverschworenen, blieb gar keine andere Wahl, als den Habsburg anzuerkennen. Kam das nicht für sie einer Niederlage gleich, einer verheerenden sogar? Denn eines stand ja wohl fest: Mit Albrecht würden sie in Zukunft keineswegs so umspringen können wie mit dem schwachen Nassau.

In Mainz angekommen, ließ der Habsburg sich, herablassend fast, zum König wählen – um seinen Titel danach sofort wieder abzulegen. Das in Mainz versammelte, etwas ins Zwielicht geratene Vierergremium genügte seinen rechtlichen Ansprüchen schon nicht mehr. Er wollte mit den Stimmen aller Kurfürsten auf den Thron gehoben werden, das konnte nur in einem ordentlichen Verfahren geschehen. Der von dem Habsburg geforderte Reichstag trat schon wenige Wochen später, am 27. Juli, in Frankfurt zusammen und entschied, wie Albrecht es erwartet hatte. Einstimmig trug man ihm die deutsche Krone an. Als Albrecht I. wurde er, nochmals vier Wochen darauf, in Aachen gekrönt. Das hieß freilich keineswegs, daß ihn die Ehre, auf dem Thron Karls des Großen zu sitzen, nichts gekostet hätte. Auch dem zweiten gekrönten Habsburger waren beträchtliche Wahlkapitulationen abgefordert worden.

Davon ließ sich Albrecht jedoch nicht beirren. Er sei, so behauptet der zeitgenössische Chronist Ottokar von Horneck, hart wie ein Diamant gewesen, sein Herz »war ein Turm und ein glühendes Eisen«, seine Selbstzucht bewundernswert, seine Erfindungskraft überragend. Außerdem konnte er schweigen.

Im Dezember 1299 traf der Habsburg nahe Toul mit einem Mann zusammen, dem man ähnliche Eigenschaften zuschrieb wie ihm, nämlich Stolz, Hartnäckigkeit und rücksichtslose Entschlossenheit. Es war Philipp IV., der Schöne, König von Frankreich, mit dem schon Rudolf I. Berührung gehabt hatte, wobei er meist den kürzeren zog. Albrecht nun glaubte, dem Franzosen genug gewachsen zu sein, um mit ihm zusammenarbeiten zu können. Die beiden wollten sich ohnehin an dem alten Bauern- und Königsspiel um Söhne und Töchter versuchen: dieses meiner Kinder für dieses Stück Land, jenes für einen anderen Erbanspruch.

Es waren Verhandlungen, wie sie zwei Inhabern von großen Familienunternehmen angestanden hätten, nur daß dabei eben nicht Kapital eingesetzt wurde, sondern Fleisch vom eigenen Fleisch. Philipp bot die Hand seiner Schwester Blanca gegen einen Teil des habsburgischen Hausguts im oberen Elsaß, Albrecht setzte Rudolf, seinen Ältesten, ein, der dafür – das hatte sich schon Rudolf I. so gedacht – künftighin im Westen Rückendeckung haben sollte; die beiden jungen Leute wurden einander versprochen.

Aber im Grunde war dies nur der Vorwand für das Treffen an der Maas. Hinter den Kulissen trafen die Könige noch viel weiter reichende Verabredungen. Welcher Art sie gewesen sein sollen, sickerte nur allmählich durch, blieb aber trotzdem überwiegend Gerücht. In Deutschland vermutete man – vor allem weil es nahelag –, Albrecht habe im linksrheinischen Raum Positionen aufgeben wollen, die zu halten ihn nur unnötige Kraft gekostet hätte. Er sah, in dieser Angelegenheit ebenfalls wie sein Vater denkend, die größeren Chancen für das Haus Habsburg im Osten. Ob ihm dabei allerdings bewußt war, daß er einen Partner hatte, der sich selbst als Nachfolger Karls des Großen betrachtete und entsprechende Pläne verfolgte, ist bis heute eine offene Frage. Sollten sich die beiden im Prinzip einig geworden sein, so hätten ihre gemeinsamen Pläne aber tatsächlich nur auf eines hinauslaufen können, nämlich Teilung der Macht zwischen Paris und Wien: hier die französische Erbmonarchie der Kapetinger, dort jene der Habsburger. Und zwischen beiden Häusern auch noch verwandtschaftliche Beziehungen, um jeden Anspruch einer dritten Partei von vornherein abzublocken, vor allem den der deutschen Kurfürsten.

Sowohl dem Franzosen als auch dem Habsburg sind Gedankengänge in solchen Dimensionen zuzutrauen, indes hat nur Philipp den Beweis erbracht, daß er sie auch bewältigen konnte. Karl der Franke, sein großes Vorbild, war nie bereit gewesen, sich von den Päpsten ins politische Geschäft hineinreden zu lassen. Um wie er agieren zu können, mußte der Kapetinger deshalb zunächst einmal Rom an die Kandare legen, was nicht gerade einfach war. Auch auf dem Stuhl Petri saß damals ein Mann, der nach der Macht über ganz Europa griff.

Bonifaz VIII., aus dem alten römischen Adelsgeschlecht der Caëtani, pflegte sich kaum anders zu äußern als der jüdische Jahwe auf dem Berg Sinai. Die Entscheidungen dieses Papstes glichen Blitzschlägen aus einer finsteren, alle Welt überschattenden Wolke. Wo sie einschlugen, blieben Trümmer zurück, zerstörte Existenzen und sogar verwüstete Kirchen. Seine innerkirchlichen Widersacher aus dem Hause Colonna hatte Bonifaz nicht nur der Kardinalswürde beraubt, sie wurden auch exkommuniziert und verbannt. In einer seiner Bullen erklärte er alle Laien zu »Feinden des Klerus«, in einer weiteren, noch schrofferen, der berühmten »Unam Sanctam«, beanspruchte er die päpstliche Gewalt über sämtliche Herrscher und Völker Europas. Kein Gesetz hatte in seinen Augen Bedeutung, wenn es nicht von ihm abgesegnet worden war, allen Erscheinungen des außerkirchlichen Daseins sprach er eigenen Wert ab. Der Tiara, dem außerliturgischen Kopfschmuck der Päpste, fügte Bonifaz einen zweiten Ring ein, signalisierend, daß sie die Krone der Kronen sei und nicht nur geistliche, sondern auch absolute weltliche Macht repräsentiere. Der Caëtani entschied den uralten Streit zwischen Kaisertum und Papsttum mit einem herrischen Federstrich zugunsten der letzteren Instanz: Niemand war dem Apostelfürsten gleich, die Welt nur ein Stein unter seinen Füßen.

Albrecht von Habsburg, der natürlich – wie schon sein Vater und wie auch Adolf von Nassau – Kaiser werden wollte, hatte so gut wie keine Aussicht, sich gegen diesen in Feuer und Rauch gehüllten Titanen durchzusetzen. Philipp der Schöne hatte, zumindest theoretisch, auch keine Chance, aber das ignorierte er.

Der Franzose war bereits auf die Barrikaden gegangen, als der Papst im Jahr 1296 den Geistlichen seines Landes verboten hatte, Steuern an den Staat abzuführen. »Le bel«, wie er zu Hause genannt wurde, hatte damals alle Fremden in Frankreich vom Geldverkehr ausgeschlossen, was in erster Linie die römischen Abgesandten traf, die den Ertrag von Kirchenkollekten an den Tiber schaffen sollten. Bonifaz war nichts anderes übriggeblieben, als diesen Schlag einzustecken, weil der französische Klerus sich auf die Seite des Königs stellte. Zum Nachgeben freilich zeigte er sich noch lange nicht bereit.

Er drohte Philipp vielmehr die Absetzung an, verkündete, Gott habe ihn eingesetzt, um in seinem Namen zu »zerstören und einzureißen, zu bauen und zu pflanzen«, erneuerte das Steuerverbot für den Klerus und forderte die französischen Prälaten auf, mit ihrem König nach Rom zu kommen und sich vor ihm zu verantworten.

Philipp ließ sich wiederum nicht einschüchtern. Sein Schwager, Graf Artois, entriß dem päpstlichen Nuntius die mitgebrachten Papiere und warf sie ins Feuer. Und der Staatsrat von Frankreich billigte eine Entschließung des Kronjuristen Guillaume de Nogaret, Bonifaz müsse nicht mehr als Oberhaupt der Kirche anerkannt werden, weil der Verdacht bestehe, er habe die päpstliche Würde auf widerrechtliche Weise erlangt.

Derart radikal war seit den Tagen des letzten Stauferkaisers niemand mehr gegen einen Nachfolger Petri vorgegangen, entsprechend hart mußte der Papst zurückschlagen. Philipp wurde exkommuniziert. Gleichzeitig begann Bonifaz, sich in dieser für ihn doch auch prekären Situation nach Bundesgenossen umzusehen. Und auf wen außer Albrecht hätte dabei sein Blick fallen können?

Plötzlich ist der vom Papst ebenfalls schon verfluchte deutsche König kein Majestätsverbrecher mehr, sondern ein ernsthafter Gesprächspartner. Goldene Brücken freilich baut der rabiate Pontifex ihm deswegen nicht. Albrechts Gesandte müssen sich vielmehr anhören, das Römische Reich sei durch Bonifaz' Vorgänger den Byzantinern abgenommen und auf die Deutschen übertragen worden, wie es die Krönung Karls des Großen in der Peterskirche bezeuge. Der apostolische Stuhl könne jedoch auch weiterhin nach Belieben über das Kaisertum verfügen, das Albrecht anstrebe. Nur wenn die Deutschen dies anerkennten, sei er, der gegenwärtige Nachfolger des heiligen Petrus, bereit, Albrechts Königswürde zu bestätigen und seine Wahl durch die

Kurfürsten nachträglich zu ratifizieren. Wenn nicht, bleibe der Habsburg ein thronräuberischer Herzog von Österreich.

Der deutsche Delegationsführer, Johann von Zürich, antwortet auf diese brüske Herausforderung mit einer überaus blumigen, überaus unterwürfigen Rede. Er nennt Bonifaz den Herrn der Welt und vergleicht die Kardinäle mit Adlern, zu deren Schwarm auch der Kaiserliche Aar gehöre. Auf den Wink des Papstes erhebe er sich in die Luft und lasse seine Augen wachsam umherschweifen.

Damit ist man der Kernfrage, um die eigentlich alles kreist, schon ziemlich nahegekommen. Der Papst erklärt vor versammeltem Konsistorium den bisherigen »Herzog von Österreich« zum rechtmäßigen deutschen Herrscher, ermächtigt die Kurfürsten, ihn auch zum Kaiser zu erheben, erwartet aber dafür seine völlige Unterwerfung sowie einige zusätzliche politische Leistungen. Die wichtigste davon: Albrecht soll sein Bündnis mit Philipp von Frankreich lösen.

Der Habsburg stimmt in allen Punkten bedingungslos zu. Auf dem Reichstag des Jahres 1303 in Nürnberg erklärt er sich vor den versammelten Fürsten zum Untertan des Papstes, schwört ihm Treue und Gehorsam und verpflichtet sich, den Stuhl Petri gegen jeglichen Feind zu schützen, also auch gegen den Franzosen, mit dem er sich vier Jahre zuvor noch verschwägert und verbündet hatte. Was seine Wähler sich dabei gedacht und was sie empfunden haben mögen, ist unschwer zu erraten. Albrecht verriet sämtliche Kaiser bis hin zu Karl dem Großen und erklärte den von ihnen vertretenen Anspruch, die Christenheit ruhe auf zwei Säulen, der Heiligen Römischen Kirche und dem Heiligen Römischen Reich Deutscher Nation, rückwirkend für null und nichtig. Er strich einige der glorreichsten Kapitel nationaler Geschichte einfach durch, und schließlich brach er auch noch den beschworenen Vertrag mit einem anderen König. Für die Reichstagsmitglieder muß es die Stunde der Scham und der Schande gewesen sein.

Als Mann aus ganz anderem Holz erwies sich da Philipp der Schöne. Guillaume de Nogaret, sein Kronjurist, wurde beauftragt, eine regelrechte Anklageschrift gegen Bonifaz zu erstellen und ein allgemeines Konzil einzuberufen, das ihn aburteilen sollte. Gleichzeitig sandte Nogaret Agenten nach Italien, die mit allen Feinden des Papstes Kontakt aufnahmen, insbesondere mit den noch nicht verbannten Mitgliedern der Familie Colonna. Und als er genug entschlossene Männer zusammengebracht hatte, ging der ohnehin antikirchlich eingestellte

Franzose – Angehörige von ihm waren Anfang des Jahrhunderts im Albigenserkrieg als Ketzer verurteilt und hingerichtet worden – zur direkten Aktion über.

In Anagni, der südlich von Rom gelegenen Lieblingsresidenz des Papstes, ließ Philipp Bonifaz im September 1303 überfallen und zur Abdankung auffordern. Der schon greise Pontifex erwiderte auf dieses Ansinnen nur: »Hier mein Nacken, hier mein Haupt!« und verweigerte die Unterschrift. Die Empörer mußten es hinnehmen, daß Bürger von Anagni den Papst wieder befreiten und nach Rom entführten. Doch hatten dort seine Feinde inzwischen ebenfalls die Macht an sich gerissen. Sie verweigerten Bonifaz den Umzug vom Lateran- in den Vatikanpalast, worauf dieser stoisch feststellte: »Also bin ich ein Gefangener.« Hinter verschlossenen Zellentüren ist einer der letzten Päpste, die es gewagt hatten, nach der Herrschaft über die Welt zu greifen, dann auch wenig später gestorben, man sagt, im Zeichen beginnenden Wahnsinns. All dies geschah rund acht Wochen nach Albrechts bedingungsloser Unterwerfung auf dem Nürnberger Reichstag.

Wofür also, fragten die Kurfürsten nun, hatte der Habsburg sich auf so beispiellose Weise gedemütigt, wofür ihre eigene Würde und die des Reiches in den Staub getreten? Nur, um schon wenig später zu erfahren, daß seine Worte in den Wind gesprochen waren, daß sein Kniefall ihm nicht das mindeste einbringen würde? Bedingungslos hatte er versucht, sich die Basis zu sichern, von der aus es möglich gewesen wäre, dem Haus Habsburg die Kaiserkrone, also die Erbmonarchie, zu sichern. Jetzt war der Papst, auf den er dabei gebaut hatte, praktisch von einem Tag auf den anderen verschwunden. Die Wahlmänner dürften schon damals entschieden haben, Albrecht die vom Papst in ihre Hand gegebenen Insignien der höchsten Macht vorzuenthalten. Sie schlossen sich mehr und mehr zu einer Front der Ablehnung gegen ihn zusammen. Der Mann der Stunde hieß Philipp von Frankreich. Und dessen war sich der Kapetinger auch vollkommen bewußt.

Den nächsten Papst, einen gelehrten Dominikaner, konnte er derart einschüchtern, daß dieser sich schon zu Lebzeiten – er amtierte nur neun Monate lang – bereit erklärte, als seinen Nachfolger einen Franzosen einzusetzen, und zwar Bertrand de Got, den Erzbischof von Bordeaux. Bertrand wiederum mußte, bevor er den Segen Philipps erhielt, seinerseits ein Papier unterzeichnen, das, so wollten Eingeweihte wissen, sechs Bedingungen enthalten habe. Fünf davon bezogen sich auf die Vernichtung des Ansehens von Bonifaz, die sechste und wichtigste blieb geheim. Sie könnte jedoch gelautet haben: Der Sitz des Papstes wird von Rom nach Frankreich verlegt. Bertrand de Got erfüllte diese Forderung.

Nicht am Tiber ließ der Mann aus Bordeaux sich krönen, sondern in der halb und halb noch immer zum Reich gehörenden Stadt Lyon, Italien hat er auch später nie betreten. 1309 verlegte der nunmehrige Papst Klemens V. seine Residenz nach Avignon, der erste von insgesamt vier Päpsten, die dort das sogenannte »Babylonische Exil« der Kirche überstehen sollten, alle waren Franzosen. Mit einer einzigen »action directe« hatte Philipp die Struktur des christlichen Europas so tiefgreifend verändert, wie es selbst den mächtigsten deutschen Kaisern nie gelungen war. Fast siebzig Jahre lang wurde die Kirche nun von Frankreich aus regiert und beherrscht. Philipps spektakulärstes Unternehmen gegen Rom und das an Rom gebundene Reich war dies freilich noch lange nicht gewesen.

Am frühen Morgen des 13. Oktober 1307, Nebel hing zwischen den Häusern, die Straßen waren menschenleer, hatten schwerbewaffnete Häscher den königlichen Palast auf der Île de la Cité von Paris verlassen, hatten den rechten Arm der Seine überquert und waren nach Norden marschiert. Ihre Anführer trugen einen versiegelten Befehl im Gürtel, den sie erst nach dem Abmarsch erbrechen durften. Dann jedoch wußten sie, ihr Ziel war ein Bezirk außerhalb der Stadtmauern, der noch heute an die erinnert, die vor Tagesanbruch verhaftet werden sollten. Der Bezirk hieß und heißt »Le Temple«.

Wie die Opfer in den königlichen Ordres bezeichnet waren, ist nicht überliefert. Sollte dort jedoch gestanden haben, es ginge gegen die »Pauperes commilitones Christi templique Salomonis«, gegen Christi arme Gefährten vom Tempel Salomons, so wäre dies zwar nicht unkorrekt, aber an diesem Oktobertag im Jahr 1307 nur noch eine Art von Etikettenschwindel gewesen. Arm nämlich waren die Tempelherren oder Tempelritter, wie sie allgemein genannt wurden, schon lange nicht mehr. Ihr Orden erfreute sich vielmehr eines geradezu sagenhaften Reichtums. Kein Land zwischen Zypern und Portugal, Sizilien und England, in dem die Templer nicht Niederlassung und Besitz gehabt hätten, kaum ein Herrscher in Europa, der nicht bei ihnen verschuldet gewesen wäre.

Der Orden verfügte über eigene Flotten, eigene Häfen, eigene Werften. Seine Krankenhäuser waren die modernsten, seine Kartographen die besten der Welt. Kaufleute, die Geld von London nach Kreta, von Paris nach Konstantinopel überweisen wollten, wandten sich an die einstmals armen Gefährten Christi, zahlten eine geringe Gebühr und wurden prompt bedient – sogar den Scheck sollen die Templer erfunden haben. Und überall, wo es politische Streitfälle zu schlichten galt, rief man einen der Ihren als Unparteiischen an. Heinrich III., dem König von England, soll ein Tempelritter einmal ins Gesicht gesagt haben: »Ihr seid Herrscher, solange Ihr Gerechtigkeit übt, brecht Ihr jedoch das Gesetz, so werdet Ihr auch nicht mehr regieren.«

Philipp dem Schönen waren die Templer schon immer ein Dorn im Auge gewesen. Sie verkörperten das, was er damals erst schaffen wollte, ein stehendes Heer, und sie waren, nicht nur in Frankreich, aber vor allem dort, ein nahezu souveräner Staat im Staat. Was in den Köpfen ihrer führenden Männer vorging, ist bis heute nicht ganz enträtselt.

Es könnte jedoch sein, daß sie sich im Orient, wo der Orden gegründet worden war, mit Gedankengängen angefreundet hatten, die den europäischen Vorstellungen von Staats- und Rechtswesen diametral entgegengesetzt waren. Ähnlich wie auch den Deutschordensrittern könnte ihnen die Utopie eines Gemeinwesens vorgeschwebt haben, in dem asketische Diener Gottes unter der Herrschaft asketischer Anführer in streng geregelter Ordnung zusammenlebten. Nachdem der Kreuzfahrerstaat im Heiligen Land endgültig verlorengegangen war, versuchten die Templer, in der Languedoc dafür Ersatz zu schaffen. Vor allem dieses Unternehmen widersprach jedoch den Plänen, die Philipp selber hegte. Was er anstrebte, war ja der auf ihn allein zugeschnittene Zentralstaat, in dem es außer dem Palais Royal von Paris keine zweite Kommandozentrale gab, schon gar keine, die, wie ein templerisches Hauptquartier, nur den Papst als Oberhaupt anerkannt hätte.

Die Genehmigung, den Templerorden entmachten zu dürfen, könnte ebenfalls von Philipp in dem Papier gefordert worden sein, das Bertrand de Got hatte unterschreiben müssen, ehe er den Stuhl Petri besteigen durfte. Doch wartete Philipp gar nicht erst ab, bis aus Avignon eine entsprechende Bulle hinausgegangen war, er zog es vielmehr vor, schon zwei Jahre nach dem Amtsantritt Klemens' V. selber die Initiative zu ergreifen.

Seine Häscher drangen an jenem 13. Oktober 1307 gewaltsam durch die Tore des Temple und nahmen jeden gefangen, der sich im weißen, mit dem achtspitzigen »Tatzenkreuz« geschmückten Mantel zur Frühmette in die Kirche begeben hatte. Noch ehe die Morgennebel sich auflösten, war alles vorbei. Jacques de Molay, der Großmeister des Ordens, seine engsten Mitarbeiter und hundertvierzig weitere Ritter saßen im Kerker. Vier Jahre lang erfuhren sie nicht, was mit ihnen geschehen sollte. Würde die Christenheit sich über Philipps Nacht-und-Nebel-Aktion empören? Würde der Papst ihre Freilassung fordern?

Der Papst war Franzose, er dachte nicht daran, dergleichen zu tun. 1311 sanktionierte Klemens die Maßnahme seines Königs, ein Jahr später löste er den Templerorden auf. Kurz darauf begann einer der spektakulärsten und umstrittensten Prozesse des ausgehenden Mittelalters. Jacques de Molay und seine Gefährten wurden aufgrund teilweise abstruser Anklagepunkte zum Tode verurteilt und am 13. März 1314 dem Scheiterhaufen übergeben. Es war die schärfste Herausforderung, welche die Kirche bis dahin hatte hinnehmen müssen, und gleichzeitig der bedeutendste Sieg nationalstaatlichen Denkens über die bis dahin immer noch gültigen Vorstellungen von einem universalen Abendland.

Philipp der Schöne hatte diesen Sieg errungen und seinem Land damit einen Weg gewiesen, den die Franzosen mit zäher Beharrlichkeit weiter verfolgten, bis er schließlich im Absolutismus endete. Doch war auch dies nur der Fortgang einer Entwicklung, die begann, als nach der Schlacht von Bouvines jener Chronist aus Halle weitsichtig notierte: »Seit jener Zeit verloren die Deutschen ihr Ansehen bei den Franzosen.«

Albrecht, der im Jahr des Templerprozesses schon lange unter der Erde lag, steht als europäischer Herrscher völlig im Schatten seines gewalttätigeren, aber auch gewaltigeren, konsequenteren und bedeutenderen Zeitgenossen aus Frankreich. Im Vergleich mit dem, was Philipp der Schöne für die innere Festigung Frankreichs leistete, mutet alles, was Albrecht für sein »Haus« zu erreichen versuchte, wie eine windige, krämerhafte Spekulation an.

Albrechts Unternehmungen mangelte es an Ideen, an übergreifender Planung, schlicht an Größe. Daß er dafür im Urteil der Geschichte moralisch besser wegkommt als der Franzose, gleicht dieses politische

Manko nicht aus. Daß die Verhältnisse in der unordentlichen deutschen Adelsrepublik nicht so waren wie im letztlich viel ordentlicheren, weil rationaler denkenden Nachbarland, mag Albrecht zum Teil entschuldigen. Daß ihm aber die Kurfürsten mehr und mehr Widerstand entgegensetzten, hatte vor allem einen Grund: Sie konnten in ihm nur einen ihresgleichen erkennen, er wollte, was auch sie wollten – Eigenbesitz und Hausmacht. Eine Konzeption zur Ausgestaltung, Stärkung und Sicherung des Reiches als Ganzes hingegen suchten sie bei ihm vergebens.

Der Vorwurf, er habe nur und ausschließlich familiäre, also weitgehend private Interessen verfolgt, bleibt an Albrecht allerdings deshalb bloß zur Hälfte hängen, weil die Umstände ihn lehrten, daß ein König sich nur dann allein durchsetzen konnte, wenn er sozusagen als Unternehmer unabhängig und stärker als alle seine Konkurrenten war. Wie in jeder Republik wurde auch in Deutschland die Macht letzten Endes frei gehandelt, wer sie haben wollte, mußte dafür zahlen können. Wer aber zahlen kann, und Albrecht war ja nicht gerade mittellos, sieht sich bei jeder Ausgabe, die er plant, in der Regel immer auch nach Sicherheiten um.

Albrechts Ältester, Rudolf III., Herzog von Österreich und der Steiermark, hatte 1300 Philipps des Schönen Schwester Blanca geheiratet. Diese Ehe erwies sich als Fehlschlag, wenn auch keineswegs aus Gründen mangelnder Harmonie zwischen den beiden. Die Kurfürsten weigerten sich vielmehr, den jungen Habsburg als Thronfolger anzuerkennen, weil niemand bereit gewesen war, ihnen mitzuteilen, was der französische und der deutsche König bei ihren Gesprächen in Toul wirklich miteinander abgesprochen hatten. Das wiederum entwertete Rudolfs Verbindung mit der Französin auch in den Augen seines Vaters. Bestärkt wurde Albrecht in dieser Einschätzung der Lage dann noch zusätzlich, als ihm ein zweites, ähnliches Unternehmen ebenfalls fehlschlug.

1299 war der letzte Graf von Holland-Seeland-Friesland gestorben. Albrecht, der diesen reichen Besitz aufgrund einer noch von Rudolf I. bewilligten Zusage eigentlich dem Neffen des Toten hätte übertragen müssen, hatte allerlei formaljuristische Gründe dagegen geltend gemacht und versucht, das Land statt dessen als erledigtes Reichslehen einzuziehen, natürlich in der Absicht, einen seiner sechs Söhne damit zu versehen. Das hätte er lieber nicht tun sollen, denn daraufhin wurden die ohnehin schon mißtrauischen geistlichen Kurfürsten erst richtig bockig. Habsburg mit Frankreich verschwägert, am Oberrhein mächtig und nun auch noch an der Rheinmündung präsent! Das war mehr, als auch nur einer von ihnen hinnehmen konnte und wollte. In einem Schiedsgerichtsverfahren zwangen sie den König, seine diesbezüglichen Pläne zu begraben und Holland-Seeland-Friesland doch dem bereits von ihm gebannten Neffen, einem Grafen von Hennegau, zu überlassen. Um aber zu verhindern, daß er sie in Zukunft mit ähnlichen Vorhaben überraschte, schlossen die Kurfürsten gleichzeitig ein Schutzbündnis untereinander ab, auf dessen Programm nur ein einziger Punkt stand: Albrecht sollte abgesetzt werden. Gerhard von Mainz, in derartigen Angelegenheiten erfahren, meinte, sein Köcher enthielte noch viele Könige – schließlich hatte er ja auch Adolf von Nassau gestürzt.

Gerhards etwas großspuriger Satz hing jedoch noch halb in der Luft, da zeigte sich, daß Albrecht zumindest kein zweiter Nassau war. Im Juni 1301 stand er plötzlich vor Heidelberg, das dem zum Schutzbund übergetretenen Pfalzgrafen bei Rhein (und Herzog von Oberbaiern) gehörte, im Jahr darauf entriß er dem Mainzer seine Stadt Bingen. Und als sich ihm daraufhin der niederrheinische Adel wie auch eine ganze Reihe von rheinischen Reichsstädten anschlossen – an ihrer Spitze das traditionell habsburgerfreundliche Speyer –, mußten Wikbold von Köln und Diether von Trier vor »dem hohen Herrn Albrecht, der sich jetzt König von Deutschland nennt«, ebenfalls die Knie beugen. In einem einzigen harten Rundschlag hatte Albrecht seine bereits gefährdete Autorität wiederhergestellt und, so schien es wenigstens, die königliche Gewalt in Deutschland stabilisiert. Er schaffte alle Zölle ab, die seit der Zeit Barbarossas unrechtmäßig eingeführt worden waren, erneuerte den von seinem Vater verabschiedeten Reichslandfrieden und erlaubte den Städten, sich zu bewaffneten Bündnissen gegen die Angehörigen der kurfürstlichen Fronde zusammenzuschließen.

Es war tatsächlich ein Sieg über das Machtkartell der Wahlmänner und ihren antihabsburgischen Anhang im Land. Allerdings war es auch das Äußerste, wozu Albrecht sich als deutscher König aufraffen konnte. Anstatt die einmal gewonnene Position zielstrebig auszubauen, wie es, auf seine Weise, Philipp der Schöne in Frankreich tat, wandte er dem westlichen Deutschland wenig später wieder den Rükken, um im Osten Geschäften nachzugehen, die viel mehr Gewinn versprachen. Er glaubte, in seine Krone genug investiert zu haben, jetzt schaute er sich wieder nach Sicherheiten für das aufgewandte Kapital um.

Was immer man von Albrechts Akquisitionsversuchen jenseits der deutschen Sprachgrenze halten mag, sie werden zumindest verständlich, wenn man seine anvisierte Beute ins Auge faßt. Er wollte damals Ungarn erringen, und das war ein Staat, der alles, was zwischen Elbe und Rhein zu haben gewesen wäre, vergleichsweise wie mageren Streubesitz aussehen ließ. Ungarn reichte von der kroatischen Adriaküste bis nach Galizien und von Preßburg bis fast ans Schwarze Meer. Es umschloß Bosnien, Serbien, Bulgarien, Siebenbürgen und den überwiegenden Teil des heutigen Rumäniens.

Auf Ungarns Boden lebten die unterschiedlichsten Völker zusammen, nicht nur Magyaren, sondern auch halbmongolische Kumanen, halbtürkische Szekler sowie Deutsche, Slowaken und Ruthenen, um nur die wichtigsten zu nennen. Deutsche Priester hatten einst von Passau aus das riesige Land christianisiert. Der deutsche Kaiser Otto III. war der Schutzherr Stephans des Heiligen, des ersten getauften Ungarnkönigs, gewesen. Einer von Stephans Nachfahren, Bela IV., hatte 1241, als die Mongolen ihn bedrängten, die Lehnshoheit des Reiches anerkannt. Und darauf wiederum hatte Rudolf I. sich berufen, als er, nach der Ermordung seines Bündnispartners Ladislaus' des Kumanen, Ungarn an Albrecht übertrug.

Doch die Magyaren hatten an dem Habsburg keinen Gefallen gefunden. Statt seiner wählten sie einen letzten Abkömmling der schon halb sagenhaften Arpadenfamilie zu ihrem König, wogegen Albrecht nicht viel unternehmen konnte. Als jedoch 1301 dieser Andreas III. starb und somit »das dem männlichen Zweig von König Stephans des Heiligen Stamme, seiner Sippe und seinem Blut entsprossene letzte Goldästlein abbrach«, war im weiten Revier um Preßburg, Szegedin und Erlau auf einmal wieder alles offen. Wer sollte es haben, das riesenhafte, noch kaum erschlossene, ja über weite Strecken hin sogar völlig unbewohnte Reich der Magyaren?

Drei europäische Machthaber meldeten sofort ihre Ansprüche an, jeder, wie er glaubte oder vorgab, mit guten, ja sogar besten Gründen. Als erster hob Albrecht die Hand, weil er seine Tochter Agnes rechtzeitig mit dem verstorbenen Andreas verheiratet hatte. Dann trat sein Schwager Wenzel II. von Böhmen nach vorne, weil dessen Sohn Wenzel III. eine Tochter des Arpaden und der Habsburgerin zur Frau hatte, und schließlich gab auch der damals noch lebende Bonifaz VIII. Laut, weil Ungarn »der römischen Kirche gehöre«. Außerdem, so erklärte der Papst, müßten alle anderen Erbansprüche ohnehin vor den Forderungen der Gemahlin Karls II. von Neapel, einem Anjou, zurücktreten, da sie mit Ladislaus dem Kumanen verwandt gewesen sei. Nur ihren Sohn Karl Robert könne er deshalb als nächsten ungarischen König anerkennen. Der Anjouprinz war um diese Zeit bereits in Split gelandet, um sich den Magyaren als neuer Kronprätendent vorzustellen. Die Lage hätte also kaum verzwickter sein können. Und Albrecht mußte sich fragen, wie er lavieren sollte, um das Beste aus ihr zu machen.

Bei genauerem Hinsehen wurde jedoch klar, daß er im Grunde nur einen einzigen Zug tun konnte: Er mußte sich gegen den Mann seiner Schwester Guta stellen, gegen Wenzel II. Der Böhme war ein, wie es scheinen mochte, sehr wankelmütiger Mann, in Wahrheit freilich einer der gerissensten Politiker seiner Zeit und dazu einer der erfolgreichsten.

Nach Rudolfs I. Tod hatte er sich zunächst, beraten von seinem Kanzler Peter von Aspelt, einem ehemals habsburgischen Hausarzt, auf die Seite Adolfs von Nassau geschlagen, in der Hoffnung, dieser werde ihm die Mark Meißen übertragen. Als Adolf dann Meißen selber mit Beschlag belegt hatte, war Wenzel wieder zu Albrecht zurückgekehrt und hatte auch in Prag jenen Verschwörerkreis beherbergt, der den damaligen König dann stürzte. Dafür hatte der Habsburg ihm freilich das Egerland zugestehen müssen, das Pleißner Land und eben die umstrittene Meißener Mark. Doch damit nicht genug, Albrecht mußte auch noch stillhalten, als Wenzel sich 1300 in Gnesen zum König von Polen krönen ließ und damit zum weitaus mächtigsten Herrscher im Lehensverband des Deutschen Reiches aufstieg.

Albrecht hatte sich zwar bei allen diesen Arrondierungsmaßnahmen gesagt, solange der Böhme sich nach Nordosten hin ausdehne, könne er ihm im Südosten nicht gefährlich werden – bis Wenzel dann, nach dem Tod von König Andreas, eben auch noch nach Ungarn griff. Das durfte der Habsburg auf keinen Fall hinnehmen, damit hätte er sich dem eigenen Schwager auf Gedeih und Verderb ausgeliefert. Fazit seiner Überlegungen also: Er unterstützte Papst Bonifaz und Karl Robert von Anjou, um Wenzel, den Sohn, am Einzug in die ungarische Krönungsstadt Preßburg zu hindern. Gleichzeitig ging er gegen Wenzel, den Vater, mit Waffengewalt vor.

Unterstützt von alten habsburgischen Parteigängern aus Schwaben und Franken, fiel Albrecht 1304 in Böhmen ein, schlug Wenzels Mannen, wo er mit ihnen zusammentraf, und konnte schon hoffen, die Stadt Kuttenberg mit ihren reichen Silbergruben einzunehmen, da machten ihm die tschechischen und deutschen Bergleute einen Strich durch die Rechnung. Mit ihren spießbürgerlichen Waffen kämpfend, schlugen sie Albrechts Ritterheer schmählich zurück. Im Jahr darauf starb Wenzel II.

Sein Sohn, lange nicht so ehrgeizig wie der Vater, sondern eher den Genüssen des Lebens zugeneigt, verzichtete sowohl auf Meißen als auch auf die Krone des heiligen Stephan. Während er aber die umstrittene Mark dem Habsburg herausgab, übertrug er seine ungarischen Erbansprüche, heimtückischerweise, an den Baiernherzog Otto. Schon im nächsten Jahr, 1306, trank dann auch Wenzel III. seinen letzten Becher; es sei, sagt man, einer zuviel gewesen, und möglicherweise habe er Gift enthalten.

Nun war Albrecht erneut am Zug, es ging diesmal nicht mehr um Ungarn, sondern um Böhmen. Wenzel III. war der letzte Přzemyslide gewesen, somit konnte der deutsche König deren Land als erledigtes Lehen einziehen und es an seinen Sohn Rudolf übertragen, den ehemaligen Mann der französischen Blanca, die Kapetingerin war 1305 gestorben. Rudolf überließ Österreich mit der Steiermark einem jüngeren Bruder und heiratete, um die Sache völlig hieb- und stichfest zu machen, auch noch die Witwe Wenzels II., nicht seine Tante Guta natürlich, sondern deren Nachfolgerin, die Polin Elisabeth. Guta lebte ebenfalls schon lange nicht mehr.

Fast über Nacht schien sich so für das Haus Habsburg alles aufs beste geordnet zu haben. Die Familie saß nun am Oberrhein, in der Schweiz, in den Landen »ob« und »nid der Enns«, an den Ufern der Save, den Ufern der Drau und in Böhmen, sie hielt sogar noch die Ansprüche der beiden Wenzels auf Polen. Wer hätte Habsburg jetzt noch in die Schranken fordern, wer sein Streben nach erblicher Herrschaft über Deutschland ernstlich behindern können? Albrecht stellte solche Fragen erst gar nicht, er nützte vielmehr die günstige Konjunktur und griff noch weiter aus. Thüringen und Meißen wollte er jetzt haben, das spätere Sachsen. Gründe, diese Gebiete zu verlangen, gab es genug, wenn man alle seit den Tagen Adolfs von Nassau aufgelaufenen Rechtstitel richtig interpretierte. Doch da biß der Habsburg zum ersten Mal seit langer Zeit wieder auf Granit.

Der thüringische Landgraf selbst war zwar konzessionsbereit, er hatte von Adolf Geld genommen. Sein von ihm nicht anerkannter Sohn, Friedrich der Freidige, jedoch, ein Enkel Friedrichs II. von Hohenstaufen, und dessen Bruder Diezmann waren es keineswegs. Sie gedachten ihre Anteile an Thüringen und Meißen zu halten und das Haus Wettin, das ihr Vater schon abgeschrieben hatte, neu zu begründen. Beide galten, wie schon der Beiname Friedrichs bezeugt, als erfahrene Kriegsleute und unerschrockene Haudegen, »freidig« heißt »mutig«. Und Albrecht machte auf sehr unliebsame Weise mit ihnen Bekanntschaft. Das Heer, das er gegen sie ausschickte, wurde bei Lucka, im späteren Landkreis Leipzig, auseinandergetrieben. Albrecht selbst, der ein Jahr später aufbrach, um die Scharte auszuwetzen, kam gar nicht mehr dazu, seine Waffen mit denen der Jung-Wettiner zu kreuzen. Auf dem Weg nach Thüringen meldete man ihm, Kronprinz Rudolf sei in Prag einem Ruhranfall erlegen. Sein ganzes, kunstvoll errichtetes Kartenhaus drohte plötzlich wieder zusammenzubrechen. Tatsächlich geschah das auch.

Die böhmischen Stände waren offenbar froh, den Habsburg losgeworden zu sein, denn sie erhoben keineswegs, wie es bei Rudolfs Belehnung abgemacht worden war, einen von seinen Brüdern, beispielsweise Friedrich den Schönen, zum neuen böhmischen König, sondern Heinrich von Kärnten, einen Schwager Wenzels III. Als Albrecht dem einstigen Verbündeten von Göllheim 1307 auf den Leib rücken wollte, scheiterte er ein zweites Mal, und jetzt sogar in offener Feldschlacht, es geschah erneut – wie schon 1304 – vor den Mauern von Kuttenberg.

Für Albrecht war damit alles verloren, was sieben Jahre früher schon fast zum Greifen nahe gewesen zu sein schien: In Ungarn hatte Karl Robert von Anjou sich nach langen inneren Zwisten endlich durchgesetzt, die habsburgische Macht hätte nicht ausgereicht, ihn wieder zu vertreiben. Böhmen mußte, samt den Ansprüchen auf Polen, ebenfalls abgeschrieben werden, und das sächsische Revier hielten die Wettiner fest im Griff. Rudolfs I. Sohn hatte nach neunjähriger Amtszeit kaum mehr in der Hand als das, was ihm vom Vater hinterlassen worden war. Man könnte sagen: »Wie gewonnen, so zerronnen«, es wäre nicht einmal der schlechteste Kommentar zu der Art von Politik, die Albrecht bevorzugte.

Anmerken müßte man dann freilich auch, daß der zweite Habsburgerkönig auf seine Weise den Übergang von einer Epoche zu einer anderen einleitete. Das gesellschaftliche Gefüge, in dem er sich bewegte, trägt die Bezeichnung »feudal«, weil ihre wichtigste politische Scheidemünze das »feudum«, das Lehen, war. Ein Lehen gehörte an sich niemandem, es war Allgemeingut. Seiner eigentlichen Bestimmung nach konnte es nur vom König vergeben werden, und zwar auf Zeit. Herrscher belohnten damit treue Gefolgsleute, die sich ihrerseits wieder mit Dienstleistungen im Krieg und bei Hof revanchieren mußten. Ein König, der keine Lehen vergeben konnte, war so gut wie machtlos, was Rudolf I. noch am eigenen Leib erfahren hatte. Zu seiner Zeit war es bereits üblich geworden, die verliehenen Güter und Ämter als erblichen Besitz zu betrachten. Grafen etwa, noch zu Barbarossas Zeiten überwiegend Beamte auf Widerruf, hatten es sich angewöhnt, ihre Titel den Söhnen zu vererben, ebenso hielten es die Ritter. Das kam einer schleichenden Umwandlung von öffentlichem Besitz in privaten Besitz gleich, es war eine typisch deutsche Erscheinung. Zwar trat sie auch in Frankreich auf, doch keineswegs in der gleichen ausufernden Weise wie östlich von Maas und Vogesen; auf den Britischen Inseln blieb sie sogar nahezu unbekannt.

In England kontrollierten der König, die Kirche und der aus nicht viel mehr als einem Dutzend Magnaten bestehende Hochadel nahezu drei Viertel allen Grund und Bodens. Mit Teilen davon wurden absetzbare Grafschaftsvögte belehnt, die den Titel »Vicomte« oder »Sheriff« trugen. Noch eine gesellschaftliche Stufe weiter unten saßen die Ritter, deren Treue mit sorgfältig bemessenen Arealen an Ackergrund, Weidegrund, Wald sowie den darauf liegenden Rechten belohnt wurde.

Das Herzstück dieses Systems war konsequenterweise ein Grundstückskataster mit dem furchterregenden Namen »Domesday Book«, Buch des Jüngsten Gerichtes. Dank diesem Grundbuch und einem darauf gründenden Gesetzeswesen konnte der König mit seinem immobilen Kapital sinnvoll arbeiten, er bezahlte damit, er strafte, indem er es entzog, er bestimmte den Preis für geforderte Leistungen. Wie jedes in sich geschlossene, durchdachte System erfüllte auch das englische Feudalwesen durchaus seinen Zweck, es garantierte Ordnung und erhielt den Staat lebensfähig.

Deutschland hingegen, dessen Lehensstruktur auf dem Papier nahezu um keinen Deut anders aussah als die englische, hatte es nie geschafft, seine sogenannte »Heerschildordnung« mit Leben zu erfüllen. Der Kreislauf von lohnender Gnade und dienender Treue, der den König mit seinem letzten Vasallen hätte verbinden sollen, war hier schon frühzeitig unterbrochen worden. Der Adel hatte es verstanden, verliehenen Besitz zu usurpieren. Als Konsequenz daraus konnte immobiles Kapital fast nur noch durch Erbverfügungen mobil gemacht werden. Man band sich nicht mehr an den Herrscher, um Grundbesitz, Macht und Titel zu erlangen, man versuchte sich vielmehr – so vorteilhaft wie möglich – mit Macht- und Titelinhabern zu verschwägern.

Auf den mittleren und unteren Gesellschaftsebenen wurden solche Spiele von Grafen und Baronen betrieben, auf den höheren von Fürsten und Königen. Zur Zeit Barbarossas hatte diese Entwicklung einen ersten Höhepunkt erreicht. Rudolf I. war an ihr nur als halber Amateur beteiligt gewesen, während Albrecht, der, wie sein Vater auch, noch mit dem Mittel des Lehnsrechts arbeiten konnte, dann sein Bestes tat, ihr weiter Vorschub zu leisten. Erst seine Nachfolger aber sollten diese Heiratspolitik wirklich auf die Spitze treiben, sie heirateten ein ganzes Imperium zusammen. Freilich machten die späteren Habsburgs dadurch die fürstliche Ehepolitik zur Grundlage eines neuen gesellschaftlichen Systems, das, solange es anerkannt wurde, der Umwelt durchaus Struktur verlieh, ja sogar eine Art von Ordnung garantierte. Und jeder von ihnen hätte sich bei seinen Akquisitionen in familiärem Auftrag guten Gewissens auf König Albrecht I. berufen können, denn sie alle, bis hin zu Franz Joseph I., wandelten auf seinen Spuren.

Weil dies aber so war, mutet es fast an, als habe ein unsichtbarer Autor der Lebensgeschichte des zweiten Habsburgerkönigs eine passende und zugleich ironische Pointe verleihen wollen, indem er ihren Helden eben in einem innerfamiliären Erbstreit zugrunde gehen ließ.

Als unwiderruflich feststand, daß Böhmen nun doch nicht Albrechts zweitältestem Sohn, Friedrich dem Schönen, zufallen würde, verließ der König den Schauplatz seiner Niederlage und ritt heim in die habsburgischen Erblande. Es ist denkbar, daß er vorhatte, dort, in der späteren Schweiz, einige nicht unbedeutende Probleme zu beseitigen.

Die Schweiz als Staat gab es zu Albrechts Zeit noch nicht, wohl aber in und um den Ort Schwyz eine Landgemeinde freier Bauern, deren Mitglieder sich noch am ehesten mit jenen hartschädeligen Westfalen vergleichen ließen, die, als Freigrafen oder Freischöffen, das Recht in ihre eigenen Hände nahmen, wenn es anders nicht mehr zu erlangen war. Schon 1240 hatten die Schwyzer von Kaiser Friedrich II. einen Freiheitsbrief erwirkt, der ihnen die Reichsunmittelbarkeit garantiert und sie somit dem Zugriff des Züricher Landgrafen, einem Onkel Rudolfs I., weitgehend entzog.

Da der Habsburg nach Friedrichs Tod nicht bereit gewesen war, dieses Privileg weiterhin anzuerkennen, hatten sich die Schwyzer auch noch mit den Nachbargemeinden Uri und Unterwalden zusammengeschlossen, um ihre Rechte zu verteidigen. Rudolf I. selbst hatte dann erneut Anstalten gemacht, die Unabhängigkeit der drei »Waldstätten« zu beschneiden, aber nie Zeit gefunden, seinen Willen gewaltsam durchzusetzen. Trotzdem atmeten die Schwyzer, Urner und Unterwaldener bei seinem Tod geradezu hörbar auf, um sich sofort noch enger miteinander zu verbinden, nachdem Albrecht König geworden war.

Gemeinsam bildeten sie eine Eidgenossenschaft, riefen Schiedsgerichte zur Regelung interner Streitigkeiten ins Leben, legten fest, daß kein Landfremder in ihrem Revier Grund und Boden erwerben durfte. Auch eigene Steuergesetze erließen diese Ur-Schweizer und wählten Landammänner, deren Namen später durch Schillers »Wilhelm Tell« berühmt wurden: Stauffacher, Attinghausen, Fürst.

Ein Ideal, dem auch viele andere Reichsbürger insgeheim anhingen, die reine Republik, schien am Vierwaldstättersee bereits Wirklichkeit zu werden. Daß Albrecht davon nicht eben begeistert war, liegt auf der Hand, doch fand er, genau wie sein Vater, lange keine Zeit, die Waldstättischen Schwurgenossen in ihrem Treiben zu behindern. Jetzt aber, nach dem böhmischen Fiasko, hatte er Zeit. In Schwyz, Uri und Unterwalden standen die Zeichen sofort wieder auf Sturm, als man hörte, er rücke heran. Doch Albrecht sollte zunächst nur bis nach Winterthur kommen, eine Stadt, die ihm gehörte.

Hier versammelte er landsässige Adelige zu einem Gastmahl, darunter Johann, den Sohn seines Bruders Rudolf, der 1290 gestorben war, bevor Rudolf I. ihn zum König wählen lassen konnte. Johann zeigte sich mit Onkel Albrecht zutiefst unzufrieden. Wieder und wieder hatte er ihn bestürmt, nun endlich das Unrecht gutzumachen, das seinem Vater widerfahren war, nachdem dieser sich bereit erklärt hatte, auf die Teilhaberschaft an den Herzogtümern Österreich und Steiermark zu verzichten, weil deren Landstände es wünschten und weil er außerdem König werden sollte. Die Krone war ihm versagt geblieben, doch weder er noch seine Nachkommen waren jemals für den entgangenen Besitz im Osten entschädigt worden, obwohl es entsprechende Zusagen aus der Hand Rudolfs I. gab. Auf diese Dokumente nun pochte Johann schon seit Jahren – mit geringem Erfolg. Einmal hatte man ihn wissen lassen, die Mark Meißen sei ihm zugedacht, dann, nachdem sie verloren war, hatte Albrecht ihm versprochen, er solle über die habsburgischen Hauslande eingesetzt werden. Doch keines dieser Worte war je eingelöst worden. Johann glaubte allmählich, er solle nur hingehalten werden, um schließlich zugunsten seiner Vettern ebenso um sein Erbe gebracht zu werden wie einst der Vater.

Bei dem Festmahl in Winterthur konnte der Prinz seine Wut nicht länger bezähmen. Als Albrecht Kränze an die Gäste austeilen ließ – es war Ende April –, schleuderte Johann den seinen weg und erklärte, für Blumen sei er zu alt, er wolle endlich bekommen, was ihm zustehe. Albrecht versuchte, ihn zu besänftigen, so gut es ging, doch der junge Mann stürmte erbittert davon. Es schien ein Familienkrach zu sein, etwas peinlich zwar, aber man würde das Ganze wieder vergessen.

Johann indessen dachte nicht daran zu vergessen. Als der König einen Tag später, am 1. Mai 1308, den Zusammenfluß von Aare und Reuß erreichte, also praktisch schon zu Hause in Brugg war und deshalb auch seine Begleitung zurückgelassen hatte, sah er sich plötzlich dem wütenden Neffen und vier anderen Bewaffneten gegenüber. Albrecht, keiner Gefahr gewärtig, ritt einfach auf sie zu, da fuhr ihm Johanns Schwert in die Brust, und der Dreiundfünfzigjährige glitt tot aus dem Sattel.

In »Wilhelm Tell« sagt Johann: »Der Neid zernagte mir das Herz.« Schiller läßt ihn als Mönch auftreten und gibt dem jungen Habsburg auch seinen nicht ganz zutreffenden historischen Beinamen »Parricida«, Vatermörder. Tatsächlich soll Johann zuletzt in einem Kloster bei Pisa gesehen worden sein, in das er geflohen war und wo er am 13. Dezember 1313 verstarb. Seiner Familie geriet Johann zum Hausgespenst. Doch heißt das bei einem Geschlecht wie den Habsburgern nur, daß ihm schon damals ein eigener Mythos zuzuwachsen begann.

V.
Eine Pause von hundertdreißig Jahren

Eigentlich hieß er Peter Aichspalter, was darauf hindeuten könnte, daß seine Vorfahren Holzfäller waren. Dieses gesellschaftliche Manko vermochte er jedoch so geschickt zu überspielen, daß man ihm später glaubte, sein Vater sei ein luxemburgischer Kleinadeliger gewesen und habe »von Aspelt« geheißen. Unter diesem Namen ist Peter in die Geschichtsbücher eingegangen, er war der geborene Aufsteiger.

An den Universitäten Padua und Bologna tat Aspelt sich in allen von ihm belegten Fächern hervor, er sparte fast nichts aus, was es damals zu studieren gab. Der Luxemburger war gut in Theologie, in Philosophie, in Jura und in Medizin, aber er ließ sich für jedes dieser Fächer auch genügend viel Zeit. Als ihm seine erste lukrative Stelle angeboten wurde, war er schon Mitte Vierzig. Rudolf I. machte ihn zu seinem Leibarzt.

Lange mußte es Peter bei dem Habsburg jedoch nicht aushalten, schon 1289 holte ihn dessen Schwiegersohn Wenzel II. nach Prag. Der Mediziner avancierte dort zum königlich-böhmischen Kanzler. Kein Zweifel, daß er diesen neuen Posten auch seinen guten Beziehungen zu Rudolfs Familie verdankte, er hat sich dafür durchaus revanchiert.

Die Zusammenkunft der Verschwörer gegen Adolf von Nassau in Wenzels Hauptstadt war von ihm in die Wege geleitet worden. Als Lohn dafür verschaffte ihm Albrecht Würde und Amt eines Bischofs von Basel. Und als 1305 Gerhard von Eppstein starb, jener Mainzer Kurfürst, der den Habsburg hatte absetzen wollen, wie er einst Adolf abgesetzt hatte, half der dankbare König Peter von Aspelt auch auf dessen Stuhl. Der hochgelehrte Mann war nun einer der mächtigsten Männer im Deutschen Reich. Ein Wort von ihm hätte genügt, um nach Albrechts Ermordung den nächsten Habsburg auf das Wahlpodium zu heben. Friedrich der Schöne von Österreich stand schon bereit, in die Fußstapfen seines Vaters zu treten. Peter jedoch verhielt sich in dieser Lage so, daß die Frage erlaubt scheint, ob er keine Grundsätze gehabt habe. Er ließ den jungen Habsburg wie eine glühende Kohle fallen.

Falls Peter wirklich ein Schuft gewesen sein sollte, man könnte ihm kaum einen Vorwurf daraus machen. Die Treue, jene Tugend, auf welcher die Lehensordnung letztlich beruhte, war längst in dem Maße entwertet worden, in dem königliche und fürstliche Machthaber um der Macht willen Bündnisse schlossen und Bündnisse brachen. Weder Rudolf I. noch Adolf von Nassau oder Albrecht I. hatten bei ihren geglückten und mißglückten Versuchen, Besitz zu erwerben, den Grundsatz von Treu und Glauben so scharf im Auge behalten, wie ihr Amt es vielleicht gefordert hätte. Wann immer sich ihnen Gelegenheit geboten hatte, einen Erbanspruch geltend zu machen, waren sie aktiv geworden, ohne auf die Ansprüche anderer sonderlich viel Rücksicht zu nehmen. Für Peter von Aspelt gab es deshalb auch keinen Grund, sich königlicher zu verhalten als die Könige.

Abgesehen davon war Peter auch noch Repräsentant eines republikanisch strukturierten Staatswesens, das – wenn es bleiben wollte, was es war – mit seinem obersten Machthaber viel mitleidloser umgehen mußte, als dies in einem idealen Feudalstaat möglich gewesen wäre. Die Treue konnte hier erst greifen, wenn nach dem Abtritt eines gekrönten Präsidenten die Verträge mit dem nächsten gewählten Throninhaber beschworen worden waren. In der Zeit dazwischen durften die Wahlmänner entscheiden, welche neue Bindung sie eingehen wollten. Völlig erklärbar wird Peters Tun und Lassen jedoch erst, wenn man ihm unterstellt, daß er auch noch persönliche Motive und Vorlieben hatte. Er könnte zum Beispiel nicht nur ein deutscher Reichspatriot, sondern auch ein luxemburgischer Lokalpatriot gewesen sein. Dies freilich mag Aspelt erst erkannt haben, als er im Kurfürstenkollegium mit seinem engeren Landsmann Balduin, Erzbischof von Trier, zusammentraf. Beide sprachen sozusagen dieselbe Sprache.

Peter war Absolvent zweier italienischer Hochschulen, Balduin, fünfundvierzig Jahre jünger als er, hatte in Paris studiert, wo damals die großen wissenschaftlichen Streitfragen des Jahrhunderts verbindlich entschieden wurden. Aspelt hatte noch gelernt, daß zwischen Wissen und Glauben kein wahrnehmbarer Unterschied bestehe, Balduin hingegen wußte schon, daß man, nach neuester Erkenntnis, die christlichen Dogmen nicht mit der Vernunft ergründen könne. Die zwei

Erzbischöfe verfügten also über Gesprächsstoff genug, wenn sie sich außerhalb der Sitzungen unterhalten wollten. Hinzu kam, daß Balduin nicht nur aus Peters Heimat stammte, sondern ein Sohn des bei Worringen gefallenen Grafen Heinrich von Luxemburg und außerdem eine Art Wunderkind war: mit zwölf Jahren bereits Student an der Sorbonne, mit zweiundzwanzig Inhaber des ehrwürdigen Trierer Erzstuhles. Aber natürlich hatte auch Balduin einen mächtigen Patron, der ihn förderte – und den er nun, wie Peter die Habsburger, abschütteln wollte.

Der Mann hinter Balduin war niemand anderer als Philipp der Schöne von Frankreich. Ihm und Klemens V., dem Papst von Philipps Gnaden, verdankte der Luxemburg sein einflußreiches Amt; ihm schuldete er Dankbarkeit und Lohn für genossene Wohltat. Paris und Avignon erwarteten von Balduin, daß er Karl von Valois, dem Bruder des französischen Herrschers, die deutsche Königskrone und damit die Anwartschaft auf den Kaisertitel verschaffe. Mit Hilfe eines dienstwilligen Papstes, eines frankreichfreundlichen Erzbischofs von Köln und zweier oder dreier weltlicher Kurfürsten, die nichts dabei gefunden hätten, einem Ausländer ihre Stimme zu geben, wäre dies wohl zu machen gewesen, vorausgesetzt, Balduin setzte sich entschieden genug für dieses Unternehmen ein. Der Luxemburg indessen dachte als Politiker nicht anders als sein Landsmann Peter von Aspelt. Solange es noch keinen König gab, brauchte ein Kurfürst auf gegebene Zusagen nicht die geringste Rücksicht zu nehmen, schon gar nicht auf Philipps verwegenen Traum, von Paris aus das Reich Karls des Großen neu zu errichten.

Für Balduin galt dies sogar um so mehr, als seine Familie davon überzeugt war, selbst in direkter Linie von den Karolingern abzustammen. Solcher Ahnenstolz förderte schließlich noch eine weitere Überlegung zutage: Wenn schon auf die altfränkische Tradition zurückgegriffen werden sollte, warum konnte nicht ein Mann dafür aktiviert werden, der sie mit ebensoviel Recht vertreten mochte wie Philipp? Balduin schlug als nächsten König seinen eigenen Bruder, Graf Heinrich von Luxemburg, vor. Es war kein übermäßig kühnes, es war eher ein sorgfältig abgewogenes Manöver.

Heinrich hätte man kaum als Deutschen bezeichnen können, er sprach besser französisch als selbst das lützelburgische Platt seiner Heimat. Von Philipp dem Schönen war er zum Ritter geschlagen worden, hatte ihm auch als Kriegsmann gedient und orientierte sich völlig an den in Paris geltenden Idealen, was ihn weniger als deutschen Edelmann denn als französischen Kavalier auswies. Im übrigen war er schlank, blond, mittelgroß und, dank seiner höfischen Erziehung, im etwas biederen deutschen Milieu eine eher exotische Erscheinung. Den Kurfürsten aber galt er vor allem als »kleiner Graf«, und das gab den Ausschlag. Die drei geistlichen Wahlmänner kürten ihn bereits bei einer Art von Vorwahl in Rhens, nahe Koblenz. Das gesamte Kollegium bestätigte ihn am 27. November 1308; es ging auch diesmal nicht ohne geradezu demütigende Wahlkapitulationen ab. Da aber hinter Heinrich der rheinische Klüngel der Erzbischöfe stand und er selbst wirklich guten Willens war, ein vollendeter Weltmann und guter Herrscher zu sein, schluckte er alles hinunter. Er war ohne Arg und Fehl, und er hatte das, was arglosen Seelen manchmal vom Himmel zugebilligt wird: Heinrich VII., König von Deutschland, hatte Glück.

Der Luxemburg saß gerade erst ein knappes Jahr auf dem deutschen Thron, da brach im Haus Heinrichs von Kärnten, der König in Böhmen war, ein häßlicher Familienstreit aus. Elisabeth, die jüngste Schwester seiner Frau, fühlte sich von ihrem Schwager schlecht behandelt. In einer Flut von öffentlich vergossenen Tränen verließ sie die Prager Residenz, um bei den Großen des Landes Schutz zu suchen. Deren Boten wiederum trafen kurz darauf in Heilbronn ein, wo Heinrich VII. gerade hofhielt. Die Prager appellierten aber nicht nur an die Güte und Milde eines Kavaliers aus Pariser Schule, sie boten vielmehr seinem Sohn Johann die Hand der Přemyslidenprinzessin und damit die Krone Böhmens an – zumindest will es so die offizielle Überlieferung. Es ist freilich eine zu rührende Geschichte, als daß man sie völlig ernst nehmen könnte. Und es fällt auch nicht schwer, ihren wahren Autor zu erraten: Peter von Aspelt. Der Exkanzler Wenzels II. kannte sich in Prag hervorragend aus, er wußte, wie man dort die Drähte spannen mußte, um einen ungeliebten König ins Stolpern zu bringen.

Heinrich jedenfalls, den wiederum sein Bruder Balduin beriet, machte ernste Miene zu der etwas vordergründigen Posse und versprach Elisabeth sowohl seinen Schutz als auch das, was der böhmische Adel begehrte: die Ehe mit dem damals dreizehnjährigen Johann von Luxemburg. Ein Jahr darauf erklärte Heinrich von Luxemburg alle Eide, die Heinrich von Kärnten geleistet worden waren, für null und nichtig, zog dessen Land als erledigtes Lehen ein und übertrug es auf seinen Sohn Johann. Die Unternehmung ging derart glatt über die Bühne, daß Albrechts Söhne, die das alles von Wien aus mit ansehen mußten, vor Neid erbleicht sein dürften – allerdings auch vor Furcht.

Wer immer seit Ottokars Zeiten in Prag gesessen hatte, hatte Österreich und die Steiermark als einen Teil seines Reviers betrachtet – umgekehrt dachte man in Wien ja genauso. Würde der Luxemburg sich nun nicht versucht fühlen, an diese alte Tradition anzuknüpfen? Heinrich fühlte sich sehr wohl versucht, es zu tun, schreckte aber in letzter Minute davor zurück, nach Heinrich von Kärnten auch noch die Brüder Habsburg auszuschalten. Fünf Könige, warnte man ihn, seien bereits wegen Österreich ums Leben gekommen, er könne leicht der sechste sein. Möglicherweise stammte dieser Hinweis von Aspelt, der doch nicht ganz mit Wien brechen wollte. Heinrich jedenfalls hat Albrechts Söhne in ihrem Besitzrecht ausdrücklich bestätigt.

Böhmen aber baute er, nachdem sein Sohn Johann dort König geworden war, eben zu dem aus, was für Friedrich II. und Rudolf I. einst Österreich hätte sein sollen. Es wurde eine Bastion, die das Deutsche Reich dominierte. Sein Herrscher bekam Sonderrechte zugebilligt, von denen die anderen Kurfürsten nicht einmal zu träumen gewagt hätten. Er mußte an keinem Kriegszug teilnehmen, der nicht seine eigenen Interessen berührte, und Steuern nur in wenigen Ausnahmefällen zahlen. Das Land der Tschechen und der Mähren bildete fortan die stärkste Hausmacht, die jemals ein deutscher König gehabt hatte. Und Peter von Aspelt war ihr heimlicher Herrscher.

Balduin hingegen, sein Pendant im Westen, verhalf Bruder Heinrich mit wenigen geschickten Manövern auch noch zur höchsten weltlichen Würde in Europa. Es gelang ihm, Kontakt mit Papst Klemens in Avignon aufzunehmen und diesen davon zu überzeugen, daß es doch besser sei, einen Deutschen anstelle eines Franzosen zum Kaiser zu krönen. Der ehemalige Erzbischof von Bordeaux, der inzwischen erkannt hatte, daß er völlig zur Marionette Philipps des Schönen verkommen würde, wenn er, wie bisher, jeden seiner Wünsche erfüllte, stimmte insgeheim zu. So konnte Heinrich im Sommer 1312 mit viertausend Rittern, von denen nur fünfzehnhundert Deutsche waren, über die Alpen ziehen, die alten Rechte des Reiches in Ober- und Mittelitalien wiederherstellen und sich in Rom von einem Kardinalskollegium zum Kaiser krönen lassen. Er war der erste deutsche Herrscher seit Friedrich II., dem dies gelang, und somit auch derjenige, der die kaiserlose Zeit abschloß. Rudolf I., den man gemeinhin als den Beendiger des sogenannten Interregnums bezeichnet, hatte dieses Ziel ja nicht erreicht. Er hatte aber auch keinen ähnlich genialen Politiker zum Bruder und Berater gehabt wie Heinrich von Luxemburg.

Balduin und Peter von Aspelt standen im Krönungsjahr Heinrichs auf dem Gipfel ihrer Macht – um schon wenig später wieder herabgeschleudert zu werden. Ihrem Kaiser erging es so wie den vorwitzigen Tieren in Rudolfs Fabel, die Höhle Italien verschluckte ihn. In Buonconvento bei Siena ist er 1313 gestorben, wie man sagt, an Malaria – und nicht ohne vorher das noch lebende habsburgische Hausgespenst Johann Parricida gesehen zu haben.

Wer sollte nach ihm die Krone tragen? In Wien stand das schon fest, kaum daß die Nachricht von Heinrichs Tod dort eingetroffen war. Es schien ja nur allzu ersichtlich zu sein, daß die Zeit – oder Gott – wieder einmal für Habsburg gearbeitet hatte. Die Herrschaft des Hauses Luxemburg konnte nur als Zwischenspiel gedacht sein. Wie sich im Lauf der Zeit erwies, war es tatsächlich nur ein Zwischenspiel, sollte aber nicht nur fünf, sondern einhundertdreißig Jahre dauern, von 1307 bis 1437, und selbst wieder von einem dreiunddreißigjährigen Intermezzo unterbrochen werden.

Balduin von Trier und Peter von Aspelt konferierten damals häufiger denn je miteinander, um sich klarzuwerden, wie sie weiterhin vorgehen sollten. Peter, der ganz im Bann seines jüngeren Amtsbruders stand, war eigentlich fest entschlossen, Heinrichs Sohn, dem jungen Johann von Böhmen, zur Krone zu verhelfen. Der weiter blickende Balduin hielt solch hartnäckige Treue zu seinem eigenen Haus jedoch für übertrieben. Er war auch zu gewissenhaft, um die Interessen des Reiches halb privaten Absichten unterordnen zu wollen, was keineswegs heißt, daß er nicht gleichzeitig wie ein Schachspieler gedacht hätte, der allzu offene Angriffszüge für laienhaft hält. Die beiden luxemburgischen Erzbischöfe durchdachten ihre Möglichkeiten noch einmal von Grund auf und kamen zu dem für Königsmacher mittlerweile geradezu klassischen Schluß: »Klein« sollte er sein, der nächste Thronprätendent, ein Mann ohne allzu großen Besitz und übermäßig großen Einfluß.

In Wien stellten Albrechts Söhne, Leopold I., Herzog von Österreich, und sein älterer Bruder Friedrich der Schöne, entsprechende Überlegungungen an. Sie hielten recht gute Karten in der Hand. Friedrich sagte man Klugheit, Mut und Ritterlichkeit nach, Leopold galt als ein ausgezeichneter Verwalter seines Hausbesitzes. Und wichtige Freunde hatten sie auch schon gewonnen. Der Erzbischof von Köln stand auf ihrer Seite, ferner Rudolf, der baierische Pfalzgraf bei Rhein, dessen Bruder Ludwig sowie Heinrich von Kärnten, jener aus Prag vertriebene König, der nach eigener Überzeugung noch immer die böhmische Kurstimme innehatte.

In diese habsburgische Front brachen jedoch Peter und Balduin auf geradezu perfide Weise ein: Sie boten dem Baiern Ludwig aus dem Haus Wittelsbach die Krone an. Er war ein blonder, angenehmer Mann, gefürchtet als Kriegsmann, geachtet als Ritter, beliebt bei den einfachen Leuten seines Landes und außerdem, als Teilinhaber von Oberbaiern, wirklich nur ein »kleiner« Fürst. Ludwig konnte der Versuchung nicht widerstehen. Er brach mit Habsburg und stellte sich zur Verfügung, womit Peter und Balduin freilich nur eine Patt-Situation erreicht hatten. Zwei ungefähr gleich starke Blöcke standen sich nun gegenüber. Beide schritten zur Tat.

Friedrich der Schöne ließ sich am 19. Oktober 1314 in Sachsenhausen von Ludwigs Bruder Rudolf, dem rheinischen Pfalzgrafen, sowie vom Kölner Erzbischof, vom Kurfürsten von Sachsen-Wittenberg und Heinrich von Kärnten zum deutschen König wählen.

Balduin als Trierer, Peter als Mainzer Erzbischof, der Kurfürst von Brandenburg, Johann von Böhmen und der Kurfürst von Sachsen-Lauenburg kürten tags darauf ihren Mann auf der anderen Mainseite, in Frankfurt. Beide Wahlakte hätten aus guten rechtlichen Gründen angefochten werden können, denn so viele Kurstimmen, wie die jeweiligen Parteien aufgeboten hatten, gab es gar nicht. Entweder war eine Stimme der beiden Sachsen ungültig oder eine der Männer, die im Namen Böhmens votierten.

Nicht anders verhielt es sich mit der Krönung. Der Baier Ludwig bestieg in Aachen, dem dafür vorgesehenen rechten Ort, den Thron Karls des Großen. Den Habsburg salbte in Bonn der dafür zuständige Erzbischof von Köln. Eine halbe Sache also hier wie dort, aber das konnte nur heißen, daß jetzt eben die Waffen entscheiden mußten. Balduin und Peter dürften sich darüber von vornherein im klaren gewesen sein und vielleicht sogar darauf hingearbeitet haben, in der heimlichen Hoffnung, als lachender Dritter möge doch der junge Luxemburg in Prag übrigbleiben. Die beiden gekrönten Hauptkontrahenten hingegen sahen der kriegerischen Auseinandersetzung eher mit Unbehagen entgegen, weil sie sich persönlich immer gut verstanden hatten. Acht Jahre lang schlichen sie umeinander herum, dann begannen die Deutschen, der Doppelherrschaft müde zu werden. Der Krieg war unvermeidlich geworden.

Friedrich rückte 1322 in Baiern ein, Ludwig erwartete ihn bei Mühldorf am Inn, im östlichen Oberbaiern. Der Habsburg hatte die weitaus stärkeren Kräfte und war auch ziemlich siegesgewiß. Zu seinen Hilfstruppen gehörten unter anderen ungarische Reiter, die ihm sein Verbündeter, König Karl I. Robert aus dem Hause Anjou, gestellt hatte. Schon warnte Johann von Böhmen, der auf der Seite des Baiern stand, man solle dem Treffen lieber ausweichen, da riß auf der anderen Seite dem Habsburg die Geduld. Statt auf seinen Bruder Leopold zu warten, der noch einen Tagesmarsch weit entfernt war, eröffnete er an der Spitze der österreichisch-ungarischen Scharen den Angriff. In seiner prunkvollen Rüstung, seinem prächtigen Wappenrock bot er einen Anblick, der den Beobachtern schon deshalb unvergeßlich blieb, weil sie dergleichen nie mehr erblicken sollten. Mühldorf war die letzte Ritterschlacht auf deutschem Boden, die ohne Feuerwaffen ausgefochten wurde. Und Friedrich der Schöne vollbrachte wahre Wunder an Tapferkeit, er soll an die fünfzig Gegner aus dem Sattel geworfen haben.

Ludwig hingegen nahm an dem Kampf persönlich gar nicht teil, er zog es vor, von einem Feldherrnhügel hinter den Linien seine Kräfte zu dirigieren, womit er sich als der Klügere von beiden erwies. Sein bewährter Feldhauptmann, Seifried Schweppermann aus Nürnberg, sorgte dafür, daß die baierischen Truppen die Sonne im Rücken hatten, die Österreicher dagegen von ihren Strahlen geblendet wurden. Gleichzeitig umging Johann II., Burggraf von Nürnberg, Sohn jenes Hohenzollern, der bei Dürnkrut auf König Rudolfs Seite gekämpft hatte, mit einer starken Einheit die Flanke der habsburgischen Streitmacht.

Solch kluge, wohldurchdachte Strategie brachte Ludwig den Sieg. Friedrich mußte sich, als er von allen Seiten umzingelt war, gefangen geben. Der Baier trat ihm im weiß-blauen Wappenrock huldvoll entgegen, sprach: »Vetter, wir sehen Euch gerne« – und ließ ihn ins Gefängnis abführen. Das andere geflügelte Wort, das anläßlich der Schlacht von Mühldorf gefallen sein soll, stammte ebenfalls von Ludwig: »Jedem ein Ei, dem frommen Schweppermann zwei.« Ob aber Schweppermann wirklich die entscheidende Rolle spielte, die man ihm zuschreibt, und dafür so königlich belohnt werden konnte, ist nicht ganz sicher. Der wackere Franke Seifried dürfte mehr oder weniger ein Geschöpf der Sage gewesen sein.

Nach Mühldorf hätte Friedrichs Bruder, Leopold von Österreich, sich eigentlich geschlagen geben und hinter den Mauern von Wien darauf lauern müssen, daß die Dinge sich irgendwann wieder zugunsten des Hauses Habsburg entwickelten. Aber Leopold dachte nicht daran, einfach aufzugeben. Zugute kam ihm dabei, daß Ludwig, der nun scheinbar unangefochten auf dem Feld stand, seinem Glück noch keineswegs so recht traute, was auch an Balduin von Trier lag, Peter von Aspelt war damals bereits tot. Der Luxemburger stand nämlich dem Baiern mit verhaltenem Unbehagen gegenüber, obwohl er ihm zur Krone verholfen hatte. Immerhin wußten sowohl Ludwig als auch er, wie das Spiel zunächst einmal weitergehen mußte. Der erwählte König hatte gar keine andere Wahl, als seinen schmalen Hausbesitz nach Kräften zu erweitern, wenn er fernerhin bestehen wollte. Und Balduin war fair genug, ihn fürs erste gewähren zu lassen.

Er sah zu, wie Ludwig, nach dem Tod des letzten askanischen Kurfürsten, die Mark Brandenburg, eine Kernzelle des späteren Preußens, an sich zog und in baierischen Besitz brachte. Er nahm es auch hin, daß der Wittelsbach, Jahre später, Margarete von Holland heiratete und dadurch Erbansprüche auf die reichen Niederlande samt Friesland und Hennegau erwarb. Irritiert mag es ihn allenfalls haben, daß Ludwig glaubte, seine ersten Fischzüge dadurch absichern zu müssen, daß er sich die Habsburger nicht zu Feinden machte.

Drei Jahre nach Mühldorf entließ Ludwig Friedrich den Schönen aus der Haft, forderte allerdings, dessen Bruder Leopold müsse dafür einige Reichsgüter an ihn herausgeben. Friedrich erklärte, er könne zwar nicht für Leopold sprechen, werde aber sein Bestes tun, dem Bruder Ludwigs Ansinnen nahezubringen. Sollte Leopold starrsinnig bleiben, werde er sich freiwillig wieder in baierische Gefangenschaft begeben. Diese Worte klangen für damalige Verhältnisse recht ungewöhnlich, aber der gescheiterte König hielt Wort. Als Leopold sich weigerte, den sogenannten Vertrag von München zu honorieren, kehrte Friedrich prompt an Ludwigs Hof zurück, um erneut das eben geräumte Verlies zu beziehen; er mußte nicht gerade auf Stroh darin schlafen.

Von dieser hochherzigen Geste nun war Ludwig derart beeindruckt, daß er sich verpflichtet fühlte, sie auf noch großmütigere Weise zu überbieten. Er schloß den Habsburger in die Arme, strich alles, was zwischen ihnen stand, aus seinem Gedächtnis und nannte ihn seinen brüderlichen Freund, es war wörtlich gemeint. Von diesem Tag an sah man die beiden miteinander essen, miteinander jagen, sogar in einem gemeinsamen Bett sollen sie geschlafen haben. Wenn Ludwig auf Reisen war, übte Friedrich für ihn die Statthalterschaft in Baiern aus, und schließlich schlossen sie noch einen der wohl seltsamsten Verträge der deutschen Geschichte: Der Wittelsbach erkannte den Habsburg – ohne politische Notwendigkeit – als Mitkönig an. Ab dem 5. September 1325 nannten sie sich gemeinsam »Rex« und »Augustus«, führten ein einziges Siegel, vergaben zusammen, was an Lehen auszuhändigen war, und teilten sich zu gleichen Hälften in deren Erträge. Es war ein Geschichtskapitel, das kein Autor von Ritterromanen besser hätte erfinden können. Zwei gutgewachsene blonde Männer in brüderlicher Eintracht das Reich regierend, wann hatte es dergleichen je gegeben? Und was hätte etwa Rudolf I. zu dem Anblick gesagt, den sie boten? Beide waren Enkel von ihm.

Die Wahrscheinlichkeit spricht dafür, daß der nüchterne Begründer der habsburgischen Hausmacht dieser Doppelregentschaft keine lange Lebensdauer prophezeit hätte. Sie dauerte tatsächlich auch nur etwas mehr als ein Jahr. Schon 1326, nach dem Tod seines Bruders Leopold, verzichtete Friedrich auf seinen Anteil am Königsamt und zog sich zurück; man hat von da an nicht mehr viel von ihm gehört. Das mag freilich auch daran gelegen haben, daß er zeit seines Lebens, selbst in der kurzen Zeit, da er vorne an der Rampe gespielt hatte, im Schatten seines jüngeren Bruders stand.

Leopold war derjenige, der damals vorwiegend die Geschicke des Hauses Habsburg bestimmt und Friedrich auch immer ein bißchen manipuliert hatte. Der schöne Ritter mochte die edle Männerfreundschaft mit Ludwig dem Baiern pflegen und wenigstens für kurze Zeit in ihr aufgehen, der harte, realistische Herzog von Österreich führte derweilen eine Politik, die gegen den Freund des Bruders gerichtet war.

Es blieb ihm gar keine andere Wahl, denn Ludwig hatte ihm ebenfalls, selbst während er mit Friedrich zusammenlebte, Schwierigkeiten gemacht, wo es nur ging. Am härtesten waren ihre Interessen in der (späteren) Schweiz aufeinandergeprallt.

Schon König Heinrich VII., Balduins Bruder, hatte während seiner kurzen Regierungszeit den beiden Waldstätten Schwyz und Uri ihre von Habsburg immer bestrittene Reichsunmittelbarkeit ausdrücklich bestätigt. Ludwig nahm die Waldstätten dann auch noch unter seinen persönlichen Schutz. Da dies aber alles war, was er für sie tun konnte, glaubte Leopold, im Gebirge dennoch freie Bahn zu haben.

In der Zeit, in der sein Bruder und der Baier sich noch vorsichtig abtasteten, bot er an Rittern auf, was in den eigenen Landen zu bekommen war, und führte sie gegen die aufsässigen Bergbewohner. Am 15. November 1315 sahen seine Leute südöstlich des Aegerisees, in den Schwyzer Alpen, einen Berg aus den Nebeln ragen. Sie mußten ihn auf schmalen Wegen passieren. Von gegnerischen Kräften war weit und breit nichts zu sehen. Die Marschkolonne zog sich sorglos auseinander. Plötzlich geschah es. In der Höhe lösten sich Steinlawinen, zermalmten krachend das Gehölz, rissen Äste, weitere Felsen, ja ganze Bäume mit und polterten auf die ahnungslosen gepanzerten Reiter herab.

Es war ein Überfall, wie ihn die Ritter nicht erwartet hatten, war kein Krieg, wie sie ihn kannten, sondern Partisanenkampf. Als aus dem prasselnden Steingewitter die mit Spießen, Sensen und Äxten bewaffneten Gebirgsbewohner hervorbrachen, hatte für Leopolds Männer bereits die letzte Stunde geschlagen. In Einzelkämpfen wurden die hilflosen Ritter niedergemacht. Die meisten von ihnen dürften nicht einmal erfahren haben, daß der Berg, an dem sie ihr Leben ließen, »Morgarten« hieß.

Draußen im Reich hingegen wurde der Name blitzschnell bekannt. Wo man ihn hörte, klang kaum verhohlener Beifall auf. Fast jedermann gönnte Habsburg die Niederlage und den Ur-Schweizern ihren Sieg. Als dann die Eidgenossen offen ihren Abfall von Österreich erklärten, gab ihnen sogar ein in Nürnberg zusammengetretener Reichstag recht. Der größere Rest der Deutschen hatte gegen einen Aufstand freiheitsbewußter Republikaner nichts einzuwenden, viele von ihnen hätten es den Schweizern sogar am liebsten nachgemacht. Friedrich der Schöne, der damals noch König war, besaß kein Mittel, sich diesem

Geist entgegenzustemmen. Sein Rivale Ludwig sah keinen Grund dazu, und Leopold von Österreich mußte nach der verheerenden Niederlage am Morgarten erst einmal seine Kräfte sammeln, ehe er es wagen konnte, eine zweite bewaffnete Expedition in die Alpen zu schicken. Während der Zeit, in der sein Bruder in München gefangensaß, mußte er aber auch noch bei einem anderen, bedeutend ehrgeizigeren Unternehmen Federn lassen.

Kaum hatte Ludwig sich in Mühldorf die Herrschaft erkämpft, da war er von Johannes XXII., jenem Papst, dem er seinen abschätzig gemeinten Beinamen »der Baier« verdankte, aufgefordert worden, als König zurückzutreten, weil Rom, oder eigentlich Avignon, ihn nicht ausdrücklich approbiert habe. Nach Ludwigs Weigerung hatte Johannes den Bann über ihn verhängt. Und kaum war das geschehen, als auch schon Leopold von Österreich in Bar-sur-Aube erschien, um sich an diesem abgeschiedenen Ort mit König Karl IV. von Frankreich zu treffen. Beide wollten die mißliche Lage des Wittelsbachers zu ihren Gunsten ausnützen. Dem Habsburg ging es dabei vor allem um eines: Die Scharte von Morgarten mußte ausgewetzt werden. Der Franzose sollte ihm bei seinem Kampf gegen die Schweizer Unterstützung gewähren und gleichzeitig dafür sorgen, daß sie ihrer Reichsunmittelbarkeit verlustig gingen. Voraussetzung dafür war allerdings, daß der Valois das Recht erlangte, in die deutschen Verhältnisse einzugreifen. Dieses Recht gedachte der Habsburg ihm zu besorgen. Für die Heimat seiner Vorfahren war ihm kein Preis zu hoch. Er machte sich anheischig, dem Franzosen mit Hilfe der Erzbischöfe von Mainz und Köln die deutsche Krone zu verschaffen, obwohl sie, nach päpstlicher Auffassung, allein seinem inhaftierten Bruder zustand.

Ob Friedrich in München wußte, welch perfider Handel da in seinem Namen eingefädelt wurde, ist unbekannt. Das Geheimtreffen in Bar-sur-Aube indessen blieb nicht geheim. Ein Deutschordenskomtur namens Berthold von Buchegg soll während der Gespräche aufgesprungen sein und den Herzog vor seinem Verhandlungspartner einen Verräter genannt haben. Dem Ordensritter ist es auch zu verdanken, daß die Geschichte über Nacht publik wurde und natürlich jedermann an die Verhandlungen erinnerte, die Leopolds Vater bei Toul mit Philipp dem Schönen geführt hatte. Es war ein Skandal, wie er seinesgleichen suchte. Der Habsburg mußte geradezu froh sein, daß Ludwig der Baier, ein Jahr nach seiner Rückkehr aus Frankreich,

Friedrich freiließ und dann mit so unerhörtem Großmut den Mantel der Barmherzigkeit über die ganze Affäre breitete. Allerdings war diese ritterliche Geste auch eine Art Gnadenstoß für alle über Österreich hinauszielenden Pläne, welche Leopold noch hegen mochte. Nach Bar-sur-Aube und der Münchner Versöhnung blieb ihm nichts mehr übrig, als den Baiern gewähren zu lassen. Er selbst hatte für den Rest seines Lebens auf dem Feld der Reichspolitik ausgespielt.

Wie schäbig sich Leopold benommen hatte, wird erst dann richtig deutlich, wenn man sein Verhalten mit jenem Balduins von Trier vergleicht. Der Luxemburger war gewiß auch kein überzeugter Anhänger Ludwigs des Baiern, aber als dieser ins Kreuzfeuer der Avignoner Päpste und der Pariser Großmachtpolitiker geraten war, bot er seinen ganzen Einfluß auf, um die Kurfürsten zu einer Front zusammenzuschmieden, an der alle französischen Angebote, alle kirchlichen Bullen und Banndrohungen abprallen mußten. Seiner Verhandlungskunst, seinem politischen Geschick und nicht zuletzt auch seiner Macht war niemand aus dem Kreis der weltlichen oder geistlichen Wahlmänner gewachsen. Balduin hatte damals nicht nur den Erzstuhl von Trier, sondern auch jenen von Mainz inne, außerdem verwaltete er die Bistümer Speyer und Worms. Und alle diese Mittel setzte er selbst dann noch für den ungeliebten Baiern ein, als Ludwig 1327 nach Rom zog und sich dort, in Abwesenheit des Papstes und gegen den Widerstand der Kardinäle, vom gewöhnlichen römischen Volk zum Kaiser wählen ließ. Insgeheim mag der Luxemburger dieses quasirevolutionäre und nach damaligen Begriffen staatsstreichähnliche Unternehmen verabscheut haben. Nach außen hin deckte er es jedoch mit seiner Persönlichkeit. Ja, er benutzte sogar den staatstheoretischen Traktat eines Bamberger Domherrn namens Lupold von Bebenburg dazu, den ganzen Vorgang auch noch rechtlich abzusichern.

Ebenfalls auf sein Betreiben hin trafen sich die Kurfürsten am 16. Juli 1338 in einem Baumgarten bei Rhens, um den sogenannten »Kurverein« zu gründen und vor aller Welt zu bekunden, daß nur sie bestimmten, wer in Deutschland König sei, und daß kein Papst in ihr Wahlgeschäft hineinzureden habe. In ähnlicher Weise hatten bisher nur die Franzosen auf ihre nationalen Rechte gepocht. Unter Anleitung eines in Paris erzogenen Politikers taten es ihnen die Deutschen nun nach.

In Wien hingegen galt ein Prinzip, von dem man schon damals sagen konnte, es habe die deutschen Interessen weder berührt noch berücksichtigt, sondern einzig einer Dynastie gedient, die sich über alle anderen Fürstenhäuser, Stämme, ja Völker erhob, obwohl sie erst seit drei Generationen im Licht der Geschichte stand. Der spätere Erfolg des Hauses Habsburg beruhte darauf, daß es sich nur an sich selbst orientierte und die Welt allein nach dem eigenen Maß einschätzte. Verglichen mit diesem zähen Willen, mutet die Aktion von Rhens letzten Endes nur wie eine zwar großartige, aber vergebliche Geste an. Leopold von Österreich mochte mit nahezu allem, was er angefangen hatte, gescheitert sein, seine Pläne und Absichten lebten aber in denen fort, die nach ihm kamen. Was sie zu Habsburgern machte, glich einer Glut, die noch unter der kältesten Asche weiterschwelte. Davon mag Leopold bis zuletzt überzeugt gewesen sein und seinen Bruder Friedrich deshalb insgeheim für einen theatralischen Narren gehalten haben.

Zu denen, die ähnlich dachten wie er, gehörte freilich ganz sicher auch Balduin von Trier. Selbst im Rhenser Baumgarten war dem Luxemburger klar, daß seine Amtsbrüder und er doch nur ein pathetisches Schauspiel aufführten. Im Abschlußdokument, das er selbst redigierte, wird der König und Kaiser, vor den sich der Kurverein angeblich stellte, nicht einmal mehr erwähnt. Balduin hatte Ludwig in jenem Sommer 1338 schon mehr oder weniger abgeschrieben. Der Wittelsbach tat dann ohnehin alles, um sich selbst den Boden unter den Füßen wegzuziehen. Er scheiterte – beinahe in bester habsburgischer Manier – an einem Erbstreit.

Ein Großneffe Balduins, der Sohn König Johanns von Böhmen, hatte die reiche Herzogin von Kärnten und Tirol, Margarete Maultasch, geheiratet. Als es zwischen der um vier Jahre älteren Frau und dem jungen Mann zu Schwierigkeiten gekommen war, die in der Natur des ungleichen Verhältnisses lagen, hatte Ludwig sich für befugt erklärt, ihre Ehe zu scheiden. Er hatte 1342 Margarete seinem Sohn zur Frau gegeben, was nicht nur rechtlich unzulässig war, sondern zudem eine ausgeprägte Besitzgier verriet. Vor allem aber hatte er sich damit Balduin endgültig zum Feind gemacht. Der heimliche Herrscher in Deutschland setzte von da an nur noch auf seinen anderen Großneffen, Wenzel von Böhmen, der dem Baiern so bald wie möglich nachfolgen sollte.

Unter dem Namen Karl IV. wurde Wenzel 1346 in Bonn zum

deutschen König gekrönt, obwohl Ludwig damals noch lebte und amtierte. Auch dieser Akt entsprach eher Prinzipien, wie sie gewöhnlich von den Habsburgern vertreten wurden. Aber Balduin konnte wenigstens sagen, er habe zuvor schon mit anderen Mitteln erfolglos versucht, das Reich zu regieren. Mit einem Achselzucken fast gestand der Luxemburg ein, daß die Vertreter der deutschen Adelsrepublik auf schon halb verlorenem Posten standen, daß hingegen Leute wie Rudolf I., Albrecht I., Leopold und nun auch seine eigenen Verwandten im Wind der Zeit navigierten.

Als Ludwig der Baier 1347 bei Fürstenfeldbruck vom Schlag getroffen tot aus dem Sattel seines Jagdpferdes stürzte, war das dreiunddreißigjährige wittelsbachische Intermezzo innerhalb des längeren luxemburgischen Zwischenspiels zu Ende, während dessen die Habsburgs daran gehindert waren, in Deutschland als Könige zu regieren. Friedrich der Schöne, Ludwigs zeitweiliger Mitregent und brüderlicher Freund, hatte die Welt schon siebzehn Jahre früher verlassen, ein Mann, von dessen Hingang kaum noch jemand Notiz nahm.

Nach Leopolds Tod im Jahre 1326 hingegen hatte sich die Auffassung verbreitet, daß Habsburgs Macht geschwunden sei, zumal Leopold, wie auch Friedrich, keine Kinder zurückließ. Es gab damals zwar noch drei Habsburg-Brüder, Albrecht, Otto und Friedrich, von denen einer jedoch an Händen und Füßen gelähmt war. Und nachdem dann von den letzten drei Söhnen König Albrechts I. auch noch die beiden gesunden, Otto und Friedrich, starben, wurde diese Ansicht fast zur allgemeinen Gewißheit. Was konnte ein verkrüppelter Mann wie Herzog Albrecht II. schon bewirken? Kinder hatte er zur Zeit, da ihm die Leitung des Hauses zufiel, ebenfalls nicht. Habsburg also wirklich am Ende?

Wer immer derartige Spekulationen anstellte, wußte nichts von dieser Familie und vor allem nichts von Albrecht II. Er gehörte gewiß zu den weniger farbigen Sprossen am habsburgischen Stammbaum, fühlte sich aber durchaus dem Anspruch und dem Erbe verpflichtet, das er übernehmen mußte. Und die Fähigkeiten, den Auftrag der Ahnen zu erfüllen, besaß er ebenfalls. Albrecht ist nicht nur als »der Lahme« in die Geschichte eingegangen, sondern auch als »der Weise«. Seinen zweiten Beinamen rechtfertigt vor allem die Politik, die er betrieb.

Anders als sein verstorbener Bruder Leopold suchte Albrecht sich nirgendwo gewaltsam zu behaupten. Er arrangierte sich vielmehr mit Ludwig, solange der Baier noch etwas zu sagen hatte, um nach dessen Abgang sofort zu Balduins Partei überzutreten und dem neuen König Karl IV. genauso loyal zu dienen wie seinem Vorgänger auf dem Thron. Über das, was dabei für Habsburg abfiel, konnte er sich durchaus nicht beklagen. Der Wittelsbach hatte ihm Kärnten versprochen, wenn Albrecht aufgrund seiner guten Beziehungen zum Vatikan bewirken könne, daß der Papst die umstrittene Ehe der Margarete Maultasch mit seinem Sohn anerkenne. Da dies dem Habsburg gelang, war Kärnten tatsächlich an Österreich gegeben und dem Herzog zusätzlich noch ein späterer Anspruch auf Tirol zugesichert worden. Karl IV. schließlich verbriefte dem geschickten Verhandlungsführer das Recht, die volle Gerichtsbarkeit in seinen Ländern auszuüben. Das war ein wichtiger Schritt auf dem Weg zur österreichischen Unabhängigkeit vom Reich.

Seinen bedeutendsten Erfolg verdankte Albrecht jedoch weder König noch Papst, sondern Habsburgs wichtigstem Verbündeten, dem Schicksal – die Familie selbst zog es vor, von Gott zu reden. Nach fünfzehnjähriger kinderloser Ehe wurde dem körperlich behinderten Mann am 1. November 1339 der erste Sohn geboren. Ihm folgten zwar rasch vier weitere Kinder nach, ein Mädchen und drei Jungen, doch dieser Älteste muß Albrecht ein Bürge dafür gewesen sein, daß der Himmel dem Haus noch gewogen, daß Habsburgs Auftrag nicht erloschen sei. In überströmender Freude und Dankbarkeit gab er ihm den Namen des schon halb verklärten großen Vorfahren und tat alles, um seinen Weg auf die Bühne des Weltgeschehens zu ebnen.

Rudolf IV. war noch nicht neun Jahre alt, da wurde er schon mit der zweijährigen Katharina, der ältesten Tochter Karls IV., verlobt. Und da der Großneffe Balduins mittlerweile als deutscher König allseits Anerkennung fand, beeilte sich Albrecht, die kostbare Beute so schnell wie möglich völlig dingfest zu machen. Sobald sein Sohn achtzehn geworden war, ließ er ihn mit der Prinzessin vermählen.

Von allen Unternehmungen des lahmen Albrecht war diese Heirat die wichtigste und folgenreichste. Sie verschaffte dem durch Leopolds Aktionen etwas angeschlagenen Haus Habsburg wieder festen Boden unter den Füßen, sicherte seine Position und eröffnete gleichzeitig eine hoffnungsvolle Zukunftsperspektive. Rudolf oder seine Nachkommen gehörten nun, wenigstens am Rande, dem luxemburgischen Familienclan an, was sich in späteren Erbfällen auszahlen mochte. Und Karl IV. hatte da durchaus einiges zu bieten.

Verglichen mit ihm waren selbst die tüchtigsten Besitzakquisiteure unter den bisherigen Habsburgern geradezu armselige Amateure gewesen. Karl erheiratete Teile der Oberpfalz und ganz Schlesien, gewann Brandenburg sowie die Niederlausitz, erwarb Ansprüche auf Pommern und, durch die Vermählung seines Sohnes Sigmund mit einer Tochter König Ludwigs von Ungarn, einen weiteren Anspruch auf das riesige Reich der Magyaren, zu dem auch Polen und mittlerweile ein Teil der rumänischen Schwarzmeerküste gehörten. Im Grunde war es somit der Luxemburg, der das spätere österreichisch-ungarische Reich begründete, weshalb man ihn eigentlich, zumindest ehrenhalber, in den habsburgischen Stammbaum aufnehmen müßte. Ohne es ahnen zu können, bereiteten Karl und seine beiden leiblichen Nachfolger den Nachfahren des lahmen Albrecht das Bett, denn als sie abtraten, fiel, aufgrund einer zweiten Ehe, ihr ganzer böhmisch-ungarischer Besitz an die Wiener Familie.

Darüber hinaus hat König Karl IV. dem Reich die verfassungsrechtliche Grundlage gegeben, die es den Habsburgern ermöglichen sollte, sich später darin als Erbkaiser festzusetzen. Die »Goldene Bulle«, erlassen 1356 auf einem Reichstag in Nürnberg – übrigens in Anwesenheit eines französischen Kardinals namens Talleyrand –, regelte endgültig und verbindlich die deutsche Königswahl. Sie legte fest, wer zum Kreis der sieben Kurfürsten gehörte und wie die Kurwürde vererbt oder vergeben werden sollte. Sie bestimmte auch, wer zur Wahl einlud und sie leitete – der jeweilige Erzbischof von Mainz –, wer den Gewählten krönte – der Erzbischof von Köln – und wer unter den Laienfürsten der vornehmste war – der König von Böhmen. Mit dieser letzten Regelung hatte Karl seinem Haus die Königswürde garantieren wollen, sicherte sie aber als Held eines Zwischenspiels in Wirklichkeit nur für die späteren Habsburgs. Auch dies rechtfertigt es, Karl IV. als Ehren-Habsburger zu bezeichnen und als den eigentlichen Begründer der habsburgischen Macht. Für einen großen Teil seiner anderen Unternehmungen gilt das ebenfalls.

Daß er Prag zur glänzendsten deutschen Stadt machte, es weitgehend germanisierte, eine Universität in ihren Mauern gründete, dies alles kam wiederum weniger der eigenen Familie als – Jahre nach seinem Tod – den angeheirateten Wienern zugute. Sie sollten ferner davon profitieren, daß er Böhmen zu einem der wirtschaftlich stärksten Länder des Reiches machte, es mit einem einheitlichen Recht versah, Karlsbad gründete und die selbständige Erzdiözese Prag ins Leben rief. Mit einem Satz also: Hätte es diesen Luxemburger nicht gegeben, die Habsburger wären später möglicherweise nie, zumindest aber kaum so rasch, zur mächtigsten Familie Europas aufgestiegen. Karl IV. schuf nicht nur die Basis ihrer Macht, er bot ihnen auch ein Vorbild, an dem sie sich orientieren konnten. Aber Habsburger, die sein Format erreichten, waren so selten, daß man kaum die Finger einer Hand braucht, um sie aufzuzählen. Im übrigen wurde Karl nicht nur seinem klugen Onkel Balduin gerecht, er vereinigte bauernschlaue Züge durchaus auch mit der ritterlichen Grandezza, die seinen Vater ausgezeichnet hatte.

Johann, der erste luxemburgische König von Böhmen, verlor das Augenlicht, noch bevor er fünfzig geworden war, und ließ sich als Blinder, auf französischer Seite, in die Schlacht von Crécy führen, wo er den Tod fand. Am 26. August 1346 riß ihn der Pfeil eines englischen Bogenschützen aus dem Sattel. Balduin überlebte den Neffen um acht Jahre, starb jedoch, einige Monate bevor sein Großneffe Karl völlig legal in Rom zum Kaiser gekrönt wurde.

Im selben Jahr 1355 traf der neue Imperator allerdings auch eine wichtige Entscheidung zuungunsten Habsburgs. Er erkannte den Bund der Schweizer Waldstätten an. Albrecht der Lahme hatte verzweifelt versucht, die Eidgenossen bei der habsburgischen Stange zu halten. Er war jedoch in dem einzigen Krieg, den er jemals führte, von ihnen ebenso abgeschlagen worden wie sein Bruder Leopold am Morgarten.

Aufgeben freilich wollte Albrecht deshalb noch lange nicht. Sein Sohn, der mit Karls Tochter verheiratete Spätankömmling, erhielt Rheinfelden im Aargau als Residenz zugewiesen, womit der Vater deutlich machte, daß er auf die engeren Stammlande der Familie keinesfalls zu verzichten gedachte. Im Aargau war Habsburg zu Hause, im Aargau wollte es auch ansässig bleiben. Wie sich später erwies, war Rudolf genau der richtige Mann, um diesen Anspruch zu verfechten. Er schaffte es, sich mit dem abtrünnigen Zürich zu versöhnen und auch Luzern wieder in den habsburgischen Pferch zurückzuführen.

Das alles waren jedoch nur Gesellenstücke eines Mannes, der zwar nur knapp sechsundzwanzig Jahre alt werden sollte, in dieser kurzen

Frist aber viele Voraussetzungen dafür schuf, daß seine Familie nach dem Aussterben der Luxemburger wie selbstverständlich deren Platz einnehmen konnte.

1359 oder 1360 stand Rudolf zu Prag vor Kaiser Karl IV. und forderte ihn auf, sechs Dokumente anzuerkennen, durch die Habsburg sich als älteste und vornehmste Familie der Welt auswies. Eines dieser Papiere trug die Unterschrift Julius Caesars, ein anderes die Signatur Kaiser Neros.

Karl, der in Paris eine solide akademische Ausbildung genossen hatte, dürfte den jungen Mann unter skeptisch gehobenen Augenbrauen gemustert haben. Hatte er seine Tochter einem Hochstapler zur Frau gegeben?

VI.
Habsburgs Waffe: die Phantasie

Feierlich ging es zu im alten Deutschen Reich, wenn der Kaiser einen Rechtsakt vollzog. So etwa am 8. September 1156 in Barbing bei Regensburg.

Heinrich von Babenberg, Herzog von Baiern, den man nach seinem Lieblingsausspruch »Jasomirgott« nannte, trat vor Friedrich Barbarossa und übergab ihm sieben Fahnenlanzen. Der Staufer reichte das ganze Bündel an seinen Vetter, Heinrich den Löwen, weiter. Dieser nahm zwei davon heraus und gab sie zurück, worauf der Rotbart beide in die Hände des Babenbergers legte.

Bezeugt wurde damit, daß Jasomirgott zugunsten des Welfen auf Baiern verzichte, der Löwe ihm aber einen Teil des Landes wieder herausgebe, nämlich die Ostmark »ob und nid der Enns«. Diese selbst wurde anschließend vom Kaiser in die »Mark Österreich« umgewandelt und gleichzeitig zum Herzogtum erhoben.

Die ganze Aktion war Teil eines Landtausches, mit dem Barbarossa Deutschland so zu ordnen gedachte, daß er selbst nach Italien ziehen könne, um sein Haus dort in Ruhe zu etablieren. Neun Tage nach der Fahnenübergabe erhielt Jasomirgott noch das Papier, das seine neuen Rechte verbriefte. Dazu gehörten eine ganze Reihe von Privilegien, wie sie für damalige Zeit recht ungewöhnlich waren.

Die nunmehr österreichischen Babenberger sollten künftig ihren Besitz auch an weibliche Nachkommen vererben dürfen. Zum Erscheinen bei kaiserlichen Hoftagen, der sogenannten »Hoffahrt«, waren sie nur verpflichtet, wenn diese in Baiern stattfanden. Außerdem mußten sie lediglich an Heerfahrten teilnehmen, die in ihre unmittelbaren Nachbarländer führten. Und die Gerichtshoheit im eigenen Land, die sich Albrecht der Lahme später von Karl IV. noch einmal bestätigen ließ, erhielten sie von Barbarossa ebenfalls schon zugesprochen. Das Pergament, auf dem alles niedergelegt und durch eine kaiserliche Bulle besiegelt wurde, trug den Namen »Kleiner Freiheitsbrief« oder »Privilegium minus«. Als Rudolf I. Österreich für Habsburg in Besitz nahm, fand er dieses Pergament in einer Wiener Dokumententruhe. Es stellte einen nicht geringen Teil seiner Beute dar. Die Sonderrechte, die das Privilegium garantierte, waren unbezahlbar.

Rund siebenundsiebzig Jahre nach Rudolfs I. Einzug in Wien nahm sein Urenkel Rudolf IV. das Papier erneut in die Hand. Daß es noch das Original war, gilt als ziemlich zweifelhaft. Bereits der letzte Babenberger, Friedrich der Streitbare, dürfte es zu seinen Gunsten erheblich verändert haben. Das wiederum brachte Rudolf auf die Idee, noch ein bißchen mehr daran herumzumanipulieren oder es sogar von Grund auf umzuschreiben. Er schnitt die Bulle Barbarossas ab, warf das Privilegium ins Feuer und gab einem Schreiber den Auftrag, an seiner Stelle ein neues Dokument mit völlig neuem Inhalt zu erstellen.

Der Staufer, so war darin zu lesen, habe den Babenbergern und somit auch ihren Nachfolgern aus dem Haus Habsburg nicht nur ein paar ungewöhnliche Privilegien, sondern eine geradezu beispiellose Sonderstellung zugebilligt. Sie seien, so habe er verfügt, dem Reich weder im Frieden noch im Krieg zu irgendwelchen Dienstleistungen verpflichtet, müßten an keiner Militäroperation teilnehmen, wo immer sie auch stattfinde, und dürften den Hof- oder Reichstagen fernbleiben, wenn sie keinen Grund sähen, dort zu erscheinen. Gefiele es ihnen aber doch, sich in der Versammlung der Fürsten zu zeigen, dann käme ihnen nach den Kurfürsten der höchste Rang zu. Sie seien als »Pfalzerzherzöge« zu behandeln und mit diesem Titel anzureden.

Das neue Papier wurde mit dem alten Siegel versehen und fortan nicht mehr als »Privilegium minus«, sondern als »Privilegium maius«, als großer Freiheitsbrief, bezeichnet. Unter den berühmten gefälschten Urkunden der europäischen Geschichte war es eine der prominentesten, vor allem aber eine der folgenreichsten und psychologisch interessantesten.

Daß der junge Rudolf, der sie verfertigen ließ, einen besonderen Rang für Angehörige seines Hauses beanspruchte, mag noch verständlich erscheinen. Die Goldene Bulle Karls IV. hatte ihn geärgert, weil sie Österreich die Kurwürde vorenthielt; als Schwiegersohn des Kaisers hatte er wohl gehofft, diesen Status zu erlangen. Daß er aber Barbarossa unterstellte, er habe für die Babenberger den damals und auch zu Rudolfs eigener Zeit völlig unbekannten Titel »Pfalzerzherzog« geschaffen, mutet wie ein reiner Bubenstreich an. Pfalzgrafen gab es, sie waren ursprünglich Vertreter des Königs am Königsgericht gewesen, später galten sie als eine Art von minderen Herzögen. Die Herzöge ihrerseits standen den gewachsenen alten Stämmen vor und nahmen unter den Reichsfürsten den vornehmsten Rang ein. Aber schon von Erzherzögen hatte noch nie jemand gehört, und gar die Bezeichnung Pfalzerzherzog war eine Ausgeburt schieren Wunschdenkens. Ein Kind mochte sie erfunden haben, indem es alles zusammenzog, was in seiner Vorstellungswelt Bedeutung hatte. Dabei bediente es sich sowohl aus dem kirchlichen Begriffsschatz – »Erz«bischöfe waren ja mehr als gewöhnliche Bischöfe – wie auch aus dem weltlichen. Rudolf IV. ist solch ein Kind gewesen, naiv und gleichzeitig gerissen, von überbordender Phantasie, aber außergewöhnlich schlau.

Als er sich das gefälschte Privilegium noch einmal ansah, scheinen ihm allerdings gewisse Bedenken gekommen zu sein, wenn auch keine moralischen; offenbar fürchtete er lediglich, sein Machwerk sei vielleicht nicht überzeugend genug. Wie Kinder zu tun pflegen, fügte er deshalb dem einen Schwindelpapier noch ein paar andere hinzu, die es ergänzen und absichern sollten. Jedes davon war ein besonderer Freiheitsbrief für Österreich. Den ersten versah er mit der Jahreszahl 1058 und dem (gefälschten) Siegel Heinrichs IV., des Kaisers, der nach Canossa gegangen war.

Chronologisch folgte dann das gefälschte Privilegium maius mit dem Datum 1156, darauf drei weitere in Eigenarbeit gefertigte Urkunden aus den Jahren 1228, 1245 und 1283, die sich alle aufeinander bezogen und den im jeweils älteren Papier aufgestellten Anspruch bestätigten. Krönung der ganzen, mit kindischer Logik durchdachten Arbeit aber waren zwei Briefe, in denen Julius Caesar und Kaiser Nero als Freunde der Götter und Verbreiter ihres Glaubens dem Land Österreich zusicherten, es solle für immer frei und von allen Abgaben entbunden sein.

Unter dem Strich ergaben diese Dokumente die Behauptung, das Haus Habsburg sei als Erbe der Babenberger und aller anderen Herrscher, die vor ihnen in Wien das Sagen gehabt hatten, des Reiches älteste und vornehmste Familie. Welches deutsche Fürstenhaus konnte sich denn schon darauf berufen, daß sein späteres Erscheinen auf der Weltbühne bereits von zwei altrömischen Herrschern vorhergesehen und abgesegnet worden war? Man müßte Rudolf IV. wirklich einen der kecksten Hochstapler aller Zeiten nennen, wenn er das ganze Schwindelwerk aus kalter Berechnung erstellt hätte. Seine übrigen Handlungen bezeugen jedoch, daß er zutiefst davon überzeugt war, ihm und den Seinen komme eine solch einzigartige Stellung durchaus zu.

Der habsburgische Glaube an das eigene Haus und seine besondere Sendung verkörpert sich in ihm zum ersten Mal vollkommen rein und ohne jede Bemäntelung. Rudolf begründete den Mythos, von dem seine Familie fortan lebte, was ihr auch sehr wohl bewußt blieb. Nicht ohne guten Grund gab sie Rudolf den Beinamen »der Stifter«. Seine Vision war fortan ihr Leitstern, und nie, selbst in ihren schwersten Zeiten nicht, verlor sie ihn aus den Augen.

Schob Karl IV., der nüchterne, kluge Luxemburger, die insgesamt fünf Privilegien und die zwei Bestätigungsschreiben aus altrömischer Zeit wenigstens lächelnd zur Seite, als sein Schwiegersohn Rudolf ihm den ganzen Wust in Prag auf den Tisch legte? Vielleicht weil seine schöne Tochter dabeistand, tat er zunächst nichts dergleichen. Statt dessen schrieb er Petrarca an, den italienischen Dichter, der in der Provence lebte und sich in der römischen Geschichte wie kaum ein anderer auskannte. Zusammen mit ihm stellte er ernsthafte Überlegungen darüber an, ob es möglich sei, daß Caesar und Nero Grund gehabt hätten, die »Terra orientalis«, das spätere Österreich, so zu behandeln, als kennten sie es schon. Ein bißchen mag es beiden auch Spaß gemacht haben, die abenteuerliche Hypothese abzuklopfen und auf logische Denkansätze hin zu untersuchen.

Am Ende jedoch, als sie des Spieles müde geworden waren, erklärte Karl kurz und bündig, er denke nicht daran, auch nur eines der Papiere für bare Münze zu nehmen. Daß der Schwiegersohn begehrte, dem Gericht des Kaisers nicht mehr unterworfen zu sein, hielt er sogar für einen Anschlag auf die Stellung des Reiches. Rudolfs Anspruch, einen Erben für Österreich aussuchen zu dürfen, falls er selbst kinderlos sterbe, verwarf Karl aus denselben Gründen, und von der Einführung eines so phantastischen Titels wie »Pfalzerzherzog« hielt er noch weniger. Die Abfuhr, die Rudolf zuteil wurde, hätte vollkommener nicht sein können. Der junge Mann reiste schmollend nach Wien zurück, schmollend, aber dennoch unbelehrt.

Kaum zu Hause, benahm er sich so, als habe der Schwiegervater ihm alle seine Wünsche erfüllt. Er ließ sich mit Pfalzerzherzog anreden, nannte sich Reichsoberjägermeister sowie Fürst von Schwaben und Elsaß, obwohl er weder das eine noch das andere war. Ein in seinem Auftrag angefertigtes Siegel zeigte nicht den Herzogshut, der ihm zustand, sondern die Königskrone. Und wie der König eines selbständigen Landes verhielt er sich auch. Ja, mehr noch, er tat, was er konnte, um sogar den kaiserlichen Schwiegervater und dessen Residenz in den Schatten zu stellen.

Karl hatte in Prag eine Universität gegründet, Rudolf stiftete eine Hochschule in Wien. Unter Karl war an der Moldau der Grundstein des gotischen St.-Veits-Domes gelegt worden, sein Schwiegersohn ließ die romanische Stadtkirche Heinrich Jasomirgotts zum gotischen Stephansdom umbauen. Zu Karls Bestrebungen gehörte es, dem Land Böhmen eine eigene gesellschaftliche Struktur zu verleihen, der Habsburg ernannte einen Erzkanzler von Österreich und verlieh ihm den österreichischen Fürstentitel, obwohl es einen österreichischen Fürstenstand überhaupt nicht gab.

Dennoch wäre es falsch, den jungen Habsburg einen reinen Phantasten zu nennen. Als der Patriarch von Aquileja Anstalten machte, sein Land auf Kosten benachbarter Fürstentümer zu vergrößern, tat Rudolf sich mit dem Herrn der in den Südalpen gelegenen Grafschaft Görz zusammen, besiegte den zu Udine residierenden Kirchenfürsten und zwang ihn, mit den vornehmsten Familien Friauls nach Wien zu kommen, wo er alle seine Besitzungen in der Steiermark, in Kärnten und in Krain an Habsburg abtreten mußte. Der bedeutendste Fischzug aber gelang Rudolf nach dem Tod des einzigen Sohnes von Margarete Maultasch.

Albrecht der Lahme hatte Ludwig dem Baiern geholfen, die umstrittene Ehe der Tirolerin mit seinem Sohn zu sanktionieren, und dafür nicht nur Kärnten zugesprochen bekommen, sondern auch einen vage formulierten Anspruch auf ihr ganzes Land. Diese Abmachung hatte der durchaus nicht nur zum Träumen neigende, sondern im entscheidenden Augenblick hellwache Rudolf mittlerweile durch einen zusätzlichen Erbvertrag abgesichert, wobei er vor allem seinen Charme ins Spiel gebracht haben dürfte; Margarete war für männliche Zuwendung zeit ihres Lebens immer sehr aufgeschlossen. 1363, nach dem Tod ihres Kindes, wollte die Dame jedoch von der mittlerweile vier Jahre alten Abmachung nichts mehr wissen. Tiroler Adelige hatten sich in der Zwischenzeit ebenfalls um sie bemüht und ihr eine Reihe von Schenkungen abgenötigt, die das, was der Habsburg zu erlangen hoffte, beträchtlich entwerteten. Wenn Rudolf also vermeiden wollte, daß ihm auch der Rest von Margaretes Besitz noch unter den Händen zerbröselte, mußte er handeln, und zwar schnell. Ungünstigerweise war ihr Sohn jedoch im Winter gestorben, die Pässe zwischen Kärnten und Tirol konnten nicht passiert werden.

Rudolf überquerte die Berge trotzdem. Bei eisigem Wetter, in Schneestürmen und frostklirrenden Nächten trieb er eine kleine Streitmacht durch die Tauern, quälte sich, oft auf Händen und Füßen kriechend, über vereiste Saumpfade und langte endlich, zur Überraschung seiner Mitbewerber, wohlbehalten in Brixen an. Margarete, ganz schwaches Weib, gab sich ihm bedingungslos in die Hände. Sie unterschrieb alle Papiere, die Rudolfs Kanzler ihr vorlegte, und trat an ihn ab, was sie dem Habsburg einmal zugesagt hatte: Bozen, Meran, Sterzing, Innsbruck, Schwaz und Hall, das ganze silberreiche Gebirgsrevier. Eine größere Beute hatte seit den Tagen Rudolfs I. kein Mitglied des Wiener Hauses mehr errungen. Österreich reichte jetzt von der Etsch bis beinahe zur oberen Moldau und vom Lech bis an die untere Drau. Karl IV., der nicht nur für seine älteste Tochter eine Schwäche hatte, sondern – trotz allem – auch für ihren eigenwilligen, stürmischen und phantasiebegabten Mann, erkannte Rudolfs Erwerbung an. Auf einem Fürstentag in Brünn wurde der Habsburg mit Tirol belehnt.

Für den damals fünfundzwanzigjährigen Rudolf war jedoch selbst dieser Besitz nur ein Baustein im Fundament des vorerst noch imaginären habsburgischen Großreiches seiner Träume. Zu ihm gehörte bereits Böhmen, das er aufgrund seiner Verwandtschaft mit dem Luxemburger Haus eines Tages zu erlangen hoffte, sowie Ungarn, mit dessen König er ebenfalls einen Erbvertrag abgeschlossen hatte. Dank der von Rudolf I. begonnenen Ehepolitik gehörte Ludwig I., »der Große« aus dem Haus Anjou, ja auch zu Rudolfs IV. entfernten Verwandten. Die spätere Donaumonarchie hatte in seinem Kopf bereits derart Gestalt angenommen, daß er meinte, sie allein mit Hilfe seiner Wunschkraft vollends herbeizwingen zu können. Tatsächlich ist diese Wunschkraft die wichtigste seiner Begabungen gewesen, sie besaß eine fast magische Qualität. Und das dürfte ihm sogar mehr oder weniger bewußt gewesen sein.

Rudolf hat nicht nur den Mythos Habsburg begründet, er hat sein Haus auch mit einer Kraft aufgeladen, die ihm nie mehr abhanden kommen sollte. Seine Manipulationen mit den fabrizierten Dokumenten – nach bürgerlichen Begriffen gewöhnliche Urkundenfälschungen –, die Erfindung des Titels Pfalzerzherzog – aus dem wenig später die nur für Habsburger reservierte Bezeichnung »Erzherzog« wurde –, die Trachten, die er für Angehörige des von ihm gegründeten Stephans-Stiftes entwarf – rotes Tuch mit goldenen Kreuzen geziert –, alles das waren letztlich Manifestationen eines zwar verspielten, aber rastlos schöpferischen Geistes. Aus Mosaiksteinen irrealer, realer und halbrealer Natur fügte er ein Bildwerk zusammen, das nicht nur bunt, kühn und phantastisch war, sondern auch die Zukunft so selbstverständlich mit einschloß, als sei sie fast schon Gegenwart. Wenn man Rudolf einen Phantasten nennt, muß man deshalb hinzufügen, daß er auf höchst konkrete Weise phantasierte. Wirft man ihm Größenwahn vor, bedarf es der Ergänzung, daß sich dieser aus einer fast prophetischen Begabung speiste. Außerdem war Rudolf auch der erste einer ganzen Reihe von Habsburgern, die man wirklich Magier nennen könnte, weil sie sich vorwiegend darauf beschränkten, die Kräfte des Schicksals zu beschwören und ihnen den eigenen Willen aufzuzwingen. Wahrscheinlich wäre ihr Haus ohne Männer wie sie niemals das geworden, was es auf dem Höhepunkt seiner Geschichte sein sollte, die mächtigste Dynastie der Welt.

Rudolf stand noch in seinem fünfundzwanzigsten Lebensjahr, als der Patriarch von Aquileja den Versuch unternahm, die ihm kurz zuvor entrissenen Gebiete wieder zurückzugewinnen. Der junge Herzog machte sich ohne langes Zögern auf, um ihm entgegenzutreten. Als Schildknappe verkleidet, ging er zu Fuß über die Berge nach Schloß Tyrol. Dort wurde er krank, schleppte sich aber trotzdem nach Mailand weiter, wo er bei der mit seinem Bruder verschwägerten Familie Visconti Hilfstruppen anwerben wollte. Halbtot kam er in der lombardischen Metropole an. Wenig später, am 27. Juli 1365, starb er, rund drei Monate vor seinem sechsundzwanzigsten Geburtstag.

Bekleidet mit einem der rotgoldenen Gewänder, die er seinen Wiener Stiftsherrn vorgeschrieben hatte, wurde Rudolf im Mailänder Dom beigesetzt. Er hinterließ keine Kinder.

Der 9. Juli 1386 war einer jener glühendheißen Sommertage, die für gepanzerte Reiter besonders schwer zu ertragen sind. Als im Sommerdunst der Sempacher See vor ihnen auftauchte, rissen sie sich die

Helme vom Kopf, lockerten die vielen Riemen, die ihre Rüstungen zusammenhielten, und warfen sich auf die Erde, um Wasser zu schöpfen und ein bißchen abzukühlen. Vom Feind war weit und breit nichts zu sehen. Sie hätten Patrouillen ausschicken sollen.

Die Truppen der inzwischen aus acht Kantonen bestehenden Eidgenossenschaft lagen hinter einem Hügel am Seeufer verborgen. Sie warteten noch, bis das österreichische Heer sich völlig am Ufer zerstreut hatte, dann brachen sie aus dem Unterholz hervor, an ihrer Spitze Arnold Winkelried aus Stans in Unterwalden. Den überraschten Rittern blieb keine Zeit mehr, die Pferde zu besteigen, sie mußten versuchen, als Fußsoldaten gegen die ebenfalls unberittenen Schweizer zu bestehen. Immerhin gelang es ihnen noch, sich zu einem lanzenstarrenden Block zusammenzuschließen. Schon sah es so aus, als sollten ihre leichtbewaffneten Gegner an diesem lebenden Bollwerk scheitern, da sprang Arnold Winkelried vor. »Eidgenossen«, rief er, »ich will euch eine Gasse weisen; sorgt für mein Weib und meine Kinder!«

Der hünenhafte Mann umfaßte ein Bündel von Ritterlanzen mit seinen Armen, ließ sich zu Boden fallen und riß ihre Träger mit. In die so entstandene Lücke drangen seine Mitkämpfer ein. Die schon ermatteten, von ihren Rüstungen eher behinderten als geschützten Österreicher waren dem wütenden Ansturm nicht gewachsen. Als ihre Fahne fiel, stürzte sich Herzog Leopold III. verzweifelt ins Getümmel, um die schmähliche Niederlage nicht überleben zu müssen. Ein Martin Malterer aus Freiburg im Breisgau deckte ihn bis zuletzt und wurde an seiner Leiche niedergestoßen.

Leopold war der jüngste Bruder Rudolfs des Stifters gewesen, sein Tod bei Sempach ist bezeugt. Arnold Winkelried hingegen gilt mehr oder weniger als legendäre Gestalt, obwohl sein Name an der Spitze einer Gefallenenliste aus jenen Tagen erscheint. Müßig wäre es dennoch, darüber zu streiten, ob er die berühmte Gasse brach oder nur als einer von vielen eidgenössischen Fußkämpfern umkam. Die Schweizer haben ihn nun einmal in ihre vaterländische Ehrengalerie aufgenommen, dort lebt er fort, ein Gestalt gewordener Grundsatz. Winkelried verkörpert den Willen zur Republik, zur Selbstbestimmung, zur bürgerlichen Freiheit. Leopold steht für das entgegengesetzte Prinzip, er verfocht die Interessen einer mächtigen, nach immer mehr Macht strebenden Herrscherfamilie. Und diese Konstellation paßt fugenlos in das Bild der Zeit nach Karls IV. Tod.

Der Luxemburg war acht Jahre vor Sempach gestorben. Seine letzten Verfügungen weisen ihn als einen Mann aus, der letztlich doch in anderen Kategorien dachte als die Habsburgs. Obwohl sein Hausbesitz der größte war, den – seit staufischen Zeiten – je ein deutscher König innegehabt hatte, stellte er ihn seinem Nachfolger nicht als geschlossenen Machtblock zur Verfügung. Wenzel, Karls Ältester, war zwar noch zu Lebzeiten des Vaters deutscher König geworden, mußte sich aber in dessen riesiges Erbe mit seinem Bruder Sigmund teilen. Die Möglichkeit, das Reich durch schiere Überlegenheit in den Griff zu bekommen, erhielt er nicht geboten; er wäre freilich auch kaum von den Kurfürsten gewählt worden, wenn er sie gehabt hätte. Die Deutschen strebten noch immer eine Art von Ordnung an, wie sie die acht eidgenössischen Kantone in ihrem Revier bereits weithin verwirklicht hatten. Vor allem südlich des Mains schlossen sie sich, Bürger hier und Ritter da, zu Interessenvereinigungen zusammen, von denen man einige durchaus als Eidgenossenschaften hätte bezeichnen können. Leider konnten sie sich nie auf einen gemeinsamen Gegner einigen. Kleinadelige Wappenträger, denen ihre letzten Privilegien verlorenzugehen drohten, betrachteten vor allem die aufstrebenden Städte als Widersacher und Konkurrenten, während die Städter wiederum ihre jeweiligen fürstlichen Landesherren und auch die Ritter ins Visier nahmen. Was sich aus dem Zusammenprall dieser verschiedenartigen Bestrebungen ergeben mußte, war ein Gärungsprozeß ohne festen Schwerpunkt und ohne bestimmende Tendenz.

Als Graf Eberhard der Rauschebart von Württemberg die Reichsstädte in seinem Land bedrängte, vereinigten sich zunächst vierzehn, später dreißig von ihnen zu einer Allianz, die derart mächtig war, daß selbst König Wenzel sie anerkennen mußte. Mit ihr taten sich dann auch noch die rheinischen Kommunen zusammen und schließlich sogar ein Teil der Schweizer Kantone. Das war schon beinahe – innerhalb der fürstlichen – die bürgerliche Republik. Da ihren Trägern jedoch ein über die Schatten der eigenen Kirchtürme hinausreichender Wille noch immer fehlte, hatte es Leopold III., der auch Landvogt in Schwaben war, geschafft, einen Teil der schwäbischen Städte wieder auf seine Seite zu bringen. Dem Heer, das er nach Sempach führte, hatten nicht nur Österreicher angehört, sondern auch Oberschwaben, Vorarlberger – und Schweizer.

Wirklich klare Fronten ließen sich also nirgendwo ausmachen, es sei denn dort, wo gebirgiges Gelände den bürgerlichen und bäuerlichen Fußkämpfern Gewißheit verlieh, daß sie selbst gegen überlegene Feinde bestehen konnten. Nicht ohne Grund sagte man damals, die Freiheit wohne in den Bergen.

Im flacheren Land hingegen hatte sie nur einen schwachen Stand. Der schwäbische Städtebund wurde 1388 von dem württembergischen Grafen zerschlagen, der rheinische im selben Jahr von Ruprecht I. aus dem Haus Wittelsbach, dem Kurfürsten der Pfalz. König Wenzel konnte daraufhin alle Vereinigungen dieser Art verbieten und einen sechsjährigen allgemeinen Landfrieden erzwingen. Erreicht war freilich auch damit nicht allzuviel. Unter den Bürgern gärte es weiter, und auch innerhalb der Stadtmauern waren Aufruhr, Rebellion – sogar regelrechte Revolutionen – fast an der Tagesordnung.

Etwas anders verhielt es sich mit den Bünden der Ritter, dem »von der Krone«, »vom Stern«, »vom Schwert«, der »Sankt-Georgs-Gesellschaft« oder dem »Schleglerbund«. Sie strebten zum Teil nach halb utopischen Zielen, wie etwa eigener Souveränität im Rahmen des Reiches, oder verkamen zu käuflichen Söldnerhaufen. Eine Familie, die sicher auf ihrem Besitz saß wie die habsburgische, hätte in dieser wirren Zeit eigentlich nichts Besseres tun können, als sich von allen Händeln fernzuhalten und abzuwarten, bis sich eine der rivalisierenden Machtgruppen als die stärkste erwies. Zur Zeit des Todes von Leopold III. bei Sempach waren die Habsburger jedoch selbst schon von der Unruhe erfaßt, die durch Deutschland und halb Europa wehte.

Rudolf der Stifter hatte Österreich nicht einem, sondern zweien seiner Brüder hinterlassen, Leopold III. und dem etwas älteren Albrecht III. Beide verstanden sich nicht besonders gut und hatten deshalb, einige Jahre nach dem Tod des jungen Seniorchefs, ihr Land unter sich aufgeteilt. Albrecht regierte die Gebiete ob und nid der Enns, Leopold den größeren Rest. Jeder von ihnen war auf seine Weise recht erfolgreich. Der jüngere hatte den vorarlbergischen Besitz erweitert, sich nicht ohne Glück mit Venedig herumgeschlagen und die Stadt Triest gewonnen. Albrecht heiratete seine Schwägerin Elisabeth, eine Tochter Karls IV.

In Streit gerieten Leopold und Albrecht dann über eine Frage, die ihre Interessen gar nicht direkt berührt haben kann. Französische Kardinäle hatten 1378 dem römischen Pontifex einen Papst entgegengestellt, mit dessen Hilfe sie die Kirchenregierung wieder nach Avignon verlegen wollten; das »Babylonische Exil« war 1377 zu Ende gegangen. Leopold stellte sich auf die Seite des in der Provence amtierenden Klemens VII., während sein Bruder dem Römer Urban VI. treu blieb. Beide dürften ihre unterschiedlichen Standpunkte weniger aus religiösen als vielmehr aus machtpolitischen Gründen bezogen haben. Der ältere Habsburg orientierte sich nach Prag, der jüngere, wie alle seine Vorgänger, die mit den Eidgenossen über Kreuz geraten waren, suchte Rückendeckung in Frankreich. Nachdem Leopold 1386 gefallen war, hätte eigentlich auch Albrecht auf seine Linie einschwenken müssen, er versuchte jedoch, die Schweizer Probleme, die zur Hinterlassenschaft seines Bruders gehörten, noch einmal aus eigener Kraft zu bewältigen. Fast wäre er dabei sogar erfolgreich gewesen.

1388 durchbrach sein sechstausend Mann starkes Heer die eidgenössische Landwehr bei Näfels im Tal von Glarus und trieb die hinter diesem Verteidigungswall aufgestellten Fußkämpfer in die Flucht. Die siegesgewissen Österreicher schwärmten bereits aus, um Beute zu machen, als sich wieder einmal zeigte, daß sie ihre Gegner unterschätzt hatten. Ein Trupp von nur sechshundert Glarner Bauern kam von den Hängen herabgestürmt und wütete mit Streitaxt und Spieß erbarmungslos unter den Plünderern. Als die Österreicher sich über den Fluß Maag zurückziehen wollten, brach unter den schwergepanzerten Männern die Brücke zusammen. Insgesamt soll Herzog Albrecht bei Näfels siebzehnhundert Mann verloren haben, während die Glarner angeblich nur fünfundfünfzig Tote beklagen mußten. Nach diesem Mißerfolg ließen die Habsburger dann für lange Zeit ihre Hände von den Eidgenossen. Der Wille, der dort in der Schweiz regierte, konnte von dem ihren nicht gebrochen werden, aber die Ur-Feindschaft zwischen beiden Seiten bestand fort. Das republikanische Prinzip und die dynastischen Interessen der Wiener Familie waren so unvereinbar wie Feuer und Wasser.

Abgesehen davon hätte Albrecht jedoch während seiner letzten sieben Lebensjahre gar nicht mehr die Zeit gehabt, sich mit den Schweizern zu befassen, denn der Adel seiner eigenen Länder versuchte ebenfalls, sich von Habsburg loszureißen. In all diesen Kämpfen und Wirren zerfiel das Haus Habsburg in eine leopoldinische und eine albertinische Linie. Ähnliches zeichnete sich auch bei den Luxemburgs ab.

Wenzel, Karls IV. ältester Sohn, seit 1378 deutscher König, wurde vom Pech verfolgt wie kaum einer seiner Vorgänger. Nahezu nichts von dem, was er anfaßte, gelang ihm. Im Streit zwischen den beiden Päpsten nahm er keine eindeutige Stellung ein und verdarb es sich dadurch mit beiden. Sein Reichslandfrieden, mit dem er die Städte bändigte, war von Anfang an brüchig und trug nie die erhofften Früchte. Daß er sich nicht entschließen konnte, nach Rom zu ziehen, um zum Kaiser gekrönt zu werden, brachte ihm den Vorwurf ein, er sei am Reich uninteressiert. Völlig zum Ärgernis wurde Wenzel jedoch, als er seinen Kummer mehr und mehr im Alkohol ertränkte. Und die Böhmen brachte er noch besonders dadurch gegen sich auf, daß er den Beichtvater seiner Frau, Johannes von Nepomuk, erst foltern und dann in der Moldau ertränken ließ, weil der Prälat sich geweigert hatte, ihm, dem König, zu offenbaren, was er von der Königin im Beichtstuhl erfahren hatte.

Aus allen diesen Gründen fand niemand, weder in Böhmen noch in Deutschland, etwas an dem Spruch des Reichstages auszusetzen, der am 20. August 1400 in Oberlahnstein verfügte, Wenzel als einem »unnüczen, versumelichen, unachbern, entglieder und unwirdigen handhaber des h. römischen Reiches« (einem unnützen, säumigen, unachtbaren Entgliederer und Handhaber des Heiligen Römischen Reiches) sei der Abschied zu geben. Er wurde mehr oder weniger davongejagt, nahm davon freilich nicht die geringste Notiz.

In einer Mischung aus Nonchalance und Stumpfsinnigkeit ignorierte Wenzel einfach, daß die Kurfürsten einen Tag nach seiner Absetzung den Wittelsbacher Pfalzgrafen Ruprecht auf den Thron erhoben – er könnte es allerdings auch aus krassestem Wirklichkeitssinn getan haben. Ruprecht hatte nichts und brachte es zu nichts. Als der Wittelsbach 1410 im Sterben lag, mußte er verfügen, den Schmuck seiner Frau zu verkaufen, damit wenigstens seine Schulden bei Apothekern, Schustern, Schmieden und Malern bezahlt werden konnten. Wenzel regierte zu dieser Zeit noch immer als böhmischer König. Der Mann der Stunde jedoch war bereits sein jüngerer Bruder Sigmund, und auf ihn setzte vor allem auch Habsburg.

Sigmund residierte hoch über der Donau in der Burg Buda und bemühte sich nach besten Kräften, den Ungarn ein guter König zu sein. Er liebte das Land, er fühlte sich hier zu Hause. Auch hatte er, um Ungarn halten zu können, große Teile seines väterlichen Erbes verpfändet, so etwa die Mark Brandenburg an seinen entfernten Verwandten Jobst von Mähren und die Neumark an den Deutschen Orden. Die Magyaren selbst lohnten ihm solchen Einsatz für ihr Land nur wenig, am wenigsten der Adel. Sigmund mußte sich in einer kaum je abreißenden Serie von Aufständen und Revolten gegen die Schicht der reichen Landbesitzer behaupten und nach dem Tod seiner Frau, der Tochter des früheren ungarischen Königs Ludwig des Großen – des Habsburgverwandten, der auch von Wien umworben worden war –, sogar seine eigenen, wohlerworbenen Kronrechte gegen sie verteidigen. Im Grunde hätte ihm nichts ungelegener sein können als das Angebot einer Fraktion des Kurfürstenkollegiums, nach Ruprechts Tod auch noch deutscher König zu werden. Aber Sigmund hatte nun einmal weniger die kluge Bedachtsamkeit seines Vaters Karl als vielmehr die Unbedenklichkeit und Unternehmungslust seines Großvaters Johann geerbt, Sigmund nahm an. Das führte dazu, daß es in Deutschland vorübergehend wieder zwei Herrscher gab, oder eigentlich sogar drei.

Eine Mehrheit der Wahlmänner hatte nämlich Jobst von Mähren auf den Thron erhoben, und auch Bruder Wenzel in Prag betrachtete sich immer noch als rechtmäßigen König. Glücklicherweise starb Jobst jedoch schon ein Jahr später, und mit Wenzel traf Sigmund eine Vereinbarung, die ihm den Vorrang ließ.

Er hatte sich selbst damit nicht viel Gutes eingehandelt. Die Zeit, in der Sigmund antrat, war für einen Herrscher in Deutschland – oder gar einen Kaiser – so ungünstig wie kaum je eine andere. Sosehr Fürsten, Ritter und Städte untereinander zerstritten waren, über ein paar Grundsätze hatten sie sich mehr oder weniger einigen können. Und diese entsprachen vollkommen jener Tendenz, gegen die auch Habsburg in der Schweiz ankämpfen mußte: Das Reich sollte nach und nach zur reinen Republik umgebaut werden.

Schon gab es ein Reichsregiment, bestehend aus sechs kurfürstlichen Räten, drei Vertretern der Städte und einem obersten Hauptmann, das als geschäftsführendes Kabinett amtierte und jegliche Regierungsgewalt für sich beanspruchte. Dem König wäre neben dem Reichsregiment nur noch eine repräsentative Rolle zugekommen, als gekrönter Notar hätte er seine Beschlüsse und Entscheidungen lediglich unterfertigen dürfen. Sigmunds eigene Forderung hingegen, eine staatliche Finanzorganisation zu schaffen, an deren Erträgen er mit dem »hundertsten Pfennig«, also einem bescheidenen Prozent, beteiligt sein sollte, wurde von den Kurfürsten entschlossen hintertrieben. Sigmund mußte sich deshalb darauf verlegen, die mächtigen Herren gegeneinander auszuspielen, wozu ihm glücklicherweise der Tod Jobsts von Mähren einige Mittel verschafft hatte. Er verfügte wieder über Brandenburg, und auf Brandenburg lag ja auch das Kurrecht.

So machte er dem Burggrafen Friedrich VI. von Nürnberg, einem Hohenzollern, das Angebot, die sandige Mark zunächst einmal als Verweser zu übernehmen und das dort ins Kraut geschossene Raubritterwesen zu beseitigen. Friedrich griff mit Freuden zu, er brachte die Quitzows, die Rochows, die Bredows und die anderen lokalen Kleinadeligen gewaltsam zur Räson. Dann meldete er sich beim König, um den zweiten Teil der Abmachung bestätigen zu lassen. Sigmund gab ihm Brandenburg als erbliches Eigentum und verfügte, daß es nur für die astronomische Summe von vierhunderttausend Goldgulden zurückgekauft werden dürfe. Die Hohenzollern saßen also fortan ziemlich sicher in ihrem neuen Besitz, nicht mehr nur Burggrafen, sondern Kurfürsten. Doch begründete der Luxemburg außer dem späteren Preußen auch noch Sachsen, indem er ein freigewordenes Lehen an Friedrich den Streitbaren von Meißen übertrug.

Und was erhielt Habsburg? Es bekam die ihm angemessenste Gabe. Sigmunds Tochter Elisabeth wurde mit Herzog Albrecht V., Enkel Albrechts III., verlobt, 1422 wurde die Ehe geschlossen. Damit winkten der albertinischen Linie des Hauses die Kronen Böhmens und Ungarns; weder Sigmund noch sein Bruder Wenzel hatten Söhne.

Alle drei auf diese Weise gewonnenen Verbündeten mußten dem König freilich von nun an die Unterstützung gewähren, deren er so dringend bedurfte. Sigmunds Schwierigkeiten ließen sich kaum noch zählen.

In Böhmen war jene nach Jan Hus benannte national-religiöse Revolution ausgebrochen, die sich gegen die Amtskirche und die Deutschen im Land richtete. Tausende von Studenten und Professoren aus dem Reich verließen damals die von Karl IV. gegründete Prager Universität, weil ihr Stimmrecht im Senat der Hochschule von Wenzel beschnitten worden war. In den Kirchen der Stadt wurde eine Lehre vertreten, die zum Teil wie die Vorwegnahme der lutherischen Forderung nach Kirchenreformation anmutete. Ihre Vertreter beriefen sich strikt auf die Heilige Schrift und forderten unter anderem das Abendmahl in beiderlei Gestalt, wie es noch im zwölften Jahrhundert üblich gewesen war; den Laien sollte nicht nur das Brot, sondern auch der Wein gereicht werden.

Dieses böhmische Problem Sigmunds überschnitt sich jedoch mit einem für ihn weitaus gewichtigeren. Da er die Kaiserkrone anstrebte, erwartete alle Welt, daß er auch in die Geschäfte der heillos zerstrittenen Kirche eingreifen und zunächst einmal das Schisma zwischen den Päpsten in Avignon und jenen in Rom lösen werde. Ein zu Pisa tagendes Konzil hatte zwei miteinander rivalisierende Nachfolger Petri abgewählt, um sie durch einen neuen Pontifex zu ersetzen, der früher neapolitanischer Seeräuber gewesen war. Ihn, er nannte sich Johannes XXIII., zwang Sigmund, ein neues Konzil einzuberufen, und zwar auf deutschem Boden in Konstanz. Es sollte nichts weniger bewirken als »die Verbesserung der Kirche an Haupt und Gliedern«.

Die Versammlung am Bodensee wuchs jedoch für Sigmund zum wahren Alptraum aus. In der kleinen engen Stadt drängte sich die Creme des europäischen Adels, ungezählte Herzöge, Fürsten, Grafen, dazu neunundzwanzig Kardinäle, dreiunddreißig Erzbischöfe, hundertfünfzig Bischöfe, hundert Äbte und mehr als dreihundert Doktoren aller Universitäten. Mit ihren Begleitern und Bediensteten zusammen waren dies nahezu fünfzigtausend Menschen. Man konnte die Zusammenkunft kein Konzil mehr nennen, es war eine politische Monsterveranstaltung, auf der mit härtesten Bandagen, mit lauteren und noch mehr unlauteren Mitteln um Einfluß, Macht und Positionen gekämpft wurde. Geschickte Unterhändler, Zwischenträger, Mehrheitsbeschaffer verdienten mittlere Vermögen oder legten die Fundamente steiler Karrieren in Kirche und Politik. Und von Anfang an häuften sich die Katastrophen.

Dem Expiraten Johannes XXIII. gelang es zunächst, mit Hilfe einer starken italienischen Mehrheit, für die er vorausblickend gesorgt hatte, das Heft einigermaßen in der Hand zu behalten. Allerdings mußte er dem tobenden Meer der Meinungen und Interessen, das ihn umbrandete, auch Blutopfer spenden, um es zu beruhigen. Jan Hus, der tschechische Reformator, war aufgefordert worden, seine Lehre vor den kirchlichen Autoritäten zu verteidigen, Sigmund hatte ihm freies Geleit zugesichert. Aber als der König am 24. Dezember 1414 selbst nach Konstanz kam, erfuhr er, daß die Konzilsoberen sich um seinen Schutzbrief nicht gekümmert und den Prager sofort verhaftet hatten.

Sigmund drohte, die Stadt auf der Stelle wieder zu verlassen, wenn Hus nicht freigesetzt werde, doch dann ließ er sich überreden, den bereits eingeleiteten Ketzerprozeß nicht aufzuhalten. Es war ein Fehler, den er sein Leben lang bereuen sollte. Das kirchliche Tribunal dachte nicht daran, die Bibelauslegungen des Tschechen auch nur anzuhören. Er wurde öffentlich niedergeschrien, am 6. Juli 1415 zum Tode verurteilt und noch am selben Tag auf den Scheiterhaufen geführt. Sigmund soll das Urteil und seine Vollstreckung hingenommen haben, weil er zu dieser Zeit schon vorwiegend damit beschäftigt war, sich zu amüsieren und »barfuß« durch die Straßen der Stadt zu tanzen. Es war jedoch der Zeitpunkt, an dem sich sein böhmisches Problem mit allen anderen, die er hatte, zu überschneiden begann. In Prag rückte selbst sein Bruder Wenzel von ihm ab. Aber auch die nächste Konzilskatastrophe bahnte sich damals bereits an. Johannes XXIII. ahnte, daß er den Tag, an dem die Versammlung über ihn befinden würde, durch den Prozeß gegen Hus nur hinausgeschoben, aber nicht aufgehoben hatte. Und da ihm auch klar war, daß er einer wirklichen Reformdiskussion rettungslos zum Opfer fallen würde, bereitete der ehemalige Seeräuber ein Unternehmen vor, mit dem er sich gewaltsam aus der Klemme helfen wollte. Er floh von Konstanz nach Schaffhausen, dort wartete bereits ein Verbündeter auf ihn. Es war Friedrich IV. von Tirol, einer der Söhne des bei Sempach gefallenen Herzogs Leopold. Was den jungen Habsburg bewogen hatte, sich ausgerechnet mit einer so dubiosen Gestalt wie Johannes XXIII. einzulassen, ist absolut rätselhaft. Sein Entschluß sollte ihn jedenfalls fast ebenso teuer zu stehen kommen wie Sigmund seine bei der Verurteilung von Hus bewiesene Entschluß- und Prinzipienlosigkeit.

Als Leopold III. bei Sempach ums Leben gekommen war, war sein jüngster Sohn Friedrich gerade vier Jahre alt gewesen. Er hatte zwar noch drei ältere Brüder, trotzdem beauftragte man ihn als Zwanzigjährigen mit der Verwaltung der sogenannten Vorlande, also all dessen, was zu dem gefährdeten schweizerischen, badischen oder elsässischen Besitz des Hauses Habsburg gehörte und nach der Familienspaltung dem leopoldinischen Zweig zufiel. Das läßt darauf schließen, daß seine Brüder Wilhelm, Leopold IV. und Ernst ihn entweder für tatkräftiger hielten als sich selbst oder aber keine Lust hatten, sich mit den Problemen herumzuschlagen, die dort draußen akut waren.

Friedrich oder »Friedel«, wie man ihn rief, mußte sich denn auch von Beginn seiner Laufbahn an mit den unterschiedlichsten Gegnern herumschlagen, vor allem, als man ihm 1406 auch noch Tirol übertrug. Seine Widersacher hatten nur ein Ziel: Sie wollten die habsburgische Vorherrschaft abschütteln und sich nach Möglichkeit mit den Schweizern zusammentun. An Etsch und Eisack bemühten sich darum eine ganze Reihe von bäuerlichen und kleinadeligen Vereinigungen, vor allem der mächtige »Elefantenbund«. An seiner Spitze stand Oswald von Wolkenstein, ein Poet und Ritter, der sich schon in der halben Welt herumgetrieben hatte und nun seine Fähigkeiten und sein Temperament in einen Krieg nach erprobter eidgenössischer Art einbrachte: Überfälle in der Nacht, Angriffe aus dem Hinterhalt, abenteuerliche Unternehmungen, bei denen man halsbrecherische Gebirgspfade passieren mußte, um in den Rücken des Feindes zu gelangen. Und an den nächtlichen Lagerfeuern die trinkende Männerrunde, die Oswalds Balladen, seinen Spottliedern, seinen recht deutlichen Liebesgesängen lauschte.

Friedrich konnte den einäugigen Kämpen und Dichter gefangennehmen und bis zum Jahr 1417 ins Gefängnis sperren. Auch mit Oswalds Kampfgenossen wurde er fertig, sowohl mit den tirolischen Rittern als auch mit deren Verbündeten und Geldgebern, den reichen Bozener Kaufleuten.

Weniger Glück hatte der Habsburg dagegen mit den Schweizern. Als die Appenzeller sich der Eidgenossenschaft anschlossen, weil sie von der Herrschaft ihrer St. Gallener Äbte loskommen wollten, warf Friedrich sich 1405 zum Schutzherrn des Bodenseeklosters auf und rückte in das Revier der kleingewachsenen Kuhbauern und Käsehersteller ein. Diese ließen sich jedoch längst von den kraftvolleren und kampferprobten Leuten aus Schwyz und Uri verteidigen. In einer Schlacht, die nach keinem bestimmten Ort benannt wird, sondern nach einem »Stoß« – derjenigen Fläche, die notwendig ist, um ein Stück Rindvieh zu ernähren –, mußte dann auch Friedrich erleben, was schon seinem Großonkel am Morgarten und seinem Vater bei Sempach widerfahren war: Er bekam schweizerisches Eisen zu fressen. Und die Eidgenossenschaft konnte vorübergehend ihre Vereinigung um den »Bund ob dem See« erweitern. Später wurde dieser Bund freilich von schwäbischen Rittern wieder zerschlagen.

Friedrich IV. aber war nach den »Appenzeller Kriegen« nicht nur so gut wie bankrott, er hatte es sich auch mit König Sigmund verdorben, der die Ritterbünde förderte, um die Fürsten im Zaum halten zu können. In Bozen nannte man den Habsburg damals »Friedel mit der leeren Tasche« – eine, trotz allem, etwas unzutreffende Bezeichnung. Da dem Habsburg Tirol mit den reichen Kupfer-, Silber- und Quecksilbergruben von Schwaz geblieben war, verfügte er zumindest noch über eine solide wirtschaftliche Basis. Davon freilich hätte er vermutlich weit rascher profitieren können, als es ihm später gelang, wenn er sich nicht auch noch mit Papst Johannes XXIII. eingelassen hätte.

Der Pontifex traf am 20. März 1415 in Schaffhausen mit Friedrich zusammen. Beide verfügten jedoch nicht über die Mittel, um den Konzilsmitgliedern nachdrücklich drohen zu können, außerdem hatte Sigmund dem flüchtigen Papst sofort Häscher auf die Spur gesetzt. Eine Zeitlang konnte Johannes sich vor ihnen verstecken, Anfang Mai indessen wurde er gefaßt, zurückgebracht und seines Amtes feierlich entsetzt. Der König ließ ihn zunächst auf Schloß Gottlieben am Bodensee, später in Heidelberg einsperren, gleichzeitig klagte er den Habsburg wegen Hochverrats an und verhängte die Reichsacht über ihn.

Es war ein Signal, auf das Friedrichs Feinde schon lange gelauert hatten. Ein Geächteter war vogelfrei, er durfte von jedermann überfallen und beraubt werden. Als erste fingen damit die Schweizer an. Sie fielen in den aargauischen Stammbesitz des Hauses ein und eroberten die Habsburg, anschließend drangen Truppen deutscher Fürsten und Reichsstädte bis tief nach Tirol hinein vor. Friedel mit der leeren Tasche schien damals wirklich am Ende zu sein, doch dürften seine Brüder, vor allem der mit Sigmunds Tochter zu dieser Zeit erst verlobte Neffe Albrecht, ein gutes Wort für ihn eingelegt und eine Zusammenkunft mit dem König arrangiert haben.

Noch während des Konzils traf »hertzog Friedrich« im Barfüßerkloster von Konstanz mit Sigmund zusammen. Ein Tafelbild aus der Konzilschronik zeigt, wie er vor dem bärtigen Herrscher kniet und schwört, »den obgeschriebenen Brief«, seine Unterwerfung, »ze halten«. Daraufhin erhielt er alles zurück, was ihm von den selbsternannten Vollstreckern der Reichsacht weggenommen worden war. Und Friedrich bewies fortan, was für ein ausgezeichneter Wirtschaftspolitiker er sein konnte, wenn es sein mußte. Erstaunlich schnell füllten sich seine leeren Taschen wieder, was der Volksmund später mit der Behauptung honorierte, er sei es gewesen, der das »Goldene Dachl« in

Innsbruck errichtet habe, den berühmten, mit bronzierten Kupferziegeln gedeckten Prunkerker. Und Oswald von Wolkenstein pries nach seiner Entlassung aus dem Gefängnis des Herzogs »milte«.

Albrecht V., der seit seiner Hochzeit mit Sigmunds Tochter Elisabeth im Jahre 1422 die Anwartschaft auf Ungarn und Böhmen in der Tasche trug, hatte da ein weitaus schwereres Los zu tragen. Es sah während dieser Jahre so aus, als habe der vorgesehene Erblasser, König Sigmund, den bedeutendsten Teil seiner väterlichen Hinterlassenschaft bereits verspielt, weil in seiner Anwesenheit und trotz seines Schutzversprechens Jan Hus in Konstanz verbrannt worden war. Ganz Böhmen befand sich im Aufstand gegen ihn. Der Habsburg aus der albertinischen Linie gehörte zu den Männern, die dem König helfen sollten, sich aus dieser Lage wieder zu befreien.

Am 30. Juli 1419 hatte es begonnen. Anhänger des toten Hus waren durch die Straßen von Prag gezogen und hatten lauthals ihre Forderungen skandiert. Sie wollten nichts weniger als den vom Volk regierten Volksstaat tschechischer Nation und eine von Grund auf umgestaltete Kirche. Als katholische Ratsherren sich über sie lustig machten, stürmte die aufgebrachte Menge das Rathaus und warf sieben von ihnen aus dem Fenster. König Wenzel, der bisher antideutsche Aktionen eher gefördert hatte, weil er von deutschen Kurfürsten ja abgesetzt worden war, soll vor ohnmächtiger Wut beinahe zersprungen sein. Er konnte aber nichts weiter tun, als sich selbst nach Schloß Wenzelstein in Sicherheit zu bringen. Dort erlitt er, rund zwei Wochen später, einen tödlichen Schlaganfall. Für die Aufrührer war sein Hinscheiden der Anlaß, nun gegen jedermann vorzugehen, der es noch wagte, eine katholische Kirche zu betreten, oder gar den Priesterrock trug.

Die böhmischen Landstände riefen händeringend nach König Sigmund, der ja seinem Bruder auf dem böhmischen Thron nachfolgen sollte, beschworen ihn aber gleichzeitig, auf die Forderungen wenigstens der gemäßigten Hussiten einzugehen. Dazu gehörten Religionsfreiheit, Ausschluß der Deutschen von allen wichtigen Ämtern und der Gebrauch der tschechischen Sprache vor Gericht. Sigmunds wichtigste Verbündete, Friedrich von Brandenburg und Friedrich von Meißen, rieten ebenfalls zur Mäßigung, der Luxemburg jedoch setzte auf radikale Gegenreformation. Bei einem Reichstag in Breslau rief er sogar den bewaffneten Kreuzzug gegen die Hussiten aus, woraufhin böhmische Adelige die Krone ihres Landes dem polnischen König anboten. Es war der Beginn eines fünfzehnjährigen Krieges. Zu den ersten, die darin hohen Blutzoll entrichten mußten, gehörte Albrecht V. von Österreich.

Ein Heer, das er 1422, dem Jahr seiner Hochzeit, dem Schwiegervater zuführte, wurde zusammen mit dessen anderen Hilfsvölkern zweimal hintereinander vernichtend geschlagen, zuerst bei Wyssehrad vor Prag, dann bei Deutsch-Brod. Und so ging es in der folgenden Zeit weiter. Wo immer die Hussiten unter Führern, die scheinbar aus dem Nichts hervorgetreten waren, mit erprobten Feldherrn wie dem Brandenburger oder dem Meißener Sachsen zusammentrafen, lagen hinterher »Tote wie Garben auf dem Feld«. Und die meisten von ihnen waren nicht Bauern mit gerade geschmiedeten Sensen in den erstarrten Fäusten, sondern gewappnete Ritter. Bei Aussig (in Nordböhmen) war das 1426 nicht anders als ein Jahr später bei Mies (dem tschechischen Mše) oder 1431 bei Taus (nahe Pilsen). Dort lief Sigmunds Armee sogar schon auseinander, als die Hussiten gerade erst aus ihren Wagenburgen hervorbrachen, in denen sie sich zu verschanzen pflegten. Sie galten als unschlagbar, und sie waren es auch, was man bald ebenso in Franken, in Sachsen, in der Lausitz und in Schlesien erfahren sollte. Unter Führern wie Prokop dem Großen und Prokop dem Kleinen brachen sie zu ausgedehnten Plünderungszügen in alle Nachbarländer Böhmens auf. Daß sich schließlich auch die Pest mit ihnen zu verbünden schien, verlieh ihrem Auftreten einen geradezu apokalyptischen Zug. Das Ende der Welt, der Untergang der Christenheit, schien bevorzustehen. Die Hussiten kamen aus den böhmischen Wäldern und verschwanden wieder darin. Man konnte sie nicht fassen, nicht greifen, nicht verstehen, obwohl fast jeder das unterirdische Beben gespürt hatte, das ihrem Auftritt vorausgegangen war, den Schrei nach der reinen, unverfälschten Lehre, den Ruf nach einer Freiheit, die vor allem als Glaubensfreiheit begriffen wurde. Dabei war es nur ein Vorspiel dessen, was zweihundert Jahre später noch einmal von Böhmen ausgehen sollte: der Dreißigjährige Krieg.

Sigmund bewahrte im Zentrum dieses Aufruhrs eine geradezu erstaunliche Gelassenheit. 1431, nach der Schlacht von Taus, nahm er sich sogar die Zeit, Italien zu besuchen, um erst mit der Eisernen Krone der Langobarden und zwei Jahre darauf mit dem kaiserlichen Diadem gekrönt zu werden. Doch möglicherweise sah er damals schon, daß die Kraft der Hussiten zu erlahmen begann.

1433 traf er in Basel mit Prokop dem Großen zusammen und einigte sich mit ihm über die sogenannten »Prager Kompaktaten«, eine Abmachung, die den Hussiten das Abendmahl in beiderlei Gestalt und die unbehinderte Verkündigung ihrer Lehre zugestand.

Wenig später zerfiel die hussitische Bewegung in zwei verschiedene Gruppierungen, die sich untereinander zu bekämpfen begannen. Als die besonders extremen »Taboriten« geschlagen worden waren, konnte der nunmehrige Kaiser mit den gemäßigteren »Kalixtinern« einen neuen Vertrag abschließen und endlich, im August 1436, als anerkannter Herrscher in Prag einziehen. Es war ein Tag, an dem vor allem auch Albrecht V. aufatmete. Jetzt hatten die Papiere in seiner Aktentruhe wieder ihren vollen Wert. Der Habsburg durfte sich darauf vorbereiten, demnächst König von Böhmen und Ungarn zu sein.

Wenige Monate nach dem Tod des Schwiegervaters wählten die Kurfürsten ihn dann auch noch, am 18. März 1438, zum Oberhaupt der Deutschen. Aus Herzog Albrecht V. wurde König Albrecht II. Das hundertdreißigjährige Zwischenspiel, mit dem das Schicksal dafür gesorgt hatte, daß kühne, geschickte, tatkräftige Männer aus Luxemburg – unter ihnen freilich auch ein etwas weniger tatkräftiger – die Machtbasis schaffen konnten, auf der sich Habsburg nun zu etablieren vermochte, war endlich abgeschlossen. Die Krone fiel einem Haus zu, das, zumindest nach der Überzeugung Rudolfs des Stifters, allein Anspruch darauf hatte – vor Gott und den Menschen. Tatsächlich sollte diese Krone im Besitz Habsburgs bleiben, solange es ein römisches Kaiserreich deutscher Nation gab, von Sigmunds Todesjahr 1437 bis 1806. Danach blieb sie dem Haus Habsburg noch einmal hundertzwölf Jahre lang als österreichische Kaiserkrone erhalten.

Der vierte habsburgische König war zur Zeit seiner Wahl einundvierzig Jahre alt. Er sollte nur eineinhalb Jahre älter werden, Zeit genug freilich, um zu erfahren, daß er kein sonderlich leichtes Erbe antrat. Der tote Schwiegervater hatte ihm, als er noch lebte, gewiß einmal von der schwersten seiner vielen Niederlagen auf dem Schlachtfeld erzählt.

Nach seiner Krönung zum König von Ungarn, im Jahr 1396, war Sigmund an der Spitze eines aus Deutschen, Italienern, Engländern, Franzosen und Magyaren bestehenden Heeres nach Osten geritten, um Feinde zu bekämpfen, über die man damals noch nicht allzuviel wußte. Von ihrem Anführer, einem offensichtlich etwas großmäuligen Barbaren, stammte der Ausspruch: »Ich werde mein Pferd im Taufbekken der Peterskirche tränken.« Er hieß Bayazid, trug den Beinamen »Yildirim«, der Blitz, und war der Sultan des Osmanischen Reiches.

Die frohgemuten und siegessicheren abendländischen Ritter waren nach Nikopol an der Donau, im heutigen Rumänien, gelangt, auf dessen Kirchtürmen damals schon nicht mehr das Kreuz, sondern der Halbmond leuchtete. Sie trafen Anstalten, die Stadt zu erstürmen und von den Ungläubigen zu befreien. Da die Belagerung eine langwierige und auch langweilige Angelegenheit zu werden drohte, atmeten vor allem die Franzosen beinahe auf, als ein Entsatzheer unter Bayazid Yildirim erschien. Sie waren sogar derart hitzig vor Kampfeslust, daß sie mit ihrem Angriff auf den Türken gar nicht erst abwarteten, bis dieser seine Streitmacht richtig entfaltet hatte.

Den Rittern indessen widerfuhr, was einige ihrer österreichischen Standesgenossen schon in der Schweiz erlebt haben mochten: Bayazid war es gewohnt, das Gelände in seine strategischen Pläne mit einzubeziehen. Aus einer Falte zwischen den Hügeln brach überraschend die türkische Reiterei hervor. Und die Christen begriffen bald, daß sie den geschlossen operierenden Einheiten dieser rotbemalten, leichtgepanzerten Sipahis nicht gewachsen waren. Beinahe den ganzen Tag über soll der Kampf angedauert haben. Als der Abend anbrach, lagen angeblich sechzigtausend Tote auf dem Gelände. Wer von Sigmunds Leuten überlebte, wurde gefangengenommen. Der König selbst hatte sich auf einem venezianischen Donauboot gerade noch in Sicherheit bringen können.

Halbtot und in Lumpen kam er Tage später mit einer Handvoll Überlebender im noch sicheren Teil seines Reiches an. Aber welcher Teil von Ungarn war seit Nikopol noch wirklich sicher? Albrecht II. hatte einen Besitz geerbt, auf dem die schwerste Last lag, die ein Herrscher sich aufbürden konnte. Er und seine Nachfahren würden Europa fortan gegen die Türken verteidigen müssen.

Wie gut hatten es da die Hohenzollern getroffen, die – dank Sigmund – fernab im vergleichsweise sicheren Brandenburg saßen!

VII.
Der faule Friedrich

Der Doppeladler stammt aus demselben Horst, in dem auch der Vogel Rock, der Vogel Phönix, der Greif und jene schreckenerregenden Erscheinungen geboren wurden, von denen es in der Offenbarung des Johannes heißt: »Eine jegliche der vier Gestalten hatte sechs Flügel.« Die Heimat des Doppeladlers war der alte Orient, das Persien der Zarathustra-Priester, das Babylon der Semiramis, das Ägypten der Pharaonen. Von den pyramidenförmigen Zikkurats der Sumerer war er ins anatolische Reich der Hethiter geflogen, um irgendwann auf seiner Weiterreise gen Westen auch Konstantinopel zu erreichen. Die Kaiser von Byzanz machten ihn zum Wappentier, obwohl ihr Blick das mythische Dunkel, aus dem er kam, bereits nicht mehr durchdrang. Der Vogel mit den zwei Köpfen schien ihnen einfach das geeignete Symbol für ihre einzigartige, weder von Karl dem Großen noch den meisten seiner Nachfolger angezweifelte Stellung in der Welt zu sein.

Aber dann, am 29. Mai 1453, fiel auch dieser Horst des Fabeltieres aus dem Orient. Der Türkensultan Mehmet II. eroberte Konstantinopel. Im Juli erreichte die Nachricht von seinem Sieg den deutschen Kaiser Friedrich III. Der Doppeladler nistete damals schon lange auch auf den Türmen von Prag und Wien.

Kaiser Sigmund aus dem Hause Luxemburg hatte den Verwandten des Phönix zum Symbol des Reiches gemacht. Seither war er an den Rathausfronten vieler deutscher Städte heimisch, auf Toreinfassungen, Prunkgewändern und den Fahnen, die man – mehr denn je – bei jeder Gelegenheit zu hissen, vor sich herzutragen oder zu schwenken pflegte. Welche Vorstellungen das seltsame Tier einst verkörpert hatte, wußte man so wenig, wie es einst den Byzantinern bewußt gewesen war, es genügte jedoch, daß der Doppeladler mächtig und geheimnisvoll erschien und daß er die eigene Bedeutung verstärkte. Vor allem die Familie Habsburg betrachtete ihn von Anfang an unter diesem Aspekt.

Der neue Wappenvogel fügte sich nahtlos in die heraldische Ornamentik, mit der sie sich zu schmücken liebte, ihre Angehörigen hießen mittlerweile »Erzherzöge«. Friedrich III. war im März 1452 in Rom zum Kaiser gekrönt worden, schon wenige Monate später, am 6. Januar 1453, hatte er das gefälschte »Privilegium maius« seines Großonkels Rudolf des Stifters anerkannt, als Kaiser besaß er das Recht dazu. Nun galt auch offiziell, daß ein Habsburg mehr war als ein Angehöriger irgendeiner anderen Fürsten- oder Adelsfamilie der Welt. Erzherzog oder Erzherzogin konnte außer ihnen niemand werden.

Friedrich hat wenig getan, um die Stellung zu erringen, die er beim Fall von Konstantinopel innehatte. Das Tun und Machen, ja das Agieren überhaupt, waren seine Sache nicht. Eine der mannhaftesten Erscheinungen der deutschen Literatur, die Dame Ricarda Huch, vergleicht ihn mit einer Riesenschildkröte. »Ein gigantischer Klotz von phantastisch urweltlichem Umriß hängt im Wasser«, schreibt sie. »Lebt dies Geschöpf, oder ist es in Jahrtausenden versteinert? Wie lange man es auch beobachtet, es bewegt sich nicht; aber plötzlich sieht man, daß der Felsen Augen hat, aus denen es böse herausblitzt, ein unzugänglicher, tückischer, lauernder Wille.«

Ricarda Huch kann Friedrich wenig abgewinnen, weil er nahezu nichts tat, was ihn als männlichen und mannhaften Herrscher ausweist. Doch darin, daß er so passiv war, bestand seine Größe und seine Weisheit, denn er war es gerade zur richtigen Zeit. Zu Friedrichs Eigenschaften zählten gewiß ein tückischer, böser Wille und die Veranlagung zu hassen – aber eben auch die Fähigkeit, zu lauern und abzuwarten.

»Ernestus, Herzog von Österreich«, so berichtet ein zeitgenössischer Klosterbruder, »vom heiligen Grab sei kommen, und selbige Nacht heimlich von den Seinen geritten bis gen (Wiener) Neustadt. Habe sich da heimlich seinem Gemahl erzeigt, die Nacht bei ihr geschlafen, auf diese Nacht sein Gemahl geschwängert mit Fridericus III. und sei morgens früh wieder auf sein Pferd gesessen und eilends zurück zu seinem Volk geritten.« Das müßte im Januar 1415 gewesen sein, wenn die Geschichte stimmen sollte.

Ernst, genannt »der Eiserne«, war ein älterer Bruder von Friedel mit der leeren Tasche und lag lange Jahre in heftigem Streit mit ihm. Der Gesamtbesitz des habsburgischen Hauses war damals, solcher und noch anderer Zwiste wegen, in drei Teile zerfallen. Ernst selbst hatte die Steiermark, Kärnten und Krain bis zur Adria inne, die sogenannten »innerösterreichischen Lande«. Friedel konnte sich mit Mühe und Not in Tirol festklammern. Beide Brüder vertraten gemeinsam die leopoldinische Linie der Familie.

Der albertinische Zweig bestand zu ihrer Zeit aus Albrecht IV., der die Lande ob und nid der Enns besaß, und seinem Sohn Albrecht V., der als Tochtermann Kaiser Sigmunds 1437/38 nicht nur König von Ungarn und Böhmen, sondern im Jahr darauf auch als Albrecht II. deutscher König geworden war. Für den so hastig gezeugten Friedrich hieß das während seiner frühen Jugendjahre, daß er eines Tages eben in Kärnten, der Steiermark und Krain als Herzog (nicht einmal Erzherzog) regieren, im übrigen aber eine Nebenlinie repräsentieren würde. Denn eines stand fest: Der jeweils gekrönte Habsburg sollte immer auch Chef des Hauses sein. Und die Krone war nun einmal in den Händen der Albertiner.

Aber diese Konstellation änderte sich im vierundzwanzigsten Lebensjahr Friedrichs von Grund auf. Albrecht II. war noch nicht einmal dazu gekommen, in Aachen den Karlsthron zu besteigen und seine Herrschaft in Böhmen zu festigen, da mußte er nach Serbien marschieren, um einen Türkeneinfall abzuwehren. Er biß sich an der mächtigen, von den Truppen Sultan Murads II. besetzten Burg Semendria, dem heutigen Semederevo, fest, zog sich später nach Gran in Ungarn zurück, um Verstärkung abzuwarten, und fiel hier 1439 einer Ruhrepidemie zum Opfer.

Für Friedrich bedeutete dies, daß er trotz seiner jungen Jahre zum Chef des habsburgischen Hauses aufstieg, denn sein einziger Bruder war noch jünger als er, und sein Vetter Sigmund, Friedels Sohn, der Erbe von Tirol, sogar noch unmündig. Für Habsburg insgesamt aber bedeutete Albrechts Tod eine mittlere Katastrophe. Zwar einigten sich die Kurfürsten rasch darauf, daß Friedrich der einzige mögliche Anwärter auf den deutschen Thron sei, und wählten ihn 1440 einstimmig zum König. Die Ungarn und Böhmen indessen zeigten keine große Lust, auch weiterhin habsburgisch zu bleiben. Und beide Länder waren für die Wiener Familie der gewichtigere Besitz. Zum Glück fand sich in ihren Reihen noch eine Luxemburgerin.

Elisabeth, die Tochter Kaiser Sigmunds, hatte wenige Wochen nach Albrechts Tod einem Sohn das Leben geschenkt. Er wurde Ladislaus

Postumus genannt und war nach Recht und Abkommen sowohl Erbe der Wenzelskrone als auch Erbe der Stephanskrone. Doch wie die Ansprüche eines Säuglings durchsetzen, zumal in Ländern, deren eines von den Türken bedroht war und deren anderes sich noch lange nicht von den hussitischen Streitigkeiten erholt hatte? Beide Länder bedurften tatkräftiger Männer, die sich nach innen und nach außen hin durchsetzen konnten. Ein unmündiges Kind, vertreten von einer Frau als Vormund, war das letzte, wonach ihren führenden Köpfen der Sinn stand. Elisabeth handelte rasch und geschickt.

Mit Hilfe eines der ehemaligen Söldnerführer ihres Vaters gelang es der Luxemburgerin, die Krone des heiligen Stephan zu entwenden und den kleinen Ladislaus damit versehen zu lassen. Es war mehr oder weniger ein Hintertreppenmanöver, aber es reichte aus, die ungarische Nation wenigstens zu spalten. Ein Teil der Magnaten erklärte die Krönung für ungültig, »da die Wirksamkeit und die Kraft« des Diadems »von der Zustimmung der Landesbewohner« abhinge. Sie wählten anstelle des Säuglings den Polenkönig Wladislaw III. zu ihrem Herrscher. Ein anderer Teil dagegen hielt an Ladislaus fest. Die Rechte des jungen Habsburg blieben dadurch zumindest gewahrt. Eines Tages, wenn der unmündige Prinz erwachsen wäre, würde er mit Gottes Hilfe anrücken und sie einfordern können. Diese Zukunftsaussicht dürfte vorerst auch Elisabeth genügt haben.

In Böhmen, wo zumindest ein Teil des katholischen Adels noch für Habsburg war, kam die Luxemburgerin nicht so schnell zum Zug, allerdings bestand hier auch kein so dringender Handlungsbedarf wie in Ungarn. Von den Führern der religiösen Parteien war nicht einer mächtig genug, die Krone des Landes für sich beanspruchen oder sie einem ihm genehmen Prätendenten antragen zu können. Das erlaubte es dem Haus Habsburg, sich so zu verhalten, als sei das Land noch in seinem Besitz. Natürlich hätte Wien auch versuchen können, gewaltsam auf sein Recht zu pochen; Voraussetzung dafür wäre jedoch ein Familienoberhaupt gewesen, das wenigstens über die männlichen Fähigkeiten der Luxemburgerin Elisabeth verfügte. Friedrich indessen war weder ein Mann des raschen Entschlusses noch der entschiedenen Tat. Und da ihm dies bewußt gewesen sein dürfte, unternahm er so gut wie gar nichts, sondern fuhr einfach fort, zu warten – und zu lauern.

Nach Elisabeths Tod nahm er den kleinen zweijährigen Ladislaus zu sich und ließ ihm eine sorgfältige Erziehung angedeihen. Er sah in dem

Prinzen ein wertvolles Pfand, das man pflegen und hüten mußte, bis der Tag gekommen war, an dem es sich einlösen ließ. So wie er dachten freilich auch andere Männer an Friedrichs Residenz in Wiener Neustadt. Und je deutlicher sie erkannten, wes Geistes Kind der König war, um so kühner begannen sie, eigene Pläne um den Erben zweier so wertvoller Kronen zu spinnen. Dabei drängte sich ihnen allmählich der Eindruck auf, Friedrich werde nicht einmal dann aus seiner Ruhe aufschrecken, wenn man versuchte, ihm seinen Thron unter dem Hintern wegzuziehen. Auch Friedrichs äußere Erscheinung war alles andere als eindrucksvoll.

Zimburg von Masowien, die angeblich so hastig begattete Mutter des Habsburgs, soll der Familie ihr berühmtestes Kennzeichen, die hängende Unterlippe, eingebracht haben. Die Polin war auch eine sehr körpergewaltige Frau, man berichtet, sie habe Nägel mit der bloßen Faust ins Holz treiben können; solche Muskelkraft scheint der Sohn von ihr geerbt zu haben. Er war ein feister Riese, der, wie viele großgewachsene Männer, leicht nach vorne gebeugt ging, als befürchte er ständig, den Kopf irgendwo anzuschlagen – bei den niederen Türstöcken und Stubendecken jener Zeit auch kein Wunder. Die mächtige gebogene Nase, die wie ein Schnabel sein Gesicht beherrschte, könnte Friedrich von Rudolf I. geerbt haben. Ob ihm aber die Unterlippe wirklich schon herabhing wie vielen späteren Habsburgern, läßt sich zumindest von seinem Standbild in der Innsbrucker Hofkirche nicht ablesen. Dort hält er den Mund auf eher grämliche Weise geschlossen und trägt den Kopf leicht nach rechts gewandt; die Krone auf seinem Kopf wirkt wie ein zu groß geratener Hut. Da die Statue kurz nach Friedrichs Tod entstand, dürfte sie einigermaßen realistisch sein.

Eine Nürnberger Chronik gibt ferner an, daß Friedrich sehr mäßig gelebt habe. Zwischen den Mahlzeiten gelüstete ihn nie nach Wein. Der leichte Riesling, den er zum Nachtmahl trank, mußte noch mit Wasser verdünnt werden, und seiner Frau ließ er einmal ausrichten, er wolle lieber ein unfruchtbares Weib als eine Säuferin an seiner Seite wissen. Leidenschaftlich war der Habsburg hingegen auf süßes Obst und auf Fruchtsäfte versessen, beides nahm er in ungeheueren Mengen zu sich, diese Schwäche soll später eine seiner Todesursachen gewesen sein.

In dem mächtigen, von keinerlei heftigen Leidenschaften berührten Körper aber wohnte ein Geist, der sich in krausen und schwer nachvollziehbaren Gedankengängen verlor, einer Lust, zu sinnieren, zu brüten und das, was dabei zutage kam, vor der Öffentlichkeit zu verbergen. »Ich hoffe, ich weiß nicht worauf; ich ersehne, ich weiß nicht was«, schrieb er, auf lateinisch, in sein Notizbuch. Und auf deutsch: »lieb ist laid«. Die berühmteste seiner Eintragungen lautet freilich: »Austriae Est Imperare Orbi Universo«, was gemeinhin mit: »Alles Erdenreich ist Oesterreich untertan« übersetzt wird. Der Spruch mußte in deutscher Sprache so formuliert werden, weil er sich auf eine andere »magische« Formel bezieht, jenes A.E.I.O.U., von dem schon Dante gemeint hatte, es sei, zusammengefügt aus den Vokalen des Alphabets, ein Verbum, das die Aufgaben des Weltkaisers umreiße. In A.E.I.O.U., so meinte der Schöpfer der »Göttlichen Komödie«, lösten sich alle politischen und geistlichen Widersprüche des Zeitalters. Friedrich – so sagt man – las aus der Formel die Verheißung heraus, die Welt müsse eines Tages der »Casa de Austria«, wie Habsburg sich immer häufiger nannte, untertan sein.

Ob dieser Schlüsselsatz auch die Kernformel seines Regierungsprogrammes gewesen sein könnte, gilt freilich deswegen als fraglich, weil keinerlei Belege dafür existieren, daß er überhaupt ein Regierungsprogramm gehabt habe. Da jedoch gerade dieser unbewegliche Klotz es war, der die Fundamente des habsburgischen Weltreiches legte, meint man andererseits, ihm wenigstens ein an Hellsichtigkeit grenzendes, für seine Zeitgenossen völlig unerforschliches Wesen zubilligen zu müssen und somit auch eine Größe, die alles, was er durch schieres Nichtstun, Abwarten und Lauern zustande brachte, einigermaßen erklärt.

Friedrich erinnert vor allem an Rudolf den Stifter, jenen jungen Mann, der mit abenteuerlichen Machinationen die Zukunft zu durchdringen und die Kräfte des Schicksals seinem Haus dienstbar zu machen suchte.

Der in Wiener Neustadt gezeugte, in Innsbruck geborene Sohn der Zimburg zählt zu den Magiern, die Habsburg gelegentlich hervorbrachte. Mit einer Art dämonischer Saugkraft suchte er, für die Familie das herbeizuwünschen, was er als ihr rechtmäßiges Erbe ansah. Und rückblickend muß man auch mit Bezug auf ihn noch einmal hinzufügen, daß ohne Männer wie Friedrich die Casa de Austria vermutlich niemals hätte werden können, was sie geworden ist. Wer ein Zauberreich gleich dem ihren schaffen wollte, mußte notwendigerweise gelegentlich mit zauberischen Mitteln arbeiten. Der mythische Vogel aus dem Orient, der Doppeladler, wußte offenbar recht gut, warum er sich gerade in Österreich eingenistet hatte.

Zu den Argumenten, die sich zugunsten Friedrichs anführen ließen, gehört noch ein weiteres. Er war so passiv, so »faul«, so »schläfrig«, weil er klar erkannt hatte, daß es völlig sinnlos war, sich anders zu verhalten, als es seiner Natur entsprach. Friedrich lebte nicht nur in einem Zeitalter, das vor Hast, Unruhe, Aufgeregtheit und Aktivität geradezu brodelte, er hatte es auch mit einigen der kühnsten, phantasievollsten und unternehmungslustigsten Täternaturen der ganzen europäischen Geschichte zu tun. Und gegen die wenigsten von ihnen hätte der Habsburg mit seinen eigenen Mitteln und Methoden bestehen können. Er war kein Mann, der sich in der Rüstung wohl fühlte oder Freude am Krieg hatte, warum sollte er sich als Ritter verkleiden? Er war kein Abenteurer des Geistes, zu dessen Bedürfnissen es gehörte, abstrakte Ideen zu verfechten oder hehre Ideale zu verteidigen, er besaß wenig Sinn für kecke Winkelzüge, Intrigen, Verschwörungen, was also sollte ihn zwingen, sich an derlei Umtrieben zu beteiligen?

Es genügte doch vollauf, daß er den ruhenden Pol in dieser unruhigen Welt verkörperte, daß er wartete, bis alle aktivistischen Kraftnaturen in sein eigenes Magnetfeld gezogen würden. Jene anderen mußten sich so hektisch gebärden, weil sie keinen wirklich festen Grund unter den Füßen hatten, sondern ihn erst zu erlangen versuchten. Er hingegen mußte es nicht. Er wußte, wer er war, was ihm gehörte und was ihm zustand. Wenn er deshalb auf den eigenen Rechten und Vorstellungen ganz einfach beharrte, würde man das früher oder später zur Kenntnis nehmen und einsehen, daß sein Standvermögen wirklich der einzige stabile Faktor in einer unstabilen Zeit war. Genauso hat Friedrich sich auch verhalten. Sollte er es aus den genannten Gründen getan haben, müßte man ihm ein hohes Maß an Klugheit zubilligen, falls nicht, bliebe nur anzumerken, daß seine Rechnung trotzdem aufging.

Von den unternehmungsfreudigen Abenteurern, die man insgesamt als den neuen Berufsstand der Politiker bezeichnen kann, scheiterten einige an ihm, während andere es tatsächlich vorzogen, in seine Dienste zu treten, sich von ihm benutzen zu lassen – und zu überleben. Der erste aus ihrer Reihe hieß Kaspar Schlick.

Schlick, Sohn eines reich gewordenen Tuchhändlers, war um 1400 in der Judengasse von Eger zur Welt gekommen, ohne aber selbst Jude zu sein. König Sigmund hatte den sechzehnjährigen Studenten der Rechte in seine Kanzlei aufgenommen und ihm zur steilsten Karriere verholfen, die damals »eines burgers son zu deutschen landen« machen konnte. Schon nach zwölf Jahren war Schlick Protonotar, also Vizekanzler des Reiches, und kurz darauf königlicher Kanzler. Man kann ihn nur deshalb nicht Reichskanzler nennen, weil er kein ordentlicher Beamter, sondern ein privater Angestellter seines Herrn war. Der Luxemburg machte Schlick auch zum Reichsritter, er soll am Rande damit zu tun gehabt haben, daß sie sich beide gelegentlich in eine Freundin teilten; beide führten ein ziemlich ausschweifendes Liebesleben. Als es Kaspar Schlick dann gelang, sogar eine Herzogin zu heiraten, erhob sein königlicher Kumpan ihn auch noch zum Reichsgrafen. Nach Sigmunds Tod wurde der Egerländer von König Albrecht II. übernommen, da besaß er bereits einen Stammbaum, der ihn als Mann aus ältestem deutschen Adel auswies. Daß das Papier gefälscht war, stellte sich erst sehr viel später heraus.

Immerhin, Schlick war nicht nur oben angelangt, er war auch wohlhabend geworden. In seiner Heimat gehörte ihm ein großer Besitz, in Ungarn die ausgedehnte Herrschaft Weißkirchen, und für einen Bruder bemühte er sich bereits um das reiche Bistum Freising. Seine Herrin, so sagte später ein burgundischer Gesandter, sei die »sancta mater avaricia« gewesen, der heilige Geiz. Schlick wußte, Geld bedeutete Macht, und suchte zu erraffen, was er davon nur bekommen konnte.

Nachdem auch Albrecht gestorben war, sah es vorübergehend schlecht für den ehrgeizigen Karrieristen aus, freilich nicht sehr lange. Elisabeth, die Mutter von Ladislaus Postumus, nahm Schlick in ihre Dienste. Als sie ihn aber eines Tages nach Wiener Neustadt an den Hof Friedrichs III. schickte, kam er nicht mehr zurück. Der damalige König hatte ihn abgeworben, Schlick war wieder Kanzler. Einen besseren Fang als diesen Mann hätte der »dicke Fritz« gar nicht machen können.

Zu den vielen ererbten Problemherden des regierenden Habsburgers gehörte auch das noch von Sigmund einberufene Konzil. Mittlerweile tagte es nicht mehr in Konstanz, sondern in Basel, schlug sich aber noch immer mit den Problemen von damals herum, beziehungsweise den Weiterungen, die sich aus ihnen ergeben hatten. Zentrales Thema war die Frage: Wer lenkt und leitet die Kirche? Ein absolut regierender

Papst oder eine demokratisch verfaßte Versammlung hochrangiger Geistlicher und gelehrter Theologen? Wer setzt ein und beruft ab, der Papst das Konzil oder das Konzil den Papst?

In Basel hatte man sich 1439 für die zweite Variante entschieden, hatte den in Rom regierenden Eugen IV. seines Amtes enthoben und an seiner Stelle den Gegenpapst Felix V. gewählt; Eugen nahm allerdings davon keine Notiz. König Albrecht II. wie auch die deutschen Kurfürsten hatten sich in diesem Streit für neutral erklärt. Und Friedrich III. hielt zunächst ebenfalls an diesem Standpunkt fest, obwohl diese Zurückhaltung keine gute Voraussetzung dafür war, in Rom jemals zum Kaiser gekrönt zu werden. Hier nun kam dem unsicheren Habsburg sein neuer Kanzler Kaspar Schlick zu Hilfe.

Schlick war, wie man auf österreichisch zu sagen pflegt, mit der halben Welt »verbandelt«. Unter anderem kannte er einen jungen Italiener aus verarmter Adelsfamilie, der sich selbst Enea Silvio Piccolomini nannte, Enea nach dem Titelhelden der von seinem Idol Virgil verfaßten »Aeneis«. Piccolomini hatte sich auf dem Basler Konzil zunächst als Schreiber durchgebracht, war dann zum Sekretär des Gegenpapstes Felix aufgestiegen und besaß als Inhaber dieser Position bereits Einfluß genug, um selbst wieder vielversprechende junge Juristen an sich zu ziehen und zu beschäftigen, so etwa Gregor Heimburg, den Sohn des Bürgermeisters von Schweinfurt.

Ausgerechnet diese beiden aber, Anhänger der Konzilsidee und Feinde des regierenden Papstes Eugen, benutzte Schlick, um Friedrich, von dem wiederum er benutzt wurde, dorthin zu bringen, wo der Habsburg stehen mußte, wenn er Kaiser werden wollte. Er warb Enea und Gregor für die Hofkanzlei in Wiener Neustadt an. Der umständlich anmutende Zug beruhte darauf, daß Schlick mit dem Italiener auf ähnliche Weise verbunden war wie einst mit König Sigmund. Sie hatten gemeinsam eine ganze Reihe von Frauenaffären durchgestanden. Außerdem wußte Schlick, wie er seinen kleinen, rundlichen Freund nehmen mußte.

Enea war nicht nur lebenslustig, sondern auch ehrgeizig. Sein Grundsatz lautete: »Sie sagen ja, ich sage ja; sie sagen nein, ich sage nein.« Er pflegte mit dem Wind zu segeln und wechselte deshalb bedenkenlos den Kurs, wenn er dadurch schneller vorankommen konnte. Jetzt ging Enea von der Partei seines ehemaligen Arbeitgebers, des Konzilpapstes Felix, zu der des römischen Papstes über.

Ohne daß man in Basel davon erfuhr, einigte sich der von Piccolomini und Heimburg unterstützte Schlick mit Eugen IV. Friedrich, so legten sie fest, würde ihn unterstützen, wenn er bereit sei, den richtigen Preis zu zahlen. Und Schlick forderte nicht nur die Kaiserkrone, sondern auch 210000 Dukaten in Gold. Ein Teil davon sollte bar ausgezahlt, der Rest in Raten abgestottert werden. Dieser Handel wurde 1445 abgeschlossen, was Schlick nicht daran hinderte, im Jahr darauf auch den Basler Konzilsvätern mit seinem guten Rat zu Diensten zu sein. Piccolominis Beitrag zu dem ganzen Unternehmen waren seine intimen Kenntnisse der Konzilsszene, Heimburg stellte sein juristisches Fachwissen zur Verfügung. Der Schweinfurter allerdings fand schon damals die ganze Angelegenheit höchst unappetitlich. Trotzdem mußte er zunächst einmal mit nach Rom.

Im Februar 1452 zog Friedrich III. über die Alpen, Soldaten brauchte er dabei nicht. Ein in Wien geschlossenes Konkordat regelte sein Verhältnis zu den Päpsten, das Basler Konzil war mittlerweile nach Lausanne abgedrängt worden, Papst Eugen IV. war 1447 gestorben, Gegenpapst Felix lag ebenfalls unter der Erde, und in Rom regierte der von einem Teil des Basler Gremiums gewählte Nikolaus V. Außerdem hatte Enea Piccolomini in seiner Heimatstadt Siena einen glänzenden Empfang vorbereitet.

Begrüßt von jubelnden Chören, von Reiterkohorten und Bannerträgern, wurde der »am Leibe reiche« Habsburger in der traditionell reichsfreundlichen Stadt empfangen. Wochen darauf, am 19. März, stand er in der Peterskirche vor dem Pontifex, um zweierlei entgegenzunehmen, die kaiserliche Macht und eine Frau.

Eleonore von Portugal, Tochter des Königs Eduard und Nichte Heinrichs des Seefahrers, des Begründers der portugiesischen Seemacht, war schon in Siena zu ihrem auserkorenen Gemahl gestoßen, nun wurde sie nach der Krönung mit ihm vermählt. Es war jene Dame, die sich später, auf Friedrichs Geheiß, des Weingenusses enthalten mußte, obwohl die Ärzte ihr geraten hatten, diese von Jugend an geübte Gewohnheit aus Gesundheitsgründen beizubehalten.

Gregor aus Schweinfurt verhielt sich während der Festlichkeiten im Vatikan wie ein deutscher Italientourist späterer Zeit. »Glühend vor Hitze« ging er auf dem Monte Giordano spazieren, »seine Stiefelschäfte bis zum Boden herabhängen lassend, mit entblößter Brust, barhäuptig und mit gänzlich aufgestülpten Ärmeln. Er schimpfte auf Rom, den

Papst und die Kurie und verwünschte die mancherlei Unbequemlichkeiten, die die Hitze im Lande verursachte.« Doch war es nicht nur das Klima, das ihn ärgerte, hinter seiner mächtigen, von früher Kahlheit bedrohten Stirn staute sich bereits die Verachtung für das Treiben Schlicks und Piccolominis wie auch für die scheinbare Prinzipienlosigkeit des von beiden beratenen Friedrich.

Der Italiener aus Siena aber hatte spätestens an diesem Krönungstag die untersten Stufen einer Karriereleiter betreten, auf der er noch weit höher hinaufgelangen sollte als selbst sein Freund und Protektor Kaspar Schlick. Beide zusammen bildeten den lebenden Beweis dafür, daß Kaiser Friedrich III., dieser scheinbar so passive und geistig schwerfällige Mann, durchaus in der Lage war, seine Wünsche und Vorstellungen zu realisieren. Er brauchte dazu gar nicht übermäßig aktiv zu werden, denn es gab ja aktive Leute genug, die sich drängten, selbst schwierigste Geschäfte für ihn zu erledigen.

Rund ein Jahr nach Friedrichs Krönung in Rom – der letzten, die vom Papst an einem deutschen Herrscher vollzogen wurde – geschah dann das, was der byzantinische Chronist Georgios Sphrantzes mit folgenden Worten an die Nachwelt übermittelte: »So waren am dritten Tag (nach dem Beginn des letzten Sturmangriffs) die Feinde im Besitz der ganzen Stadt; es war um halb neun Uhr vormittags, am 29. Mai 1453 ... O wie unerforschlich und unbegreiflich ist dein weises Gericht König Christos!« Die Türken hatten Konstantinopel erobert, in Westeuropa breitete sich lähmendes Entsetzen aus. Uralte Visionen vom Untergang der Christenheit wurden wieder lebendig. Die Völker Gog und Magog schienen angetreten zu sein, um sich die Erde zu unterwerfen. Papst Nikolaus erließ eine Kreuzzugsbulle, in der er Sultan Mehmet als den in der Offenbarung erwähnten roten Drachen bezeichnete, der auf sieben Köpfen sieben Diademe und zehn Hörner trägt.

Wer anders aber sollte berufen sein, den von ihm geforderten Kreuzzug anzuführen, als der Kaiser des Heiligen Römischen Reiches, Friedrich III. von Habsburg? Schwebte zu seinen Häupten nicht der nun aus Byzanz vertriebene Doppeladler? Und bezeugte nicht das zweiköpfige Tier, daß er sich mit den Herrschern der christlichen Stadt am Bosporus identifiziert hatte, daß er sich als ihren Bruder und Nachfolger ansah? Wirklich, es blieb dem Habsburg gar keine andere Wahl, als die

Streitmacht des ganzen Abendlandes um sich zu scharen und mit ihr nach Osten zu marschieren.

Friedrich indessen beschränkte sich darauf, mehrere Tage weinend in seinen Gemächern zu verbringen und im Gebet über die menschliche Hinfälligkeit nachzusinnen. Er schloß sich zwar dem Aufruf des Papstes mit bewegenden Worten an und holte sogar den kleinen Enea Silvio nach Nürnberg, wo gerade Reichstag war, damit er für die byzantinische Sache werbe. Darüber hinaus jedoch tat er nichts. Er wäre dazu auch kaum in der Lage gewesen. Der Humanist Sebastian Franck aus Donauwörth erklärte später, weshalb.

In seinem »Germaniae Chronicon« aus dem Jahr 1531 heißt es: »Es stund zu dieser Zeit übel im Aufgang und Niedergang (der Sonne). Im Aufgang ward Konstantinopel des (ost)römischen Kaisers Sitz, vom Türken gewunnen, und Kaiser Constantin erwürgt, und sein Haupt auf Spießen in der Türkei umgetragen. Im Okzident war der Städtekrieg und auch viel Aufruhr der Fürsten.«

Der »Frank von Wörd« hat die Lage einigermaßen zutreffend beschrieben. Im Deutschen Reich schien damals – noch heftiger als früher schon – jeder gegen jeden zu kämpfen, Bürger gegen Adelige, Bauern mit dem Adel gegen die Städte und Städte mit den Bauern gegen ihre Landesherren. Angezettelt worden waren diese Auseinandersetzungen von einigen jener glänzenden Täternaturen, welche die Szene beherrschten und den dicken Habsburger Kaiser im Vergleich so farblos und unfähig erscheinen ließen, zum Beispiel der Hohenzoller Albrecht III. Achilles.

Albrecht regierte in der kleinen Markgrafschaft Ansbach, er hatte an nahezu allen Kriegen teilgenommen, die seit seinem siebzehnten Lebensjahr stattfanden. Mittlerweile galt er als die Krone der deutschen Ritterschaft, ein Turnierkämpfer, dem kein Gegner gewachsen war, ein Veteran, dessen Körper von Narben geradezu übersät gewesen sein soll. Dazu war er ein begnadeter Redner, rücksichtsloser Politiker, verheiratet mit einer der schönsten Frauen seiner Zeit. Den Beinamen »Achilles« verdankte der Ansbacher Enea Silvio Piccolomini, doch nannte man ihn, seiner Klugheit wegen, auch »den deutschen Ulysses«. Albrechts ganzer Ehrgeiz richtete sich darauf, seinen geringen ererbten Besitz zu vergrößern und zu einem Herzogtum Franken auszuweiten. Um dieses Ziel zu erreichen, nutzte er jede sich bietende Gelegenheit, auch die scheinbar geringste.

1435 etwa trug es sich zu, daß ein Priester der Reichsstadt (Schwäbisch) Hall von einer Reise zurückkam und sein Pfarrhaus von einem fremden Amtsbruder besetzt fand. Ein Abt des nahe gelegenen Klosters Komburg hatte ein Privileg ausgenützt, das den Päpsten von Friedrich in seinem Konkordat zugestanden worden war, den sogenannten »Papstmonat«. Der Begriff besagte, daß die Kurie in allen ungeraden Monaten freigewordene Stellen des niederen Klerus mit einem ihr genehmen Mann besetzen durfte; während der geraden waren dazu die jeweiligen Landesfürsten berechtigt.

Den Haller Bürgern nun war diese Regel entweder unbekannt, oder sie hatten nicht die Absicht, sich daran zu halten. Sie eilten ihrem Priester zu Hilfe, packten den Eindringling und ersäuften ihn in einem nahe gelegenen Gumpen. Aus diesem Zwischenfall hatten sich zunächst die sogenannten »Bebenburger Fehden« entwickelt und aus ihnen wiederum, dank tatkräftiger Mithilfe von Albrecht Achilles, der »Markgräflerkrieg« gegen das mächtige Nürnberg. Der Ansbacher wollte die Reichsstadt unterwerfen, um von der ehemaligen Burg seiner Väter aus das angestrebte Herzogtum Franken regieren zu können.

Vier Jahre dauerte diese Auseinandersetzung. Achtmal soll der Stolz der deutschen Ritterschaft die Reichsstädter auf offenem Feld besiegt haben. Schließlich war Albrecht derart siegessicher, daß er Nürnbergs Bürger aufforderte, sich mit ihm bei einem Weiher des Nonnenklosters Pillenreuth, nahe Schwabach, zu treffen, damit sie ihm helfen könnten, dort »Fische zu fangen und zu verspeisen«.

Die Nürnberger kamen auch, aber mit fünftausend Mann und in Waffen. Albrecht Achilles verlor sein ganzes Geschütz, seine Sturmfahne, seinen eigenen Brustpanzer und konnte nur mit Mühe das nackte Leben retten. Nach diesem »Pillenreuther Fischzug« vom 11. März 1450 war der Markgräflerkrieg für ihn so gut wie verloren, was allerdings nicht hieß, daß er den Makel auf sich sitzenlassen wollte und aufgegeben hätte. Raubend und plündernd zogen seine Scharen noch lange Zeit durch das ganze Land, das er zu beherrschen gedachte. Die Menschen litten unter ihnen kaum weniger als später unter den Schweden im Dreißigjährigen Krieg. Und Albrecht Achilles war nur einer jener vielen aktivistischen Täternaturen, die sich damals auf dem Boden des Reiches austobten.

Seine Unternehmungen riefen zunächst die Wittelsbacher Ludwig den Reichen von Landshut und Albrecht IV. von München auf den Plan. Die wiederum taten sich mit einem der erfolgreichsten Territorialpolitiker ihrer Zeit zusammen, Friedrich dem Siegreichen von der Pfalz. Und zu ihnen gesellte sich später auch noch der böhmische Regent Georg Podiebrad. Bevor aber in dieser Konstellation eine neue Serie von Machtkämpfen ausbrach, berief Friedrich III. eine Zusammenkunft aller Betroffenen in Wiener Neustadt ein, auf der zunächst einmal die Lage, so wie sie sich nach dem Ende des »Markgräfler Krieges« darbot, bereinigt werden sollte.

Des Habsburgs eigene Meinung zu den ganzen Querelen stand damals schon unzweideutig fest. Einem Vertrauten hatte er gesagt: »Laßt sie sich bekriegen und einander quälen; sie wollen, solange es ihnen gut geht, keinen Frieden, aber sie werden ihn im Elend suchen müssen.« So sprach ein Mann von nüchterner, beinahe hausbackener Wesensart, ein vernünftiger Hausvater, der dem aufgeregten Treiben um ihn herum keinen rechten Sinn abgewinnen konnte. Friedrich wußte durchaus, was recht und richtig war, es fehlte ihm nur an der Möglichkeit, seine Ansichten durchzusetzen. Auch auf der Versammlung in seiner Residenz gelang es ihm nicht.

Daß Friedrich die Versammlung nicht in Wien, sondern in der alten Babenberger-Feste am Fuße des Semmering einberief, war im übrigen schon ein Zeichen seiner Schwäche. In der Donaustadt herrschten zwei alte Günstlinge Albrechts II., die nur Ladislaus Postumus von der albertinischen Linie des Hauses Habsburg als ihren »natürlichen Herrn« anerkannten und nichts von einer Vormacht der Leopoldiner wissen wollten.

Wenn Friedrich der Mann gewesen wäre, der er von Amts wegen zu sein verpflichtet war, hätte er den geladenen Parteien gegenüber als Richter auftreten müssen. Doch lag ihm nichts weniger, als eine derartige Rolle zu verkörpern, zumal vor Herren, die so arrogant-siegesgewiß auftraten wie der Ansbacher Markgraf. Kaum vor die Schranken gerufen, erklärte Albrecht Achilles, als Fürst stehe ihm das Recht zu, nur von seinesgleichen, nicht aber von den auch anwesenden Bürgern, be- oder verurteilt zu werden, das bestimme jenes von Karl IV. erlassene Reichsgrundgesetz, welches allgemein die »Goldene Bulle« genannt werde. Es war eine Behauptung, gegen die sich nicht das mindeste einwenden ließ, so stand es tatsächlich geschrieben.

Trotzdem trat dem Anwalt von Albrecht Achilles ein anderer Jurist entgegen, um diesen Einwand zu entkräften. Es war der von Nürnberg als Syndikus gewonnene Gregor Heimburg. Und der Schweinfurter bewies in Wiener Neustadt, daß er nicht nur ein glänzender forensischer Rhetoriker war, sondern auch ein Mann von hohem Verständnis für die politische Situation. Gewiß, sagte er, das erwähnte Gesetz bestehe durchaus, werde es aber angewandt, dann müsse man das Reich abschreiben, denn auf der Basis der erwähnten Rechtsvorschrift sei keine Gerechtigkeit möglich. »O blindes, unvernünftiges Deutschland«, rief er in den Raum, »daß du dich weigerst, einen Kaiser anzuerkennen, und dich tausend Herren unterwirfst! Denn was ist es anderes, wenn ein Fürst nicht vorgeladen werden darf, als daß jeder in seinem Lande Kaiser ist? Über sechshundert Jahre waltet über uns das Kaisertum; wenn auch in engeren Grenzen eingeschlossen, haben wir dennoch länger die Herrschaft geführt als Griechen und Römer; vielleicht ist nun das Ende unseres Ruhmes da, keine Macht auf Erden läßt Gott ja ewig gewähren. Wahrlich, ich fürchte, es kommen andere und nehmen uns Land und Leute hinweg, denn jedermann weiß, daß Ungerechtigkeit König- und Kaiserreiche zerstört.«

Worte wie diese hätte außer Heimburg damals wohl niemand vorzubringen gewagt. Aus dem Franken sprach die Überzeugung jedes guten Anwalts, Recht müsse nicht nur in den Paragraphen, sondern auch in ihrem ungeschriebenen Kontext gefunden werden können. Dazu kamen Zorn, Wut, verletzter Bürgerstolz und ein geradezu wütender Patriotismus, dem er sich von nun an mehr und mehr überlassen sollte.

Aus den Verstrickungen, in die Heimburg durch Schlick und Piccolomini hineingezogen worden war, hatte er sich ja schon während der Verhandlungen mit dem Papst innerlich gelöst. Nun war er bereits dabei, die Brücke auch zu Habsburg hinter sich abzubrechen. Dabei hätte im Grunde doch niemand seiner Rede mehr beipflichten müssen als Friedrich. Der jedoch hielt sich vor der Versammlung vornehm zurück. Er berief ein Konklave der fürstlichen Versammlungsmitglieder ein und erklärte, seine endgültige Entscheidung von der ihren abhängig machen zu wollen.

Als die Fürsten nach tagelangen Debatten – natürlich – befanden, Albrecht Achilles könne von dem Wiener Neustädter Gremium zu nichts gezwungen werden, versuchte Heimburg zwar, das hochadelige

Gremium für befangen erklären zu lassen, aber zu diesem Zeitpunkt zeigte sich schon, daß letzten Endes keiner der Anwesenden, auch der Kaiser nicht, die Macht hatte, einen allseits akzeptablen oder gültigen Spruch zu fällen. Friedrich atmete deshalb geradezu auf, als der Bischof von Eichstätt den Vorschlag machte, die ganze Gelegenheit einfach zu vertagen und sie ein Jahr später noch einmal aufzugreifen. In zwölf Monaten konnte viel geschehen.

Es war eine Regelung, die keine der streitenden Parteien befriedigte, und dennoch die einzige, die überhaupt getroffen werden konnte. Die Wahrheit nämlich lautete: Das Reich befindet sich in einer heillosen Situation, man muß schon froh sein, wenn es an Querelen wie dem »Markgräfler Krieg« und dem »Pillenreuther Fischzug« nicht zerbricht. Der Habsburg hatte zumindest verhindert, daß die Sprünge, von denen das Reich bereits durchzogen war, noch weiter aufklafften. Unter den versammelten Täternaturen, zu denen man selbst Gregor Heimburg zählen muß, weist ihn das als den bei weitem einsichtsvollsten Mann aus.

Ohnehin brannten dem Habsburg damals ganz andere Probleme auf den Nägeln als die, mit denen ein fränkischer Markgraf und eine fränkische Reichsstadt ihn belästigten. Es ging um Ladislaus Postumus, den Erben des Herzogtums Österreich und Inhaber der Stephanskrone. Auch sein Fall sollte in Wiener Neustadt verhandelt werden.

Friedrich hatte den mittlerweile zwölf Jahre alten nachgeborenen Prinzen 1452 mit auf seinen Krönungszug genommen, um nach der Rückkehr aus Rom mit den beiden Herren in Konflikt zu geraten, die Ladislaus als so etwas wie ihren privaten Besitz betrachteten. Der eine von ihnen war Ulrich Eizinger, Leiter der landesfürstlichen Finanzverwaltung mit dem Titel »Hubmeister«, der andere Ulrich Graf Cilli, ein angeheirateter Verwandter Kaiser Sigmunds. Beiden schwebte ein vom Reich völlig abgelöstes Gemeinwesen unter der Herrschaft ihres Schützlings vor. Es sollte aus den Landen Ladislaus' bestehen, also aus Österreich und Ungarn, dazu möglichst noch aus Böhmen, und es sollte Wien zur Hauptstadt haben.

Um dieses Ziel zu erreichen, hatten sie sich bereits mit János Hunyadi verbündet, einem »Emporkömmling« unter den magyarischen Magnaten, der seit dem Tod des polnischen Königs Wladislaw Ungarn als Reichsverweser verwaltete, und zwar für Ladislaus. Dessen heimliche

Krönung mit der entwendeten Stephanskrone war inzwischen von allen Magyaren anerkannt worden. Nun mußten die drei nur noch den Prinzen in die Hand bekommen, um ihre Pläne verwirklichen zu können. Ladislaus aber wurde von Friedrich bewacht wie ein Ei im Nest.

Der Kaiser wandte sich hilfesuchend an die in Wiener Neustadt versammelten Reichsfürsten, es half nichts. Cilli, Eizinger und deren ungarische Verbündete machten Miene, ihn in seiner Residenz zu belagern. Daraufhin legte Friedrich seine Vormundschaft zurück, denn längeren Widerstand zu leisten, hielt er für sinnlos. Die Fronde, die ihm gegenüberstand, setzte sich aus Aktivisten zusammen, von denen er ja wußte, daß sie keinen Frieden wollten, solange es ihnen gutging. Derlei Leuten konnte man nur dadurch beikommen, daß man ausharrte und lauerte, bis sie sich selbst zugrunde gerichtet hatten. In der Affäre Ladislaus Postumus mußte Friedrich nicht einmal allzulange darauf warten.

König Albrechts II. Sohn, der letzte lebende Vertreter der albertinischen Linie, war von Anfang an nichts weiter als ein Spielball in den Händen seiner drei Patrone, zu denen sich inzwischen noch ein vierter gesellt hatte, der Mähre Georg Podiebrad aus dem Hause Kunstatt.

Podiebrad war das politische Oberhaupt jener gemäßigten Hussiten, die nur das Abendmahl »sub utraque specie«, in beiderlei Gestalt, forderten, aber sonst keine Loslösung von Rom, und die deshalb »Utraquisten« genannt wurden. Mit ihrer Hilfe hatte er sich während der vergangenen zehn Jahre zäh auf sein einziges Lebensziel zubewegt: Er wollte König eines von Habsburg unabhängigen Böhmens werden. 1452, als Friedrich sein Mündel Ladislaus freigab, war es ihm jedoch gerade erst gelungen, als Reichsverweser in den Prager Hradschin einzuziehen. Die Krone selbst wurde ihm von einem Adel vorenthalten, der überwiegend katholisch blieb.

Als es Podiebrad klar wurde, daß er mit seinen Gegenspielern nicht ohne weiteres fertig werden konnte, schlug er eine für Karrieristen seiner Art nicht ungewöhnliche Volte, er erkannte nun doch einen Habsburg als böhmischen König an, nämlich den kleinen Ladislaus. Worauf dieses Manöver hinauslief, dürfte indessen keinem seiner Gegner und Parteigänger verborgen geblieben sein. Da man ihm selbst nicht die volle Macht übertrug, wollte er sie wenigstens im Namen eines hilflosen Kindes ausüben. Für Ladislaus konnte das nur wenig Gutes bedeuten.

Zunächst einmal, 1453, wurde er jedoch tatsächlich böhmischer König, wenn auch keineswegs deshalb, weil sein erblicher Anspruch auf diesen Titel anerkannt worden wäre, sondern weil die Stände ihn gewählt hatten, das mußte er beschwören. Der kleine Unterschied spielte für ihn ohnehin kaum eine Rolle.

In Österreich konnte er sich nicht gegen Cilli und Eizinger durchsetzen, zumal diese sich auch noch in die Haare gerieten, in Ungarn nicht gegen Hunyadi und in Böhmen schon gar nicht gegen den mächtigen Podiebrad. Vier Jahre lang sah man ihn noch hier und dort in Erscheinung treten, meist um irgendwelche Papiere zu siegeln, die ihm vorgelegt wurden. 1457 kam er dann ein letztes Mal nach Prag, er sollte mit einer französischen Prinzessin verheiratet werden.

»Da fanget er eines Tages um zwölf Uhr an, sich schwach zu befinden.« Er ißt noch »mit Lust« ein Steckrübengericht »gierig hinein«, kurz darauf müssen seine Ärzte gerufen werden. Die Mediziner, so fährt der zeitgenössische Chronist dann fort, »sehen bald, was ihm gebricht, dürfen aber in Böhmen unter seinen Mördern nichts davon sagen; als sie aber nach Österreich kamen, gaben sie öffentlich aus, sie hätten gewisse Zeichen des Giftes an ihm gefunden.«

Dieser Bericht über Ladislaus' Tod wird schon lange nicht mehr für bare Münze genommen, damals wurde er jedoch geglaubt, weil die Wahrscheinlichkeit für ihn sprach. Was sollte einem unerfahrenen Kind, das mit Wölfen wie Podiebrad, Hunyadi, Cilli und Eizinger spielte, schon anderes widerfahren, als daß man es aus dem Weg räumte? Podiebrad jedenfalls erhielt nach dem Tod des jungen Habsburgers die böhmische Krone. Hunyadi war kurz zuvor in Semlin gestorben, einer seiner Söhne, der ebenfalls Ladislaus hieß, hatte im Todesjahr des Vaters Ulrich von Cilli erstochen und war dafür selbst hingerichtet worden; Eizinger starb 1460 an einer Seuche. Wer hatte sie alle überlebt? Der geduldige, inaktive Friedrich. Sollte er nicht auch noch abwarten können, bis Podiebrad seinen eigenen ehrgeizigen Machenschaften erlag? Zunächst einmal mußte Friedrich allerdings froh sein, daß es den Böhmen überhaupt gab. Denn der Chef des Hauses Habsburg hatte auch Schwierigkeiten in seiner eigenen Familie.

Albrecht VI., der erste Habsburg, den der Titel Erzherzog schmückte, weil nun ja das »Privilegium maius« galt, war von völlig anderer Wesensart als sein älterer Bruder Friedrich, er war eine zeitgemäße Täternatur. Schon früh hatte er darauf bestanden, die Herrschaft in den »Vorderen Landen« selbständig auszuüben, und hatte dort die Universität Freiburg begründet. Nun, nach dem Tod von Ladislaus Postumus, dem letzten Vertreter der albertinischen Linie, beanspruchte er auch noch einen Teil von dessen österreichischem Erbe. Friedrich, nachgiebig wie immer, überließ ihm das Gebiet ob der Enns und begnügte sich selbst mit der Wachau, dem Weinviertel, dem Mostviertel, dem Waldviertel, mit allem eben, was östlich des uralten Grenzflusses lag. Auch Wien behielt er sich vor und zog in die von König Albrecht I. erbaute Hofburg ein.

Unglücklicherweise mochten die Wiener ihn nicht leiden, und zwar keineswegs nur deshalb, weil er noch immer bei jeder Gelegenheit nach Wiener Neustadt auswich oder sich ihrem Lebensstil nicht anzupassen vermochte, sondern weil sie, wie fast alle Bürger jener Zeit, demokratische Parolen verfochten. Deren populärste lautete: »Daz Volk macht ein Kaiser und der Kaiser macht nit daz Volk.« Friedrich hatte sich in einer Stadt eingenistet, die vor revolutionärer Unruhe kochte. Davon wiederum versuchte Bruder Albrecht zu profitieren.

Er tat sich mit dem ebenfalls unzufriedenen niederösterreichischen Adel zusammen, in der Absicht, den gesamten habsburgischen Hausbesitz an sich zu reißen. 1461 marschierte er gegen Wien, wo Friedrich gerade hofhielt. Daraufhin schlug innerhalb der Stadt die latente Unruhe in akuten Aufstand um. Angeführt von Wolfgang Holtzer, einem, wie der prokaiserliche Dichter Michael Behaim schreibt, »ublen, schnöden letzer, einem ketzer aller ketzer«, griffen die »Spießbürger« zu den Waffen, die sie ohnehin im Haus haben mußten, und versuchten, die Hofburg im Sturm zu nehmen.

»Die Feste«, berichtet der aus dem Schwäbischen stammende Vagant und Verseschreiber weiter, »wurde über dem Kaiser zerschossen, also daß er mit seinem Hofgesind in die untersten Gewölb hab müssen entweichen, und viele Tag nichts denn einen geschwelten (im Wasser gequollenen) Weizen zu essen gehabt.« Warum aber wollten die Wiener dem Habsburg an den Kragen? Auch darüber weiß Behaim Bescheid: Sie sind eben so, sagt er, zumindest einige von ihnen. »Die rechten wiener kind« hingegen »kein solches nit haben getan, / es waren nur schuldig daran / die unehelichen kinder / und bankert«. Nun ja, er muß es wohl gewußt haben, der Schwabe, immerhin hinterließ er ein berühmt gewordenes »Buch von den Wienern«.

Geholfen wurde Friedrich damals, im Jahr 1462, von seinem kaiserlichen Rat Andreas Baumkircher. Der ehemalige Söldnerführer sandte Boten zu Georg Podiebrad und bewog ihn, zwischen den feindlichen Habsburger Brüdern einerseits, dem aufständischen Volk und dem belagerten Herrscher andererseits zu vermitteln. Friedrich gab daraufhin wieder einmal nach, er übertrug Albrecht die Verwaltung Niederösterreichs und legte noch 4000 Gulden Jahrgeld drauf. Dann fuhr er fort, das zu tun, was er am besten konnte: Er wartete. Über die hitzigen Aktivisten wußte er allmählich gut genug Bescheid, sie würden sich früher oder später selbst zugrunde richten, das galt selbst für den einzigen unter ihnen, der sich Erzherzog nennen durfte.

Und was tat Gott? Albrecht hatte sich gerade in seiner neuen Herrschaft eingerichtet, da raffte den Fünfundvierzigjährigen irgendeines der Leiden dahin, das man sich eben zuzog, wenn man mit seinen Kräften nicht richtig haushielt. Nun gehörte Friedrich mehr oder weniger der ganze Familienbesitz zwischen Freiburg im Westen und Marburg an der Drau im Osten. Daß es kein geschlossenes Gebiet war, sondern beträchtliche Löcher aufwies, lag an den Eidgenossen. Gegen sie hatte auch Friedrich schon vergeblich französische Söldner, die sogenannten »Armagnaken«, geschickt, um dann einzusehen, daß es nichts nützte, sich über Gebühr zu echauffieren – zumindest noch nicht. Aber man würde ja sehen.

In der Zwischenzeit konnte Friedrich mit einiger Gelassenheit zusehen, wie die anderen großen Täternaturen von ihrem Schicksal ebenfalls ereilt wurden. Der nächste, den es traf, war Albrecht Achilles, was den Kaiser eigentlich hätte schmerzen müssen.

Auf dem Güssenberg am rechten Ufer der Brenz, unweit des württembergischen Städtchens Giengen, stand am 19. Juli 1462 das etwa achttausend Mann starke Heer des Ansbacher Markgrafen. Seine Leute trugen Birkenreiser auf dem Kopf, ihre Gegner Eichenlaub. Albrecht führte neben der eigenen roten »Bluetfahn« noch das Reichsbanner, sein Schlachtruf lautete »Römisch Reich«, jener der anderen Seite »Unsere liebe Frau«. Die andere Seite bestand aus Baiern und Böhmen, angeführt von dem Wittelsbacher Herzog Ludwig und Feldhauptleuten Georg Podiebrads. Der Prager König wiederum wurde politisch von Gregor Heimburg beraten, den sein Haß auf Friedrich und die Päpste mittlerweile völlig ins antihabsburgische Lager getrieben hatte. Und Papst war seit vier Jahren kein anderer als der kleine, lebenslustige, so überaus anpassungsfähige Enea Silvio Piccolomini, er nannte sich Pius II.

Es schien eine merkwürdige Verkehrung aller Fronten zu sein, was da stattgefunden hatte, war aber in Wirklichkeit nichts anderes als die Weiterentwicklung schon lange bestehender Tendenzen. Der Wittelsbach hatte sich auf Ludwig den Baiern besonnen, er wollte bei ihm wieder anknüpfen, in der Absicht, dem Haus Habsburg die Kaiserkrone zu entreißen. Und Podiebrad war mit dem Münchner zusammen gegangen, weil er als Hussit nicht die rechte Anerkennung im Kreis der Reichsfürsten fand. Unter einem wittelsbachischen Kaiser gedachte er, sogar deutscher König zu werden.

Dieser abenteuerliche Plan freilich hatte Albrecht Achilles geradezu gezwungen, sich Friedrich als Reichshauptmann zur Verfügung zu stellen. Er hoffte, ein Sieg über des Kaisers Feinde könne ihm mit Kaisers Hilfe den lang ersehnten fränkischen Herzogshut einbringen.

Die Schlacht bei Giengen wurde von den Baiern und Böhmen eröffnet. Dreimal stürmten sie die Hänge des Güssenbergs hinauf, dreimal wurden sie zurückgeschlagen. Beim vierten Angriff gelang es dem bereits schwer verwundeten Ludwig schließlich, in Albrechts Wagenburg einzudringen, worauf die Ansbacher ihre Sache verloren gaben. Von schweren Verlusten entnervt, stoben sie in wilder Flucht davon. Der letzte Mann am Feind soll wie immer der deutsche Achilles gewesen sein. Seine Tapferkeit nützte jedoch nichts mehr. Sowohl die »Bluetfahn« als auch das Reichsbanner blieben auf dem mit Leichen besäten Feld zurück. Albrecht selbst entkam, wie schon so oft, mit nichts als dem, was er auf dem Leib trug. Damit galt, was er vor der Schlacht an seine Räte geschrieben hatte: »Sollten Wir unterliegen, so nehmet euch Unserer Kinder an.«

Friedrich in Wien reagierte gelassener. Einen Berater vom Schlage Kaspar Schlicks hatte er nicht mehr, der Egerländer war schon lange tot. Aber immer noch gab es Männer genug, die sich darum rissen, für ihn die Weichen zu stellen. Mit Papst Pius' Hilfe gelang es ihnen diesmal, einen Frieden zu vermitteln, der Albrecht keine Besitzeinbußen und Wittelsbach nur geringe Gewinne bescherte. Die Herzöge in

Landshut und München erfuhren bei diesen Verhandlungen vor allem, daß man mit einem Mann wie Podiebrad nicht verbündet sein durfte, wenn man in den fürstlichen Gremien des Reiches etwas gelten wollte.

Trotzdem trat der Ansbacher Markgraf, nach dem für ihn glimpflichen sogenannten »Prager Frieden«, zunächst einmal von der Bühne ab, er konnte es einigermaßen gelassen tun. Sein älterer Bruder war gestorben und hatte ihm die Mark Brandenburg hinterlassen samt der dazugehörenden Kurfürstenwürde.

Dem dicken Fritz in Wien aber lieferten während der folgenden Jahre drei weitere ihm bekannte Täternaturen auch noch den Beleg dafür, daß sogar sein Verhalten damals beim Fall Konstantinopels vollkommen vernünftig gewesen war. Keine Macht in Europa erwies sich als fähig, die Stadt am Bosporus den Türken wieder zu entreißen. Als erster erfuhr dies Georg Podiebrad.

Beraten von Gregor Heimburg, entwickelte der Böhme einen phantastischen Plan zur Einigung Europas und zu einem gesamteuropäischen Kreuzzug an den Bosporus. An König Ludwig XI. von Frankreich schrieb er: »Wie sehr wir auch das Schicksal des griechischen Reiches (von Byzanz) beklagen ... so müssen wir doch, wenn wir nach Ruhm streben, diese Gelegenheit begrüßen, die uns die Ehre bewahren kann, Verteidiger und Beschützer des christlichen Namens zu sein.« Das war in Wirklichkeit die Diktion des Juristen aus Franken, war eine Fanfare, die eigentlich weithin hätte gehört werden müssen.

Indes, die europäischen Mächte – sowohl Venedig als auch Paris, Wien und Rom – hörten aus dem Schreiben vor allem eines heraus: den dringenden Wunsch des Hussiten, im Kreis der katholischen Herrscher als Gleicher unter Gleichen anerkannt zu werden. Wo immer seine Sendboten erschienen, stießen sie auf höfliche Gleichgültigkeit. Podiebrad und mit ihm Gregor Heimburg gerieten mehr und mehr ins Abseits. Es war ein Prozeß, den der Kreuzzugsplan sogar eher noch beschleunigte.

Der nächste, der dann begreifen mußte, daß Friedrich III. völlig realistisch gehandelt hatte, als er 1453 nur in Trauer versunken war, sonst aber nichts unternahm, war Pius II. Schon 1459 hatte er einen Fürstenkongreß nach Mantua einberufen, zu dem alles gekommen war, was in Europa Rang und Namen besaß, auch Albrecht Achilles. In einer Rede, die stilistisch mit zum Besten gehörte, was je von einer

Kanzel herab verkündet wurde, beschwor der einst rundliche, inzwischen aber von der Gicht aufgeschwemmte Mann die versammelten geistlichen und weltlichen Herren, das Abendland vor dem Untergang zu retten. »Um kleiner Ursachen willen greifen die Christen zu den Waffen«, klagte er. »Gegen die Türken, die unseren Gott lästern, unsere Kirchen zerstören, den göttlichen Namen völlig auszurotten trachten, will indessen niemand die Hand heben. Wahrlich alle sind abgewichen, alle sind unnütz geworden. Da ist keiner, der Gutes tut, auch nicht einer.« Des Papstes Zuhörer waren begeistert, aufgewühlt, hingerissen. Sie erbaten sich Abschriften des Vortrags, sie berieten lange über seine Vorschläge, entwarfen große Pläne zu ihrer Ausführung – und gingen auseinander, ohne etwas beschlossen oder getan zu haben.

Sah Enea Silvio Piccolomini damals von ferne das skeptische, etwas müde Gesicht seines ehemaligen Brotgebers, des Kaisers? Der Habsburg schien wirklich alles vorausgesehen zu haben. Er wußte, es war sinnlos, auch nur die Hand zu heben wegen eines Problems, das – noch – keinem Westeuropäer direkt auf der Haut brannte. Pius II. tat trotzdem einen weiteren, fast schon verzweifelten Schritt.

Alles, was ihm an Truppen und Schiffen zur Verfügung stand, bot er auf, sammelte die kleine Streitmacht in Ancona und ließ sich selbst, bereits vom Tod gezeichnet, an Bord tragen, um persönlich den Kreuzzug nach Konstantinopel anzuführen. Es war zu spät. Am 15. August 1464 ist er, noch in der italienischen Hafenstadt, gestorben. Wer hätte dem ehemaligen Konzilssekretär, dem bedenkenlosen Karrieristen, Verfasser einer ziemlich lockeren Komödie über die Liebesabenteuer seines Freundes Schlick und einer überaus gelehrten Kosmogonie, ein derart heroisches Ende vorauszusagen gewagt? Oder wer gar schon ahnen können, daß das Haus Piccolomini, das noch einen zweiten Papst hervorbrachte, dem Haus Habsburg bis in den Dreißigjährigen Krieg hinein und darüber hinaus aufs engste verbunden bleiben würde?

Friedrich vielleicht hätte es noch am ehesten für möglich gehalten. Er wußte, daß die wirklich wichtigen Ereignisse sich auf ganz anderen Ebenen abspielten als denen, welche die großen Akteure für bedeutend hielten. Vom Zaun brechen konnte man nahezu nichts, alles mußte sich langsam entwickeln. Irgendwann fielen einem dann die reifen Früchte von ganz allein in den Schoß.

In dieser Haltung begegnete der Habsburg auch den beiden nächsten großen Täternaturen, die ihm das Schicksal in den Weg stellte – damit er sie am Ende beerben konnte. Einem dritten von dieser Sorte mißtraute er sogar schon, als dieser gerade eben eine Armbrust spannen konnte. Es war Maximilian, sein einziger Sohn.

VIII.
Der Griff nach Burgund

Sultan Murad II. galt seinen christlichen Zeitgenossen als Barbar, im Gegensatz zu vielen von ihnen konnte er jedoch eine Landkarte lesen. So erkannte der Türke, daß »dieses Belgrad das Tor zum Lande Ungarn war. Und nunmehr faßte er den Entschluß, jenes Tor aufzubrechen.« Murad faßte ihn mehrmals in seinem Leben, scheiterte jedoch immer wieder an der hoch über Donau und Save gelegenen Festung und an einem Mann, den die Türken »Yanko« nannten.

1456 rückte Murads Sohn Mehmet II. ebenfalls gegen die Stadt, die bei den Deutschen Griechisch-Weißenburg hieß, mußte aber, wie sein Vater, feststellen, daß dort »ein gewaltiges Giaurenheer lagerte, mit dem verfluchten Yanko an der Spitze«. Yanko schlug Mehmets Angriff ab. Sein Sieg, notierte Kriegsteilnehmer Derwisch Achmed, »fiel in das Jahr 860 der Hedschra«, das entsprach nach christlicher Rechnung der Zeitspanne zwischen dem 11. Dezember 1455 und dem 28. November 1456. Kurz vor ihrem Ende, am 11. August, starb Yanko in Semlin. Mit Taufnamen hatte er Hunyadi János geheißen. Dank ihm brauchte sein Volk sich nahezu eine halbe Generation lang nicht mehr um die Gefahr aus dem Osten zu kümmern. Hunyadis jüngster Sohn, der als König Matthias I. den ungarischen Thron bestieg, konnte sich anderen ehrgeizigen Plänen im Westen zuwenden.

Matthias war einer der bedeutendsten Herrscher, die je in Buda regierten, ein Ritter ohne Furcht und Tadel, aufgeschlossen für alle geistigen Strömungen seiner Zeit, liberal gesinnt, Produkt der fernen, in Florenz aufblühenden Renaissancekultur. Sein gelehrter Freund, der Historiker Bonfini, entwarf einen Stammbaum für Matthias, der weit in die altrömische Zeit zurückreichte, und verlieh ihm den schönen Beinamen »Corvinus«, der Rabengleiche. Andere Zeitgenossen bezeichneten Hunyadis Sohn auch als »zweiten Attila«, denn in erster Linie war er ein glänzender Reitersoldat von jener Art, die man später überall in der Welt auf ungarisch »huszár« nannte – was seltsamerweise »Seeräuber« bedeutet.

Friedrich in Wien hatte sofort Protest erhoben, als er 1458 erfuhr, daß der Sechzehnjährige vom größeren Teil der magyarischen Magnaten zum König gewählt worden war. Der Erbe des Habsburgers Ladislaus Postumus betrachtete Ungarn als sein rechtmäßiges Eigentum. Ebenso dachte freilich König Kasimir IV. von Polen, dessen Vorgänger Wladislaw vier Jahre lang die Stephanskrone getragen hatte. Der junge Matthias sah also von Anfang an zwei mächtige Herrscher gegen sich stehen. Aus dieser Lage rettete er sich durch ein Manöver, das darauf hindeutet, daß er sehr wohl wußte, mit welchem der Gegenspieler man am ehesten auf friedliche Weise zurechtkommen konnte. Der Habsburg hatte schließlich noch nie versucht, seine Ansprüche mit militärischen Mitteln durchzusetzen, also würde er sich wohl zufriedengeben, wenn man ihm die Möglichkeit bot, sein Gesicht zu wahren, ohne daß er deswegen Krieg führen mußte.

Matthias bot Friedrich die Mitregentschaft in Ungarn an und kaufte ihm für eine erhebliche Summe die in Wien aufbewahrte Stephanskrone ab. Nachdem damit auch die habsburgfreundliche Opposition im eigenen Land ruhiggestellt war, machte der Rabengleiche sich daran, seine eigene Machtbasis zu festigen und seine Position so auszubauen, daß er eines Tages in der Lage sein würde, den Wiener Partner gänzlich abzuschütteln wie auch den Polen in seine Schranken zu weisen. Er wollte der stärkste Herrscher im östlichen Mitteleuropa werden und jenen alten Traum realisieren, der nicht nur in Wien, sondern auch in Prag und Buda seit langem geträumt wurde. Ein geeintes österreichisch-ungarisch-böhmisches Reich schwebte ihm vor, das den ganzen Raum zwischen der kroatischen Adriaküste und den Karpaten, der Steiermark und Siebenbürgen umfassen sollte. Auch Matthias Corvinus gehörte zu den geistigen Vätern der späteren Donaumonarchie. Und er war tatkräftig genug, seine Pläne wenigstens anzupacken, einer der großen, bedenkenlosen Aktivisten jener Zeit.

An Papst Sixtus IV. schrieb Corvinus: »Eure Heiligkeit werden ja wohl wissen oder von anderen gehört haben, daß das Temperament und die Natur unserer Ungarn so geartet sind, daß sie eher dreimal den katholischen Glauben verlassen und sich den Ungläubigen anschließen, bevor sie es erdulden würden, daß die kirchlichen Güter dieses Landes von dem Heiligen Stuhl ohne königliche Zustimmung verteilt werden.« (Es ging um die Besetzung eines Bischofsstuhles.) Dem Vorgänger von Sixtus hatte Matthias Corvinus sich noch als Verteidiger der römischen Kirche angeboten – gegen den Hussiten Georg Podiebrad.

Matthias und der Böhme waren alte Bekannte und intime Feinde, außerdem waren sie miteinander verschwägert. Corvinus hatte eine Tochter Podiebrads zur Frau. Ob diese Ehe jedoch auf reiner Zuneigung beruhte, ist mehr als fraglich. Der junge Mann war sie eingegangen, als er, nach dem Tod seines Vaters, kurzfristig in böhmische Gefangenschaft geriet. Und für eines von beiden, die vorübergehende Freiheitsberaubung oder die ihm während dieser Zeit aufgenötigte Verbindung mit einer Hussitin, gedachte er Genugtuung zu fordern, als die Gelegenheit dafür am günstigsten schien.

Podiebrad hatte nach dem Scheitern seines Europaplanes endgültig einsehen müssen, daß er im Kreis der katholischen Fürsten immer ein Paria bleiben würde. Er hatte sich deshalb wieder auf seine hussitische Überzeugung besonnen und war vom Papst gebannt worden. Darauf bezog sich Matthias Corvinus, als er Rom Ungarns Kampfkraft für einen Kreuzzug gegen den böhmischen Ketzer zur Verfügung stellte. Den Vater der eigenen Frau zu überfallen war eine Sache, den christlichen Glauben zu verteidigen hingegen eine völlig andere. Was normalerweise ein bißchen anrüchig erschienen wäre, mochte durch päpstlichen Segen immerhin gerechtfertigt werden.

1468 drang der Sohn des Glaubenskämpfers Hunyadi als Glaubenskämpfer in Mähren ein, riß das ganze Land an sich und ließ sich ein Jahr später von den katholischen Ständen in Olmütz zum böhmischen König krönen. Podiebrad, damals schon zu krank, um selbst ins Feld ziehen zu können, benutzte die letzte Waffe, die ihm noch zur Verfügung stand. Er überschrieb die Wenzelskrone an den Sohn König Kasimirs von Polen, dem Schwiegersohn solcherart ein recht stachliges Bett bereitend.

Kasimir, der ja Ungarn ebenfalls begehrte, war nicht der Mann, sich ein derartiges Zufallsgeschenk entgehen zu lassen. Er zwang Corvinus einen fast zehn Jahre währenden Krieg um Böhmen auf, an dessen Ende sich beide darauf einigten, das Erbe des inzwischen gestorbenen Podiebrad zu teilen, eine Entwicklung, die kaum jemanden weniger überraschen konnte als Friedrich in Wien. Hatte der schläfrige Habsburg nicht schon immer vorausgesehen, daß die Helden seiner Zeit so lange aufeinander einschlagen würden, bis sie sich gegenseitig aufgerieben hätten? Nun war also auch Podiebrad den Weg aller Abenteurer gegangen, während er selbst noch immer auf seinem Besitz saß und Fäden spann, die viel weiter in die Zukunft reichten als alles, was Männer wie der Böhme, aber auch der Ungar und der Pole mit soviel Aufwand zu erreichen vermochten.

Der notorische Unruhestifter Gregor Heimburg war zu dieser Zeit ebenfalls schon endgültig aus dem Feld geschlagen und konnte dem harmoniebedürftigen Kaiser keine Schwierigkeiten mehr bereiten. Wenn der im Jahr der ungarisch-polnischen Einigung vierundsechzigjährige Friedrich an den damals bereits toten Schweinfurter zurückdachte – falls er es überhaupt getan haben sollte –, welche Gestalt wäre ihm dann vor Augen getreten? Ein Mann »von hohem Wuchs, mit einem heiteren Antlitz, leuchtenden Augen und kahlem Kopf«? Gewiß, so kannte er ihn aus der Zeit, da Heimburg in Wiener Neustadt gearbeitet hatte. Aber was besagte das schon? Dieser Bursche war berufen gewesen, eine steile Karriere im Dienst der Krone zu machen. Statt dessen hatte er es vorgezogen, »seinen eigenen Sitten und Gutdünken nach zu leben« und, wie Enea Silvio weiter schrieb, »die vollste Ungebundenheit an den Tag zu legen«. Daß auch der spätere Papst mit seinem ehemaligen Protektionskind immer mehr über Kreuz geriet und schließlich offen von ihm angefeindet wurde, dürfte Friedrich zusätzlich in der Überzeugung bestärkt haben, dergleichen Leute seien von Gott nur geschaffen worden, um Männern wie ihm das Leben schwerzumachen und ihre sinnvolle Arbeit sinnlos zu stören.

Der Habsburg hat vermutlich nie begriffen, daß Heimburg etwas verkörpert hatte, was in seiner Vorstellungswelt überhaupt nicht vorkam, nämlich den Wunsch und Willen der Deutschen, eine Nation zu bilden. Der Bürgermeisterssohn aus dem Herzland des Reiches war ein Patriot von der Art, wie sie fast nur in Franken vorkommen – eigensinnig, von großen, leicht wolkigen Vorstellungen erfüllt und hartnäckig darauf beharrend, daß das Fundament der Welt aus rechtschaffenen, rechteckigen, soliden Begriffen gefügt sein müsse. Keine faulen Kompromisse durften geduldet werden, keine Durchstechereien, keine Verwischung natürlicher Gegensätze. Um diese politische Bohlendiele aber zu schaffen, hatte Heimburg nur eines tun können: angreifen, was ihn anwiderte, niederreißen, was faul oder morsch erschien. Und vom Schwamm befallen war nach seiner Ansicht sowohl das luftige Gebäude, das der Habsburg errichtet, wie auch jenes, in dem Papst Pius, der frühere Enea Silvio Piccolomini, sich eingerichtet hatte. Daß Friedrich ihm diese Auffassung nicht nachfühlen konnte, ist deswegen verständlich, weil er weder als Deutscher noch gar als deutscher Patriot zu denken vermochte. Er lebte in einer Welt, die mit jener Heimburgs kaum etwas gemein hatte, war ein Habsburger und nichts als ein Habsburger. Stark beschönigend könnte man auch sagen, er sei, im Gegensatz zu dem Franken, Europäer gewesen. Völker kamen in den Räumen, die er sinnend durchmaß, zumindest nicht vor.

Friedrich hätte Heimburg aus seinen Gedanken verscheuchen können wie ein lästiges Insekt, wäre er ihm nicht immer in die Quere gekommen, einmal sogar in seinem eigenen Familienrevier. Geschehen war dies in der Zeit nach den Verhandlungen von Wiener Neustadt, betroffen hatte es Friedrichs Vetter Sigmund, den Sohn des von den Schweizern so arg gerupften Friedel.

Sigmund hatte versucht, in seinen Tiroler Erblanden eine auf ihn zugeschnittene herzogliche Herrschaft zu errichten. Dabei war er jedoch mit Nikolaus Krebs aus Kues an der Mosel zusammengestoßen, dem berühmten Philosophen und Staatstheoretiker, der sich Cusanus nannte und seit 1450 auf dem Bischofsstuhl von Brixen saß. Unnachsichtig versuchte der geistliche Herr, die Vorstellungen der Kirche von einem ordentlichen und frommen Leben in seinem Sprengel durchzusetzen. Er tat eine mißliebige Äbtissin in den Bann, verbot es einheimischen Adeligen, Kirchweihfeste zu veranstalten, und beharrte darauf, daß ihm, nicht dem Herzog, auch die weltliche Gewalt in Tirol zustehe, insbesondere die Verfügungsrechte über alle Erze und Salze, den eigentlichen Reichtum der Region.

Sigmund dagegen verfocht den Grundsatz, die Bischöfe von Trient und Brixen seien schon immer dem jeweiligen Landesfürsten untergeordnet gewesen; er hatte zunächst einen schweren Stand. Der wortgewaltige Cusanus deckte ihn mit einer Flut von Proklamationen, Streitschriften und ausgefeilten Plädoyers ein, welche die Richtigkeit seiner Auffassung darlegen sollten. Worauf er abzielte, trat nicht immer klar zutage, doch wehrte er sich vor allem dagegen, daß die geistlichen Fürsten mehr und mehr in die Abhängigkeit der weltlichen Fürsten gerieten und daß diese aus dem Körper des Reiches selbständige und unabhängige Territorien herausschnitten.

Auf dem Höhepunkt dieses Streites warf der Bischof dem Herzog sogar vor, er habe eine Verschwörung gegen ihn angezettelt und trachte nach seinem Leben. Enea Silvio wurde damals gerade Papst, wodurch sich die Stellung von Cusanus außerordentlich festigte. Piccolomini und er kannten sich noch aus den Tagen des Basler Konzils, beide waren fast zur selben Zeit von Papst Felix V. zum römischen Papst Eugen IV. übergegangen. Somit kannten sie auch Gregor Heimburg, Sigmund hingegen entdeckte ihn erst auf der Versammlung in Wiener Neustadt. Der Herzog war von der Beredsamkeit des Franken derart beeindruckt, daß er ihn sofort als Rechtsberater anwarb. Die Konstellation, die sich daraus ergab, mutet mehr als merkwürdig an.

Von drei alten Freunden standen zwei auf der einen, der dritte auf der anderen Seite der Barriere. Die beiden Geistlichen aber verfochten zudem noch eine Sache, die eigentlich auch jene Heimburgs hätte sein können, er war ja in Wiener Neustadt gegen die fürstliche Willkür eines Albrecht Achilles laut geworden. Das hielt ihn jedoch nicht davon ab, das Angebot des jungen Habsburgers zu akzeptieren. Er glaubte, einen Reichsfürsten gegen die Macht verteidigen zu müssen, die ihm mehr verhaßt war als alle anderen: die römische Kirche. In Heimburg hatte Sigmund einen Mitstreiter gewonnen, der seine Auseinandersetzung mit dem Brixener Bischof auf eine fast weltpolitische Ebene hob.

Der kahlköpfige Franke machte sich gar nicht erst die Mühe, Cusanus anzugreifen, vielmehr ritt er eine offene Attacke gegen dessen Schutzherrn, seinen ehemaligen Freund Piccolomini, den Papst. Das heißt, er benutzte das Tiroler Forum dazu, eigene Grundsätze weithin publik zu machen. Auf alte Basler Argumente zurückgreifend, wandte Heimburg sich an ein künftiges Konzil, ja sogar an die ganze Christenheit, was wiederum Sigmund dazu ermutigte, den Bischof auf der Feste Bruneck zu überfallen und ihm einen für ihn selbst günstigen Vertrag abzunötigen. Dem Papst blieb daraufhin gar nichts anderes übrig, als beide, den Herzog und seinen Berater, zu exkommunizieren. In einer eben erst erlassenen Bulle hatte der frühere Konzilssekretär nämlich verfügt, daß jeder dem Bann verfalle, der es wage, an ein Konzil zu appellieren.

Wie Pius aber bald darauf erfahren mußte, bewirkte der von ihm geschleuderte Blitz nicht das geringste. Sigmund regierte unangefochten weiter, und Heimburg fuhr fort, seine Ideen zu verbreiten. Der Papst begann, sich daraufhin nach Verbündeten umzusehen, sie waren unschwer zu finden. Die Eidgenossen, die Friedel mit der leeren Tasche schon Aargau weggenommen hatten, zeigten sich sofort bereit, seinem Sohn, in päpstlichem Auftrag, nun auch Thurgau, den letzten habsburgischen Besitz in der Schweiz, zu entreißen – mit Erfolg. Als sie aber besaßen, wonach ihnen der Sinn gestanden hatte, lösten sich ihre Streitscharen wieder auf. Der Papst konnte noch so sehr mahnen und drohen, die Grenze zu Tirol überschritt keiner von ihnen.

In dieser für ihn mißlichen, ja geradezu beschämenden Situation erinnerte sich der ehemalige Enea Silvio nun des Mannes, der ihn einst als Sekretär beschäftigt hatte, rannte aber erneut gegen eine verschlossene Tür. Friedrich hielt zwar von seinem etwas stürmischen Vetter so wenig wie von allen, die auf Gewalt und Tatkraft setzten, doch als Habsburg gegen einen anderen Habsburg vorzugehen kam ihm überhaupt nicht in den Sinn.

Pius' II. nächster Zug war noch wirkungsloser. Sein Aufruf an nahezu alle maßgebenden Bewohner Tirols, sich in Rom einzufinden, damit er dort ihre Glaubenstreue überprüfen könne, regte Heimburg nur zu einer Satire auf diesen kaum realisierbaren Massenpilgerzug an. Ebensowenig fruchtete ein Versuch, das Herzogtum Sigmunds durch Wirtschaftsblockaden auszuhungern, oder ein Appell an die Venezianer, den päpstlichen Bannfluch mit Waffengewalt zu vollstrecken. Der Gesandte der See-Republik und Gregor Heimburg kamen ausgezeichnet miteinander zurecht. Sie waren sich auch darin einig, daß der starrsinnige Cusanus für die ganzen Wirren verantwortlich sei. So mußte schließlich Friedrich doch in das Geschehen eingreifen, nicht als Chef des Hauses Habsburg freilich, sondern als Kaiser. »In Berücksichtigung unserer Zeit«, schrieb er freundlich mahnend nach Rom, »wäre es Zeit, von der Strenge ein wenig nachzulassen.«

Der dicke Mann in der Wiener Hofburg hatte auch damit wieder den richtigen Ton und den richtigen Zeitpunkt getroffen. Sein Brief lag noch nicht lange auf Pius' Tisch, als dieser nach Ancona abfuhr, um dort zu sterben. Noch im selben Jahr verschied Nikolaus Cusanus, und der nächste Pontifex ließ sich mit geringer Mühe dazu bewegen, Sigmund vom Bann zu lösen – nicht aber Heimburg.

Der Franke geht nun erst nach Prag, wird Podiebrads Außenminister, stärkt ihn in seiner hussitischen Überzeugung und nährt den Haß des Böhmen gegen den Kaiser. Auch als Albrecht VI. versucht, seinem Bruder Wien wegzunehmen, steht Heimburg auf dessen Seite, und als Podiebrad Friedrich zu Hilfe kommt, bleibt er grollend abseits, um später mit Genugtuung zu berichten, daß der Kaiser die Vermittlung des Böhmen zwar akzeptiert habe, die dafür vereinbarte Bezahlung aber schuldig geblieben sei. Nach Podiebrads Tod geht Heimburg dann nach Sachsen, wo dem glänzenden Juristen noch einmal für ein Jahr Brot und Zuflucht geboten werden. Dort stirbt er schließlich, ohne vom Bann gelöst worden zu sein.

»Ein freigekaufter Sklave«, schrieb er zuletzt, »kann wohl die Freiheit erhalten, aber in Nerven und Gebeinen sitzt ihm die Sklaverei so tief, daß keiner sie auszutreiben vermag.« Er meinte Friedrich, den er für einen Gefangenen seiner eigenen Besitzgier hielt. Und an Albrecht Achilles meldete er noch: »Österreich hinkt an beiden Beinen, Burgund ist welsch.«

Burgund? Das bezog sich ebenfalls auf Friedrich, doch nebenbei auch auf Heimburgs ehemaligen Arbeitgeber Herzog Sigmund. Der Tiroler hatte, wie alle Habsburger, die gegen die Schweiz kämpfen mußten, versucht, in Frankreich Rückendeckung zu gewinnen. Sein Partner war dabei freilich nicht der König in Paris gewesen, sondern ein Mann von ungleich größerer Macht, der Burgunderherzog Karl der Kühne. Da auch ihm vor allem das Problem Eidgenossenschaft auf den Nägeln brannte und da er außerdem ähnliche Ambitionen für sein Haus hegte wie die Wiener für das ihre, hatte Sigmund versucht, beide Familien durch Heirat miteinander zu verbinden. Sein Projekt schien mittlerweile gescheitert zu sein. Doch davon war sein Vetter Friedrich nicht überzeugt.

Burgund war neben Venedig der reichste Staat Europas, trotzdem war es nicht ganz von dieser Welt. Es wurzelte in einer Gegend, deren Namen das Synonym für paradiesische Fruchtbarkeit zu sein scheint, der im Herbst wahrhaft goldüberglänzten Bourgogne. Als burgundische Hauptstadt galt der gotische Adelssitz Dijon, doch die wirtschaftliche Substanz des Landes wurde von breit hingelagerten Handelsstädten wie Brüssel, Lüttich, Antwerpen, Gent oder Brügge verkörpert. Flämische und holländische Bürger, die das Prassen liebten und jeden unnötigen Zwang verachteten, lebten innerhalb der burgundischen Grenzen mit ahnenstolzen französischen Rittern und deren an Gehorsam gewöhnten Hintersassen zusammen, geborene Kapitalisten mit den Repräsentanten einer von völlig anderen Wertvorstellungen geprägten Aristokratie. Größere Extreme als Burgund hat kaum je ein zweiter Staat zu vereinen gesucht, aber eben daraus wurde der Traum geboren, der das Land nach dem Willen seiner Schöpfer überwölben sollte und das ganze Gebilde in ein seltsam irisierendes Licht, einen fast unirdischen Schimmer, tauchte.

Der Tageslauf der burgundischen Herzöge war einem strengen, fast sakral anmutenden Ritual unterworfen. Jeder ihrer Verrichtungen kam die Bedeutung eines Staatsaktes zu: dem Aufstehen, dem Ankleiden, dem Speisen, dem Kirchgang, dem Schlafengehen. Der Diener, der am Abend die Bettvorhänge zuzog, hatte nicht etwa seinen Herrn zur Ruhe begleitet, sondern mit heiligem Ernst den Untergang einer fürstlichen Sonne besiegelt. Die Burgunderherzöge glaubten, ihrem Staat am besten dadurch zu dienen, daß sie ihn Stunde um Stunde darstellten und verkörperten. Ebenso angestrengt feierten sie auch.

Da der burgundische Staat keine sozusagen naturgegebene Daseinsberechtigung hatte, sondern ein vollkommen künstliches Gebilde war, mußte er wenigstens als Erscheinung immer wieder beschworen werden. Auch die Feste wurden deshalb sorgfältig inszeniert, in Musik gesetzt, mit den prachtvollsten Gobelins, den kostbarsten Stoffen ausgestattet. Nirgendwo sonst gab es bessere Musiker, Teppichweber, Schneider oder Maler als in Burgund, nirgendwo sonst auch geschicktere und phantasievollere Illusionstechniker. Die Veranstaltungen im Palast von Dijon oder auf einem der zwanzig Wasserschlösser des Landes waren mehr oder weniger reines Zauber- und Märchentheater. Man konnte sich als Gast in Spiegelkabinetten und Labyrinthen verirren, geriet in künstliche Gewitter oder stürzte von einer zusammenbrechenden Brücke ganz unvermutet auf ein riesiges Daunenbett. Gleich darauf riefen schmetternde Fanfaren zum Turnier. Knappen in leuchtend bunten Wappenröcken führten silbern funkelnde Ritter auf die Kampfbahn. Und Damen mit hohen, spitzen Hüten, von denen Schleier herabwehten, übten in zierlicher Formvollendung jene Minnebräuche, die sich im hohen Mittelalter herausgebildet hatten, aber nun schon ein bißchen antiquiert wirkten. Auch das gehörte zur Feier, zum Fest, zur Inszenierung eines Staates, der keine Tradition besaß und deshalb die Romantik vergangener Zeiten noch einmal zitierte.

Die Kunst, sich auf diese besondere Weise darzustellen, hatten Burgunds Herzöge in der untergegangenen Doppeladlerstadt am Bosporus gelernt. Gerade von den Provinzen, die ihnen gehörten, waren einst mehr Kreuzritter aufgebrochen als von irgendeinem anderen Land Europas. In Byzanz, das auch von ihnen schon erobert wurde, hatten sie gelernt, was Hofetikette war und wie ein Staat durch reine Selbstdarstellung überhaupt erst Gestalt annahm. Doch pflegten sie daneben ganz ähnliche karolingische Traditionen, denn im Zentrum des ehemaligen Karlsreiches lag dieses Burgund.

Es war aus dem alten Lotharingien herausgestanzt, dem mittleren jener drei Teilstaaten, in die das fränkische Imperium nach Karls Tod zerfiel. Als die deutschen Kaiser auf dem Höhepunkt ihrer Macht standen, hatte dieses Mittelreich mehr oder weniger zu ihrem Lehensgebiet gehört, aber schon zur Zeit Rudolfs I. von Habsburg war es allmählich unter französischen Einfluß geraten. 1363 gab dann Johann II. aus dem Haus Valois, König von Frankreich, das Herzogtum Burgund mit der Hauptstadt Dijon an seinen jüngsten Sohn Philipp den Kühnen; er konnte nicht ahnen, daß es damit Frankreich wieder verlorengehen sollte.

Philipp fügte seinem relativ geringen Besitz durch Heirat die zum Reich gehörende Franche Comté sowie die Grafschaften Flandern und Artois hinzu. Sein Sohn Johann ohne Furcht und sein Enkel Philipp der Gute erweiterten später den jeweils ererbten Besitz um Holland, Seeland, Hennegau, Brabant, Namur, Luxemburg und Limburg, ohne bei Kaiser Sigmund, dem Lehnsherrn aller dieser Gebiete, lange um Zustimmung zu bitten. Der deutsche Herrscher war für sie ebenso eine Quantité négligeable wie die Könige in Paris. Beide Valois-Prinzen träumten davon, das alte Lotharingien wieder ins Leben zu rufen und zu einem Staatswesen auszubauen, das seine beiden Nachbarländer in den Schatten stellte. Bei der Verfolgung ihrer Pläne durften sie um so zuversichtlicher sein, als der niederländische Teil ihres zusammengerafften Besitzes die damals – neben der Lombardei – blühendste Wirtschaftsregion Europas war. Mit den Geldern, welche ihnen von dort zuflossen, konnten sie nicht nur jene prunkvollen Selbstdarstellungsfeiern finanzieren, sondern auch das modernste und schlagkräftigste Heer der damaligen Zeit auf die Beine stellen. Zudem profitierten sie davon, daß Frankreich in jene Auseinandersetzung mit England verstrickt war, die als Hundertjähriger Krieg in die Geschichte einging, während die Deutschen nicht nur mit sich selbst genug zu tun hatten, sondern auch noch die Hausmachtpolitik der Luxemburger und Habsburger im Osten mittragen mußten.

Philipp der Gute hat schließlich auch noch ein Symbol geschaffen, das den hochfliegenden burgundischen Plänen auf fast kapriziöse Weise Ausdruck gab. Am 10. Januar 1429 stiftete er den Ritterorden vom Goldenen Vlies, eine elitäre Gemeinschaft, der nicht mehr als einunddreißig Mitglieder angehören sollten. Ausgewiesen wurden diese Männer durch eines der wohl seltsamsten je geschaffenen Abzeichen, einen toten goldenen Widder, den sie um den Hals trugen. Hatte Philipp damit an Jason erinnern wollen, den griechischen Argonauten, der in frühhellenischer Zeit das Schwarze Meer befuhr? Berief er sich also auf eine klassische, heidnische Tradition oder doch auch auf das christliche Lamm Gottes? Vielleicht war Franz Joseph I., der das Goldene Vlies bei allen offiziellen Anlässen zu tragen pflegte, der letzte, der Philipps Vorstellungen noch einigermaßen nachvollziehen konnte. Habsburg hat die burgundische Institution ja ebenso geerbt wie zuvor schon den Doppeladler und machte beide Symbole zum Inbegriff der eigenen Würde. Durch Philipps Sohn Karl den Kühnen kam sie an das Wiener Haus.

Karl hatte von seinem Vater einen zweigeteilten Staat geerbt. Die nördliche Hälfte reichte von den friesischen Inseln bis kurz vor Verdun, die südliche, Burgund und Franche Comté, bildete eine von französischem und deutschem Gebiet umgebene Insel. Zwischen beiden klaffte eine Lücke, das Herzogtum Lothringen. Sie zu schließen und aus seinem Besitz eine lebensfähige Einheit zu bilden war Karls vorrangiges politisches Ziel. Ihm diente nahezu alles, was er im Lauf seines relativ kurzen Lebens unternahm.

Der Beiname, den Philipps Sohn sich erworben hatte, verleitet dazu, ihn sich als jungen Kriegsgott vorzustellen, der, inmitten klirrender Aufgebote, von Schlachtfeld zu Schlachtfeld zieht. Die Wahrheit ist jedoch, daß er wohl kühn und tapfer sein mußte, wenn er, trotz seines Reichtums, überleben wollte, daß er aber sehr oft die Heldenrolle eher widerwillig übernahm. Karl, den sein Zeitgenosse Rogier van der Weyden als einen eher nachdenklich wirkenden Jüngling gemalt hat, war viel zu klug, um nicht zu wissen, auf welch tönernen Säulen der von seinen Vorgängern errichtete, scheinbar so glänzende Bau ruhte. Und er sah auch durchaus, daß Burgund weitgehend nur in den Köpfen einer kleinen Oberschicht existierte, in der Realität aber ein äußerst flüchtiges Gebilde war. Diese Erkenntnis muß ihm zu einer Art Alptraum geraten sein, gegen den er seit 1467, dem Jahr seiner Thronerhebung, bis zu seinem Tod ankämpfte, und zwar mit allen ihm zur Verfügung stehenden Mitteln.

Karl arbeitete, als ob er sich selbst seinen Lebensunterhalt verdienen mußte, er war fast ständig unterwegs und machte, selbst während der kurzen Ruhepausen auf irgendeinem Schloß, oft noch die Nacht zum Tage. Die Rechnungsbücher seiner Amtsleute pflegte er persönlich zu überprüfen, neue Waffen, vor allem Geschütze, wurden von ihm selbst erprobt und gelegentlich sogar verbessert. Daß auch das Feiern Arbeit war, hatte er bereits als junger Prinz gelernt. Bei den Contretänzen jener Zeit konnte man ihn die kompliziertesten Figuren mit der Präzision eines Berufskünstlers ausführen sehen. Stets à la mode gekleidet zu sein gehörte für ihn zu den einfachsten Amtspflichten eines Herrschers. Immer Haltung zu bewahren hätte ebenfalls zu seinen Pflichten gehört, doch die Spannung, unter der er nahezu unaufhörlich stand, entlud sich öfter, als ihm lieb sein konnte, in heftigen Temperamentsausbrüchen, in Wutanfällen, die auch sein Urteilsvermögen trübten. Gerade das war freilich der einzige Luxus, den dieser reiche Herrscher sich nicht hätte leisten dürfen.

Sein gefährlichster Gegner war ein im Vergleich geradezu unscheinbarer Mann, König Ludwig XI. von Frankreich, ein Valois wie Karl selbst. Ludwig machte weder in der Rüstung noch auf dem Festparkett eine sonderlich gute Figur, doch besaß er alle Eigenschaften, die wenig später Niccolò Machiavelli von einem guten Politiker fordern sollte: Schlauheit, Bedenkenlosigkeit, Menschenkenntnis und die Gabe, jede Situation illusionslos zu analysieren. Heere in Marsch zu setzen, Schlachten zu entfesseln, kühne Utopien zu entwerfen war Ludwigs Sache nicht. Er hatte am Ende des Hundertjährigen Krieges einen Staat übernommen, der zutiefst zerrüttet und aller wichtigen Machtmittel nahezu völlig entblößt war. Deshalb blieb ihm kaum etwas anderes übrig, als andere für sich kämpfen zu lassen, bestehende Rivalitäten zu seinen Gunsten auszunützen und die Feinde seiner Feinde für sich in Dienst zu nehmen. Der erste, der in seinem Spiel mitspielte, ohne es richtig zu ahnen, war Sigmund von Tirol, Friedrichs III. ungebärdiger Vetter.

Als die Eidgenossen dem Habsburg Thurgau entrissen hatten und er auch noch die Kriegskosten zahlen mußte, war ihm nichts anderes übriggeblieben, als bei Karl dem Kühnen Geld aufzunehmen und dafür seine Besitzungen im Elsaß und am Oberrhein zu verpfänden.

Bei dieser Gelegenheit schlossen beide einen Vertrag, der sich gegen die auch dem Burgunder lästigen Schweizer richtete. Sigmund aber glaubte damals, außerdem noch eine geradezu glänzende Chance – weniger für sich selbst als für seine Familie – zu erkennen. Ihm stach keineswegs nur Karls überwältigender Reichtum ins Auge, er sah auch, daß der Burgunder eigentlich nichts dringender benötigte als einen mächtigen Verbündeten – und daß er keine Söhne hatte, nur eine dazu noch ausnehmend schöne Tochter. Vetter Friedrich hingegen hatte einen Sohn, und dieser würde eines Tages mit Gottes Hilfe Kaiser werden. Behutsam machte der Tiroler seinen Vertragspartner auf diese Situation aufmerksam.

In der Art von vielbeschäftigten wohlhabenden Leuten, die sich nur zufällig mit einem armen Schlucker abgeben, muß Karl erwidert haben, daß man darüber nachdenken könne, warum auch nicht. Wie ernst er seine Antwort gemeint hatte, erfuhr Sigmund allerdings nie. Während der nächsten Jahre mag er sogar eher dem Eindruck erlegen sein, der Burgunder habe ihn, wie auch das zwischen beiden geschlossene Bündnis, völlig aus dem Gedächtnis verloren. Aus den gemeinsamen Aktionen gegen die Eidgenossen, die sie geplant hatten, wurde ebenfalls nichts, Karl schien Wichtigeres zu tun zu haben. In Wirklichkeit war bereits, hinter den Kulissen, Ludwig XI. aktiv geworden.

In zähen Verhandlungen hatte Frankreichs König eine Allianz zwischen den Schweizern und einer Reihe von rheinischen Städten zustande gebracht. Diese sogenannte »Niedere Vereinigung« wiederum erklärte sich bereit, für Sigmund die von Karl genommene Pfandsumme aufzubringen und sie ihm zur Verfügung zu stellen, damit er seine elsässischen Besitzungen auslösen könne. Der Preis dafür war ein Friedensvertrag zwischen der Eidgenossenschaft und dem Habsburg – natürlich nahm Sigmund diese Offerte an. Er begann damals ohnehin schon, die Lust an der Politik und den großen politischen Projekten zu verlieren. Die Elsässer erhoben sich, sobald er unterschrieben hatte, gegen Peter von Hagenbach, Karls grausamen Landvogt, nahmen ihn gefangen und verurteilten ihn in Breisach zum Tode. Ebenfalls auf Betreiben Ludwigs XI. schloß die »Niedere Vereinigung« wenig später auch noch einen Pakt mit Herzog René von Lothringen, dem letzten Vertreter des einstmals so mächtigen Hauses Anjou. Und Karl mußte plötzlich erkennen, daß, von ihm nahezu unbemerkt, eine Koalition zustande gekommen war, welche die südliche Hälfte seines zweigeteilten Staates von drei Seiten her in die Zange nehmen konnte.

Kurz bevor diese für ihn nicht unbedrohliche Lage zustande gekommen war, hatte der Burgunder sich freilich doch noch einmal des habsburgischen Partners erinnert, nicht Sigmunds von Tirol allerdings, sondern des Kaisers in Wien. Friedrich, der kein schneller, aber ein ungemein gründlicher Denker war, fand an der Vorstellung, sein Sohn Maximilian könne Karls Tochter heiraten und beerben, viel zuviel Gefallen, als daß er sie einfach wieder aufgeben wollte, nur weil Vetter Sigmund mit dem unberechenbaren Herzog in Dijon nicht zurechtkam. Außerdem wußte er, im Gegensatz zu den beiden jüngeren Männern, daß niemand stärker war als derjenige, der warten konnte. Die Verbindung zum Hof Karls des Kühnen hatte er deshalb nie völlig abreißen lassen. 1473 schien seine einfühlsame Taktik sich endlich auszuzahlen.

Karl ließ erkennen, daß er bereit sei, über das Eheprojekt zu reden, wenn der Kaiser ihn zum König von Burgund erhebe. Es war eine geradezu bescheidene Forderung. Bei früheren Sondierungsgesprächen hatten die burgundischen Gesandten noch verlangt, Friedrich solle den Herzog zum deutschen König und damit zu seinem designierten Nachfolger machen, das war unannehmbar gewesen. Die geringere Würde hingegen, die er jetzt verlangte, konnte der Habsburg ihm bieten, ohne selbst Einbußen an Macht, Ansehen oder Geld zu erleiden. In Trier trafen die beiden zusammen, um sich endgültig zu einigen und das Geschäft zu besiegeln. Es sollte ein denkwürdiges Treffen werden.

Umstrahlt von der pomphaften Pracht Burgunds, gehüllt in Silber, Samt und Seide, begleitet von einem riesigen Schwarm ebenso kostbar gekleideter Gefolgsleute, von Rittern, Höflingen, Leibjägern, Falknern, Herolden und Standartenträgern, kam Karl in der ehrwürdigen Bischofsstadt an der Mosel an. Dort traf er auf einen Mann, der zwar Kaiser war, aber nicht annähernd die Mittel hatte, seinem Rang entsprechenden Ausdruck zu verleihen. Grau, unscheinbar, nahezu ärmlich wirkte Friedrich neben dem bunten Paradiesvogel aus Dijon. Der Habsburg hatte sich zwar aus Prunk und Glanz nie viel gemacht, aber unklugerweise ließ Karl ihn auch noch spüren, daß er im Reichtum schwamm, während sein Partner nur ein armer Wicht sei. Und die Höflinge aus seiner Entourage machten sich sogar offen über die mausgrauen, bäurischen Deutschen samt ihrem Herrscher lustig. Was, so riefen sie einander zu, könne man schon von Leuten erwarten, deren Vorfahren sich noch in Bärenfelle gehüllt hatten?

In dieser unerquicklichen Situation bewies der dicke Friedrich eine Haltung, die ihm nur wenige zugetraut hätten. Schon war man sich in den wichtigsten Punkten einig, schon winkte seinem Sohn die burgundische Prinzessin und seinem Haus das riesige burgundische Erbe, da machte er plötzlich auf dem Absatz kehrt, verließ den Verhandlungssaal und kurz darauf auch die Stadt. Irgend etwas in den Worten, der Haltung, dem Benehmen Karls hatte seine Geduld überfordert, irgend etwas seinen Stolz verletzt. Der Handel mit dem Burgunder lag ihm gewiß am Herzen, aber seine Würde bot er dafür nicht feil. Möglicherweise hatte Friedrich freilich auch nur Maß genommen an seinem Partner und erkannt, das war ebenfalls nur eine dieser hyperaktiven Täternaturen, die man nicht zu bekämpfen brauchte, weil es vollauf genügte, sie zu überleben. Friedrich war damals neunundfünfzig, Karl vierzig Jahre alt.

Wenige Monate später standen sie gegeneinander im Feld. Karl war ins Rheinland eingefallen und belagerte die Stadt Neuß, er scheint diesen Feldzug für ein ziemlich risikoloses Unternehmen gehalten zu haben. Um so verblüffter muß er deshalb gewesen sein, als plötzlich etwas geschah, was weder er noch seine Vorgänger je erlebt hatten. Aus diesem zerrissenen Deutschland, das sie als »les Allemagnes«, die Deutschländer, zu bezeichnen gewöhnt waren, stieg ein einziger Schrei der Empörung zum Himmel. Sogar der als äußerst kriegsunlustig bekannte habsburgische Kaiser zauderte dieses Mal nicht einen Moment, mit der gepanzerten Faust zurückzuschlagen. Er bot das Reichsheer auf, ernannte den nunmehrigen Kurfürsten von Brandenburg, Albrecht Achilles, zu seinem Befehlshaber und schickte es gegen die Belagerer. »Le Téméraire«, wie seine Landsleute ihren Herzog nannten, der verwegene Krieger, der bisher geglaubt hatte, alles erzwingen zu können, wonach ihm der Sinn stand, erlitt vor der linksrheinischen Stadt eine seiner ersten schweren Niederlagen. Albrecht bewies, daß er seinen Beinamen Achilles zu Recht trug, er trieb die Burgunder auseinander und jagte sie zurück. Doch vielleicht hätte Karl sogar einen Gewinn von dieser Schlappe gehabt, wenn ihm damals klargeworden wäre, daß er an die Grenzen seiner Möglichkeiten zu stoßen begann. Diese Erkenntnis kam ihm indessen nicht, so rannte er in die Falle seines weitaus gefährlichsten Gegners, des Franzosenkönigs.

Ludwigs Falle war die Zange, die Südburgund umklammert hielt. Im Norden der inselartigen Exklave stand René von Anjou-Lothringen, im Westen und Südwesten verharrten die mit den Schweizern verbündeten Elsässer und Rheinländer. Die Falle mußte zuschnappen, wenn Karl einen von diesen drei Alliierten annahm, ganz gleich, welchen. Der Burgunder wandte sich gegen René, und zunächst hatte er Glück. Im Sommer 1475 konnte er in Nancy die Huldigung der lothringischen Stände entgegennehmen, die Lücke zwischen Nord- und Südburgund war geschlossen, der Anjou saß abgeschlagen in Frankreich. Das alte Lotharingien, die »Kegelbahn« zwischen Rheinmündung und den Alpen, schien wieder aus der Asche zu erstehen, zumindest mag Karl das geglaubt haben. Ludwigs Vorausberechnung war jedoch zutreffender. Auf die Nachricht von Renés Niederlage hin fielen die Eidgenossen prompt in das mit Burgund verbündete Waadtland ein. Bei Grandson am Neuenburger See trafen ihre und die elsässischen Scharen mit Karls Streitmacht zusammen. »Die Trompeten, der Uristier und die Kuh von Unterwalden brüllten greulich. Und schien die Sonne in sie, daß es widerglänzte wie ein stählerner Berg.« Karl hatte die bessere Artillerie, seine Gegner die besseren Fußsoldaten. Die Schlacht von Grandson kostete ihn unter anderem tausend Zelte, sechshundert Fahnen, zehntausend Pferde, vierhundertneunzehn Kanonen und die burgundische Kriegskasse, das alles mußte er bei seiner Flucht zurücklassen.

Wenige Monate darauf erlitt Karl in derselben Gegend, bei Murten, eine noch schwerere Niederlage. Was aber am schlimmsten für ihn war: Die Zeit, in der er sich mit den Schweizern und Elsässern herumschlug, hatte Ludwig XI. dazu genutzt, René mit eigenem Geld und fremden Hilfstruppen wieder so auszustaffieren, daß er hinter Karls Rücken in Lothringen eindringen und seine Hauptstadt Nancy zurückerobern konnte.

Es war einer dieser Momente, in denen Karls mühsam bewahrte Selbstkontrolle völlig zusammenbrach. Rasend vor Scham und Wut, stürzte er sich sofort in sein nächstes Kriegsunternehmen, ohne auch nur die geeignete Zeit dafür abzuwarten. Im Juni 1476 hatte er bei Murten gestanden, im klirrend kalten Januar des Jahres 1477 stieß er nach Lothringen vor. Da ihn aber auch vor den Mauern von Nancy die lanzenstarrenden schweizerischen Gevierthaufen erwarteten, deren Anblick seine eigenen Leute mittlerweile vor Furcht schon erstarren ließ, war Karls nächste Niederlage unvermeidlich.

In der Nacht auf den 6. Januar 1477 irren Menschen mit Fackeln zwischen den burgundischen und schweizerischen Leichen auf dem Schlachtfeld umher. Sie leuchten jedem Toten ins Gesicht, voll Furcht, es könnte ihr im Kampfgewühl verschollener Herzog sein. »Hélas«, ruft endlich ein Knappe, »voici mon bon seigneur!« Er war es wirklich, steifgefroren schon, die Leiche von Wölfen angenagt. Den Versuch, in voller Rüstung einen vereisten Sumpf zu überqueren, hatte Karl mit dem Leben bezahlt.

In Paris löste die Nachricht von seinem Tod fast unverhohlene Freude aus. In Wien, wo sie später eintraf, machte sich eher Sorge breit.

»Es möchte jemand befremden«, schreibt Sebastian Franck, »daß in dem langen Regiment, dreiundfünfzig Jahre lang, welche Fridericus III. regiert hat, so gar wenig und schier nichts von ihm geschrieben wird.« In der Tat, es mutet befremdlich an.

Aber andererseits: Was hätten die zeitgenössischen Chronisten über Friedrich denn zu Papier bringen sollen, da er doch so gar nichts unternahm, was sich schildern, ausschmücken oder besingen ließ? Keine Kriegszüge, keine spektakulären politischen Aktionen, nicht einmal glanzvolle, rauschende Feste in Wien oder Wiener Neustadt! Unbewegt schien selbst die Luft zu sein, die ihn umgab, und Zugang zu der dämmrigen Höhle, in der sein Geist sich aufhielt, hatte niemand. So versuchte auch kaum einer nach den Gedanken zu haschen, die ihn wie Fledermäuse umflattern mochten. So bemühte man sich nicht einmal herauszufinden, ob er gerade verzagt, entmutigt und traurig war oder ob und bei welcher Gelegenheit sich Genugtuung, vielleicht sogar Freude in sein verhangenes Gemüt einschlich. Empfand er bei der Nachricht von Karls ruhmlosem Ende wenigstens Befriedigung? Hakte er auf der Liste der unruhigen Täternaturen, die ihm das Leben so sehr versauerten, einen weiteren Namen ab? Albrecht Achilles im deutschen Nordosten verschwunden, Podiebrad untergegangen, Gregor Heimburg gestorben und nun also auch dieser hochfahrende Burgunderherzog von der Erde abgetreten? Man weiß es nicht, man kann es nicht einmal zu erraten versuchen. »Er ist ein weiser Fürst gewesen«, versichert der Donauwörther, und das schließt immerhin

Eröffnete ein neues Zeitalter: Rudolf I. von Habsburg

Der erste einer Reihe von habsburgischen Magiern: Herzog Rudolf IV., genannt »der Stifter«

Für Habsburg eine lange Pause:
Kaiser Sigmund, der letzte Luxemburg, beendete sie

Seinen Zeitgenossen ein unerforschliches Rätsel: Kaiser Friedrich III.

Zunächst nur ein Bursche vom Land: Maximilian trifft Maria von Burgund

Ein etwas skeptischer Renaissance-Grande: So sah Dürer Kaiser Maximilian I.

Brachte Habsburg Spaniens Krone ein: Johanna die Wahnsinnige

Auch er hatte die berühmte »Goschen«: Karl V., gemalt von Christoph Amberger

Sieger vor düsterem Hintergrund: Karl V. auf dem Schlachtfeld von Mühlberg

Ein kalter Rechner: Karls Widersacher Moritz von Sachsen

Mißtraute der Welt zutiefst: Der alternde Karl V. in Tizians Darstellung

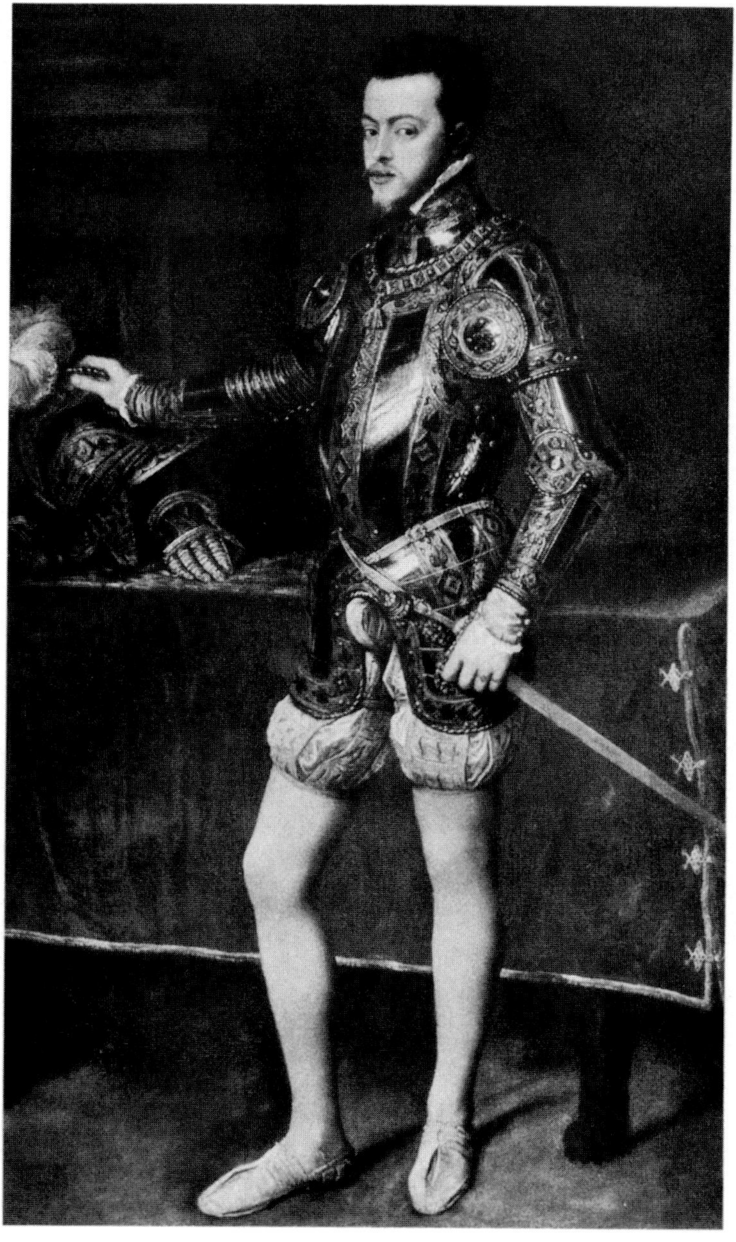

Ein junger Mann im Schatten seines Vaters: Philipp II. von Spanien

Wäre am liebsten in Spanien geblieben: Der spätere Kaiser Ferdinand I.

Wollte weder Katholik noch Protestant sein:
Maximilian II. nach seiner Rückkehr aus Spanien

Er sah das Unheil kommen: Kaiser Rudolf II.

Während seiner Regierungszeit ging der Dreißigjährige Krieg zu Ende:
Kaiser Ferdinand III.

die Möglichkeit ein, daß er sich jegliche Triumphgefühle sogar verbat, weil er wußte, daß in diesem Leben und zumal in der Politik keine Rechnung aufgeht und jede scheinbar günstige Lösung sofort neue Probleme zeitigt.

Von den nächsten beiden Nachrichten, die Friedrich aus Burgund erreichten, war eine schlecht und eine, auf den ersten Blick zumindest, günstig. Die schlechte lautete: Französische Truppen hätten Dijon und das umgebende Land besetzt, kaum daß man in Paris von Karls des Kühnen Tod erfahren habe. Die günstige Nachricht dagegen: Burgunds vertriebene Regierung habe am 21. April 1477 Karls Tochter Maria mit Friedrichs Sohn Maximilian verheiratet. Da es auf dem Weg der Prokuration geschehen war, hatte der Bräutigam dabei nicht anwesend sein müssen, vor dem Altar vertrat ihn ein Ersatzmann. War das aber wirklich ein Grund, sich auch nur die Hände zu reiben? Gewiß, Habsburg besaß nun einen Anspruch auf den reichsten Staat nördlich der Alpen, doch sah es ja so aus, als müsse Karls Erbe erst mühsam erkämpft werden. Ludwig XI. würde sich gewiß nicht nur mit dem südlichen Landesteil zufriedengeben, sondern auch nach den weitaus wertvolleren Gebieten im Norden greifen wollen. Das wiederum mußte zu einer Konfrontation mit dem langsam wieder erstarkenden Frankreich führen, für die Habsburg allein viel zu schwach war. Und die Aussicht, das Reich in Dienst nehmen zu können, war äußerst gering.

Sollte der »friedensreiche Salomon« diese Überlegungen wirklich angestellt haben, wäre er in der Tat äußerst weise, ja sogar klüger als alle seine Nachfolger gewesen, denn er hätte dann auch geahnt, daß das Verhältnis zu Paris, das bisher schon gelegentlich angespannt gewesen war, sich nun endgültig und grundlegend verschlechtern mußte. Der französische Staat wurde nicht nur von einem Herrscherhaus repräsentiert, er wurde von einer Nation verkörpert. Jeanne d'Arc, die Heldin des Hundertjährigen Krieges, hatte Frankreich mit Jesus gleichgesetzt und seinen Bürgern im Auftrag Gottes befohlen, diesen Staat zu verwirklichen. Ein derart religiös fundiertes Eigenbewußtsein aber würde es niemals zulassen, daß Fremde auch nur einen Teil des heiligen Vaterlandes mit Beschlag belegten. Und »la patrie« war für diese Patrioten längst schon jeder Winkel, in dem französisch gesprochen wurde.

Andererseits freilich ging dies alles den dicken Mann gar nicht so sehr viel an. Die Franzosen mochten ihren gottgegebenen Auftrag haben, er hatte den seinen. Und dieser lautete nun einmal, alles zu tun, was in seinen Kräften stand, damit Habsburg sich zu der ihm bestimmten vollen Macht und Größe entfalten könnte. Zum Glück hatte Gott es wenigstens so gefügt, daß sein Sohn Maximilian völlig anders war als er. Der damals achtzehnjährige Erzherzog konnte mit jeder Waffe in den kaiserlichen Arsenalen umgehen, mit der Armbrust, dem Schwert, dem Spieß; sogar Kanonen vermochte er zu bedienen. Er jagte leidenschaftlich gern, ritt hervorragend und verstand auch eine ganze Menge von Strategie und Taktik. Vor allem aber brannte er darauf, diese Fähigkeiten endlich einmal unter Beweis zu stellen. Friedrich hatte den jungen Draufgänger bisher wie einen Schuljungen behandelt, aber nun, da es unumgänglich geworden war, Habsburgs Sache mit kriegerischen Mitteln zu verteidigen, mochte er eben zeigen, was wirklich in ihm steckte.

Am 20. Mai 1477 bricht Maximilian mit einem geringen Gefolge nach Westen auf, um seine Ehe zu vollziehen und dann seinen neu erworbenen Besitz zu verteidigen. Vom Turm der Wiener Burg folgt ihm der skeptische Blick eines in Sorgen und Befürchtungen aller Art geradezu eingehüllten Vaters.

Zwölf Jahre lang sollte Maximilian im fernen Westen bleiben. Bei seiner Rückkehr saß der Vater als heimatloser Exulant in Linz. Und auf dem Wiener Burgturm wehte eine Standarte, die das Rabenwappen des ungarischen Königs zeigte. Matthias Corvinus war die letzte große Täternatur, die Friedrich III. noch überleben mußte. Zuvor hatte ihm der Ungar allerdings erst einmal Österreich weggenommen.

Ein Pascha namens Kasim, so berichtet der türkische Chronist Derwisch Achmed, »wurde hinter den Giauren hergesandt, weil man meinte, die Giauren hätten die Flucht ergriffen. Indessen hatten diese verfluchten Giauren einen Hinterhalt gelegt und nahmen nun ihre Verfolger, die nichts ahnten, in die Zange.« Das geschah vor dem immer noch hart umkämpften Smederevo in Serbien. Der Führer der »Giauren« (der Gottesleugner) hieß Matthias Corvinus. Er hatte seit seiner Krönung zum böhmischen König schon viele Gefechte dieser Art bestanden und war bei den Türken genauso gefürchtet wie einst sein Vater »Yanko«. Einen Gegner, der ihm wirklich gefährlich werden konnte, gab es für den Rabengleichen seit langem nicht mehr. Wenn es nach seiner dritten Frau, der schönen Beatrix von Neapel, gegangen wäre, hätte er sich eigentlich in Muße der Aufgabe widmen können, Ungarn »zu einem zweiten Italien zu machen«.

Schon wurde Buda mit dem Florenz der Medici verglichen, schon galt die von Corvinus begründete »Corvina« als bedeutendste Bibliothek nördlich der Alpen, und die Hofhaltung des Yanko-Sohnes wurde weniger von Soldaten oder politischen Räten als vielmehr von Künstlern und Gelehrten beherrscht. Aber möglicherweise hatte Beatrix den ehrgeizigen Mann mit ihren hochfliegenden Plänen doch etwas überfordert. Corvinus wollte kein Friedensfürst sein, wollte Ungarn vielmehr noch immer zur mächtigsten Nation Südosteuropas machen. Die militärischen Mittel dafür standen ihm zur Verfügung, und ein sozusagen natürliches Opfer bot sich dem erfahrenen Feldherrn ebenfalls an.

1485 fiel Corvinus in Österreich ein. Den Katzensprung von Preßburg nach Wien bewältigte er in einem knappen halben Tag. Die Wiener, die ihren Kaiser immer noch nicht sonderlich mochten, leisteten nur schwachen Widerstand. Der Ungar gewann die Stadt mit derart geringer Mühe, daß man draußen im Reich schon bald behauptete, er sei von Friedrich eingeladen worden, um seine unbotmäßigen Untertanen zu strafen. »Sie mißbrauchen meine Güte«, soll er gesagt haben. »Wollen die Frösche den hölzernen Bock nicht zum König haben, so will ich den Storchen über sie lassen.« Friedrich selbst verlangte von dem Eroberer angeblich nur, daß er seine Lustgärten in Wiener Neustadt verschone, dann zog er sich mit dem ihm eigenen Fatalismus nach Linz zurück. Das bezeichnende an allen diesen Geschichten ist, daß man ihm zutraute, er habe sich selbst einen »hölzernen Bock« genannt und sei nur um seine »mit gar seltsamen Gewächsen bepflanzten« Gärten besorgt gewesen, während es ihm völlig gleichgültig blieb, was mit seinem Volk geschah.

Dem Volk, vor allem den Wienern, ging es nicht allzu schlecht unter dem Regime von Corvinus. Der Ungar war kein Despot und auch kein Kind von Traurigkeit. Einmal, so heißt es, habe er »die ganze Stadt gen Hof geladen, Männer, erwachsene Töchter und Frauen, hat die Männer in einen besonderen und die Weiber in einen besonderen Saal und Gemach gesetzt. Als sie nun satt gewesen sind, haben die Ungarn sich ihres Gefallens Weib und Töchter erwählt und den anderen geboten heimzuziehen, auch die Männer heißen abziehen und die Töchter und Weiber von der Fastnacht an bis auf den Palmtag im Schloß und der

Burg behalten.« Ob das wenigstens den Frauen gefallen hat, verschweigt der Chronist, er gehört ohnehin zu jenen, die davon überzeugt waren, Corvinus sei von Friedrich gerufen worden, um die Wiener zu bestrafen. Wären die Wiener aber selbst dieser Ansicht gewesen, hätten sie das riesige Steildach über dem Langhaus des Stephansdomes vermutlich kaum mit Ziegeln in den ungarischen Nationalfarben Rot, Weiß und Grün gedeckt, sie erinnern noch heute an die Besetzung von damals. An Friedrich III. hingegen erinnern in der Wiener Hauptkirche nur eine Grabplatte und ein rotmarmorner Sarkophag.

Der Habsburg machte während der nächsten fünf Jahre nicht den geringsten Versuch, seine beiden Residenzstädte samt Österreich zurückzugewinnen. In Linz saß er brütend und abwartend über seinen Büchern, Schriften, magischen Formeln, ein Herrscher, der Politik betrieb, als gehöre sie zu den magischen Geheimwissenschaften und sei mit alchimistischen Mitteln zu bewältigen. Ihm kam es allein darauf an, jetzt auch noch Matthias Corvinus zu überleben. Friedrich war bei seiner Vertreibung aus Wien siebzig, der Ungar dreiundvierzig Jahre alt.

IX.
Maximilians schöne Träume

Im Schloß ten Walle bei Gent wurden ihm die Augen über sich selbst geöffnet. Maximilian erkannte: Er war halt doch nur ein Bursche vom Land. Braungebrannt, durchtrainiert, muskelpralle Schenkel in der enggeschnittenen Hose, so stand Friedrichs Sohn vor dem versammelten burgundischen Adel. Er kannte »kainen swyndl in seinem Haupt nit«, erkletterte die steilsten Felswände, ritt und schwamm wie kaum ein zweiter, war schon waffenlos zu einem Löwen in den Zwinger gestiegen und fühlte sich dennoch so hilflos, wie es seinen achtzehn Jahren entsprach. Die eleganten Damen und Herren um ihn herum schienen alle ein etwas mokantes Lächeln zu unterdrücken. Flirrendes Kerzenlicht entlockte den Ordensketten, den Goldgehängen und Prunkwaffen matte Reflexe. Maximilians um zwei Jahre ältere Braut trug ein prachtvoll besticktes, mit Hermelin besetztes Seidenkleid. Immerhin war Maria nicht weniger befangen als er und »so blaß, als ob sie tot sei«.

Der Erzbischof von Trier wollte schließlich beiden jungen Leuten aus ihrer Verlegenheit helfen. Die Braut, sagte er, trage eine Nelke bei sich, dem Bräutigam stehe es zu, sie zu finden. Als Maximilian daraufhin noch unsicherer wurde, sagte ein anderer der Herren: »Öffnet das Leibchen der Dame, vielleicht findet Ihr dort die Blume.« Das tat er denn, versuchte mit zitternden Händen Marias Kleid zu öffnen, um »auf ihrem Herzen« zu finden, was sie verborgen hatte. Das Lächeln der Umherstehenden drückte höfliche Arroganz aus. Verglichen mit dem burgundischen Hof, war Wien nur ein Bauerngehöft, nichts anderes hatte man dem jungen Habsburg mit der leicht frivolen Szene in ten Walle verdeutlichen wollen. Maximilian begriff es.

Ihm waren die Augen schon übergegangen, als er das Reich seines toten Schwiegervaters auch nur betreten hatte. Solchen Luxus, solche Üppigkeit gab es nirgendwo sonst auf der Welt. Und alles das sollte nun ihm gehören? Sehr bald erfuhr er, daß es wirklich erst erkämpft werden mußte.

Am 19. August 1477 wurde Maximilian mit der Tochter Karls des Kühnen getraut, es war nur eine schlichte Feier, konnte auch gar nicht mehr sein. Über Gents Straßen hingen Spruchbänder, die den Habsburg aufforderten: »Du bist der Fürst, unser Führer, kämpfe unseren Kampf.« Gegen wen sich diese Parole richtete, war überdeutlich, die Truppen Ludwigs XI. von Frankreich bedrängten nun schon den nördlichen Teil Burgunds, und der Franzose war dazu noch mit den Schweizern verbündet, Europas kampfkräftigster Militärmacht.

Trotzdem ließ Maximilian sich seine Flitterwochen nicht verderben. Von Schlössern wie dem südlich Brüssels gelegenen Wynendaele oder eben ten Walle aus ritt er mit seiner Frau zur Jagd, erlernte von ihr die Falkenbeize und bewies, daß er mit der Armbrust – Feuerwaffen waren ihm bei der Pirsch verhaßt – nicht nur Gemsen, sondern auch Hirsche treffen konnte. Marias Hofdamen brachten dem Habsburg Flämisch und Französisch bei. Er konnte diese Tage um so mehr genießen, als seine Frau die gleichen Interessen hatte wie er selbst. Sie saß gut und gern zu Pferde, sie spielte leidenschaftlich Schach und liebte den Eislauf. Sie liebte auch ihren Mann und wurde wiedergeliebt. Ein knappes Jahr nach der Hochzeit kam Marias erstes Kind zur Welt und mußte noch vor der Taufe beweisen, welchen Geschlechts es war. Französische Agenten hatten das Gerücht ausgestreut, dem Habsburg und seiner Frau sei ein Mädchen geboren worden. Da hob auf dem Weg zur Kirche Karls des Kühnen Witwe, Margarete von York, das wimmernde Bündel empor, zog die Windeln weg und demonstrierte vor aller Welt, daß es ein Junge war. Der Prinz erhielt den Namen Philipp, er wurde später »der Schöne« genannt.

In diesem Jahr 1478 hatte Maximilian auch schon seinen ersten politischen Schachzug getan. Gegen eine Zahlung von hundertfünfzigtausend Gulden waren die Eidgenossen bewogen worden, aus der antiburgundischen Koalition mit Ludwig XI. auszuscheiden. Da der Habsburg aber gleichzeitig das seit der Niederlage von Nancy demoralisierte burgundische Heer reorganisiert hatte, konnte er bald darauf auch militärisch aktiv werden. In mehreren Grenzgefechten und der Entscheidungsschlacht von Guinegate bewies der Sohn eines unkriegerischen Vaters, daß man nicht zu Unrecht seine strategischen Fähigkeiten rühmte. Er brachte den Franzosen genügend viele Niederlagen bei, um Ludwig zu einem Frieden zu bewegen. Unerfahren, wie er war, erkannte Maximilian jedoch nicht gleich, daß sein Pariser Gegner sich im Feld nur geschlagen gab, um sofort eine Offensive auf anderer Ebene ins Rollen bringen zu können. Der Franzose tat sich mit den niederländischen Ständen zusammen, die ihrerseits den jungen Herrscher unter Druck setzten. Das Mittel dazu hatten sie in der Hand: Bei ihnen lag es, Steuern zu zahlen oder Steuern zu verweigern.

Maximilian, dem inzwischen noch eine Tochter geboren worden war, mußte beide Kinder einem Regentschaftsrat als Mündel unterstellen und schließlich sogar genehmigen, daß die dreijährige Margarete in Paris mit Ludwigs Sohn Karl verlobt wurde. Als Mitgift erhielt sie das Herzogtum Burgund, die Franche Comté und die Grafschaft Artois überschrieben. Ludwig hatte die meisten dieser Gebiete ohnehin schon besetzt.

Noch härter traf Maximilian, was im März 1482 geschah. Von Wynendaele aus ritt er mit seiner Frau zur Jagd. Marias Falke stieg empor und schlug ein Beutetier. Bei dem Versuch, den Falken wieder auf die Faust zurückzurufen, stürzte Maria vom Pferd. Von den dabei erlittenen Verletzungen konnte sich die schon wieder schwangere Frau nicht mehr erholen. Wenige Tage später starb sie, nur fünfundzwanzigjährig, in Brügge. Ihr Mann aber bekam daraufhin fast unvermittelt zu spüren, was er ohne die legitime Erbin Burgunds in Burgund noch wert war. Seinen Sohn wollten die Stände zwar behalten, ihn selbst aber wären sie am liebsten wieder losgeworden. Und das blieb natürlich auch in Paris nicht verborgen.

Ludwig XI., Ende August 1483 gestorben, hinterließ einen Nachfolger, der ihm in schlauer Gerissenheit kaum nachstand, der aber ein gänzlich anderes Spiel spielen konnte als der Vater. Frankreich hatte sich inzwischen von den Nachwirkungen des Hundertjährigen Krieges fast vollkommen wieder erholt. Der neue König, Karl VIII., stand an der Spitze eines überaus stabilen, lehnsrechtlich geordneten Staates. Nahezu zwei Drittel des Landes gehörten der Krone, der Rest einer Handvoll von Fürsten, die alle mit dem König verwandt oder verschwägert waren. Diese gewaltige Manövriermasse gedachte der Valois nun in erster Linie gegen den Habsburg einzusetzen. Allerdings mußte er dabei erkennen, daß Maximilian zumindest Ahnung von der Theorie des politischen Schachspiels besaß.

Das einzige Stück Westfrankreichs, in dem Karl VIII. nichts zu bestimmen hatte, war die Bretagne. Und da deren Herzog seine Selbständigkeit bewahren wollte, nahm Maximilian mit ihm Kontakt auf. Es war der Versuch, den Franzosen von zwei Seiten militärisch in die Zange zu nehmen, im Grunde jedoch eines jener Unternehmen, die sich im Sandkasten besser durchspielen lassen als in der Realität. Karl schlug mit einer ganz anderen Waffe zurück. Wie schon sein Vater steckte auch er sich hinter die flämischen Städte und erreichte, daß Brügge den Habsburg überfiel und gefangensetzte. Maximilian war noch jung genug, um sich über diese Schlappe vor allem zu schämen. Als zwei Brügger Bürger ihm heimlich zur Flucht verhelfen wollten, lehnte er trotzig ab, bewirkte damit aber nur, daß sich nun sein Vater ins Geschehen einmischte – das dürfte ihm noch peinlicher gewesen sein.

Friedrich, der zwar nicht fähig war, die eigene Hauptstadt von Corvinus zurückzuerobern, drohte den Niederländern mit dem Reichsheer. Es reichte aus, den so herb gedemütigten Sprößling freizubekommen. Maximilian indes wollte nun erst recht beweisen, wozu er als Politiker fähig war. Durch Prokuration verheiratete er sich mit Anna, der Tochter des inzwischen gestorbenen Herzogs der Bretagne. Dieser Zug bewirkte immerhin etwas – wenn auch nicht das, was der Habsburg gewollt hatte.

Karl VIII. rückte in die Bretagne ein, besetzte das ganze Land und heiratete seinerseits die Erbprinzessin, ein päpstlicher Dispens, der Annas Ehe mit Maximilian löste, machte es möglich. Maximilians Tochter Margarete freilich, mit der er ja verlobt war, konnte der Franzose danach nicht auch noch behalten. Zwar lag ihm an Margarete selbst gar nicht so viel, doch ihre Mitgift war es ja, die sie für Paris so wertvoll gemacht hatte. Sollte er die entlobte Braut nun zurückschikken, ihren mitgebrachten Besitz aber behalten? Oder sollte er in den sauren Apfel beißen und auf Burgund, die Franche Comté sowie Artois verzichten?

Maximilian enthob ihn der Entscheidung, indem er angriff. Die Verstoßung Margaretes hatte auch seine Niederländer derart beleidigt, daß sie ihm genügend Geld und Waffen zur Verfügung stellten. Für den Rest sorgten das unleugbare Feldherrntalent des Habsburgs und sein Sinn für zeitgemäße, moderne Taktik. Karl mußte nicht nur Margarete zurückgeben, sondern auch die Hälfte ihrer Mitgift, immerhin blieb ihm aber das Herzogtum Burgund. Im Mai 1493, da dies alles im

Vertrag von Senlis besiegelt wurde, hielt Maximilian sich allerdings schon wieder im Osten auf. Sein Vater hatte ihn zurückbeordert. Von den Türmen Wiens wehte noch immer die Fahne des Ungarn Matthias Corvinus.

»Gott sorgt schon; es könnt noch schlimmer sein«, so lautete einer der Lieblingsaussprüche Maximilians. Er deutet an, daß der junge, scheinbar so tatkräftige Mann sich von seinem Vater weit weniger unterschied, als es den Anschein haben mochte. Beide ruhten sicher in der Überzeugung, ihre Familie, das »Erzhaus«, sei ein durch nichts zu erschütternder Felsen, dafür bürge letztlich der Herr des Himmels selbst. Friedrich III. hatte dieses Bewußtsein auf seine beharrlich inaktive Weise ausgemünzt. Maximilian wirkte nach außen hin lebendiger und lebhafter als der Vater, dabei verkörperte er die gleiche unanfechtbare Selbstgewißheit wie dieser, wenn auch auf etwas sanguinischere Weise. Eine ständige nervöse Angespanntheit, wie sie Männer gleich Albrecht Achilles, den ehrgeizigen Podiebrad oder selbst Gregor Heimburg verzehrt haben muß, paßt in das Bild, das Maximilian von sich selbst hinterließ, nicht hinein. Heiter war er, konnte frivol und leichtsinnig sein, schätzte die Gefahr als sportliche Herausforderung, vermochte auch zu genießen und besaß eine üppig blühende, ausschweifende Phantasie. Aber das alles verdichtete sich nur zu einer Art von schlendernder Gelassenheit. Einem Freund, der ihm den später, während der Bauernkriege berühmt gewordenen Vers vorhielt: »Als Adam grub und Eva spann / Wo war denn da der Edelmann?«, soll er lächelnd (und schlagfertig) erwidert haben: »Ich bin ein Mann wie jeder Mann / Nur daß mir Gott die Ehre gann.« Genau das war es. Die von Gott gegönnte Ehre, ein Habsburg zu sein, unterschied Maximilian vom Rest der Welt.

Das Haus Habsburg wiederum unterschied sich dank Maximilian – oder eigentlich dank seinem Vater – von der übrigen Menschheit nun auch noch dadurch, daß es Burgund beherrschte. Dieser Besitz im fernen Westen mochte der Familie zwar zunächst nur Mühen und Lasten bescheren und sollte auch ihre Kassen nie in der erwünschten Weise füllen. Er war jedoch der Hort einer in Europa einmaligen Lebenshaltung und eines höfischen Stiles, den es weder im damaligen Paris noch in Florenz oder der Corvinus-Residenz Buda gab, von Wien ganz zu schweigen. Die vier Valois-Prinzen, die Burgund schufen, hatten der Welt gezeigt, wie man herrscht, repräsentiert und die eigene Person als Maßstab für fürstliches Sein und Wollen installiert. Sie waren die ersten »Ducs-Soleil«, die ersten Sonnenherrscher, die das Abendland kennenlernte, sie erfanden eine Hofetikette, die für Jahrhunderte beispielhaft blieb. Darin aber bestand die wichtigste Hinterlassenschaft, die Maximilian von ihnen übernahm und seinerseits in den immateriellen Schatz des Hauses Habsburg einbrachte.

Vor ihrer Verschmelzung mit Burgund war die Casa de Austria noch eine eher bäurisch-provinzielle Erscheinung gewesen, danach aber begann sie Züge anzunehmen, die das Haus von allen anderen Herrscherfamilien unterschieden. Das burgundische Erbe machte einen Teil seiner Einzigartigkeit aus. In Maximilians Leben trat das freilich erst andeutungsweise zutage.

Immerhin, seine Ausflüge, etwa an den Achensee in Tirol, waren schon unnachahmliche Verschmelzung von Staatsakt, Regierungsarbeit und halböffentlicher Lustbarkeit nach burgundischem Muster. Er selbst trug dabei eine Art Schirmmütze, ein aus blaugrauen Stoffbahnen zusammengenähtes, bequemes Gewand, seine Jäger waren gekleidet, wie es dem Landesbrauch entsprach: Kniebundhosen und Federn am Hut. Die begleitenden Räte und Sekretäre jedoch trugen ihre roten Staatsroben und jene Umhänge, die einst Rudolf der Stifter entworfen hatte. Auf einem Bild aus Maximilians »Fischereibuch« sieht man ihn selbst im Vordergrund hofhalten, im Mittelgrund das Netz einholen, im Hintergrund »auf die Gams gehen«, während sein weißer Zelter vor dem Fischerhaus von Pertisau ungeduldig mit den Hufen scharrt. Das war burgundisches Dasein in den Alpen, war der Stil, in dem »Max« auch seine Probleme anging. Und es schien ihm ja wirklich alles zu gelingen, zumal schon deshalb, weil nach der Rückkehr aus »Brant« (so nannte er Burgund) sein Ehrgeiz, sich als Krieger zu beweisen, beträchtlich nachgelassen hatte. Der friedfertige Sinn seines Vaters schlug mehr und mehr bei ihm durch. Was er durch Verträge und Heiraten bekommen konnte, war ihm lieber als das, was er erobern mußte.

Beinahe mühelos konnte Maximilian sich mit Matthias Corvinus einigen. Corvinus hatte erkannt, daß sein eigener einziger Sohn nicht in der Lage war, ihm auf den Thron nachzufolgen, und sich deshalb bereit erklärt, das Haus Habsburg noch einmal als Erben der Stephanskrone einzusetzen. Die Stadt Wien indessen wollte er deswegen nicht herausrücken. Er behielt sie auch bis zu seinem Tod im Jahr 1490 – der dicke Friedrich war da noch sehr lebendig. Ein Chronist konnte berichten, Corvinus' Hofbedienstete hätten seinen Leichnam »bei Nacht hinausgeführt und also die leere Stadt Wien verlassen«. Wochen später sei dann der Kaiser ebenso unauffällig in seine Residenz zurückgekehrt; er machte sich nicht einmal die Mühe, Kollaborateure des Besatzungsregimes zu bestrafen. Über derlei kleinliche Regungen war Friedrich erhaben.

Wenig später konnte Maximilian den Vater mit einer zweiten guten Nachricht erfreuen. Sigmund von Tirol hatte nahezu alle Silberminen seines Landes einem gewissen Jakob Fugger aus Augsburg verpfändet und dafür die Rechnung präsentiert bekommen. Der Adel, die Bergwerksbesitzer und die eigene Beamtenschaft warfen dem leichtsinnigen Habsburg vor, er habe sie ruiniert. Sigmund, von dem Aufstand völlig überrascht, aber auch schon regierungsmüde, unterzeichnete daraufhin eine Abdankungsurkunde zugunsten des Wiener Familienzweiges. Somit durfte Friedrich befriedigt feststellen, er habe den wenig geliebten Vetter politisch ebenfalls überlebt und der gesamte habsburgische Hausbesitz, mit Ausnahme der wohl auf ewig verlorenen Schweizer Gebiete, sei wieder in seiner Hand vereint.

Maximilian war, als dies geschah, schon deutscher König und nominell auch Mitregent seines Vaters. Friedrich freilich ließ sich auch dadurch nicht davon abhalten, den Sohn weiterhin fest an die Kandare zu nehmen. Bei Audienzen mußte er genauso lange warten wie irgendein Rat oder Gesandter, ehe man ihn vorließ. Dem alten Kaiser war nach wie vor jeder verdächtig, der zu viele Worte machte und nicht die Geduld aufbrachte, Entscheidungen so lange hinauszuzögern, bis sich die Sache von selbst erledigt hatten.

Daß Maximilian, elf Jahre nach Marias Tod und zwei Jahre nach seiner Verbindung mit Anna von der Bretagne, eine dritte Ehe eingehen wollte, mag Friedrich ebenfalls sinnvoll erschienen sein. Die Braut entstammte zwar dem nicht nur unebenbürtigen, sondern sogar leicht dubiosen Haus der Mailänder Sforza, brachte aber eine Mitgift von 300 000 Golddukaten mit. Das war dreimal mehr, als die Habsburgs damals per anno aus ihren Erblanden herauswirtschafteten. Noch immer teilten sie ja das Schicksal Rudolfs I., reich an Land, aber arm an barem Geld zu sein.

Am 19. August 1493 starb Friedrich III., knapp achtundsiebzigjährig.

Seinen Zeitgenossen war er ein Rätsel, der Nachwelt ist er es geblieben, das liegt vor allem daran, daß es in der ganzen Geschichte Europas kaum jemanden gibt, der den Maßstab lieferte, ihn zu beurteilen. Friedrich hat so gut wie nichts Entscheidendes getan und deshalb auch nur wenige entscheidende Fehler begangen, aber er besaß die Stärke, so zu sein und zu bleiben, wie er war, das macht seine persönliche Größe aus. In ihr wiederum gründet auch sein Anspruch, einer der bedeutendsten und erfolgreichsten aller Habsburger genannt zu werden. Größeren Besitz als er hatte zuvor noch kein Familienmitglied seinen Erben hinterlassen. Daß Sebastian Franck ihm nachruft: »Dieser Kaiser hat lieber sein Reich mit Fried wollen regieren, denn mit viel Blut andere Reich erlangen«, mag in diesem Zusammenhang widersprüchlich klingen, ist aber die reine Wahrheit.

Maximilian freilich hätte mit Friedrichs Mitteln kaum bestehen können, obwohl sie auch ihm im Grunde die liebsten gewesen wären.

Karl VIII. von Frankreich war es allmählich müde geworden, seine beträchtlichen Mittel im Kampf um Burgund zu verschleißen. Statt dessen fiel sein Blick auf Italien. Die Apenninenhalbinsel bot ein Bild politischer Zersplitterung, mit dem sich nicht einmal das in Fetzen aufgeteilte Deutschland vergleichen ließ. Einzig Venedig, die Republik des heiligen Markus, machte einen stabilen Eindruck. Von Mailand, wo eben Maximilians Schwiegervater Galeazzo Sforza gestorben war, galt jedoch dies schon nicht mehr im gleichen Maß, auch nicht von dem reichen Florenz, das gerade einen Regierungswechsel bestehen mußte, und noch weniger vom Kirchenstaat in der Mitte des Stiefels. Ebenso unsichere Verhältnisse herrschten im Königreich Neapel. Hier gedachte der Franzose denn auch anzusetzen. Sein Vorhaben erwies sich als reines Kinderspiel. Das ganze italienische Staatensystem brach zusammen, als Karls Ritterheer über Savoyen auf die Halbinsel vordrang. Im September 1494 hatte es die Grenze überschritten, im Februar 1495 zogen die eisenklirrenden Scharen in die Stadt am Vesuv ein.

König Karl indessen hatte eines übersehen: Italien war allem Anschein zum Trotz keine Anarchie, es besaß vielmehr eine innere Ordnung, die von ihren Vertretern mit dem Stichwort »bilancia« bezeichnet wurde. Die Kräfte, auf denen dieses »Gleichgewicht« ruhte, begannen zu wirken, kaum daß Karl sie durcheinandergebracht hatte. Ganz Europa geriet in Unruhe.

Als erste fühlten sich von Karls Aktion die »Katholischen Könige« bedroht, das Ehepaar Isabella von Kastilien und Ferdinand II. von Aragon, das seine gerade erst von arabischer Herrschaft befreiten Länder gemeinsam regierte. Ihre Vertreter traten an Maximilian heran und boten ihm ein Heiratsbündnis an. Die von Karl verstoßene burgundische Habsburgerin Margarete sollte den Infanten Juan, den einzigen Sohn der beiden, heiraten, dessen Schwester Juana Maximilians und Marias Sohn Philipp den Schönen zum Mann nehmen. Es war ein Vorschlag ganz nach dem Sinn des deutschen Königs, versprach er doch, den Besitz seines Hauses auf geradezu unvorstellbare Weise auszuweiten, sobald und unter welcher Konstellation auch immer der Erbfall eintreten würde. Außerdem bot diese Verbindung nicht zu verachtende Vorteile bei künftigen Auseinandersetzungen mit dem Franzosenkönig. Spaniens in den Maurenkämpfen erprobte Infanterie galt neben den Schweizern als die beste Fußtruppe der damaligen Zeit. So kam die Doppelhochzeit denn zustande. In Burgos wurde Philipp mit Juana getraut, in Lille Margarete mit Juan. Der spanische König Ferdinand aber marschierte in Süditalien ein und vertrieb Karl aus Neapel.

In der Zwischenzeit hatte Maximilian mit Venedig, Mailand und Rom ein Defensivbündnis geschlossen, das vorgeblich gegen alle Feinde der Christenheit gerichtet war. In Wirklichkeit hatte es allerdings nur den Zweck, Italien vor den Franzosen zu schützen. Ferdinand und Isabella traten der Allianz ebenfalls bei, und damit war es um Karl endgültig geschehen. Bei Fornuovo, nahe Parma, wurde er von den Verbündeten derart vernichtend geschlagen, daß er sich »dem Fanghund gleich« mit einer Handvoll Gefolgsleuten durch die Linien schlagen und in Sicherheit bringen mußte. Doch kaum war das geschehen, da begann das antifranzösische Bündnis schon wieder auseinanderzubrechen.

Maximilian erfuhr damals, daß im Zeitalter Machiavellis beschworene Verträge wirklich kaum das Papier wert waren, auf dem sie standen. Und vor allem erfuhr er, daß es ungemein kostspielig war, auf fremdem Territorium Krieg zu führen. Er hatte nur eine verhältnismäßig kleine Schar von Landsknechten über die Alpen geführt, stand aber nach seiner Rückkehr trotzdem schon fast vor dem Staatsbankrott.

In dieser Situation erinnerte der Habsburg sich des Umstandes, daß er ja auch König der Deutschen sei. Für das Jahr 1495 berief er einen Reichstag nach Worms ein.

In dem Land zwischen Maas und Inn, das Friedrich III. schon fast aus den Augen geraten und von Maximilian noch gar nicht richtig wahrgenommen worden war, hatten damals Entwicklungen eingesetzt, die mehr denn je beinahe revolutionäre Züge trugen. Am Rande gehörte dazu auch die Erfindung des Mainzers Johannes Gutenberg, der 1455 die erste mit beweglichen Lettern gedruckte Bibel vorlegte. Das nun leichter und billiger als je herstellbare Buch bewirkte, daß Theorien, Prophezeiungen, Meinungen sich in einem bisher unvorstellbaren Maße ausbreiten konnten. Ein gänzlich neuer Berufsstand begann sich herauszubilden, jener der »Poetae« – heute würde man von Publizisten sprechen. Das bisher stumme Volk begann, sich zu artikulieren, und führte sehr laute, zunächst freilich noch stammelnde, verworren anmutende Reden.

Ein Mann etwa, von dem man nur weiß, daß er aus dem oberen Rheinland stammte, forderte einen Kaiser, der »wie der Adler mit unverrückten Augen in die Sonne blickt«. Des weiteren behauptete er: »Die Goldene Bulle und kaiserliche Reformation weisen aus, daß wir Deutschen frei sind nach dem Buchstaben Karls des Großen und alle edel.« In modernerer Diktion hätte er gesagt »frei und gleich«.

Mit diesem »Oberrheiner« hatte auch einer der mächtigsten und einflußreichsten deutschen Politiker Kontakt, der Reichserzkanzler und Mainzer Erzbischof Berthold von Henneberg. Maximilian kannte den fränkischen Grafensohn sehr gut, hatte auch allen Grund, ihm gewogen zu sein. Dank Hennebergs parlamentarischer Unterstützung war er 1486 deutscher König geworden. Trotzdem mußten die beiden früher oder später hart aneinandergeraten. Und daran wiederum trug mittelbar Maximilians verstorbener Vater die Schuld.

In der Zeit, in der Friedrich regiert oder vielmehr fast gänzlich darauf verzichtet hatte, sein Regierungsamt auszuüben, in dreiundfünfzig langen Jahren also, hatten die Deutschen nicht nur utopische Wunschträume von einem neuen und wahren Kaiser genährt, sondern sich auch wieder darauf besonnen, daß sie ja eigentlich in einer Republik lebten. Sie waren sogar zu der Ansicht gelangt, nur eine wahre republikanische Ordnung könne allen Übeln steuern, an denen sie litten, und deren gab es noch eine ganze Menge. Nicht daß sie etwa schlechte oder zuwenig gute Gesetze gehabt hätten, im Gegenteil: Auf dem Papier war das Reich ein ziemlich ordentlicher Rechtsstaat. Die Schwierigkeit bestand lediglich darin, das Recht auch durchzusetzen. Man hatte unter anderem ein striktes Fehdeverbot erlassen, um das nach wie vor grassierende Raubritterwesen einzudämmen, aber kaum einer der arbeitslosen Wappenträger respektierte es. Jede Stadt, jeder Kirchensprengel, jede kleine Herrschaft besaß ihr eigenes Gericht, aber immer noch griff in schwierigen Fällen allein die Feme hart durch, und auch sie übte sich mehr und mehr in verschwörerischer Geheimbündelei. Dem allem, so meinte man, könne nur gesteuert werden, wenn die Republik mächtige und durchsetzungsfähige Organe schaffe: ein oberstes Appellationsgericht, ein einheitliches Militär- und Polizeiwesen, eine überschaubare Verwaltungsstruktur sowie, das ergab sich daraus, eine funktionierende Finanz- und Steuerordnung. Am klarsten stand dies dem erfahrenen Praktiker Berthold von Henneberg vor Augen. Er hatte in seiner Diözese gelernt, wie man die Realität in den Griff bekommt, war aber auch bei Albrecht Achilles von Brandenburg in die Schule gegangen, einem Mann, der nicht nur das Schwert handhaben konnte, sondern nebenbei als hervorragender Kenner der Gesetze galt. An gutem Willen, das Reich zu reformieren, stand Maximilien seinem Erzkanzler nicht nach; was beide unter Reformation verstanden, hätte sich jedoch bei bestem Willen nicht auf einen nur annähernd gleichen Nenner bringen lassen.

Der Mainzer wollte den überschaubar gegliederten, funktionierenden Ständestaat. Adel, Klerus und die patrizische Oberschicht der Städte sollten ihn tragen, im Reichstag, dem »parlamentum« Rudolfs I., sollten sie ihre Standpunkte verfechten oder aufgeben und das Ergebnis der Debatten in klaren Gesetzesvorlagen niederlegen. Dieser Legislative wiederum wollte Henneberg eine ebenso entscheidungsfähige Exekutive an die Seite stellen, das schon zu Zeiten König Wenzels vorübergehend eingesetzte »Reichsregiment«, ein Kabinett, welches das Reichsoberhaupt vertrat, im übrigen aber eine durchaus selbständige Politik betreiben konnte. Und die Judikative schließlich gedachte er einem ebenfalls unabhängigen Reichskammergericht anzuvertrauen, einer obersten Rechtsprechungsinstanz, an die jedermann im Lande appellieren konnte. Als Ausgleich für die dem Kaiser solcherart zugemuteten Machteinbußen war Henneberg bereit, eine von allen Reichsbürgern zu leistende Steuer auszuschreiben, den »Gemeinen Pfennig«, und die Erträge an die kaiserliche Kasse abzuführen. Es war ein schon seit Generationen diskutiertes, inzwischen aber gut durchdachtes und ausgefeiltes Konzept zur Herstellung der »res publica«, des

Staates, der letztlich keinem gehört und von allen seinen Gliedern gemeinsam vertreten wird. Zwar war es weniger als das, was Schwärmer vom Schlag des »Oberrheiners« forderten, aber doch das Äußerste, was sich möglicherweise erreichen ließ. Berthold von Henneberg, der Mann, der diesen Plan entworfen hatte, müßte eigentlich zu den bedeutendsten Politikern der deutschen Geschichte gerechnet werden. Maximilian, der sicherlich einer der bedeutenderen deutschen Herrscher war, hatte dennoch, zumindest nach eigener Ansicht, gar keine andere Wahl, als ihn mit Entschiedenheit und Härte zu bekämpfen. Er verstand letzten Endes Henneberg so wenig, wie Friedrich III. Gregor Heimburg verstanden hatte.

Für den Habsburg war das Reich in erster Linie ein Faktor im europäischen Mächtespiel, eine militärisch-politische Größe, die sich gegen andere kleinere und größere Potenzen ihrer Art durchzusetzen hatte. Er sah, wie entschlossen Frankreich seine ehrgeizigen Pläne verfocht, er wußte, welch wichtige deutsche Interessen bei den Auseinandersetzungen in und um Italien auf dem Spiel standen, vor allem aber konnte er seinen Blick nicht von den Gefahren abwenden, die im Osten drohten. Seit Matthias Corvinus nicht mehr mit starker Hand über Ungarn herrschte, begannen auch die Türken wieder aktiv zu werden und den einstmals mächtigen Staat an seiner südlichen und östlichen Flanke zu bedrängen. Allem dem mußte gewehrt werden. Maximilian brauchte dafür Reichsorgane, die seine Sorgen nachvollziehen konnten. Er brauchte Soldaten wie auch finanzielle Mittel zu ihrer Ausrüstung, dies aber ohne langes parlamentarisches Hin und Her, sondern rasch und direkt. Nichts hätte ihm deshalb mehr zuwider sein können als unabhängige Machtapparate, die ihre eigenen Interessen über seine stellten und sich außerdem noch anmaßten, in seine Politik hineinzureden.

In Worms versuchte er, den versammelten Fürsten, Geistlichen und Patriziern alles dies zum ersten Mal klarzumachen. Er tat es auf eine heftige, fast unbeherrschte Weise, sprach so rasch, daß man ihn zuweilen kaum verstand, bat nicht, sondern forderte, verlangte Geld, und zwar sofort. Doch begriff er in Worms auch zum ersten Mal, daß mit dieser Methode nichts zu erreichen sein würde.

Aus dem »parlamentum« schlug ihm ablehnendes Schweigen, blankes Unverständnis, ja sogar offene Feindseligkeit entgegen. Maximilian entwarf ein Riesenpanorama, das Ungarn, Böhmen, die Niederlande, Italien und nun auch schon Spanien umschloß. Die Abgeordneten sahen nur, was sie seit den Tagen Friedrichs III. dort drüben, dort unten und dort draußen zu sehen gewohnt waren, eine ihnen fremde, von Habsburg beherrschte Ländermasse. Was gingen den Vertreter der Stadt Köln die Rivalitäten der italienischen Staaten an? Was hatte der Graf von Württemberg mit den Zänkereien des ungarischen Adels zu tun? Warum mußte sich ein niedersächsischer Bischof für das interessieren, was im hussitisch geprägten Böhmen vorging? Ein halbes Jahrhundert lang hatte Habsburg sich um sie, die Abgeordneten, kaum gekümmert, nun sollte ein neuer Habsburg nicht plötzlich so tun, als könne man diese Entwicklung von heute auf morgen wieder umkehren. Diesen Widerstand hatte Maximilian bereits im Jahr seiner Königskrönung auf einer Versammlung in Frankfurt gespürt, jetzt in Worms prallte er hart mit seinen Vertretern zusammen – und gab nach. Er ließ sich auf den parlamentarischen Handel um gegenseitige Vorteilsgewährung ein, ungern zwar, aber notgedrungen. Sein wichtigster Widerpart blieb dabei der bedächtige, ruhige Henneberg, ein Mann, neben dem der Habsburg unreif und unsicher, zuweilen sogar regelrecht unerwachsen wirkte.

Wie es aber in Worms begonnen hatte, so ging es auf den nächsten Reichstagen weiter, in Freiburg, in Lindau, in Köln. Die Vertreter der Stände rangen Maximilian einen »Ewigen Landfrieden« ab, der alle, auch den König, verpflichtete, das Recht nur noch auf gewaltlose Weise durchzusetzen. Sie etablierten ein oberstes Reichsgericht, das dem Herrscher gegenüber völlig unabhängig war, und sicherten auch sich selbst eine Machtposition, die ihr eigenes Gremium zum gleichberechtigten Partner der Krone machte. Als Ausgleich dafür gewährte der Reichstag Maximilian wirklich den »Gemeinen Pfennig« und steckte dann sogar zurück, als es darum ging, diesem Gebäude den Schlußstein einzufügen. Seine Lieblingsidee, die Einführung des »Reichsregimentes«, vermochte Henneberg fürs erste noch nicht durchzusetzen. Es blieb dabei, daß dessen Aufgaben vom jährlich zusammentretenden Reichstag übernommen werden sollten.

Maximilian hatte einen letzten Rest monarchischer Gewalt für sich retten können, es war eine Art Kompromiß zwischen ihm und den größten deutschen Territorialherren gewesen. Auch die Hohenzollern, die Wettiner, die Wittelsbacher konnten letztlich nicht daran interessiert sein, sich völlig an ein Parlament auszuliefern. Sie zogen es vor, in wichtigen Entscheidungsfällen mit dem König direkt zu verhandeln und sich eventuelle Zugeständnisse gesondert honorieren zu lassen. Dadurch, daß Maximilian sie in dieser Haltung bestärkte, hatte er Hennebergs komplette Republik letztlich doch verhindern können. Der ganze Streit langweilte ihn ohnehin um so mehr, je länger er dauerte.

Immer häufiger geschah es zuletzt sogar, daß er das schwierige politische Geschäft seinen Räten überließ und sich in die Tiroler Berge zurückzog oder in private habsburgische Traumwelten, die ihn als wahren Sohn seines träumerischen Vaters auswiesen. Dabei muten Friedrichs Phantastereien im Vergleich mit denen, die Maximilian pflegte, geradezu kümmerlich an.

Drei Leitern sah der König vor sich, wenn er die Idee Habsburg heraufbeschwor. Die erste war aus Silber, auf ihr stiegen alle weltlichen Mitglieder seiner Familie zum Himmel empor. Die zweite, aus Gold, diente den geistlichen Habsburgs zum selben Zweck. Die dritte schließlich war aus Edelstein, sie wurde von den Heiligen des Hauses bevölkert und reichte bis vor Gottes Thron.

Habsburgische Bischöfe, Päpste gar, Heilige, hat es sie denn gegeben? Maximilian wies nach, daß es so war, und zwar mit wissenschaftlicher Akribie. Sein Haus-Genealoge Jakob Mennel erarbeitete ein sechsbändiges Werk mit dem Titel »Fürstliche Chronik genannt Kayser Maximilians Geburtsspiegel«. Darin stellte er zunächst die »hebräische Linie« der Vorfahren seines Arbeitgebers auf. Sie beginnt bei den Ahnen Jesu Christi, schließt diesen selbst mit ein und umfaßt auch noch alle wichtigen Päpste der ferneren und der näheren Vergangenheit. Zur »griechischen Linie« des Hauses gehörten die trojanischen Könige bis hin zu Hektor, zur »lateinischen« Aeneas und seine römischen Nachfahren, die »fränkische« führte von den merowingischen Herrschern direkt auf die in der Schweiz ansässigen ersten Habsburger zu. Und in den »Seitenlinien« schließlich waren nicht weniger als siebenundvierzig Selige sowie hundertdreiundzwanzig Heilige untergebracht, alle Vorfahren Maximilians und seiner Kinder. Die ganze Weltgeschichte, wie auch die christliche Heilsgeschichte, so lautete die Botschaft dieser Arbeit, hatte nur einem Zweck gedient: der Hervorbringung des Hauses Habsburg. Die Casa de Austria war Essenz und

Verkörperung der gesamten Menschheit schlechthin und somit auch befugt, über sie zu herrschen. Es mutete an, als ob der Traum Rudolfs des Stifters in nun schon mehreren tausend Nächten weiter gewachsen wäre, sich wie ein riesiger, mit phantastischen Blüten bestirnter Baum ausgebreitet hätte, und Rudolfs Nachfahren seien es mittlerweile gewöhnt, unter ihm einzuschlafen und aufzuwachen wie unter einem höchst eigenen privaten Himmel.

Mit einem so abenteuerlichen Programm aber, wie es in »Maximilians Geburtsspiegel« entworfen wurde, sollte Hennebergs vergleichsweise kahle Utopie konkurrieren können? Ein einfacher Bauer hätte größere Chancen gehabt, sich mit einem Marsmenschen zu verständigen als der Mainzer mit dem Wiener. Hier ein mühsam zu handhabendes System der Gewaltenteilung, abzielend auf so einfache Dinge wie Gerechtigkeit und Frieden. Dort ein in allen Farben des Märchens schillerndes Gebilde, das nichts anderem diente als der Erhöhung einer einzigen Familie. Deutlich erkennbare demokratische Grundtendenzen auf der einen Seite und von ferne ein Blick auf das Prinzip Freiheit und Gleichheit. Auf der anderen Seite der überelitäre Anspruch einer selbsternannten Handvoll von Privilegierten, die Welt besitzen und nach Gutdünken mit ihr verfahren zu dürfen. Das konnte niemals zusammengehen, das mußte, nach bester menschlicher Voraussicht, so unerbittlich aufeinanderprallen wie noch kurz zuvor Schweizer Partisanen und habsburgische Ritter.

Indes ist zuweilen auf kaum etwas weniger Verlaß als auf den sogenannten gesunden Menschenverstand. Der Zusammenprall fand nicht statt, die Phantasmagorie siegte über das rationale Kalkül, die Vernunft erwies sich als verführbar. Der in Maximilians gefälschten Stammbäumen versteckte Grundgedanke, wer in nahezu jedes Herrschergeschlecht auf Erden hineinverwoben sei, könne auch jedes dieser Geschlechter rechtmäßig beerben, diese kleine schlaue Unterstellung zeigte sich allen anderen staatsrechtlichen Thesen überlegen, sie war der überzeugendere Glaubenssatz. Es ist nicht einmal unverständlich. Blutsverbindungen und verwandtschaftliche Beziehungen waren den Menschen schon immer verläßlicher und natürlicher erschienen als kalte legalistische Konstruktionen; sie atmeten Stallwärme, sie versprachen kreatürliche Geborgenheit. Und solche Vorstellungen entsprachen auch Maximilians Naturell. Er konnte durchaus in zwei Welten leben, in der atavistischen Höhle, in der Wunschvorstellung und Kalkül sich fugenlos ergänzten, und in den helleren, rational durchlüfteten Räumen »moderner« Gelehrsamkeit.

Zu seinem Hofstaat gehörten Prediger wie Geiler von Kaisersberg, den man zu den kritischen Intellektuellen seiner Zeit zählen kann, der Abt Johannes Heidenberg, der sich Trithemius nannte und kirchenreformerische Gedanken vertrat, die später auch bei Luther wieder anklingen sollten, sowie der Schweinfurter Johannes Spießhaymer, der seinen Namen zu Cuspinianus latinisiert hatte, ein hochgebildeter Dichter, Rhetoriker, Historiker, Philologe und Diplomat.

Alle diese Männer bezeichneten sich als Humanisten, was nichts anderes bedeutete, als daß sie Anspruch darauf erhoben, den geistigen Fortschritt zu verkörpern. Gerade deswegen hatte Maximilian sie jedoch um sich geschart. Theologische und wissenschaftliche Fragen interessierten ihn brennend. Er war neugierig und weltoffen genug, um immer wissen zu wollen, was um ihn herum vorging, was sich in anderen Köpfen abspielte, wie die Welt eigentlich beschaffen sei. Und er besaß auch die Gabe, mit Intellektuellen auf völlig vorurteilsfreie, charmante Weise umzugehen. Gewiß war er vor allem ein Naturbursche, ein Gamsjäger, Angler und Bergsteiger, aber eben doch auch ein geselliger Plauderer und Unterhalter, vor allem wollte er gefallen. Was er an Härte und Durchsetzungsvermögen brauchte, floß ihm vor allem aus seinem felsenfesten Glauben an die einzigartige Berufung des Hauses Österreich zu. Und diesen Glauben vermochte er selbst seinen gelehrten Hofräten zu vermitteln.

Fast alle, nicht nur Jakob Mennel, trugen ihm Entdeckungen, Erkenntnisse, Spekulationen zu, die geeignet waren, seine Abstammungstheorien abzusichern und das grandiose Bild von der Familie Habsburg mit immer mehr Details auszugestalten. War es ein Zufall, daß die Wappen von Oberösterreich und Lothringen sich ähnelten? Sollte es ohne jede Bedeutung sein, daß ein merowingisches Teilreich »Austrien« geheißen hatte und er in »Austria« regierte? Nichts vermochte Maximilian mehr zu erregen als ein Gespräch über derartige Hinweise und die Vermutungen, die man daran knüpfen konnte. Eines Tages, das ließ er schriftlich bekunden, würden er oder einer seiner Söhne nicht mehr in Wien, sondern in Konstantinopel, dem ältesten Kaisersitz Europas, residieren. Um alles dies der Welt zu verkünden, griff er schließlich sogar selbst zur Feder – vielmehr diktierte er seinem Geheimschreiber Marx Treitzsaurwein die eigene Biographie.

»Weißkuning« heißt dieses Schriftwerk, und der »weiße König« war Maximilian selbst, ein strahlender Ritter, der gegen die anderen europäischen Herrscher kämpft. Im »Theuerdank«, einem Versepos, schilderte er auch noch seine Brautfahrt nach Burgund und – im »Zwanzigsten Abenteuer« dieses Buches – seinen Einstieg in die Martinswand bei Zirl in Tirol, der ihn fast das Leben gekostet hätte. Doch ließ er auch andere Autoren und Künstler für sich arbeiten, Meister des Holzschnitts vor allem wie Albrecht Dürer und Hans Burgkmair. Er erkannte den hohen Propagandawert dieser leicht reproduzierbaren Werke und deutete deshalb jedem Geschäftspartner gegenüber an, daß ihm kein Geschenk lieber sei als gute Bilder, die seine ausschweifenden Träume verherrlichten. Unter anderem führte diese Gewohnheit dazu, daß man von keinem bisherigen Habsburger besser weiß, wie er aussah, als von ihm.

Ein Burgunder zeichnete Maximilian als ranken, schlanken Jüngling, wie er in zierlicher Haltung neben Maria steht. Bei Dürer ist er, schon wahrheitsgetreuer, ein etwas skeptisch, aber sehr von oben herab blickender Renaissance-Grande, dessen knochiges Gesicht von der mächtigen Höckernase Friedrichs III. beherrscht wird. Und schließlich verherrlichte der Nürnberger ihn auch noch als Triumphator in einem riesenhaften Prunkwagen. Die Inschrift auf dem Dach des Fahrzeugs lautet: »Was am Himmel die Sonne ist, ist auf Erden der Kaiser«, also Maximilian. Von allen ihm gewidmeten Darstellungen ist diese die unrealistischste und dennoch die treffendste: So sah er sich selbst.

Der Habsburg sah sich außerdem noch als »letzten Ritter«, hörte es gern, daß man ihn »Vater der Landsknechte« nannte, und meinte es sogar durchaus ehrlich, wenn er bekundete: »Mein Ehr ist deutsch Ehr, und deutsch Ehr ist mein Ehr.« Als Persönlichkeit war Maximilian so grenzenlos wie die Vorstellungen, in denen er lebte. Ganz besonders habsburgisch aber mutet seine Gewohnheit an, auf allen Reisen einen Sarg mit sich zu führen. Die Sekretäre pflegten ihn gelegentlich als Aktenkoffer zu benützen.

Auch ihm blieb es jedoch nicht erspart, sich mit der Erzplage der Habsburgs befassen zu müssen, mit den Schweizern.

Die Reichstagsbeschlüsse von Worms und Lindau führten zum De-facto-Abfall der Eidgenossenschaft vom Reich und seinem König. In Freiburg erklärten ihre Vertreter gegenüber Henneberg, den »gemeinen

Pfennig« gedächten sie nicht zu zahlen, denn die Erträge dieser Steuer würden vom Haus Habsburg doch nur zu seiner Vergrößerung benutzt werden. Auch dem Reichskammergericht wollten sie nicht unterworfen sein.

Als Maximilian sich endlich entschloß, die Rebellen mit militärischen Mitteln zur Verantwortung zu ziehen, tobte zwischen dem oberen Etschtal und dem elsässischen Sundgau bereits eine der blutigsten und grausamsten Auseinandersetzungen der damaligen Zeit, der sogenannte »Schwabenkrieg«. Geführt wurde er vom »Schwäbischen Bund«, einer Vereinigung mehrerer süddeutscher Reichsstädte und der Rittergesellschaft »Sankt Jörgenschild« auf der einen, den Eidgenossen auf der anderen Seite. Die Schwaben, die sich schon öfter für Habsburg geschlagen hatten, verspotteten ihre Gegner als »Kuhmäuler«, mußten aber eine Niederlage nach der anderen hinnehmen.

Genauso erging es Maximilian, der im Frühjahr 1499 in die Kämpfe eingriff. Zu dieser Zeit standen die Schweizer schon im Ötztal und machten Anstalten, gegen Innsbruck vorzurücken. Nachdem der habsburgische Feldhauptmann Heinrich von Fürstenberg dann auch noch auf geradezu beschämende Weise eine Schlacht nahe Basel verloren hatte, blieb dem König gar nichts anderes übrig, als den Eidgenossen Verhandlungen anzubieten. Im »Frieden von Basel« mußte er ihren Vertretern nahezu alles gewähren, was sie gefordert hatten, und das bedeutete letzten Endes, daß sie dem Reich von da an nur noch durch Lippenbekenntnis angehörten, keineswegs mehr als Rechtsbürger. Mitgesiegt hatte im »Schwabenkrieg« aber auch der König von Frankreich. Es war nicht mehr Karl VIII., der Maximilian die bretonische Braut weggeheiratet hatte, sondern sein Nachfolger Ludwig XII. aus dem Haus Orléans. Der Herrscherwechsel in Paris bedeutete zudem, daß nichts mehr galt, was Maximilian fünf Jahre zuvor in Italien erreicht hatte.

Noch im Jahr des Schwabenkrieges war Ludwig XII. in die Lombardei eingedrungen, hatte Mailand erobert und streckte bereits die Hand nach Neapel aus. Da zeigte es sich ein zweites Mal, daß man die »bilancia« nicht ungestraft stören konnte. Wieder mischte sich Ferdinand von Aragon ins italienische Spiel, und wieder verlor der Franzose den ehemaligen Besitz der Anjous an den Spanier. Erneut fühlte sich aber auch Maximilian verpflichtet, seinen Standpunkt in dieser Angelegenheit zur Geltung zu bringen.

Um die Hilfe der deutschen Stände zu gewinnen, genehmigte er auf dem Reichstag des Jahres 1500 – zähneknirschend, aber immerhin – nun doch die Einrichtung eines »Reichsregiments«. Und als die erwartete Hilfe an Geld und Truppen trotzdem ausblieb, wurde er Frankreich gegenüber auf einem anderen Feld aktiv. Der Habsburg schlug dem Orléans eine Ehe zwischen seinem Enkel Karl und dessen ältester Tochter Claudia vor, wofür er ihn mit dem Reichsgut Mailand ordentlich belehnen wollte. Ludwig ließ sich die Stadt mit Handkuß übertragen, vermählte jedoch, kaum daß dies geschehen war, die Tochter mit dem eigenen Vetter Franz. Fast zur selben Zeit heiratete der inzwischen zum Witwer gewordene Ferdinand eine Nichte des Franzosenkönigs, womit Neapel endgültig aus Maximilians Reichweite gerückt war, denn Ludwig trat die Ansprüche, die er auf das süditalienische Königreich zu haben glaubte, an den mit Habsburg verschwägerten Spanier ab.

Noch verworrener wurde die Situation auf dem Stiefel, als nun Julius II. nach vorne trat, jener Papst, der als Förderer Michelangelos und Raffaels bekannt geworden ist, von den Italienern aber, nicht zu Unrecht, »Il Terribile«, der Schreckliche, genannt wurde; er fühlte sich ja wirklich in der Rüstung wohler als im Priesterornat. Seine Versuche wiederum, den Kirchenstaat mit militärischen Mitteln zu vergrößern, riefen Venedig auf den Plan. Wie sollte sich in diesem Durcheinander auch Maximilian noch bemerkbar machen?

In Konstanz, auf dem Reichstag von 1507, versuchte der Habsburg den Ständen zu erklären, was er vorhabe. Er hielt eine der mitreißendsten und feurigsten Reden, die sie je gehört hatten. Zu einem Romzug forderte er die Deutschen auf, zu einem Reichskrieg gegen die Franzosen auf italienischem Boden. Und derart überzeugend stellte er seine Sache dar, daß ihm dieses Mal stürmischer Beifall entgegenschlug. Sogar die Schweizer erklärten sich spontan bereit, sechstausend Mann ihrer bewährten Spießkämpfer zu stellen. Noch einmal auf Stauferspuren über die Alpen ziehen, die »Welschen« vor sich hertreiben und mit einem vom Papst gekrönten Kaiser an der Spitze zurückkehren, wessen Herz hätte auch bei dieser Vorstellung nicht höher schlagen sollen? Indes, die »fröhliche Zeit« des Zusammengehens zwischen den Reichstagsmitgliedern und dem Herrscher dauerte nur wenige Tage. Als der Rausch verflogen war, stand Maximilian wieder allein auf weiter Flur. Die Deutschen verspürten – bei Licht besehen – doch keine rechte Lust, sich für einen alten, versunkenen Traum noch einmal zu schlagen.

Trotzdem brach der Habsburg im Januar 1508 nach Italien auf. Er hatte knapp zehntausend Söldner bei sich, überwiegend Männer aus den eigenen Erblanden. Mühsam gegen naßkaltes Wetter ankämpfend, erreichte das Aufgebot am 3. Februar die Stadt Trient. Wie es von hier aus weitergehen sollte, wußte zunächst einmal niemand. Der Weg durch die Lombardei wurde von starken französischen Kräften versperrt, die anderen Straßen nach Süden kontrollierte Venedig. Die Herren von San Marco aber weigerten sich ebenso höflich wie entschieden, eine derart große Streitmacht passieren zu lassen, während der Papst aus Rom signalisierte, auch ihm wäre es lieber, wenn der König nur mit einem kleinen Gefolge zur Kaiserkrönung käme. Und in der Kriegskasse befanden sich nur noch 100 Gulden.

Was also tun? Sich zurückziehen und damit vor aller Welt eingestehen, daß Habsburg zu schwach sei, die ihm von Gottes und Rechts wegen zustehende Kaiserkrone zu erlangen? Maximilian dachte nicht im Traum daran, so schmählich zu kneifen. Einer seiner Räte, Matthäus Lang, der Erzbischof von Salzburg, hatte schließlich die rettende Idee. Er schlug seinem Herrn vor, sich hier in Trient einfach selbst zum Kaiser zu ernennen. Zwar konnte so etwas nur auf ein besseres Possenspiel hinauslaufen, dennoch geschah es. Mit großer Gebärde verhängte der Habsburg die Reichsacht über Venedig, begab sich am Tag darauf in den Dom und ließ nach dem Gottesdienst von Lang erklären, er nehme den Titel eines »Erwählten Römischen Kaisers« an. Es klang ungemein trotzig, war aber nur eine halbe Sache.

Der Brixener Bischof Melchior von Meckau ließ Rom umgehend wissen, das Krönungsrecht des Papstes sei damit natürlich nicht angetastet, man werde die eigentlich gültige Zeremonie bei nächster Gelegenheit nachholen. Julius II. nahm die Erklärung gnädig zur Kenntnis und erkannte den selbsternannten Kaiser an.

Meckau war, wie auch Lang, ein enger Geschäftspartner des Hauses Fugger. Im Interesse ihrer den Augsburgern anvertrauten Kapitalien hätten beide nun eigentlich auch noch darauf dringen müssen, daß Maximilian die Verhängung der Reichsacht über Venedig nicht allzu wörtlich nahm oder der Proklamation zumindest keine kriegerischen Taten folgen ließ. Genau das jedoch gelang ihnen nicht. Unmittelbar nach den dürftigen Festlichkeiten in Trient eröffnete der nunmehrige

Kaiser den Krieg gegen San Marco. Jakob Fugger wurde davon in tiefste Verzweiflung gestürzt, denn Venedig war einer seiner wichtigsten Umschlagplätze im Handel mit Silber und Kupfer. Konnte er dem Habsburg wenigstens in den Arm fallen? Schließlich war er einer seiner wichtigsten Finanziers.

Auch das gelang nicht. Maximilians Krieg gegen die Seerepublik dauerte nahezu neun Jahre lang. Der Augsburger versuchte in dieser Zeit immer wieder, dem Kaiser Schwierigkeiten zu bereiten. So groß jedoch seine Finanzmacht sein mochte und so leer die Kasse des Habsburgs auch immer war, Maximilians Politik blieb davon völlig unberührt. Er rechnete in Größen und Werten, von denen der reichste Mann Europas so gut wie keine Ahnung besaß.

X.
Ein junger Mann aus Gent

Den Menschenscharen vor der Kathedrale von Burgos, diesem filigranen Wunderwerk gotischer Architektur, verschlug es den Atem, als, an einem Märztag des Jahres 1497, Don Juan, der Sohn Isabellas von Kastilien und Ferdinands von Aragon, mit seiner Frau Margarete, der Tochter Maximilians, durch das Portal trat, um sich ihnen nach der Trauung zu zeigen. Die Zuschauer, so berichtet ein Chronist, glaubten, zwei blonde Engel zu sehen, ein Paar von fast überirdischer Schönheit. Waren die alten westgotischen Könige Spaniens wieder auferstanden? Hatte der Himmel ein Wunder bewirkt? Niemand in der Menge konnte ahnen, was er in Wirklichkeit miterlebte. Habsburg war bereits eine Nation unter den Nationen und eine Welt für sich, nun konstituierte es sich auch noch als eigene Rasse.

Don Juan und Margarete waren freilich nur die Vorläufer dieser Entwicklung und konnten selbst noch nichts zu ihr beitragen. Der junge blonde Mann starb schon wenige Monate nach der Eheschließung – von übermäßiger Liebe entkräftet, wie es hieß –, und das einzige Kind der beiden wurde tot geboren. Aber die Hochzeit von Burgos war ja nur Teil einer umfassenden Aktion gewesen, durch die sich das spanische und das deutsche Haus miteinander verbinden wollten. Ein halbes Jahr zuvor hatten Philipp der Schöne und Dona Juana, die Tochter Isabellas und Ferdinands, geheiratet. Und auch Philipp trug seinen Beinamen nicht ohne Grund.

Lorenzo de Padilla, dessen Bruder Juan später einen Volksaufstand gegen Philipps Sohn Karl entfesseln sollte, beschreibt den Habsburg als einen hochgewachsenen, kräftigen Mann, »von klarer, rosiger Gesichtshaut und blondem Haar«. Juana, seine Frau, war keine so strahlende Schönheit wie ihr jüngerer Bruder Juan oder ihr Mann, aber – nach flämischen Bildern zu schließen – eine durchaus liebliche Erscheinung. Zusammen mit Philipp scheint sie es denn auch bewirkt zu haben, daß von damals an ganz bestimmte Merkmale die habsburgischen Familienmitglieder prägten. Dazu gehörten vor allem das seidige, blonde Haar, die hellblauen Augen und der längliche Schädel. Insgesamt ergab dies einen geradezu unverwechselbaren, immer deutlicher hervortretenden Typus, der dann im Wien des neunzehnten Jahrhunderts den etwas bösartigen Satz provozierte: »Entweder ist er ein Erzherzog oder eine Zangengeburt.« Ob daran auch westgotisches Blut beteiligt war, bleibt eine offene Frage. Bei Juanas und Philipps ältestem Sohn jedenfalls schlug noch das polnische Erbe der Zimburg von Masowien mit durch.

Karl, der spätere Kaiser, in dessen Reich die Sonne nicht unterging, war rotblond, schmalköpfig und blauäugig. Allerdings hatte er auch die berühmte »Goschen«, jene weit ausladende Unterlippe, welche seine späteren Porträtisten zwang, ihn mit energisch, ja geradezu krampfhaft vorgerecktem Kinn darzustellen, damit das Malheur nicht überdeutlich zur Geltung komme. Christoph Amberger aus Augsburg, einer der ersten, die ihn malten, hat die hängende Lippe noch ganz unverhohlen dargestellt. Trotzdem zeigte sich sein Auftraggeber derart zufrieden, daß er ihm das Dreifache des ausgemachten Honorars gezahlt haben soll, dreißig Taler statt nur zehn. Karl hatte es schon in jungen Jahren nicht nötig, seine äußere Erscheinung korrigieren zu lassen. Er wußte ganz einfach, wer er war; außerdem gehörte ihm die halbe Welt. Die Art und Weise, auf die er diesen riesigen Besitz erlangte, ist aber der eigentliche, zumindest der politische Inhalt der Geschichte von Juana, die als »Johanna die Wahnsinnige« in die Geschichte einging, und von ihrem Mann, Philipp dem Schönen.

Philipp war das Produkt einer der leichtlebigsten Gesellschaften seiner Zeit. In Brüssel, Gent und Brügge wuchs er zu einem verwöhnten jungen Aristokraten heran, Freund und Gefährte von reichen Männern, die die Feste längst nicht mehr um des Staates willen zelebrierten, sondern sie nur noch zum eigenen Vergnügen feierten. Die rosigen, blonden, üppigen Frauen, die Peter Paul Rubens später malte, waren dabei Früchte, welche man nur zu pflücken brauchte. Wie sein Vater war auch Philipp ein leutseliger, charmanter Plauderer, ein Naturbursche, Reiter und Jäger mit romantischen Neigungen, aber vor allem ein Frauenheld.

Von der etwas in sich gekehrten, überhaupt nicht üppigen Juana-

Johanna war der Habsburg allerdings trotz dieser Mängel so angetan, daß er – kurz nach ihrem ersten Zusammentreffen – einen Kaplan zwang, sie noch vor der eigentlichen Hochzeit zu trauen; ohne kirchlichen Segen wäre nicht einmal er mit seiner künftigen Frau ins Bett gegangen. Juana ihrerseits wurde von dieser stürmischen Attacke vollkommen überwältigt. Sie verfiel dem blonden Habsburg mit einer Leidenschaft, die seine eigene bei weitem überstieg, und begann sich, als ihr dies klar wurde, mit zäher Hartnäckigkeit an ihn zu klammern. Wahrscheinlich war es die denkbar schlechteste Methode, diesen Philipp für sich zu gewinnen. Schon kurz nach der Eheschließung begann er, sie zu vernachlässigen und zu betrügen, wodurch die empfindsame junge Frau auf einen lebenslangen Leidensweg gewiesen wurde, den sie, wie noch manche spätere Habsburgerin, mit bloßen, blutenden Füßen bewältigen mußte. Da sie aber zu stolz war, sich zu beklagen, entstand bei ihrer Umgebung schon bald der Eindruck, sie ziehe sich nicht nur in sich selbst zurück, sondern verhärte ihr Herz gegenüber Freunden, Verwandten, ja sogar gegen Gott. »Hart und roh« nannte sie ein empörter Beichtvater, die treffenderen Worte wären »verletzt und verzweifelt« gewesen. Daß Johanna ihrem ungetreuen Mann trotzdem in zehnjähriger Ehe sechs Kinder gebar, vier Mädchen und zwei Jungen, scheint niemand richtig gewürdigt zu haben.

Philipp indessen bereitete nicht nur seiner Frau, sondern auch seinem Vater und seinen Schwiegereltern wenig Freude. Es lag zunächst einmal daran, daß er, wie ein venezianischer Gesandter zurückhaltend formulierte, »dazu neigt, sich von Menschen überzeugen zu lassen, die er liebt«. Im Klartext hieß das wohl, er habe sich von Leuten, die ihn zu nehmen wußten, beeinflussen lassen. Und bedauerlicherweise verfiel Philipp schon in jungen Jahren einem Mann, dem er als Angehöriger des habsburgischen wie des spanischen Hauses nicht einmal auf Armeslänge hätte nahe kommen dürfen: Ludwig XII. von Frankreich. Dem Orléans gelang es, Philipp so für sich einzunehmen, daß der junge Mann sich zuweilen benahm, als sei er ein Vasall der französischen Krone. Ausgerechnet geschah das auch noch zu einer Zeit, in der Maximilian und Ferdinand von Aragon auf italienischem Boden gegen Ludwig kämpften. Obwohl Philipp als Statthalter von Flandern über eine starke Flotte gebot, kam er beiden nicht ein einziges Mal von See her zu Hilfe.

Als im Jahr 1500 auch der letzte noch verbliebene Sohn des spanischen Herrscherpaares starb, der Kronprinz Miguel, mußte Ferdinand sich deshalb fragen, ob es nicht küger sei, die Ehe zwischen seiner Tochter und dem frankreichfreundlichen Habsburg annullieren zu lassen, denn die Thronfolge in Kastilien ging durch diesen Todesfall an Johanna über, also auch an ihren Mann. Diese Absicht durchkreuzte jedoch seine Frau, indem sie Philipp und Johanna aufforderte, nach Toledo zu kommen. Wahrscheinlich hatte Königin Isabella angenommen, die Aussicht, eines Tages ihren Platz einzunehmen, würde den jungen Habsburg derart beflügeln, daß er seine Verbindung zu dem Franzosen kappte. Philipp jedoch ließ sich ein volles Jahr lang Zeit, ehe er die Einladung überhaupt annahm, dann traf er sich auf dem Weg nach Spanien auch noch zu langen, ausführlichen Gesprächen mit Ludwig XII. Und als er die Heimat seiner Frau endlich betrat, das im Vergleich mit Flandern so karg und dürr anmutende Kastilien, ergriff ihn ein derartiger Widerwille gegen seine Speisen, seine Sitten, seine Menschen, daß er nicht nur krank wurde, sondern auch lauthals bekundete, er wolle das Land am liebsten auf der Stelle wieder verlassen.

So schnell es eben ging, ließ der Habsburg sich vor den »Cortes«, den spanischen Ständeparlamenten, auf die geltenden Gesetze vereidigen. Dann kehrte er Toledo tatsächlich den Rücken und reiste – zum zweiten Mal durch das mit Spanien verfeindete Frankreich fahrend – nach Österreich zu seinem Vater. Johanna ließ er bei ihren Eltern zurück. Man glaubte damals, erste Zeichen von Geistesverwirrung bei ihr zu erkennen. »Während dreier Jahre«, notierte zumindest ein Chronist, »fand sie keinen Augenblick Ruhe und war wie eine Verdammte oder jemand, der völlig von Sinnen ist.« 1504, am Ende dieser Frist, starb dann auch Königin Isabella, und Ferdinand mußte, ob er wollte oder nicht, seine Tochter als deren Nachfolgerin einsetzen. Dem Schwiegersohn allerdings gedachte er das spanische Erbe nun wirklich vorzuenthalten. Der in der »Hispaniolissima«, dem kastilischen Herzland Iberiens, nicht übermäßig beliebte Aragonese ging dabei äußerst vorsichtig und überaus geschickt zu Werke.

1504 war auch das Jahr, in dem Maximilian dem Franzosenkönig eine Ehe zwischen dessen Tochter Claudia und seinem vierjährigen Enkel Karl vorgeschlagen hatte, womit er dem mit ihm verbündeten Spanier eigentlich in den Rücken gefallen war. Nachdem Ludwig diesen Plan torpediert hatte, fühlte Ferdinand sich berechtigt, ein ähnliches Manöver zu versuchen. Der Orléans und er schlossen ihrerseits einen antihabsburgischen Pakt, der auf drei Säulen ruhte: Ferdinand heiratete Ludwigs Nichte Germaine de Foix, Ludwig erkannte ihn dafür als rechtmäßigen Besitzer des Königreiches Neapel an, darüber hinaus versprachen sie einander, sich gegenseitig zu unterstützen, wenn die beiden Habsburgs, Maximilian und Philipp, versuchen sollten, sich Kastiliens zu bemächtigen.

Es schien ein kluger Schachzug zu sein, doch er bewirkte wenig. Die Cortes wollten von einem Bündnis mit Frankreich nichts wissen, sie zwangen vielmehr Ferdinand, ein Übereinkommen mit Philipp zu treffen, das auf Herrschaftsteilung zwischen beiden hinauslief. Gemeinschaftlich sollten sie im Namen der nun schon nicht mehr für regierungsfähig gehaltenen Johanna in Kastilien regieren. Philipp aber war mittlerweile ein bißchen erwachsener geworden oder hatte zumindest begriffen, was Spanien für ihn wie auch sein Haus bedeuten konnte. Und Ferdinand, der nicht ohne Grund von Machiavelli bewundert wurde, bekam zu spüren, daß er in seinem Schwiegersohn einen durchaus ebenbürtigen, entschlossenen Gegenspieler hatte.

Der Spanier bat Ludwig XII., den Habsburg zurückzuweisen, wenn er über Frankreich nach Kastilien reisen wolle, Philipp schiffte sich daraufhin in Antwerpen ein. Allen Winterstürmen zum Trotz fuhr er im Januar 1506 über den Kanal nach England, von dort aus durch die aufgewühlte Biskaya, weiter in Richtung asturische Küste. Die kaum vom Wochenbett genesene Johanna hatte sich – ob sie wollte oder nicht – mit an Bord begeben müssen. Sie war trotz ihres Zustandes die einzige, die völlig ruhig blieb, als ihr Schiff kurz vor La Coruña in Brand geriet und zu kentern drohte. »Noch niemals«, erklärte sie stoisch, »ist es geschehen, daß ein König ertrank.«

So war es auch diesmal. Schon die geglückte Landung bedeutete für Philipp den Sieg. Wo immer er und seine Frau auf der Weiterreise nach Valladolid Station machten, wurden sie stürmisch bejubelt. Als die beiden endlich in der prächtigen Hauptstadt Altkastiliens eintrafen, umgab sie bereits ein unüberschaubares Gefolge von adeligen Reitern. Die Cortes erkannten Johanna als rechtmäßige Königin, den Habsburg als rechtmäßigen Herrscher und den kleinen Karl als ihrer beider Erben an. Ferdinand sah ein, daß er das Spiel verloren hatte, er zog sich nach Neapel zurück, und Philipp ergriff die Zügel der Regierung, um sie auf eine Weise zu führen, die niemand dem leichtlebigen Playboy zugetraut hätte. Johanna hingegen konnte als eigentliche Inhaberin des Landes nur eines durchsetzen: Keine andere Frau durfte Philipp von nun an mehr nahe kommen. Das ging gut bis zum 25. September.

An diesem Tag hatte Philipp im Hof des Klosters »de las Huelgas«, dem damaligen Stadtschloß von Burgos, Ball gespielt, eine Art urtümliches Tennis, aus dem eben erst entdeckten Amerika importiert. Es war ein heißer Tag. Der Achtundzwanzigjährige stürzte im Eifer des Wettkampfes ein Glas kaltes Wasser hinab, mußte sich am Abend »mit Fieber« zu Bett legen und starb wenig später. Für Johanna brach eine Welt zusammen, doch ging es über ihre Kraft, dies auch anzuerkennen.

Sie redete sich ein, böse Weiber hätten Philipp verhext, er sei nur scheintot. Seinen einbalsamierten Leichnam ließ sie in die nahe Kartause »Miraflores« bringen, dort versuchte sie drei Monate lang, ihn mit Küssen und Umarmungen wieder zum Leben zu erwecken. Ferdinand, der auf die Nachricht vom Tod des Schwiegersohnes hin sofort zurückgekommen war, stieß deshalb nur auf geringen Widerstand, als er die offenbar endgültig wahnsinnig Gewordene entmündigen und in der Burg von Tordesillas einsperren ließ. Neunundvierzig Jahre lang hat sie in diesem Gemäuer noch gelebt. Karl, ihr ältester Sohn, sollte sie später oft besuchen und den Eindruck von einer stillen, in sich gekehrten Frau mit zurücknehmen, die einzig der Erinnerung an ein kurzes, dazu noch bitteres Glück nachhing.

Maximilian war zu dem Zeitpunkt, da Philipp starb, gerade intensiv damit beschäftigt, die Familie Habsburg zum Inbegriff der Menschheit zu stilisieren. Konnte man es aber wirklich noch widersinnig nennen, was er da trieb?

Schon schien sich ja die Realität seinen phantastischen Stammbaumkonstruktionen anzupassen. Die Ehe seines Großvaters mit der Polin Zimburg von Masowien hatte die habsburgische Ahnentafel um eine gewaltige Schar von polnischen und litauischen Vorfahren ergänzt. Seine eigene Verbindung mit Maria von Burgund hatte ihr alle Könige Frankreichs bis zurück zu den ersten Kapetingern sowie den mit ihnen verschwägerten Karolingern und Merowingern hinzugefügt. Nun war dieses bereits halb Europa überspannende Gebilde, dank der iberischen Heirat, noch durch ungezählte tote Spanier, Westgoten, Griechen, Byzantiner, aber auch durch Araber und Berber ergänzt worden, es reichte also schon zum Orient hinüber. Und warum sollten zu den

Vorfahren schöner Jüdinnen, an denen spanische Könige gelegentlich Gefallen gefunden hatten, nicht Angehörige der uralten Priestergeschlechter mit dem Stammesnamen Levi gehört haben und zu ihnen wiederum wirklich Verwandte des Rabbi Jesus?

Es schien, als habe auch dieser Habsburg nicht fruchtlos spintisiert, sondern träumend und phantasierend ein magisches Netz über die Wirklichkeit geworfen. Lächelnd beugte sich Gott aus den Wolken, berührte Maximilians künstliche Konstruktionen mit dem Finger, und siehe: Sie lebten.

Auch der Tempel, in dem die Familie fortan verehrt werden sollte, stand Maximilian schon seit Jahren vor Augen. Gemäß konsequent übersetztem habsburgischem Lebensgefühl sollte es ein riesenhaftes Grabmal sein. Vierzig monumentale Bronzestatuen würden in der St.-Georgs-Kirche von Wiener Neustadt an alle bedeutenden Herrscher erinnern, die das Erzhaus bisher hervorgebracht hatte. Vierunddreißig Büsten altrömischer Kaiser sowie hundert plastische Heiligenbilder würden sie umgeben. Nur kleinliche Geister hätten sich daran stören können, daß zu den vierzig bedeutenden Habsburgern etwa auch König Artus von England gehörte. Immerhin steht der Brite heute in der Hofkirche von Innsbruck, ihm gegenüber Theoderich der Große samt sechsundzwanzig weiteren überlebensgroßen Gestalten, dreiundzwanzig Heiligen und einundzwanzig Cäsarenbüsten.

Das nicht vollständig zusammengekommene Ensemble muß geradezu aberwitzig hohe Summen verschlungen haben, aufgebracht von einem Mann, der fast nie bei Kasse war. Und Männer wie Baumgarten, Cossembrot, Herwart, Welser, vor allem aber der reichste dieser Bankiers, Jakob Fugger, sollen begriffen haben, was Kaiser »Max« bewog, sich solch grandiosen, aber letztlich nutzlosen Tandes wegen vollkommen zu verausgaben? Sie müssen ihn in der Tat mehr oder weniger für einen Narren gehalten haben. Dennoch gelang es Maximilian, diese kühlen Rechner derart in Bann zu halten, daß sie ihm immer wieder Kredit gewährten. Es hatte nicht nur damit zu tun, daß er vor allem dem Augsburger ertragreiche Silber-, Kupfer- und Bleibergwerke in Tirol und Kärnten, später auch in Ungarn, verpfänden konnte, es lag in erster Linie daran, daß er von einer Vision besessen war, auf die sie – mangels entsprechender eigener Vorstellungen – ganz einfach zu setzen hatten, wenn sie im Spiel bleiben wollten. Mit Kalkulieren allein kommt man im großen Geschäft nicht weit, man muß auch – manchmal sogar gegen besseres Wissen – die vorbeihuschenden Chancen wahrnehmen. Maximilian war für die deutschen Kapitalisten unter anderem eine Verkörperung des launischen Glücks. Sie bedurften seiner weitaus mehr, als er auf sie angewiesen war.

Letzten Endes sollte es denn auch so kommen, daß nicht die klugen Fugger das Haus Habsburg als Institution überlebten, sondern das Haus Habsburg mühelos sie. Die Hunde hechelten sich zu Tode, der Hirsch zog weiter.

Gegen das Ansinnen Maximilians, seinen Krieg mit Venedig zu finanzieren, sträubte sich Jakob Fugger, genannt »der Reiche«, lange, er wußte von Anfang an, daß es sich dabei um ein ziemlich nutzloses Unternehmen handelte. Nachdem aber der Kaiser, der nicht zu Unrecht »Vater der Landsknechte« hieß, dann dennoch überraschende Anfangserfolge erzielte, machte der Fugger eine geringe Summe für ihn locker. Als dem Habsburg aber kurz darauf seine schlecht besoldeten Krieger davonliefen, mußte Jakob schon deshalb Kapital nachschießen, weil er sich eine völlige Niederlage seines Klienten eben auch nicht leisten konnte. Und zu noch größeren Ausgaben sah er sich gezwungen, als Maximilian seine Italienpolitik im Dezember 1508 fast von einem Tag auf den anderen völlig änderte, indem er mit Frankreich, Spanien und Papst Julius II. die antivenezianische »Liga von Cambrai« gründete. Allerdings verlangte Jakob für seinen 300000-Gulden-Kredit diesmal entsprechende Sicherheiten. Unwillig, lange zu handeln, übertrug ihm Maximilian das Tiroler Bergregal, die Verfügungsgewalt über alle Gruben des erzreichen Landes.

Fast auf dem Fuß folgte dann jedoch des Habsburgers nächste Forderung. Julius II. trat mit Spanien aus der Liga wieder aus und schlug sich auf die Seite der eben noch bekämpften Republik von San Marco. Maximilian war darüber derart verärgert, daß er den Plan erwog, sich selbst zum Papst wählen zu lassen. Dazu, so hatten seine Berater ausgerechnet, bedurfte er zunächst einmal einer Summe von mindestens 200000 Dukaten, um die Mitglieder des Konklaves zu bestechen. Zum Glück für den Fugger verwirbelte freilich dieser abstruse Plan alsbald wie Rauch im Wind. Ein schweizerisches Heer vertrieb Maximilians Verbündeten Ludwig XII. aus Mailand und dehnte den Machtbereich der Eidgenossenschaft bis nach Oberitalien aus. Alles dies geschah zwischen 1508 und 1513. Der Fugger spielte das wirre

Spiel, mal willentlich, mal zögernd mit, erkannte immer deutlicher, daß in Italien eigentlich schon nichts mehr ging, und konnte sich trotzdem nie gänzlich drücken, wenn der kaiserliche Bankhalter einen neuen Einsatz verlangte.

Im Jahr 1513 warf Maximilian das Steuer dann schon wieder herum. Er verbündete sich nun mit Heinrich VIII. von England gegen seinen zeitweiligen Partner Ludwig XII. und erlebte, als Militärberater des Engländers, mit, wie dieser den Franzosen in Nordostfrankreich angriff und ihm eine vernichtende Niederlage beibrachte. Obwohl Maximilian den Sieg der eigenen Feldherrnkunst zugute schrieb, schlossen die beiden Kontrahenten dennoch über seinen Kopf hinweg einen Friedensvertrag miteinander ab, bei dem für ihn kein einziger Groschen abfiel. Und als Ludwigs Nachfolger Franz I. von Frankreich anschließend mit einem deutschen Landsknechtsheer auch die Schweizer wieder aus Oberitalien vertrieb, blieb Maximilian nur noch eine letzte, fast schon verzweifelte Möglichkeit. Von dem Fugger jetzt doch im Stich gelassen, statt dessen aber mit etwas englischem Geld ausgestattet, führte der Habsburg schweizerische und deutsche Truppen gegen Franz, um von der Beute, die er einst in Italien hatte gewinnen wollen, wenigstens noch einen spärlichen Rest zu retten. Dieses Unternehmen stürzte ihn vollends in die Katastrophe. Mailand konnte er nicht angreifen, weil die Kassen schon wieder leer waren, als er vor den Mauern der Stadt anlangte. Den Landsknechten genügte es nicht, daß er wie ein Vater zu ihnen war, sie forderten mit Waffengewalt ihren versprochenen Sold. Nur mit Mühe gelang es Maximilian, das vor Aufruhr brodelnde Lager zu verlassen und sein nacktes Leben zu retten. Wäre ihm in dieser Situation nicht ein sechzehn Jahre junger Mann zu Hilfe geeilt, hätte er vor aller Welt eingestehen müssen, daß er auf geradezu blamable Weise gescheitert war. In dem großen Schicksalsplan, auf den Maximilian baute, schien Scheitern jedoch tatsächlich nicht vorgesehen zu sein, der Sechzehnjährige war sein Enkel.

Karl, seit 1516 nicht mehr nur Herr von Burgund, sondern auch König in Spanien, warf alles in die Bresche, was er für den Großvater aufbieten konnte: sich selbst, den vom mittlerweile verstorbenen Ferdinand übernommenen neapolitanischen Besitz und eine 100 000-Kronen-Rente für Franz I. von Frankreich. Karl erklärte sich bereit, die einjährige Tochter des Franzosenkönigs zu heiraten, ihr seine Ansprüche auf das süditalienische Königreich als Mitgift zu überschreiben und bis zur Eheschließung jährlich die genannte Summe zu zahlen, danach bis zur Geburt eines ersten Kindes jeweils nur noch 50000 per anno. Als Gegenleistung dafür beanspruchte er lediglich die Erlaubnis, den Großvater gegen Venedig unterstützen zu dürfen. Es war nur eine Floskel, die Maximilians Fiasko verschleiern sollte. Der Kaiser mußte die venezianische Grenzfestung Verona herausrücken und allen Ansprüchen auf die sogenannte »Terra ferma«, den Festlandsbesitz von San Marco, abschwören. Wobei hätte der burgundisch-spanische Enkel ihn also noch unterstützen können?

Maximilian war, als dies alles 1516 in Brüssel beschlossen und besiegelt wurde, bereits siebenundfünfzig Jahre alt, außerdem ein kranker, von den Strapazen des langen italienischen Krieges zermürbter Mann. In den Büchern des Hauses Fugger schien er ebenfalls keinen sonderlich hohen Wert mehr zu repräsentieren; aber das täuschte. Jakob der Reiche konnte es sich auch fürderhin nicht leisten, ihn einfach abzuschreiben. Und der Habsburg selbst bilanzierte ohnehin nach wie vor völlig anders als sein Augsburger Gläubiger.

So wie Maximilian müssen aber auch noch eine ganze Reihe anderer Zeitgenossen gedacht haben, zumal jener unbekannte Poet, der damals zwei Verse aus den »Heroides« des Ovid in das wohl bekannteste Distichon über die Wiener Familie abwandelte: »Bella gerant alii, tu felix Austria nube, / Quod dat Mars aliis, dat tibi regna Venus.« Zu deutsch: »Laß andere Krieg führen! Du, glückliches Österreich, heirate! Was den anderen der Kriegsgott gibt, gibt dir Venus.«

Es war ein nicht unzutreffender Spruch. Auf dem Schlachtfeld hatte der letzte Ritter nur in seiner Jugend reüssieren können, aber als Heiratspolitiker war er fast so erfolgreich wie Friedrich III.

Die beiden Nachbarstaaten aus dem Erbe der Luxemburger Kaiser, auf die Habsburg eine gesicherte Anwartschaft besaß, boten seit dem Tod von Matthias Corvinus ein wahrhaft trostloses Bild: an ihrer Spitze der Pole Wladislaw IV. – als Ungarnkönig Ladislaus II. –, der nur dem Namen nach regierte; die eigentlich herrschende Partei, ein Adel, der Städte und Bauernschaft rigoros unter seine Knute zu zwingen suchte. In besonders schlimmem Zustand befand sich Ungarn. An seinen Grenzen standen die Türken, im Inneren des Landes tobte ein Landvolksaufstand. Der Woiwode von Siebenbürgen, der die Rebellen schließlich mit mörderischen Strafaktionen niedergeworfen hatte, begehrte als Lohn für diese Bluttaten die Stephanskrone. Sein Schwager Wladislaw war auch durchaus willens, ihn, den »Befreier des Reiches«, an die Spitze des Staates zu berufen. Als er zur Tat schreiten wollte, wurde dem Polen jedoch jählings bewußt, daß Maximilian ihn diplomatisch matt gesetzt hatte. Der Habsburg war ein Bündnis mit dem Großfürsten von Moskau eingegangen. Dieser zeigte sich nicht abgeneigt, das Königreich Polen vom Rücken her ein wenig zu bedrängen. Ungarns nomineller Herrscher, dem seine angestammte Heimat weit mehr am Herzen lag als das Revier der widerspenstigen Magyaren, hielt es angesichts dieser Lage doch für klüger, sich mit Maximilian zu arrangieren. So kam es im Juli 1515 zu einem äußerst denkwürdigen Ereignis, einem ersten »Wiener Kongreß«, von dem man mit nur geringer Übertreibung sagen könnte, auf ihm sei die österreichisch-ungarische Monarchie aus der Taufe gehoben worden. Im übrigen war es auch jenes Ereignis, auf das sich der Autor der abgewandelten Ovid-Verse bezog. Österreich heiratete wieder einmal, es wurde sogar beinahe eine Doppelhochzeit.

Kronprinz Ludwig, Wladislaws Sohn, erhielt Maria zur Frau, eine Tochter Philipps des Schönen und Johannas der Wahnsinnigen. Marias Bruder Ferdinand verlobte sich mit Anna, der Schwester des jungen Polen, was ihn zum Rivalen des eigenen Großvaters machte. Maximilian hätte nicht übel Lust gehabt, die polnische Prinzessin selbst zu ehelichen.

Indes konnte er auch so zufrieden sein. Die Doppelverbindung verbürgte sicherer als alle früheren Abmachungen den Erbanspruch des Hauses Habsburg auf Wladislaws Königreiche Ungarn und Böhmen. Und niemand ahnte, daß der Erbfall schon zehn Jahre später eintreten sollte. Dafür sorgte der türkische Sultan.

Ein weiterer positiver Aspekt der Abmachung von Wien bestand für Maximilian darin, daß er Jakob Fugger nun wieder kreditwürdiger erscheinen mußte als zuvor. Im westlichen Ungarn gab es reiche Kupfergruben, an denen die Augsburger interessiert und zum Teil auch schon beteiligt waren. Was Maximilian die Firma Fugger in Italien gekostet hatte, mochte eines Tages über die Slowakei, die zu Ungarn gehörte, wieder hereinkommen.

Zunächst mußte Fugger dem Erzhaus freilich noch einmal mit geradezu riesigen Summen zu Diensten stehen. Um sein Lebenswerk zu krönen, wollte Maximilian für Enkel Karl die deutsche Königskrone haben.

Hätte man den Sohn der unglückseligen Johanna damals gefragt, welcher Nation er angehöre, er wäre wohl kaum auf die Idee gekommen, sich Deutscher zu nennen. Karl sprach weder die Sprache dieses Landes, noch kannte er es, und wenn er eine Heimat besaß, dann war es Gent.

In der schönen, prunkvollen, überaus reichen Handelsstadt am Zusammenfluß von Schelde und Leie hatte Karl das Licht der Welt erblickt und seine Jugend verbracht. Für einen Prinzen von königlich-kaiserlichem Geblüt schien es nicht eben die passende Umgebung zu sein. Vom gentischen Belfrieden aus wurde fast ebensooft zum Aufruhr wie zum Gottesdienst geläutet. Bei dem leisesten Gerücht, die Steuern würden erhöht oder eines der stadtbürgerlichen Privilegien würde beschnitten, brodelte der »Vrijdag Markt« von tobenden Biedermännern. Die Genter wollten, was sie verdienten – und sie verdienten gut –, auch selber ausgeben. Die ragenden Türme der Sint-Baafs-Kathedrale oder der Sint-Niklaas-Kerk waren Ausdruck solider Frömmigkeit und architektonischer Kreditnachweis zugleich. Und unter den niedrigen Balkendecken der Wirtshausstuben wurde nicht gespeist, sondern gefressen: Huhn in Kalbsbrühe, das sogenannte »waterzooi de poulet«, flämische Karbonaden, »hochepot« aus Kalbs-, Lamm- und Schweinefleisch, dazu braunes, süßes Bier. Von dem ritterlichen Geist Karls des Kühnen war in Gent nur wenig zu spüren, trotzdem hat sein gleichnamiger Urenkel die Stadt geliebt – auch ihre Küchenspezialitäten.

Im »Prinsenhof«, einem eher bescheidenen Bauwerk, wuchs Johannas Sohn heran. Als Erzieherinnen hatte man ihm hochmögende Damen zugewiesen, zunächst seine Urgroßmutter Margarete von York, jene Frau, die damals auf dem Weg zum Taufbecken Philipps männliche Beschaffenheit dokumentierte, danach Margarete von Österreich, genannt »Tante Europas«, die Witwe von Don Juan und inzwischen auch noch Witwe von einem savoyischen Herzog. Dank der Engländerin war Karl in die englische Sprache und Geschichte eingeführt, dank der anderen Margarete mit dem eigenen Haus vertraut gemacht worden. Die Idiome vieler Länder beherrschte er schon früh, darunter Französisch, Flämisch und Latein. Wer hätte ihm denn noch Deutsch beibringen sollen? Und vor allem: warum?

Auch der wichtigste unter seinen männlichen Erziehern, der Burgunder Guillaume de Croy, Sieur de Chièvres, sah dazu keinen Anlaß. Dafür verhalf er dem jungen Habsburg wenigstens zu einer eindeutigen Identität. Sie wurde von dem Orden verkörpert, den Karl zeit seines Lebens kaum ablegte, dem »Toison d'Or«, wie er es nannte, dem Goldenen Vlies. Dieses Abzeichen verkörperte alles, was er war und sein wollte: Angehöriger einer bestimmten, über alle Nationen stehenden winzig kleinen Kaste, die für ihn erst sehr viel später auch gleichbedeutend mit Habsburg werden sollte.

Daß Karl mit dem Vlies außerdem sein eigenes Schicksal angenommen hatte, dürfte ihm ebenfalls erst sehr viel später bewußt geworden sein. Der Orden Philipps des Guten bedeutete Burgund, und Burgund war ein anderer Name für Frankreichs Eifersucht und Feindschaft. Im übrigen war Karl derjenige, der dem Erzhaus Fronleichnam als höchsten Feiertag verordnete. Er beging dieses schöne ländliche Fest, wo immer er war, im Krieg und im Frieden, stets mit wahrer Inbrunst, was damit zu tun gehabt haben könnte, daß er sein ganzes Leben lang eigentlich immer nach einer Heimat suchte und sie dennoch nirgendwo wirklich fand. Anfangs klammerte er sich an Gent, dann an Spanien, beide Plätze blieben jedoch nur vorübergehende Aufenthaltsorte. Man errechnete später, daß Karl von seinen siebenunddreißig Regierungsjahren neuneinhalb Jahre auf Reisen verbrachte, und er kam weit herum: Italien, Spanien, Niederlande, Frankreich, England, Deutschland, Nordafrika. Solche Unbehaustheit ist nur zu ertragen, wenn man sich wenigstens in der Zeit bedachtsam einrichtet, dazu dienen die Feste. Auch der habsburgische Stammbaum wäre für Karl kaum noch eine bergende Zuflucht gewesen. In seinen Adern, auch das wurde errechnet, floß bereits so viel spanisches, portugiesisches, niederländisches, englisches, slawisches, litauisches, italienisches, auch maurisches und jüdisches Blut, daß man sich fragen könnte, ob die paar deutschen Tropfen, die ebenfalls dazugehörten, es wirklich rechtfertigen, ihn noch einen Verwandten Rudolfs I. zu nennen.

Das Jahr 1516, in dem Karl seinen Großvater aus dem italienischen Fiasko herauspaukte, war auch das Todesjahr Ferdinands von Aragon gewesen. Dessen Hinscheiden machte den Sechzehnjährigen über Nacht zum König von Spanien und somit zu einem der reichsten Männer dieser Welt.

Isabellas und Ferdinands vereinigte Reiche hatten eigentlich nie zu den prosperierenden, sondern zu den eher armen Regionen Europas gehört. In den königlichen Archiven wurde jedoch unter anderem ein

Brief vom 14. Februar 1493 aufbewahrt, in dem es hieß: »Um schließlich Wert und Nutzen unserer Fahrt und schnellen Heimkehr kurz zusammenzufassen, so dürfen Unsere Hoheiten schon jetzt gewiß sein, daß ich Ihnen zu soviel Gold verhelfen kann, wie Sie nur wollen.« Gesiegelt hatte dieses Schreiben ein gewisser Christoph Kolumbus, der von Isabella ausgeschickt worden war, um den Seeweg nach Indien zu finden, und statt dessen Amerika entdeckt hatte, was er selbst nie erfuhr; mittlerweile, im Jahre 1516, wußte man es. Der deutsche Kartograph Waldseemüller hatte dem neuen Kontinent den Namen Amerika gegeben, die Spanier Balboa, Alvarado, Coronado waren längst dabei, ihn für die Krone Kastiliens in Besitz zu nehmen. Das karge Bauernland Spanien trat in sein »Goldenes Zeitalter«, und auch diese Epoche begann exakt in jenem Jahr, in dem Karl erfahren hatte, daß sein spanischer Großvater gestorben sei und er dessen Thron besteigen könne.

1517 fuhr der junge Habsburg von Brügge, das damals gerade noch am Meer lag, nach Asturien. Er tat es so ungern wie einst Philipp der Schöne, und er wurde nicht gerade mit offenen Armen empfangen. Spanien war katholischer als irgendein anderes seiner Nachbarländer, geprägt von glaubenskämpferischer Härte, getragen von streng geistlichen Ritterorden, ausgestattet mit einem erbarmungslosen Inquisitionsapparat, gegründet auf die fast mystische Einheit von Thron und Altar. Karl hingegen kam aus einem freien, allen geistigen Einflüssen weit geöffneten Land, dessen Bürger sich mit gleicher Lebhaftigkeit für neue Kleidermoden wie für neue Lehrmeinungen interessierten. Er selbst hatte von früher Jugend an mit jenen Männern Kontakt gehabt, die sich Humanisten nannten und der Kirche mit ziemlich reduziertem Respekt gegenüberstanden. Wie sollte nun beides zusammengehen, sein lockerer und der fast asketische Lebensstil der Spanier?

Zunächst ging es überhaupt nicht. Karl verteilte großzügig hohe Ämter und einträgliche Sinekuren unter seine flämischen Gefolgsleute, kaum daß er auf iberischer Erde Fuß gefaßt hatte. Toledo etwa, die reichste Diözese der Christenheit, übertrug er einem Neffen seines Erziehers, dem einundzwanzigjährigen Guillaume de Croy, der sich gar nicht erst die Mühe machte, den ihm zugewiesenen Bischofssitz auch aufzusuchen. Ganz besonders aber stießen sich die Spanier an Karls lauten, hochmütigen, in üppige Gewänder gehüllten Begleitern und an ihrer Art, sich über sie, die in düsteres Schwarz gekleideten Granden und Caballeros, zu mokieren. Wie sehr viel geziemender verhielt sich da Karls jüngerer Bruder Ferdinand, der unter ihnen aufgewachsen und von seinem gleichnamigen Großvater persönlich erzogen worden war! Der junge König, in Spanien als Karl I. geführt, sprach ja noch nicht einmal ihre Sprache. Und bald bekam er auch zu spüren, was seine neuen Untertanen von ihm hielten.

Als Karl nacheinander die Cortes von Kastilien in Valladolid, von Aragon in Saragossa und von Katalonien in Barcelona besuchte, wurde er mit geradezu eisiger Kühle empfangen, während Ferdinand, wo immer er auftrat, enthusiastischer Jubel entgegenschlug. Karl erwartete von den Vertretern der Stände, daß sie ihm bedingungslos den Treueid leisteten. Die Herren weigerten sich jedoch zu schwören, solange nicht Karl selbst geschworen habe, ihre Rechte zu respektieren. An dieser starren Haltung der Cortes änderte sich auch kaum etwas, nachdem der Sieur de Chièvres Ferdinand befohlen hatte, Spanien umgehend zu verlassen und nach Flandern zu reisen. König Karl I. bekam nur ein äußerst mageres Einkommen zugestanden, man wollte auf alle Fälle verhindern, daß er mit spanischem Geld außerspanische Interessen finanzierte. Gerade das war jedoch Karls Absicht. Maximilians Versuch, seinen Enkel auf den deutschen Königsthron zu heben, versprach teuer zu werden.

Karls Großvater hätte damals eigentlich zu der Erkenntnis kommen müssen, daß es ein Fehler gewesen war, Berthold von Henneberg so hartnäckig zu bekämpfen und ihn schließlich auch zu besiegen. 1502 hatte der Kaiser ihm das Reichssiegel, wichtigstes Abzeichen seiner Erzkanzlerwürde, abnehmen können, im selben Jahr wurde das Reichsregiment wieder aufgelöst. Nun war der gescheiterte Staatsreformer schon lange tot, und kein Mittel stand Maximilian zur Verfügung, die allmächtigen Kurfürsten zur Räson zu rufen. Sie verfuhren mit Deutschland, als ob es sich um Privatbesitz handelte, den sie verkaufen könnten. Ein Interessent jedenfalls stand schon bereit: Franz I., König von Frankreich. Er begehrte mit Macht, römisch-deutscher König zu werden. Einige der rheinischen Wahlmänner sagten: Warum auch nicht? Sollte er dazu noch die Kaiserkrone erringen, dann würden in Westeuropa eben wieder Verhältnisse herrschen wie zur Zeit Karls des Großen, als Frankreich und Deutschland zusammengehört hatten. Außerdem: Der Franzose konnte zahlen, nicht bar auf die Hand, aber mit Würden, Titeln und erbberechtigten französischen Prinzessinnen, die er großzügig feilbot.

Maximilian tat sein Bestes, Franzens Absichten entgegenzuwirken. Er war überzeugt, die Mehrzahl der Kurfürsten auf seine Seite herübergezogen zu haben, als er im Sommer 1518 nach Augsburg reiste, wo der entscheidende Reichstag vor der Wahl stattfinden sollte. Die schwäbische Handelsstadt schien überdies für ihn kein ungünstiger Ort zu sein, dort residierte ja auch der Fugger, auf den er angewiesen war. Daß es bei dem bevorstehenden Ereignis ausschließlich um Geld gehen würde, war jedem klar, der die Verhältnisse auch nur einigermaßen überblickte. Viele Kurfürsten fragten sich nämlich nicht nur, was an dem Franzosen überhaupt auszusetzen sei, sondern auch, welche größeren Vorzüge ihm gegenüber ein spanischer König aufzuweisen habe.

Dem jungen Karl gehörten nicht nur das iberische Königreich, Neapel, Sizilien und Burgund, Maximilian hatte ihm und seinem Bruder auch schon die österreichischen Erblande samt allen Ansprüchen auf Böhmen und Ungarn vermacht. Würde er nun noch römischer König werden, dann liefen die Deutschen Gefahr, dem Herrscher einer Weltmacht auf Verderb und Gedeih ausgeliefert zu sein. Mit seinem über die ganze Landkarte verteilten Hausbesitz hätte er nicht nur sie in der Zange, sondern auch Frankreich. Auf dem politischen Schachfeld würde gegen seinen Willen keine Figur mehr von der Stelle gerückt werden können. Solche Befürchtungen aber ließen sich wirklich nur noch mit dem Mittel der Bestechung aus der Welt schaffen.

Die entscheidende Position im damit beginnenden Spiel sicherte sich Jakob Fugger. Karl hatte von Burgund aus bereits 100 000 Gulden in Innsbruck deponieren lassen und erklärt, da man diese Summe als zu gering belächelte, er könne sie notfalls verdoppeln. Anschließend ließ er, um Fugger kirre zu machen, verlauten, er habe auch italienische Banken auf seiner Seite, die Gualtarotti in Florenz, die Fornari und Vivaldi in Genua. Sogar Bartolomäus Welser in Augsburg, Fuggers schärfster Konkurrent, sei bereit, ihm großzügigen Kredit einzuräumen. Jakob begriff, was ihm damit signalisiert werden sollte. Schließlich lohnte für ihn das Geschäft nur, wenn er der Hauptfinanzier des neuen Herrschers war.

Widerwilig machte der Fugger eine erste Rate von 100 000 Gulden locker, um zunächst einmal den geldgierigsten der Kurfürsten, Joachim von Brandenburg, zu befriedigen. Allerdings wollte er, man schrieb den 22. August 1518, nur zahlen, wenn Karl bis spätestens zum 1. März 1519 gewählt worden sei. Darauf ließen sich auch die übrigen Kurfürsten ein. Maximilian reiste nach Österreich zurück, überzeugt, er habe in letzter Minute gewonnen. Es war jedoch eine Illusion. Am 12. Januar starb er im oberösterreichischen Wels, und alle getroffenen Abreden galten nicht mehr. In Augsburg hatte man lediglich vereinbart, einen König »zu Lebzeiten« des amtierenden Kaisers zu wählen, einen designierten kaiserlichen Kronprinzen, an den sich die Wahlmänner erst einmal gewöhnen konnten, ehe es zwischen ihm und ihnen richtig ernst werden sollte. Einen Herrscher, der sofort die Macht ergriff, hatte man nicht gewollt. So begann das ganze Spiel noch einmal von vorne.

Es wurde härter diesmal und – für die Veranstalter – teurer. Ausgerechnet schweizerische Söldner, die unter Führung der Kriegsunternehmer Franz von Sickingen und Georg von Frundsberg in habsburgischem Auftrag gegen einen württembergischen Herzog zusammengezogen worden waren, erklärten in einer »Tagsatzung«, sie würden keinen französischen Kaiser dulden. Der fränkische Adel, rheinische und süddeutsche Bürger bliesen ebenfalls ins nationale Horn; sie erkannten den Burgunder Karl als Deutschen an und sprachen sich für ihn aus. Franz von Frankreich auf der anderen Seite mobilisierte seine letzten Mittel, weil er ja wirklich fürchten mußte, sich nicht mehr rühren und regen zu können, wenn er an allen seinen Grenzen, in Oberitalien, an den Pyrenäen, am Niederrhein und nun auch noch am Mittel- und Oberrhein auf Habsburg stieße. Und Papst Leo X. schließlich fand wenig Gefallen an der Aussicht, daß er es, wie seine Vorgänger zu Zeiten der Staufer, mit einem Kaiser zu tun haben könnte, der auch in Neapel präsent war. Kam noch hinzu, daß die deutschen Kurfürsten der Situation am allerwenigsten gewachsen waren und sich deshalb darauf beschränkten, nur ihre persönlichen Vorteile zu vertreten: Sie suchten von dem mobilisierten Kapital soviel wie möglich in die eigenen Kassen zu lenken und den Kandidaten ein verbindliches Wahlversprechen nach dem anderen abzuringen. Das traf vor allem Karl.

Immer deutlicher neigte sich nämlich die Waage auf seine Seite. Als es acht Tage vor dem Wahltermin schon so gut wie sicher war, daß kein Weg an ihm vorbeiführen würde, unternahm Leo X. den fast schon verzweifelten Versuch, neben Franz I. und dem Habsburg noch einen dritten Kandidaten ins Treffen zu schicken, den wohlangesehenen, allseits respektierten Friedrich von Sachsen. Hätte der Papst sich damit durchgesetzt, wäre möglicherweise der deutschen Republik eine letzte Chance beschert worden. Kurfürst Friedrich, genannt »der Weise«, hatte zu den Mitstreitern Bertholds von Henneberg gehört und auch, als eine Art Ministerpräsident, das nur zwei Jahre lang bestehende Reichsregiment geleitet. Leider besaß der Sachse jedoch nicht die Nerven, sich dem habsburgischen Aufgebot in den Weg zu stellen: Er lehnte Leos Angebot ab, soll allerdings auch von den Geldern, die Fugger ausstreute, nicht wenig genommen haben. Somit hatte Karl gesiegt. 825 000 rheinische Gulden waren von ihm und seinen Hintermännern ausgegeben worden, das dürfte etwa dem Wert von zwei Tonnen Feingold entsprochen haben. Über die Hälfte davon stammte aus den Kassen Jakobs des Reichen, kleinere Tranchen hatten – trotz Sträubens des Fuggers – die Gualtarotti, Fornari, Vivaldi und Welser aufgelegt. Da jedoch die gesamte Anleihe – als solche dürfte Jakob seine Auslagen betrachtet haben – von ihm garantiert worden war, konnte er hoffen, den größten Teil der Zinsen einzustreichen. Auch Erzherzogin Margarete, die »Tante Europas«, sah das nicht anders. An Maximilian van Zevenberghen, einen der engeren Mitarbeiter Karls, schrieb sie noch während des Wahlkampfes: Fugger leiste dem König so viele Gefälligkeiten und Dienste, »daß der König verpflichtet ist, sich ihm eines Tages erkenntlich zu zeigen«. Jakob der Reiche und Bartholomäus Welser wußten schon lange, wie das geschehen könne. War das neue Reichsoberhaupt nicht auch Herr der sagenhaften Goldgruben im gerade eben entdeckten Amerika?

Im Juni 1519 wurde Karl in Frankfurt einstimmig zum Kaiser gewählt. Welche Gefühle die Teilnehmer an dieser Zeremonie beseelten, ist mehr als ungewiß, es dürften eher zwiespältige gewesen sein. Zeitgenössische Literaten bejubelten zwar das »junge edle Blut vom Hause Österreich«, im Volk ging das Gerücht um, Karl sei, nach einer Weissagung aus dem Jahr 1505, jener Kaiser, der Jerusalem befreien und in der Grabeskirche seine Krone an Christus zurückgeben werde. Die Kurfürsten jedoch, unter dem Vorsitz Friedrichs des Weisen, tagten nahezu pausenlos hinter den Kulissen, um sich darüber klarzuwerden, was es für Folgen haben könne, daß sie eine gewissermaßen internationale Persönlichkeit an die Spitze des Reiches berufen hatten. Würde er sie nicht unweigerlich in eine Auseinandersetzung mit Franz von Frankreich hineinreißen? Würden sie darunter zu leiden haben, daß auch der Papst keineswegs mit ihm einverstanden war? Vor allem aber: Bestand nicht wirklich die Gefahr, daß Karl mit seinen ungeheuren Machtmitteln die republikanisch-oligarchische Ordnung Deutschlands aus dem Gleichgewicht bringen und sie selbst ihres politischen Gewichtes berauben könnte? Hennebergs Vorstellungen von einer Reichsreform waren plötzlich wieder in aller Munde. Es schien hoch an der Zeit, von seinen Plänen zu retten, was zu retten war. Mit hektischem Eifer wurden Wahlkapitulationen zusammengestellt, die die Rechte eines künftigen Kaisers noch mehr beschnitten und die Privilegien der Kurfürsten noch weiter verstärkten. Aber das lief bereits nicht mehr auf Reichsreform, sondern auf Stabilisierung der landesherrschaftlichen Gewalt in den einzelnen deutschen Teilstaaten hinaus. Und Karl, wo stand er?

Der knapp zwanzigjährige Habsburg schien wahrhaftig auf dem Gipfel der Welt angelangt zu sein. In den offiziellen Dokumenten, die sich auf ihn bezogen, wurden seinem Namen bereits über siebzig Titel angefügt, die er aus unterschiedlichsten Rechten führte. König etwa war er jetzt nicht mehr nur in Aragon, Kastilien und Neapel, sondern auch »in Germanien«, auf dem Papier sogar schon »von« Ungarn und Böhmen. Ferner war er Herzog »zu Burgund«, Fürst in mehreren Gebieten des burgundischen Staates und last not least natürlich »Erzherzog zu Österreich«. Den größten Teil dieser Ehrenlast hatte er in weniger als drei Jahren angehäuft, der knappen Frist zwischen dem Tod seines spanischen Großvaters und der Kaiserwahl in Frankfurt. Es war in einer Parforcetour geschehen, bei der auch Widerstände aus der eigenen Familie überwunden werden mußten, Bestrebungen vor allem, nicht ihn, sondern seinen Bruder Ferdinand den deutschen Wahlmännern zu präsentieren. Karl, dieser schmale, zierliche, fast unscheinbar wirkende Jüngling, hatte mit einer Entschlossenheit, die auf nicht geringes Selbstbewußtsein schließen läßt, alle Hindernisse überwunden und alle Widersacher zur Seite gedrängt. Sein Sieg, so schien es, hätte vollkommener nicht sein können. Indessen, es schien nur so. Während er voranstürmte, ohne nach links oder rechts zu blicken, war in Karls Rücken eine wahre Drachensaat aufgegangen, und zwar nahezu in seinem ganzen riesigen Herrschaftsbereich.

Kastilische Bürger, empört, weil sie gar nicht gefragt worden waren, ob sie es auch billigten, daß ihr König deutscher Kaiser werden wollte, hatten sich in einer »Junta« zum Schutz der eigenen Rechte und Freiheiten zusammengeschlossen. Als Karl 1520 zu seiner zweiten Deutschlandreise aufbrach, entfesselten sie gegen ihn die sogenannte »Revolte der Comuneros«, einen Aufstand, der das ganze Land in Brand setzte. Zu seinen Vorkämpfern gehörte jener Juan de Padilla, dessen Bruder Lorenzo einst von der Erscheinung Philipps des Schönen so beeindruckt gewesen war.

Nicht geringere Unruhe herrschte in Karls österreichischen Erblanden. Die ewig aufrührerischen Wiener opponierten gegen Vertreter des habsburgischen Regimes und fanden dabei nahezu überall ob und nid der Enns Unterstützung. Die Landtage in der Steiermark, Kärnten, Krain nahmen von ihrer Obrigkeit einfach keine Kenntnis mehr, verweigerten die Steuer, prägten ihre eigenen Münzen und legten die Verwaltung in die Hand ständischer Ausschüsse. Noch wilder ging es in Tirol zu. Dort empörten sich vor allem Bauern gegen adlige Vorrechte, gründeten Verteidigungsbünde und sprachen schon von einer Vereinigung mit der Schweiz – wozu sie nicht zuletzt auch von Agenten aus Frankreich angestachelt wurden.

In Deutschland aber erklang immer lauter jenes Lied, das schon Maximilian zu hören bekommen hatte: »Als Adam grub und Eva spann, wo war denn da der Edelmann?«, eine Parole, für die nicht nur die Tiroler, sondern auch die spanischen »Comuneros« Verständnis gehabt hätten. Und an den Grenzen des riesigen Habsburgerreiches ballten sich Gewitterwolken von wieder anderer Art zusammen.

In Konstantinopel wurde 1520 der wahrscheinlich bedeutendste aller osmanischen Herrscher mit dem Sultansschwert gegürtet, Sulaiman I., von den Italienern »Soliman il Magnifico«, der Prächtige, von seinem eigenen Volk »Kanuni«, der Gesetzgeber, genannt, ein Herrscher und Feldherr wahrhaft cäsarischen Formats. Neun Jahre später sollte er vor Wien stehen.

Die Waffe, die Karl ins Herz treffen mußte, wurde jedoch weder am Bosporus noch in Toledo geschmiedet, sondern sozusagen in seiner eigenen Umgebung. Erasmus von Rotterdam, die Speerspitze der humanistischen Aufklärung, hatte dem Habsburger eine Schrift gewidmet, in der es hieß: »Wenn du kein Philosoph bist, kannst du kein Fürst sein, sondern nur ein Tyrann.« Karl war von dieser Maxime nicht nur beeindruckt, er suchte sie auch nach bestem Können zum Maßstab seines Handelns zu machen. Nichts war ihm verabscheuungswürdiger als brutale Machtausübung und geistige Diktatur. Als Erasmus von spanischen Dominikanern der Ketzerei bezichtigt wurde, stellte Karl sich bedingungslos vor ihn; als Löwener Theologen seine Thesen angriffen, erklärte er öffentlich, er sei ein »um das christliche Gemeinwesen hochverdienter Mann« und nichts weniger als ein Feind der Religion. Der junge König stand also nach Veranlagung und Erziehung durchaus im Lager derjenigen, die davon überzeugt waren, das christliche Abendland müsse von innen heraus reformiert werden, ja er glaubte sogar, es sei seine vornehmste Aufgabe, diese Erneuerung voranzutreiben. Aber wie sollte er sich verhalten, wenn in den Reihen der fortschrittlichen Geister, die er hinter sich glaubte, plötzlich Töne aufklangen, welche nicht mehr nur Auswüchse eines Systems anprangerten, sondern die ganze Weltordnung radikal in Frage stellten? In dem für Karl so unheilschwangeren Jahr 1520 war auch Luthers Schrift »An den christlichen Adel deutscher Nation von des christlichen Standes Besserung« erschienen, ein wortgewaltiges Pamphlet, das die Kirche zu einem Hort schierer »Büberei und Bosheit« erklärte. Luther forderte außerdem die Abschaffung der meisten Sakramente, die Unterordnung der geistlichen unter die staatliche Strafgewalt sowie das Abendmahl in beiderlei Gestalt. Drohte da nicht der mühsam überwundene hussitische Schrecken noch einmal über Reich und Welt hereinzubrechen?

Hussit und Ketzer hatte man den Wittenberger Professor in der Tat bereits genannt, als er 1518 nach Augsburg zitiert worden war, um sich dort, früherer Schriften wegen, vor einem päpstlichen Legaten zu verantworten. Der damals noch amtierende Maximilian hätte Luther ohne weiteres einem römischen Inquisitionsgericht überantworten können. Er hatte es jedoch nicht getan, weil Luther unter dem Schutz seines Landesherrn Friedrichs des Weisen stand und weil er damals keinen der Kurfürsten vergrämen wollte. So hatte der spätere Reformator ungeschoren von Augsburg nach Hause zurückkehren und dort jenen Aufruf an den deutschen Adel verfassen können, der dann, zwei Jahre später, das ganze Land in Aufruhr versetzte. Daß man Luther so glimpflich behandelte, war eines von vielen Zugeständnissen gewesen, die der alte Kaiser glaubte machen zu müssen, um seinem Enkel zur Krone zu verhelfen. Jetzt mußte Karl für Maximilians Kompromißbereitschaft zahlen, denn die neueste Schrift des Wittenbergers zog sofort den päpstlichen Bannfluch nach sich, und damit war auch der Herr des Reiches gezwungen, zu der Affäre Stellung zu nehmen.

Von Köln aus berief er seinen ersten Reichstag ein. Als Sitzungsort war diesmal Worms an der Reihe. Dorthin lud Karl für den April 1521 Martin Luther.

XI.
Der Kaiser und der Mönch

Die beiden Männer, die am 17. April 1521 in der Hofstube des Wormser Bischofspalastes aufeinandertrafen, hatten sich noch nie vorher gesehen. Trotzdem gehörten sie zueinander wie die beiden Seiten einer Münze.

An Luthers Stelle hätte fast ebensogut Gregor Heimburg stehen können, ein Schweizer Landammann oder der Anführer des Wiener Aufstandes gegen Friedrich III. Ein bißchen stand der Wittenberger sogar im Schatten Bertholds von Henneberg. Zwar wäre er mit keiner dieser bereits historischen Gestalten völlig gleichzusetzen gewesen, mit ihnen gemeinsam hatte er jedoch die Geste des Aufbegehrens gegen ein Prinzip, das ihnen allen unter dem Namen »Habsburg« entgegengetreten war. Die von Luther verkörperten Kräfte, seine Antriebe und Nöte sind nicht einmal ihm, geschweige denn seinen späteren Interpreten bis ins letzte bekannt gewesen. Selbst mit den feinsten Mitteln menschlichen Einfühlungsvermögens ließen sich die Tiefen, aus denen er kam, nicht völlig ausloten. Er war durch Grübeln, Leiden, Sinnieren, Forschen an die Grenzen seines frühesten Lebenselementes, der Offenbarungsreligion, vorgestoßen und hatte dort Erkenntnisse erlangt, die sich von Offenbarungen nicht wesentlich unterschieden. Die Wahrheit, an die er glaubte, war ihm keineswegs in einem restlos nachvollziehbaren Prozeß zugeflossen, so wie etwa den Buchgelehrten seiner Zeit, er war von ihr – nicht anders als ein alttestamentarischer Prophet – überfallen worden. Indem ihn diese Wahrheit aber niederschlug, richtete sie den Mann Luther gleichzeitig zu seiner wahren Größe auf. Fortan vermochte er freilich in bewundernswerter Klarheit, »mit Zungen« zu sprechen, war ebenso selbsttätiger Denker wie Medium einer durch ihn hindurchschießenden Kraft.

Ein beträchtlicher Teil dieser Kraft ist allerdings von durchaus irdischer Natur gewesen. Sie war zusammengeballt aus Wut über die

Unzulänglichkeit bestehender Verhältnisse, aus existentiellen Nöten, apokalyptischen Ängsten, verletztem Stolz und versehrter Würde, aber auch aus Hoffnungen, utopischen Vorstellungen und Träumen von einer nationalen Identität der Deutschen. Luther wurde für alle diese Empfindungen zu einer Art Blitzableiter, weil er Worte gefunden und hinausgeschleudert hatte, die an viele offen liegende Nerven zugleich rührten und dabei höchst verschiedenartige Reflexe auslösten. Durch seine Angriffe zuerst gegen den Ablaßhandel, dann gegen die Kirche, die ihn zum Zweck der reinen Selbstfinanzierung geschaffen hatte, dann gegen die Glaubenssätze, auf denen sie ruhte, schuf er auch ein für jedermann erkennbares Feindbild. Die von ihm ausgehende prophetenhafte Gewalt riß jahrhundertealte Attrappen um, den Blick auf ein fernes gelobtes Land eröffnend. Nur allzu verständlich jedoch, daß von seinen Anhängern kaum einer diese Vision mit Luthers Augen sah, sondern mit seinen jeweils eigenen.

Die Humanisten, an ihrer Spitze Erasmus von Rotterdam, erhofften sich davon, daß Luther »als Trost und Erquickung für alle« die Evangelien gewissermaßen neu entdeckte, zunächst eine Erneuerung der noch mittelalterlich geprägten Theologie, dann, durch folgerichtige Weiterentwicklung solcher Gedanken, die Erneuerung der Kirche. Sie vertrauten der Macht der auf Taubenfüßen daherkommenden Ideen und scheuten nichts mehr als selbst verbale Gewaltakte. Daß Luther die Wahl der Mittel gar nicht hatte, weil seine Wahrheit erforderte, sie auf jede nur denkbare Weise zu verfechten, erkannten die meisten von ihnen erst, als er schon so weit vorgeprescht war, daß sie ihm nur noch bedingungslos nachfolgen konnten oder sich von ihm distanzieren mußten. Erasmus tat das letztere.

Wieder anders war es mit Ulrich von Hutten. Dieser Ritter, der sein Leben lang gekämpft hatte – als kaiserlicher Landsknecht gegen Frankreich, als Pamphletist gegen die geistliche Diktatur des Papsttums und als Reformpolitiker gegen fürstliche Eigennützigkeit –, war wie vom Blitz getroffen, als er Luthers erste Streitschriften las. Und sofort machte er dessen Sache zu seiner eigenen. Dabei blieb jedoch nicht aus, daß er Luther auch für die von ihm selbst vertretenen Ansichten in Dienst zu nehmen suchte. Und Hutten war ein Mann, der sogar vor den kühnsten Höhenflügen nicht zurückschreckte. An Karl schrieb er: »Weil niemand darüber unklar ist, was alles mit der Sache Luthers zusammenhängt, so kannst Du glauben, daß das ganze Deutschland gleichsam vor Deinen Knien liegt ... damit Du es rettest und sich selbst zurückgibst, es von der Knechtschaft befreiest, gegen die Tyrannei sein Recht wahrst.« Der Ritter aus Hessen hatte diesen Brief noch auf lateinisch geschrieben, kurz darauf beschloß er, sich nur noch der deutschen Sprache zu bedienen, womit er einerseits Luther nachahmte, ihn aber erneut auch als Mitkämpfer einer national geprägten Politik beanspruchte.

Als Luther in Worms vor dem Kaiser stand, ein Achtunddreißigjähriger vor einem Einundzwanzigjährigen, ein exkommunizierter Geistlicher vor dem Mann, der entscheiden mußte, ob zu dem Kirchenbann, der schon über ihm hing, nun noch die Reichsacht hinzukommen sollte, da war er längst schon mehr als – wie Karl ihn nennen sollte – ein »einzelner Bruder«, er war vielmehr Exponent mächtiger geistiger Strömungen, weitverbreiteter Emotionen und bereits auch politischer Ansprüche.

Der Habsburg war auf seine Weise kaum etwas anderes. Allerdings verkörperte er weniger eine bestimmte Vorstellung von Welt und Weltordnung als vielmehr den ehernen Anspruch, diese Ordnung als Fürst, als »princeps«, festzulegen, eben als lebendes Prinzip. Daß er in jener Welt lebte, die Maximilian in Form von Stammbäumen entworfen hatte, stellte Karl zudem auf eine Stufe, welche Luther sowenig erklimmen konnte wie irgendein anderer Nicht-Habsburger. Aus ebendiesen Gründen freilich wäre es auch dem jungen Kaiser – selbst bei größter Bereitschaft – kaum möglich gewesen, verständnisvoll in die Welt Luthers vorzudringen. Beide saßen in ihrem jeweiligen Gefängnis, und nicht einmal mit Engelszungen hätten sie sich von einer Zelle zur anderen verständigen können. Es spielte deshalb nur eine geringe Rolle, daß der Wittenberger Professor zunächst keine Chance bekam, für seine Sache mit Worten einzutreten.

Der Reichserbmarschall Ulrich von Pappenheim machte Luther darauf aufmerksam, daß er nur die ihm gestellten Fragen beantworten dürfe – es waren nicht mehr als zwei. Ein Beamter des Erzbischofs von Trier wollte danach wissen, ob er die vorliegenden, auf einer Sitzbank gestapelten Bücher geschrieben habe und ob er deren Inhalt widerrufen oder darauf beharren wolle. So simpel diese Fragen klangen, so gefährlich waren sie doch. Mit einem knappen Ja zur zweiten Frage hätte Luther sich selbst als Ketzer verurteilt. Vor der Versuchung, in die Falle zu tappen, schützte ihn indessen weniger eigene Klugheit als vielmehr ein aus reiner Unschuld und Unbefangenheit geschmiedeter Panzer. Mit leiser Stimme forderte er: »Man zeige die Bücher mit Namen an«, erklärte, nachdem ihm die insgesamt neunzehn Titel vorgelesen worden waren, sie stammten wohl aus seiner Feder, und bat sich für die Beantwortung der zweiten Frage Bedenkzeit aus. Nach kurzer flüsternder Beratung zwischen dem Kaiser und seinen Räten wurde dies bewilligt.

Karl hatte den ganzen Vorgang mit verschlossener Miene verfolgt. Er thronte auf einem Sitz, der ihn in der niederen Stube nicht weit über die anderen Teilnehmer emporgehoben haben kann. An seiner Seite stand Bruder Ferdinand, hinter und neben dem Thron verharrten die Hofbeamten, die Kurfürsten und die Vertreter der übrigen Stände. Luther sah sich nicht nur dem Kaiser gegenüber, sondern auch dem Reich. Einem Bericht des päpstlichen Legaten Aleander zufolge scheint er davon jedoch kaum beeindruckt gewesen zu sein. Allerdings beeindruckte auch er den Habsburg nicht sehr. Als der Angeklagte hereingeführt worden war, hatte Karl einem Nachbarn zugeflüstert: »Der würde mich niemals zum Ketzer machen.« Es war so hingesagt.

Noch am Abend dieses ersten Sitzungstages schloß der junge Herrscher sich ein und schrieb mit eigener Hand ein Memorandum, das seinen Standpunkt in dieser Angelegenheit darstellte. Es begann – wie auch anders – mit einem Hinweis auf das »Erzhaus«. Sich an ein unsichtbares Publikum wendend, gab Karl zu Protokoll: »Ihr wißt, daß ich von den christlichen Kaisern der edlen deutschen Nation abstamme, von den katholischen Königen Spaniens, den Erzherzögen von Österreich und den Herzögen von Burgund, die alle bis zu ihrem Tode treue Söhne der Heiligen Römischen Kirche waren.« Das Vorbild seiner Ahnen, so fuhr Karl dann fort, sei auch für ihn verpflichtend, und zwar um so mehr, als nun »ein einzelner Bruder, irrig in seiner Meinung, gegen den Glauben aufsteht, den die Christenheit seit tausend Jahren geübt hat, und uns belehren will, daß alle Christen bis zum heutigen Tag geirrt hätten.« Er endete: »Ich bin entschlossen, ihn (Luther) nie wieder anzuhören ... Ich bin entschlossen, gegen ihn als einen notorischen Ketzer vorzugehen.«

Es war die einzig mögliche Entscheidung, die Karl treffen konnte, aber er hatte sie sich keineswegs leichtgemacht, weder als Politiker noch als ein von humanistischem Geist angehauchter Denker. Der Hinweis auf eine tausendjährige Kirchengeschichte und die darin wurzelnden Traditionen war von kaum geringerem Gewicht als die Argumente Luthers. Doch aus der Tatsache, daß sich für beide Haltungen kein gemeinsamer Nenner finden ließ, ja, daß schon ihre jeweiligen Prämissen sternenweit auseinanderlagen, erwuchs nur die Tragödie Karls, keineswegs jene Luthers. Der Mann aus Wittenberg agierte letztlich doch auf einer anderen Bühne als der Herrscher aus Burgund und war der Held seiner vollkommen eigenen Geschichte.

Dem nächtlichen Beschluß zum Trotz hörte Karl Luther am 18. April 1521 dann doch noch einmal an. Diesmal hielt der Wittenberger jene berühmt gewordene Rede, in der er begründete, weshalb es ihm unmöglich sei, auch nur eine seiner Schriften nicht anzuerkennen. Er schloß mit Worten, die die Welt durchhallen sollten: »So kann und will ich nichts widerrufen, weil wider das Gewissen zu handeln beschwerlich, nicht ratsam und gefährlich ist. Gott helfe mir, Amen.« Später in seiner Herberge fügte er noch hinzu: »Ist meine Sache aus den Menschen, so wird sie untergehen, ist sie aber aus Gott, so werdet Ihr sie nicht dämpfen können.« Das war nicht mehr nur großartig, sondern auch schon ein bißchen vermessen, vor allem aber war es sehr, sehr deutsch. Aus nahezu ähnlichem Anlaß sollte der Revolutionär und Dichter Georg Büchner später sagen: »Wenn es Rosen sind, werden sie blühen.«

Luthers Setzlinge sind mächtig aufgeblüht, mystisch rot, feuerrot, blutig rot. In ihren Dornen verfing sich sogar der Habsburg.

1850 wurde dem Zensor der habsburgischen Provinzen Venetien und Lombardei ein Opernlibretto vorgelegt, das Giuseppe Verdi vertonen wollte. Es beruhte auf einem Theaterstück des Franzosen Victor Hugo mit dem Titel »Le roi s'amuse«, es schilderte ein Mordkomplott gegen einen ausgesprochenen Wüstling namens Franz I. von Frankreich. Dem Zensor sträubten sich die Haare, als er das Stück las. Ein Herrscher von Gottes Gnaden auf offener Bühne bloßgestellt und auch noch von Attentätern bedroht! So etwas rührte ja an die Grundlage aller Monarchien, auch der österreichischen. Das Buch wurde ungnädig abgelehnt; Verdi und sein Librettist wußten sich zu helfen. Sie machten aus dem König einen Herzog von Mantua und änderten den Titel in »Rigoletto«, was auch den Zensor befriedigte. Dieser k.u.k. Beamte muß wirklich ein überzeugter Monarchist gewesen sein, doch in der Geschichte kannte er sich nicht sehr gut aus. Franz I. hatte

Karl V., einem Vorgänger also seines derzeitigen Kaisers, mehr Schwierigkeiten bereitet als irgendwelche anderen Franzosen irgendeinem früheren Habsburg. Und als Wüstling hätte man Franz zur Not auch bezeichnen können.

Der Schwiegersohn und Nachfolger Ludwigs XII., des erbitterten Gegners von Maximilian I., war ein Mann, mit dem man sich wohl gerne an den Trinktisch gesetzt hätte – er stammte aus Cognac und liebte diese Stadt –, aber nur ungern in Geschäfte eingetreten wäre. Nach allem, was man über ihn weiß, muß er nicht nur ein Lotterleben geführt haben, sondern auch eine Art fröhlicher Gauner gewesen sein. Tizian, der Könige zu malen verstand, zeigt ihn in prahlerischer Pose mit lachend abgewandtem Gesicht: einen Lebemann, keine Majestät.

Karl, der Inbegriff majestätischen Selbstbewußtseins, verlor den Kampf um das von Luther aufgewühlte Deutschland unter anderem auch deswegen, weil er nicht weniger als vier lange und blutige Kriege gegen den Franzosenherrscher führen mußte. Von Worms aus reiste er 1521 direkt nach Westen, um einer Vielzahl von Operationen entgegenzutreten, die Franz in die Wege geleitet hatte. Der Mann aus Cognac griff die langen, verwundbaren habsburgischen Grenzen an ihren sämtlichen Schwachpunkten fast gleichzeitig an. In Spanien arbeitete er mit den aufständischen Comuneros zusammen, an der mittleren Maas unterstützte er einen abtrünnigen burgundischen Vasallen Karls, an der oberen Schelde den nach Selbständigkeit dürstenden Herzog von Geldern. Franz mußte alle diese Schläge führen, wenn er nicht Gefahr laufen wollte, von einem krakengleich über Europa liegenden Staatsgebilde erwürgt zu werden. Für sich selbst hatte er als Kriegsschauplatz Italien gewählt. Immer noch besaß Frankreich ja das Herzogtum Mailand, bei dessen Rückeroberung Maximilian einst so kläglich gescheitert war.

Karl, inzwischen einundzwanzig Jahre alt, erwies sich zunächst einmal als glänzender Diplomat. Er brachte den Papst auf seine Seite, ferner Venedig und Heinrich VIII. von England. Franz hingegen setzte unter anderem auf Habsburgs geschworene Feinde, die Eidgenossen, die ihm ein starkes Landsknechtskontingent gestellt hatten. Den Schweizern allerdings eilte längst nicht mehr der Ruf voraus, unbesiegbar zu sein. Mittlerweile gab es auch deutsche Kriegsführer, die wußten, wie man mit den lanzenstarrenden Vierecksblöcken, der flankierenden Reiterei, der deckenden Artillerie und den im Vorfeld kämpfenden »verlorenen Haufen« operiert. Die berühmtesten dieser Condottieri hießen Sebastian Schärtlin und Georg von Frundsberg, beide hatten sich als selbständige (und gut verdienende) Kriegsunternehmer dem Kaiser zur Verfügung gestellt. Schlachten schlugen sie freilich nicht allzugern, aus begreiflichen Gründen: Schlachten gingen zu sehr ins Geld. Statt dessen versuchten sie, den Gegner auszumanövrieren, von seinen Versorgungsbasen abzuschneiden oder den Krieg durch hinhaltendes Taktieren derart in die Länge zu ziehen, daß der anderen Seite schließlich die Betriebsmittel ausgingen. Karls Feldherren, zu denen auch Charles de Bourbon, ein Verwandter des französischen Königs, gehörte, erwiesen sich als Meister in dieser Kunst. Erst im fünften Jahr des ersten Krieges gegen Franz war eine große, entsprechend kostspielige Auseinandersetzung unvermeidbar geworden. Sie fand vor Pavia statt.

Die alte Langobardenhauptstadt am Ticino befand sich in kaiserlicher Hand. Franz rückte im Oktober 1524 heran, um sie einzunehmen. Wäre ihm das gelungen, hätte er die weiter im Süden operierenden Truppen Karls von der Lombardei abgeschnitten, anfangs schien es zu gelingen. Die Besatzungstruppen schlugen zwar alle Angriffe der Franzosen zurück, doch war bald abzusehen, daß sie dabei allmählich ausbluten mußten. Franz hingegen hatte sich vor der Festung sicher verschanzt und behaglich eingerichtet, »mit Brot in Menge und Wein und Fleisch und Karpfen aus dem Gardasee«, wie ein kaiserlicher Offizier lüstern vermutete. Noch gefährlicher als die kriegerischen Manöver des Franzosen waren freilich die politischen Auswirkungen, die sie zeitigten. Venedig sah in Franz schon den Sieger und künftigen Herrn Norditaliens, deshalb fiel es von Karl ab, um mit dem Franzosen zusammenzugehen. Im Dezember tat der Papst das gleiche. Wenn die Kaiserlichen nicht den ganzen Stiefel abschreiben wollten, mußten sie jetzt einen großen Einsatz wagen. Der Bourbon verpfändete seine Juwelen, was ihm so viel einbrachte, daß er achtzehn Fähnlein Landsknechte anwerben konnte, etwa neuntausend Mann. Frundsberg, dessen Sohn in Pavia mit eingeschlossen war, stellte weitere sechstausend Söldner auf die Beine, insgesamt eine recht stattliche Streitmacht. Allerdings krankte sie an der nachgerade schon klassischen Schwäche aller habsburgischen Armeen: In der Kriegskasse sah es finster aus. Wollte man die Investitionen also nicht vergeblich getätigt haben, mußte rasch und ohne Rücksicht auf die Witterung gehandelt werden.

Mitte Januar 1525 stiegen die vereinigten kaiserlichen Truppen von den Alpen herab. Am 4. Februar kamen sie vor Pavia an. Karl hielt sich zu dieser Zeit in Spanien auf.

Der immer noch junge Habsburg hatte damals einen neuen Mentor gefunden, den mit Dante verwandten Italiener Mercurino Gattinara. Dieser altgediente, sprachgewandte Jurist, Diplomat und Humanist war auf dem Papier nur Beamter mit dem freilich imponierenden Titel »Großkanzler aller Reiche und Länder«, aber er – ähnlich wie der verstorbene Guillaume de Croy – diente Karl auch als Vaterersatz. Aus seinen Vorstellungen und Gedanken war das zusammengefügt, was man als ideologische Basis der neuen habsburgischen Politik bezeichnen könnte. Ein universalistischer Herrscher sollte der Kaiser sein, abgelöst eigentlich von den realen Fundamenten seiner Macht, nichts repräsentierend als die Ordnung Europas und, wie einst im hohen Mittelalter, ein weltlicher Bruder des Papstes.

Unter anderem hatte Gattinaras Politik bereits dazu geführt, daß Karl seine ererbten habsburgischen Besitzungen an Ferdinand abtrat und somit de jure kein deutscher Fürst mehr war. Weiterhin hatte sie bewirkt, daß es in Deutschland wieder ein Reichsregiment gab, das den Kaiser während seiner Abwesenheit vertreten sollte. Es handelte sich dabei jedoch keineswegs um das starke, von Henneberg gewollte Kabinett, sondern eine Versammlung der Ständevertreter, die alle Vierteljahre ausgewechselt wurden. Aus diesem Grund konnte das Reichsregiment nur juristische und verwaltungsmäßige Arbeit leisten, aber keine selbständigen politischen Entscheidungen treffen, was Karl, beziehungsweise Gattinara, allerdings beabsichtigt hatte.

Von der Höhe eines immateriellen, in fast schon überirdisches Licht getauchten Bauwerks wollte der Habsburg als letzte Instanz in die Angelegenheiten seiner Völker eingreifen. Dabei dachte er weniger an Eroberungen, Kriege und Ausweitung eines ohnehin schon riesigen Imperiums als vielmehr an Bewahrung und Erhaltung dessen, was er bereits besaß oder was ihm nach seiner Meinung rechtens zustand. Auf Italien etwa meinte er, als Nachfolger der staufischen Kaiser, einen sicheren Anspruch zu haben, ebenso auf das Herzogtum Burgund, das Frankreich noch immer besetzt hielt. Dieser Standpunkt kennzeichnet auch einen Mann, der von seiner Auserwähltheit wie auch von jener seines Hauses überzeugt war und deshalb, gleich Rudolf dem Stifter, gleich Friedrich III. oder Maximilian, vor allem sein eigenes habsburgisches Lebensgefühl auf gewohnte Weise pflegen mußte. Gelehrte und Künstler, die ihn dabei unterstützten, fand er ohne Mühe. Ein spanischer Bischof verkündete die neue Reichsideologie in einem »Fürstenspiegel« der ganzen Welt, der Italiener Ludovico Ariosto begrüßte den Habsburg als wiedergeborenen Karl den Großen, Tizian verherrlichte ihn als Marc Aurel. Karl selbst hatte als junger Mann für sich die Devise »plus ultra« gewählt, »darüber hinaus«. Worauf er damit abzielte, auf Selbstüberwindung oder doch auf Eroberung neuer Gebiete, ist freilich nicht ganz klar. Daß aber Politik letzten Endes sehr wohl einer realen, wirtschaftlichen Basis bedarf, mußte Karl nicht nur während seiner Kriege mit Franz erkennen, auch in Spanien wurde er immer wieder darauf hingewiesen. Die Cortes, die Geld hergeben und Soldaten stellen sollten, weigerten sich nach wie vor, für ein Reich zu bluten, in das ihr Land eigentlich nur durch Zufall hineingeraten war. Was interessierte einen Kastilier Italien, was einen Aragonesen Deutschland oder Burgund? Mit dem amerikanischen Silber, das in ständig zunehmenden Mengen über den Atlantik kam, hätten sie in Wohlstand leben können, statt dessen versickerten diese Schätze nahezu spurlos in den Kriegen, die ihr König führte. Spanien wurde nicht reicher, sondern immer ärmer.

Auch zu der Zeit, in der die kaiserlichen und die französischen Truppen vor Pavia aufeinandertrafen, hatte Karl gerade wieder eine längere unerquickliche Sitzung mit den Ständevertretern hinter sich. Er hatte ihnen neue Steuern vorgeschlagen, um sein italienisches Unternehmen finanzieren zu können. Sie hatten den Gegenvorschlag gemacht, er solle Isabella heiraten, die Tochter König Manuels von Portugal. Einmal, so erklärten die Spanier, »weil sie von unserer Zunge ist«, zum anderen, weil Portugal, seit es Zugang zu den »Gewürzinseln«, den Molukken, besaß, ein ungemein reiches Land war. Karl, eigentlich mit Mary Tudor von England verlobt, fand Gefallen an der Idee und stimmte zu.

Kurz darauf traf ein Bote aus Italien ein. Seine Botschaft war knapp. »Sire«, sagte er, »Euer Majestät Truppen haben den Sieg davongetragen; die französische Armee ist vernichtet, der König selbst ist gefangen und befindet sich in der Gewalt Eurer Majestät.« Karl hatte sich nicht verhört.

Frundsberg und der Bourbon, denen die Truppen schon davonzulaufen drohten, waren aus reiner Verzweiflung auf die Franzosen losgegangen und zu ihrem eigenen Erstaunen nicht zurückgeschlagen worden. Ihren Sieg verdankten sie den fünfzehnhundert Arkebusenschützen, welche die gefürchteten Panzerreiter von Franz I. aus dem Sattel schossen. Dem König war das Pferd niedergestochen worden, worauf er sich hatte ergeben müssen. War dies das Ende aller Probleme, die Habsburg mit Frankreich hatte? Karl, der leichenblaß geworden war, als der Bote aus Italien sein Zimmer betreten hatte, beschloß, wenigstens Nägel mit Köpfen zu machen. Er ließ den hohen Gefangenen in ein kleines, staubiges Dorf namens Madrid bringen, mit dem er Großes vorhatte. Dort diktierte er seine Bedingungen.

Franz mußte das Herzogtum Burgund herausgeben, seinen Ansprüchen auf Mailand, Genua, Neapel sowie der Herrschaft über Flandern und Artois entsagen und als Bürgen für die Erfüllung dieser Zusagen seine beiden ältesten Söhne ausliefern. Diesem Diktat folgte die freundschaftliche Geste. Der Franzose sollte auch noch Karls Schwester Eleonore heiraten, um dadurch ihre Abmachung zu besiegeln, denn auf ein Bündnis mit dem Gegner, nicht auf seine völlige Unterwerfung, kam es Karl an. Auch Frankreich war jetzt ein Teil der Ordnung, die er verkörperte.

Franz sagte zu allem ja und amen – was blieb ihm auch anderes übrig? Am Bidassoa, dem französisch-spanischen Grenzfluß, wurde der Handel dann perfekt gemacht. Die beiden Prinzen fuhren herüber, ihr Vater hinüber. Franzens letzte Worte am diesseitigen, spanischen Ufer sollen gelautet haben: »Es wird alles erfüllt werden«, sein erster Ausruf am jenseitigen, französischen war: »Jetzt bin ich wieder König.« Frankreichs Herrscher hatte nicht umsonst den Salamander im Wappen. Er war Karl bereits aus der Hand geglitscht.

Noch im selben Jahr 1526 schloß Franz mit dem Papst, Florenz und der Republik von Venedig in Cognac ein antihabsburgisches Bündnis, die »Heilige Liga«. Und ebenfalls noch vor dem Ende dieses Jahres standen Karls Truppen schon wieder gegen Franz im Feld. Der Kaiser konnte von Glück sagen, daß er selbst nicht dabei war.

Das erste prominente Opfer, das dieser zweite Krieg gegen Frankreich forderte, war Georg von Frundsberg. Er starb einen ihm nicht völlig ungemäßen Tod, nämlich den des Unternehmers. Als seine Landsknechte im Lager vor Bologna mit der Waffe auf ihn eindrangen, weil er sie wieder einmal nicht bezahlen konnte, traf ihn der Schlag. Sein Mitbefehlshaber Bourbon, dessen Truppen ebenfalls meuterten, griff daraufhin zu einem etwas zweifelhaften, aber wirksamen Mittel. Er sagte, zahlen könne auch er nicht, doch sei es ja nicht mehr weit bis nach Rom und dort lägen alle Schätze der Welt. Das Geschrei, das ihm entgegenschlug, muß ohrenbetäubend gewesen sein. Und am 6. Mai 1527 standen seine zwanzigtausend Mann, Deutsche, Spanier und Italiener mit wenig Reiterei und noch weniger Artillerie, tatsächlich vor der Ewigen Stadt. Das Motiv, das Bourbon ihnen gegeben hatte, wog alle taktischen Mängel auf. In einem einzigen, blindwütigen Anlauf wurden die von Schweizern verteidigten Wälle überwunden. Daß der Bourbon selbst dabei sein Leben verlor, war das Schlimmste, was Karl hätte passieren können.

Die ohnehin aufgeputschte und jetzt auch noch führerlose Soldateska veranstaltete in der besiegten Stadt jene fürchterliche Plünderung, die als »Sacco di Roma« geschichtsnotorisch wurde. Entfesselte Söldner schleppten weg, was sie nur tragen konnten, zerschlugen, zerfetzten, verbrannten den größeren Rest, raubten nicht nur Paläste aus, sondern auch Kirchen, schonten niemanden, der es wagte, sich ihnen in den Weg zu stellen, weder Greise noch Mönche, noch Priester, von dem, was den Frauen widerfuhr, zu schweigen. Die Spanier sollen besonders grausam, die Italiener besonders raffgierig gewesen sein, die Deutschen aber tobten auch ihren Kirchenhaß aus. Sie machten die päpstliche Sakristei im Petersdom zum Pferdestall, zogen als Kardinäle verkleidet umher und brüllten: »Luther Papst! Luther Papst!« Dies alles geschah im Dienst eines habsburgischen Kaisers, der entschlossen war, die römische Kirche vor allen ihren Feinden zu schützen. Clemens VII. saß in der Engelsburg und fürchtete um sein Leben.

Die Plünderungsorgie der kaiserlichen Landsknechte dauerte zehn Tage, der Papst hatte länger zu leiden. Seine Begleiter und er lebten schon von Eselsfleisch, als es ihm endlich gelang, mit den Vertretern Karls eine Abmachung zu treffen. Gegen Zahlung von 400000 Scudi, der gängigen italienischen Silbermünze, sollte ihm freier Abzug gewährt werden, es war eine aberwitzig hohe Forderung. Clemens brauchte fast ein halbes Jahr, um die Summe zusammenzubekommen. Bis es soweit war, blieb er, von spanischen und deutschen Söldnern bewacht, Gefangener des Kaisers in dem unwirtlichen Bauwerk am Tiberufer, das Kaiser Hadrian einst als Grabmal für sich errichtet hatte.

Franz I. aber operierte während dieser ganzen Zeit fast ungestört in der Lombardei, ungestört deshalb, weil unter den in Rom zusammengepferchten Soldaten des Habsburgers die Pest ausgebrochen war und zusätzlich noch, so sagt man, die Syphilis. Seinem päpstlichen Verbündeten zu Hilfe zu eilen kam dem Franzosen nicht in den Sinn. Karls Abneigung gegen den künftigen Schwager schlug in Verachtung um. Er bot ihm an, seine beiden Söhne gegen zwei Millionen Kronen herauszugeben. Als Franz auch darauf nicht reagierte, übersandte er ihm eine förmliche Aufforderung zum Zweikampf. Mit dem Schwert in der Hand, so schlug er vor, sollten sie beide ihren Streit ausfechten, den Ort des Duells könne Franz bestimmen. Es war eine unerhört ritterliche und zugleich humane Geste. Doch der Mann aus Cognac, was tat er? Er ließ einfach nichts von sich hören.

1529 brach dann auch im Lager von Franz die Pest aus, gleichzeitig fiel Andrea Doria, sein genuesischer Verbündeter, von ihm ab, und wenig später vertrieb ihn der kaiserliche Feldherr Antonio Leiva aus Oberitalien. Jetzt mußte Franz um Frieden bitten. Er übertrug die delikate Aufgabe seiner Mutter, Königin Louise. Karl schickte seine Tante Margarete. In Cambrai setzten sich beide Frauen zusammen und handelten den nach dieser Stadt benannten »Damenfrieden« aus. Der Franzose erhielt die Söhne zurück, verzichtete erneut auf Italien, behielt jedoch das Herzogtum Burgund und zahlte zwei Millionen. Der Habsburg, klüger geworden, behielt sich vor, seinen Anspruch auf die Heimat Karls des Kühnen später noch einmal zu überprüfen. Es mag ihm schwer genug gefallen sein, den vorläufigen Kompromiß überhaupt einzugehen. Burgund war, wie er später in seinem Testament schreiben sollte, »Nuestra Patria«, unser Vaterland, war die vom Goldenen Vlies verkörperte Wiege seiner schönsten Träume. Daß er es hatte fahrenlassen müssen, lag indessen an den Türken, die in diesem Jahr 1529 zum ersten Mal vor Wien erschienen, und am Papst, der ihm vorwarf, »Luthers Räuberhauptmann« zu sein – er, der Abkömmling der katholischen Könige von Spanien. Mit Clemens VII. konnte er sich relativ rasch arrangieren, die Situation im Osten dagegen war bedeutend verworrener und gefährlicher.

Umgeben von zwanzigtausend »Tercios«, den Elitesoldaten der spanischen Armee, aber in Begleitung nur eines einzigen deutschen Fürsten, des wittelsbachischen Pfalzgrafen bei Rhein, zog Karl am 6. Dezember 1529 in Bologna ein. Der Papst krönte den bereits gewählten Kaiser am 24. Februar 1530 mit dem kaiserlichen Diadem – kein Akt der Thronerhebung mehr, sondern nur noch dessen Anerkennung.

Auch Neapel oder, wie man von nun an immer häufiger zu sagen pflegte, das »Königreich beider Sizilien« (die Insel gehörte dazu) wurde ihm offiziell übertragen. Karl schien in diesen Tagen auf dem Höhepunkt seiner Macht zu stehen, dabei war der »Trionfo« von Bologna nur ein ungemein glanzvolles, aber eigentlich vordergründiges Schauspiel. Des Habsburgers Macht war bereits viel zu groß, als daß sie Bestand hätte haben können. Das bezeugten fürs erste die Nachrichten aus Wien. Sultan Sulaiman I. hatte 1521 Belgrad, das »Tor zum Lande Ungarn«, vor dem alle seine Vorgänger gescheitert waren, aufgebrochen. 1522 hatte er den Rittern des Johanniterordens die stark befestigte Insel Rhodos weggenommen. Nochmals drei Jahre später hatte er sein riesiges Heer gegen Ungarn in Marsch gesetzt, wo ihm König Ludwig II., der Mann der Habsburgerin Maria, erfolglos entgegentrat. Bei Mohács war der Ungar geschlagen und getötet worden. Von dem Ort an der mittleren Donau war es dann für Sulaiman nicht mehr allzuweit nach Buda; die Hauptstadt der Magyaren fiel am 11. September 1526. Und während der nächsten zweieinhalb Jahre hatten sich die Türken auch noch ganz Bosniens, Dalmatiens und Sloweniens bemächtigt. Ihre Vorhuten tauchten sogar schon an den Grenzen der Steiermark auf.

Dieser Angriffsbewegung hätte sich eigentlich Karls Bruder Ferdinand entgegenstellen müssen, denn ihm gehörte ja seit Ludwigs II. Tod das Königreich Ungarn, doch gehörte es ihm nur auf dem Papier. Der Woiwode von Siebenbürgen, Johann Zápolya, machte dem Habsburg die Stephanskrone streitig, und Sulaiman, den er um Bestätigung seiner Ansprüche bat, erkannte sie ihm großzügig zu. Danach, das geschah im Mai 1529, machte der Sultan sich auf den Marsch nach Wien, es war für ihn fast ein Spaziergang. Ferdinand hatte so viele Landeskinder nach Italien schicken müssen, daß er einfach nicht mehr in der Lage war, das osmanische Heer wirksam zu bekämpfen. Am 27. September stand Sulaiman vor der österreichischen Hauptstadt, aber damit auch an den Grenzen seiner Macht. Schon nach drei Monaten brach er die Belagerung ab. Karl, der gerade durch Italien zog, atmete auf, als er davon hörte. Er wußte nicht, daß Franz I. schon vorsichtige Fühler nach Konstantinopel ausgestreckt hatte und wenig später auch den Papst aufforderte, mit ihm und dem Türken ein antihabsburgisches Bündnis zu schließen: er, den – dank päpstlichem Privileg – die Bezeichnung »allerchristlichster König« schmückte, das Haupt der Christenheit selbst und der Vorkämpfer des Islam. Aber das war noch gar nichts im Vergleich zu dem, was Karl in Deutschland erwartete.

Von Bologna aus hatte der Habsburg einen Reichstag nach Augsburg einberufen und seine Mitglieder wissen lassen, welche Tagesordnungspunkte er vor allem behandelt haben wollte. Am wichtigsten erschien ihm die immer noch bestehende Türkengefahr, doch versicherte er auch, »eines jeglichen Gutdünken, Opinion und Meinung in Liebe und Gütlichkeit, hören, verstehen und erwägen zu wollen«. Das bezog sich auf die reformatorische Bewegung.

Karl, der neun Jahre lang nicht mehr im Reich gewesen war und mittlerweile auch seinen Berater Gattinara verloren hatte, mag nicht genau überblickt haben, was in der verflossenen Zeit alles geschehen war. In Spanien können die Nachrichten aus Deutschland nur als dumpfes Rauschen und Dröhnen an sein Ohr gedrungen sein.

Wußte der Kaiser, daß sich in Nürnberg und Straßburg, vor allem aber in Wittenberg, geistige Zentren herausgebildet hatten, in denen Gelehrte wie Andreas Osiander, Martin Bucer, Philipp Melanchthon und Georg Spalatin, Künstler wie Albrecht Dürer, Hans Sachs und Lucas Cranach die lutherischen Lehren ergänzten, erweiterten, abgrenzten, verherrlichten und insgesamt zum geistigen Gerüst einer zweiten, einer anderen Kirche zusammenfügten? War ihm mitgeteilt worden, daß Luther selbst das Neue Testament aus dem griechischen Urtext übertragen und damit die neuhochdeutsche Schriftsprache begründet hatte? Und wenn er davon erfahren haben sollte, war ihm, der die Sprache seiner Väter nur unvollkommen beherrschte, dann auch bewußt, daß der Wittenberger damit eine Entwicklung abgeschlossen hatte, die von Rudolf I. mit eingeleitet worden war? Der erste habsburgische König hatte schon 1283 verfügt, daß Urkunden künftig auf deutsch abgefaßt werden sollten, weil dieses Idiom genügend viele Wörter habe, um alle Streitfragen exakt zu beschreiben. Begriff Karl ferner, daß es längst nicht mehr nur einen oder vielleicht ein Dutzend Reformatoren gab, sondern schon wahre Heerscharen von Lutheranhängern? Jede Grafschaft hatte mindestens einen Wortführer der neuen Bewegung, jede Stadt, die auf sich hielt, deren zwei oder drei, sie schienen aus dem Boden zu schießen wie Pilze nach einem Sommerregen, und alle, ohne Ausnahme, gehörten einer einzigen Generation an, nämlich Karls eigener. Auch für Johann Calvin galt dies, der seine eigene Lehre begründet hatte, für den Schweizer Huldreich Zwingli, der Luthers Lehren auf seine Weise abwandelte, doch ebenso für den Spanier Ignatius von Loyola, der von einer ähnlichen Offenbarung getroffen worden war wie der Wittenberger und nun das schärfste Instrument der Gegenreformation schmiedete, den Jesuitenorden.

Auf keinen Fall kann es Karl verborgen geblieben sein, daß 1522 die arbeitslosen Ritter unter dem Pfälzer Franz von Sickingen einen »Pfaffenkrieg« gegen den Trierer Erzbischof entfesselt hatten, dabei geschlagen worden waren und sich somit als eigenen Stand im Reich selbst beerdigt hatten. Daß Ulrich von Hutten zu den Verlierern dieses Aufstandes gehört hatte und mittlerweile auf der Insel Ufenau im Züricher See gestorben war, mag Karl kaum interessiert haben. Vom großen Bauernkrieg des Jahres 1525 muß er hingegen unterrichtet gewesen sein, jenem wohlvorbereiteten, erstaunlich gut organisierten Aufstand einer ganzen Klasse, die den Staat auch politisch reformieren wollte und dabei durchaus auf ihn, den Kaiser, setzte. Das rebellierende Landvolk und die mit ihm verbündeten Städte waren dann jedoch gerade von den Kräften niedergeworfen worden, welche des Kaisers Macht zu beschneiden gedachten, um ihre eigene zu stärken, den Landesfürsten. Und von ihnen wiederum bedienten sich viele der lutherischen Lehren, vor allem zu ihren eigenen Zwecken, der Stärkung dessen, was sie »Libertät« nannten, Unabhängigkeit von Krone und Reich.

Wieviel sich dabei erreichen ließ, hatte am kecksten der letzte Hochmeister des Deutschritterordens, Albrecht von Hohenzollern, vorgeführt, der das geistliche Fürstentum Ostpreußen kurzerhand in ein weltliches Herzogtum umwandelte und es selbst in Besitz nahm. Umfassender operierten die evangelisch gewordenen Stände im Reich. Fünf Fürsten, an ihrer Spitze Kurfürst Johann von Sachsen und Landgraf Philipp von Hessen, sowie vierzehn Reichsstädte hatten 1529 in Speyer gegen einen Reichstagsbeschluß protestiert, der – das war nach Karls zweitem Sieg über Franz I. und seiner Versöhnung mit dem Papst geschehen – die Ausrottung der »Ketzerei« in Deutschland verfügte. Sie wurden seither »Protestanten« genannt, und sie weigerten sich, der Reformation in ihren Herrschaftsbereichen Einhalt zu bieten oder gar die katholische Lehre, wo sie schon abgeschafft war, wieder einzuführen. Alle diese Entwicklungen aber drohten das Reich auseinanderzureißen, es sei denn, sein oberster Repräsentant, der Kaiser, hätte sich bereit gefunden, Religionsfreiheit zu gewähren. Das freilich konnte Karl schon deshalb nicht in den Sinn kommen, weil Reich und Papstkirche in seinem universalistischen Weltbild zwei Seiten einer einzigen Medaille waren. Der Habsburg sah sich nun einmal nach streng mittelalterlicher Vorstellung als weltliches Pendant des römischen Pontifex und konnte ein »heiliges« nur als katholisches Reich begreifen, was, zumindest vom Denkansatz her, völlig logisch anmutet. Etwas anderes war es dennoch, dieser Logik auch zum Durchbruch zu verhelfen. Auf dem Augsburger Reichstag wollte er es immerhin versuchen, und die Aussichten dafür standen nicht einmal schlecht. Er hatte Italien gegen den Franzosen behauptet, er war ein strahlender Triumphator.

Am 14. Juni 1530, dem Vorabend von Fronleichnam, kam der Habsburg in der Fuggerstadt an. Sofort ließ er die anwesenden Fürsten auffordern, am folgenden Tag mit ihm an der Prozession teilzunehmen. Er scheint dies durchaus arglos und in reiner Vorfreude auf sein Lieblingsfest getan zu haben, erfuhr jedoch alsbald, daß er es bereits nicht mehr nur mit Leuten seiner Art und Erziehung zu tun hatte. Markgraf Georg von Brandenburg-Ansbach zeigte sich von der Einladung geradezu entsetzt. Er erklärte, an einem Fest, das die von Luther geleugnete Wandlung der Hostie in den Leib Christi feiere, nicht teilnehmen zu können. Wäre es noch vor ganz wenigen Jahren denkbar gewesen, daß ein braver Haudegen wie er sich um derartige theologische Details überhaupt kümmerte? Jetzt war es nicht nur denkbar geworden, sondern kompakte Wirklichkeit. Eher, so sagte der Hohenzoller, wolle er den Kopf verlieren, als Gott und das Evangelium derart zu verleugnen. Karl konnte sich angesichts dieser wuchtigen Formulierung ein Lächeln dann doch nicht verkneifen. In seinem flämisch eingefärbten, stümperhaften Deutsch erwiderte er: »Löver Fürst, nit Kopp ab, nit Kopp ab.« Er mag vielleicht ein bißchen verletzt gewesen sein ob der undelikaten Weigerung, aber er war eben auch ein burgundischer Kavalier und – im Gegensatz zu dem Deutschen – ein Mann von Welt.

In diesem Geist versuchte er auch die Augsburger Sitzung zu führen, doch erneut wurde er mit dem feierlichen Ernst der Protestanten konfrontiert. Die evangelischen Fürsten unterhielten einen Botendienst nach Coburg, wo Luther saß, der sich nicht in die Nähe des Kaisers wagen durfte. Zusammen mit einigen Helfern sollte er von dort aus Formulierungshilfe leisten, sobald die Debatte auf theologisches Gebiet geraten würde. Der Brandenburger, der Hesse und ihre Gesinnungsgenossen steuerten von Anfang an darauf hin. Sie hatten ihr Bekenntnis in einer aus achtundzwanzig Artikeln bestehenden, von Philipp Melanchthon geschriebenen Verteidigungsschrift zusammengefaßt und bestanden darauf, sie vorzutragen.

Am 25. Juni wurde es ihnen gestattet. Es muß eine ungemein würdige Szene gewesen sein, getragen von tiefem Ernst und ernster Sorge. Da der Redner jedoch deutsch sprach, verstand Karl nahezu kein Wort, er schlief während der Sitzung immer wieder ein. So bekam er nicht mit, daß die Protestanten keineswegs starr auf ihrer Lehre beharrten, sondern auch Kompromißbereitschaft andeuteten. Wichtige lutherische Forderungen, wie etwa die Verwerfung des Papsttums, hatten sie einfach ausgeklammert, andererseits bemühten sie sich um den Nachweis, ihre Lehre sei keine Ketzerei, sondern die Rückkehr zu alten, teilweise schon von den Kirchenvätern verfochtenen Glaubensgrundsätzen. Als der Vortrag endlich abgeschlossen war, ließ Karl die Schrift, die fortan »Augsburger Konfession« genannt wurde, einem seiner Sekretäre aushändigen, um sie genau zu prüfen und dann seine Antwort bekanntzugeben. Zeit genug dafür hatte er, der Reichstag sollte den ganzen Sommer über andauern. Außerdem gab es für ihn wichtigere Probleme als nur die Glaubensfragen. Das Thema »Türkengefahr« mußte auch noch behandelt werden sowie sein Vorhaben, Ferdinand von Habsburg zum deutschen König zu erheben. Die Vorbereitungsgespräche für diese Aktion konnten freilich nicht im Augsburger Rathaussaal geführt werden, der einzig geeignete Ort dafür war die »Goldene Stube«, das Zentrum des Fuggerschen Weltkonzerns.

Bei den Akten des Kaisers lag damals ein bereits sieben Jahre alter Brief, in dem es hieß: »Es ist wissentlich und liegt am Tage, daß Ew. Kaiserl. Majestät die römische Krone ohne mein Zutun nicht hätten erlangen können« und in dem weiter vorgerechnet wurde, daß »Ew. Kaiserl. Majestät« noch »hundertzweiundfünfzigtausend Ducaten« schuldeten. Wem? Dem untertänigst unterzeichnenden Jakob Fugger.

Jakob war zur Zeit des Augsburger Reichstages schon seit fünf Jahren tot. Die Nachfolge »des Reichen« hatte sein Neffe Anton angetreten. Er wollte sich eigentlich aus der Verflechtung der Firma Fugger mit dem Haus Habsburg wieder lösen, aber kaum eine Verbindung ist ja enger als die zwischen einem Großgläubiger und seinem wichtigsten Schuldner. Karl brauchte nach wie vor viel Geld und hatte mehr denn je zu bieten. Bei seinen Akten lag auch ein bereits zehn Jahre alter Brief, in dem ein gewisser Hernán Cortés berichtete, daß er das Riesenreich der Azteken im heutigen Mexiko für Spaniens Krone erobert habe, sowie jüngere Schreiben von ähnlicher Art, die die Eroberung des silberreichen Peru durch Francisco Pizarro meldeten. Dem Kaiser des Heiligen Römischen Reiches Deutscher Nation gehörte ein beträchtlicher Teil Mittelamerikas, des westlichen Südamerikas und des südlichen Nordamerikas, auch über Pensacola auf der Halbinsel Florida wehte seine Fahne. Potentiell war Karl der reichste Mann der Welt, was es einem Kaufmann vom Schlage Antons geradezu unmöglich machte, ihn nicht als Kunden zu behalten.

Als der Habsburg sich in diesem Augsburger Sommer aufmachte, um zum ersten Mal einen Fugger persönlich kennenzulernen – weder Jakob hatte er je gesehen noch seinen Nachfolger –, trugen die kaiserlichen Amtsgehilfen ein weiteres Papier in ihren Mappen. Darin begehrte Anton nichts weniger als die gesamte von Pizarro eroberte südamerikanische Pazifikküste. Karl war auch schon entschlossen, die unverschämt anmutende Forderung gut zu finden, denn wer anders hätte die Güter dieser Region – Perlen, Edelhölzer, Edelmetalle, Farbstoffe – besser in klingende Münze umwandeln und darauf entsprechende Vorschüsse gewähren können als der erfahrene Großkapitalist aus Augsburg. Anton bekam fast alles zugestanden, was er wollte, sollte dafür aber sofort 600000 Gulden herausrükken.

Wofür das Geld benötigt wurde, war den Gesprächsteilnehmern bewußt. Ein Buchhalter unserer Tage hätte es vermutlich mit dem Vermerk »wegen der Kurfürsten« in die Bilanz geschmuggelt: Mindestens fünf der Herren sollten einfach gekauft werden. Der Fugger freilich meinte, sie seien wohl auch billiger zu haben, und bewilligte nur etwas mehr als die Hälfte der geforderten Summe. Karl und Anton waren dennoch wieder so im Geschäft wie einst Maximilian und Jakob, das gleiche enge Verhältnis sollte es indessen nicht mehr werden. Mit dem zurückhaltenden, selbstbewußten neuen Herrscher konnte man nicht mehr so von Mensch zu Mensch reden wie damals mit seinem Großvater. Karl war unermeßlich reich und gab dies auch zu verstehen, der Fugger hingegen hatte nur Geld. Daß seine beiden Vettern und er den Adelsbrief bekamen, war nur eine Art von gnädig gewährtem, kaiserlichem Trinkgeld.

Anfang August wandte sich der Habsburg dann wieder den evangelischen Reichsständen und ihrem Papier, der »Confessio Augustana«, zu. Da bewegte er sich auf dünnerem Eis als im Fuggerschen Stadtpalast.

Der Habsburg hatte die von Melanchthon verfaßte Schrift nicht seinen Räten weiterleiten lassen, politisch denkenden Juristen also, sondern einer Gruppe von streng katholischen Geistlichen. Es war ein Fehler gewesen, denn deren Amtsverständnis verbot es schlichthin, den Argumenten der Gegenseite eigene Argumente entgegenzusetzen. Vielmehr versteiften sie sich mit unnachsichtiger Strenge darauf, daß an der bestehenden kirchlichen Ordnung nicht gerüttelt werden dürfe. Weder über das Abendmahl noch über die vollständige Zahl der (sieben) Sakramente, noch den Zölibat wollten sie mit sich reden lassen. Ihre »Confutatio« war genau das, was der Name besagt, eine glatte Widerlegung der »Confessio«. Karl meinte, mit der Tatsache, daß er das Papier überhaupt habe erstellen lassen, seinem Amt gerecht geworden zu sein, und wollte zur Tagesordnung übergehen. Doch das war nun wirklich eine Fehleinschätzung, was er schon am Tag nach der Verlesung erfuhr. Markgraf Philipp von Hessen reiste ab, ohne sich von ihm zu verabschieden.

Nun waren doch wieder Melanchthon und die anderen theologischen Experten gefordert, auch die Boten nach Coburg mußten in Bewegung gesetzt werden. Die anwesenden Protestanten machten einen Vergleichsvorschlag nach dem anderen, die Katholiken hingegen mauerten, ebenso freilich der ständig konsultierte, abwesende Luther. Als Melanchthon ihm sein äußerstes Kompromißangebot in bezug auf die Gottesdienstordnung zuschickte, schrieb er zurück: »Ich höre, daß Ihr ein wunderlich Werk angefangen habt, nämlich den Papst und den Luther in Übereinstimmung zu bringen. Aber der Papst wird nicht wollen und Luther verbittet sich's.« Daraufhin resignierte auch das getreue Sprachrohr des Reformators. Und die evangelischen Ständevertreter warteten gar nicht mehr erst auf den Schluß des Reichstages, sondern verließen ihn vorzeitig unter Erneuerung ihres alten Speyerer Protestes. Die Lage unterschied sich somit um kein Haar von der Situation nach dem Wormser Reichstag des Jahres 1521.

Damals war von Karl ein Edikt erlassen worden, das Luther ächtete und seine Schriften verbot, das jedoch nicht in den sogenannten »Reichsabschied« aufgenommen werden konnte und deshalb auch keine Gesetzeskraft erlangt hatte. Jetzt wurde dieses »Wormser Edikt« erneuert und die vollständige Rückkehr zum alten Glauben verlangt, aber wieder kam der Erlaß nicht in den »Reichsabschied«, und zwar aus dem nämlichen Grund wie vor neun Jahren: Am Ende der Sitzung waren nicht mehr genug Reichstagsmitglieder anwesend, um eine rechtsgültige Beschlußfassung zu ermöglichen. Galt das erneuerte Edikt also, oder galt es nicht?

Karl dürfte über den offenen Ausgang eher erleichtert als besorgt gewesen sein, er mußte die Dinge in der Schwebe halten, solange der Türke noch nicht endgültig abgeschlagen und sein Bruder noch nicht zum König gewählt worden war. Auch auf die katholischen Stände im Reich konnte er sich keineswegs verlassen. Die streng altgläubigen Wittelsbacher etwa mißtrauten ihm weniger aus politischen Gründen als aus schierem Neid auf die Macht Habsburgs und aus alter Rivalität. Trotzdem war der in seinem eigenen Stammreich so ohnmächtige Beherrscher der Welt fürs erste noch einmal davongekommen. Die Kurfürsten, die auf Fuggers Liste standen – auch die evangelischen –, nahmen, was sie an Geld bekommen konnten. Erzherzog Ferdinand von Österreich, gewählter König von Böhmen, aber noch immer nicht Träger der Stephanskrone, wurde am 5. Januar 1531 in Köln widerspruchslos auch zum römisch-deutschen König gewählt. Beinahe aufatmend entfloh Karl in sein geliebtes Burgund. Vielleicht wäre er besser im Reich geblieben.

In dem thüringischen Städtchen Schmalkalden, das der Familie Bertholds von Henneberg gehörte, trafen sich im Februar nach der Wahl sechs evangelische Fürsten sowie die Vertreter einer ganzen Reihe von Reichsstädten, um einen Bund zur Wahrung ihrer Rechte zu gründen. Bei Licht betrachtet, schufen sie mit ihrer Vereinigung jedoch eine föderative Republik innerhalb der Republik Deutsches Reich, die wie ein selbständiges Staatswesen organisiert war und sich auch alle Rechte eines solchen zuschrieb. Im Ernstfall, so bekundeten die Schöpfer des »Schmalkaldischen Bundes«, würden sie ihre Mitglieder sogar gegen den Kaiser verteidigen und dazu – wenn nötig – mit allen Feinden Habsburgs in Verbindung treten. Das war kaum anders, als wenn sie das Reich verlassen hätten. Konnte der Kaiser es hinnehmen?

Karl dachte nicht im Traum daran, es zu tun, doch sein Bruder Ferdinand beschwor ihn händeringend, sich mit dem Schmalkaldischen Bund nicht anzulegen. Gegen Österreich marschierte erneut Sultan Sulaiman I., diesmal, so hieß es, mit dem größten Heer, das man seit Menschengedenken gesehen hätte.

XII.
Ein Held wider Willen

Er hatte inzwischen eine neue Heimat gefunden, der Kaiser, der seit seinen Jugendjahren in Gent nie mehr irgendwo richtig zu Hause gewesen war. Karl begann sich mehr und mehr als Spanier zu fühlen, es ist nicht unverständlich. In einer scheinbar konturenlosen Welt, die keine festen Grundsätze mehr kannte, weder Treu und Glauben noch allgemeine Übereinstimmung in Konfessionsfragen oder politischen Vorstellungen, schien Spanien geradezu ein Hort der Eindeutigkeit zu sein, der festen, verläßlichen Haltungen, des klaren Stils und der strengen Würde. In Toledo mag Karl davon zum ersten Mal eine Ahnung gestreift haben, deshalb nahm er sich auch vor, diese steil über den Tajo emporschießende Stadt mit einer steinernen Krone zu versehen, welche ihren Charakter geradezu überdeutlich hervorheben würde. Auf dem Burghügel der ehemals westgotischen Hauptstadt ließ er ein quadratisches, von vier mächtigen Ecktürmen überragtes festungsähnliches Bauwerk emporziehen. Sein zentraler Innenhof erhielt den Namen »Patio Carlos Quinto«, die Toledaner aber nannten das ganze Kastell so, wie sie ihre Stadtburg seit den Zeiten der maurischen Okkupation zu nennen gewohnt waren: »Al-Kasr«, der Palast, oder hispanisiert »Alkazar«.

In diesem Gebäude, das auch ein Regierungsprogramm versinnbildlichen sollte, wohnte Karl allerdings nie. Der an burgundische Pracht gewöhnte Habsburg entdeckte kurz nach seiner Hochzeit mit Isabella von Portugal ein behaglicheres, üppigeres, prunkvolleres Domizil für sich, die Alhambra von Granada. Diese riesenhafte Anlage, Festung und Lustschloß zugleich, komponiert aus ineinandergehenden Gärten, Innenhöfen, Säulengalerien, halbdunklen Sälen und intimen Wohnräumen, überladen mit Schmuckwerk aus Marmor, Stuck und geschnitztem Holz, aber im Grunde nur eine etwas stabilere Zeltstadt hinter festen Wällen und ein Gestalt gewordener Nomadentraum, kam Karls Bedürfnissen dann doch weit mehr entgegen als die düstere Trutzburg in Toledo, die er sich selbst verschrieben hatte. Und seiner Frau erging es ebenso.

»Die Kaiserin Isabella«, schreibt Alonso de Santa Cruz, »hatte eine weiße Haut, einen offenen Blick, große Augen, einen kleinen Mund, flache Brüste, gute Hände und eine schöngeschwungene Kehle, sie sprach wenig und war kleingewachsen.« Es klingt, als hätte Karls Hofchronist Mühe gehabt, genügend viele lobende Prädikate zu finden. An Isabella erinnert noch heute ein Zimmer im höchsten Söller der Alhambra, es wird »Putzzimmer der Königin« genannt – kein übermäßig prunkvoller Raum, doch scheint er wie eine Gondel über dem Tal des Darro zu schweben. Im Süden schimmern die Schneeberge der Sierra Nevada, im Osten leuchten als vielfarbiges Juwel die Gärten des »Generalife«, jener andere Teil des Nomadentraumes der maurischen Herrscher von Granada. Ob Karl und Isabella diese Wüstensehnsüchte nachempfinden konnten, ist ungewiß, daß sie zumindest den Kaiser erfrischten, scheint sicher zu sein. Er wäre sonst nicht immer wieder in die Alhambra zurückgekehrt und hätte auch nicht bei seinem ersten Aufenthalt befohlen, das duftige Gebilde durch einen soliden Anbau zu ergänzen. Da der von ihm gewünschte Renaissancepalast zu seinen Lebzeiten nie fertig wurde, bewohnte der Habsburg, wenn er in Granada war, einige andere bescheidene Räume, deren Ausstattung an jene flämischen Bürgerhäuser erinnert. In einem der schmalsten davon pflegen die Fremdenführer zu sagen: »Hier zeugte Karl V. König Philipp II.« Es muß noch im Jahr seiner Hochzeit geschehen sein. Herrscher, zumal habsburgische, sind zu derartigen Offenlegungen ihres Intimlebens einfach verpflichtet. Wie Karl seine freie Zeit sonst noch verbrachte, bezeugen andere zeitgenössische Dokumente. Maler stellten ihn oft als Jäger dar, und ein namenloser Venezianer hinterließ das Wort, er habe sich gerne »de la messa alla menza« bewegt, von der Messe zum Eßtisch. Tatsächlich war dieser Weg eine der wichtigsten Achsen in Karls Leben. Von Waterzooi und Carbonnade flamande, von Austern, Langusten, Fasanenbrüsten und Erdbeeren mit Sahne kam er nie los. Gutes Essen scheint für ihn eine der wenigen Möglichkeiten gewesen zu sein, die Welt, von der ihm soviel gehörte, sinnlich zu erfahren, gleichzeitig kennzeichnete ihn diese Gewohnheit als einen zutiefst einsamen Mann. Der Herrscher Karl hatte sich in den Zwingstock einer unmenschlich großen Aufgabe gespannt, der Privatmann Karl begehrte mit Messer und Gabel dagegen auf, als ob er schon früh gewußt habe, daß er scheitern müsse. Doch erlag er letztlich nicht nur seinen politischen Widersachern, sondern auch seiner Leidenschaft für Tafelgenüsse. Die üppigen Speisen brachten ihm den Tod, es war damals ein königliches Schicksal; man nannte jene Stoffwechselstörungen, die zur Gicht führten, ja nicht ohne Grund die Krankheit der Majestäten.

Später, als seine Gichtanfälle immer häufiger wurden, entdeckte Karl auch noch andere Interessensgebiete. Santa Cruz, ein überaus gelehrter Kosmograph, mußte ihn in die Astronomie und die Naturphilosophie einführen, vor allem aber in die mathematischen Begriffe, deren sich die Seefahrer bedienten, um ihren Weg über die Weltmeere zu finden. Am meisten faszinierten den einsamen Herrscher allerdings die Land- und Seekarten, die zu jener Zeit bereits so präzise wurden, daß sie ein einigermaßen exaktes Bild der realen Welt wiedergaben. Die Beschäftigung mit ihnen war ebenfalls eine der Ersatzhandlungen, zu denen Karl sich gezwungen sah, wenn er überhaupt erfahren wollte, wie riesig sein Weltreich war. Als Reisender hätte er es nie kennenlernen können, er blieb auf die reine Vorstellung angewiesen.

Im übrigen war es schon anstrengend genug, sich überhaupt vor Augen zu halten, was in allen den Provinzen und Ländern vorging, deren Grenzpfähle der kaiserliche Doppeladler zierte. Schon 1517 hatte ihn etwa der Dominikaner Bartolomé de Las Casas darauf aufmerksam gemacht, daß im spanischen Westindien Menschen lebten, die seiner Unterstützung bedurften, obwohl sie Heiden waren. Die Indios, schrieb er, würden durch die »encomienda«, ein Zwangsarbeitssystem, das praktisch der Versklavung gleichkam, auf geradezu unmenschliche Weise ausgebeutet und in den Tod getrieben. Es sei deshalb notwendig und ökonomisch sinnvoll, »agricultores«, Siedler und Landwirte, anstelle der »conquistadores«, der Eroberer, in das besetzte Land zu schicken. Karl nahm die Anregung des Dominikaners auf und setzte beim Papst durch, daß die amerikanischen Eingeborenen in ihren Menschenrechten bestätigt wurden. Auch befahl er, jeder Expedition in die Neue Welt Missionare beizugeben, der christliche Glaube sollte eine Art Äquivalent für die vielen Güter sein, die Spanien von dort bezog.

Schwierig wurde es indes mit der Zeit, diese amerikanischen Produkte überhaupt herüberzubringen. Im Atlantik lauerten französische

Kaperschiffe auf die spanischen Silberflotten, im Mittelmeer türkische und arabische. Als Abwehrmittel entwickelten Karls Admiräle das Konvoisystem, den durch Kriegsgaleeren gesicherten Handelsgeleitzug. Außerdem ließen sie zwischen Gibraltar und den Azoren ganze Flottillen von bewaffneten Schnellschiffen kreuzen. Doch selbst diesen »escuadras de limpieza« gelang es nicht, den Raub des von Cortés erbeuteten Aztekenschatzes zu verhindern. Der Franzose Jean Fleury brachte 1522 die silber- und goldschweren Schiffe auf, um sie in Dieppe seinem König zu Füßen zu legen. Diese verlustreiche Schlacht im Atlantik mußte Karl ebenfalls vom Kartentisch aus führen, ein immer mehr vereinsamender Mann, in dessen Kopf sich aus Bruchstücken der verschiedensten Art das Bild eines kaum noch überschaubaren Imperiums zusammenfügte. Wo aber anpacken, wo eingreifen, um dieses instabile, heterogene Gebilde zu verteidigen und abzusichern? Oder gab es einen zentralen Punkt, von dem aus es hätte beherrscht und gesichert werden können? Karl muß allmählich begriffen haben, daß allein ihm diese Funktion zukam und daß er selbst wiederum nur in einem Mythos namens Habsburg wurzelte.

1535 entschloß er sich zu einem Unternehmen, mit dem aller Welt demonstriert werden sollte, was diese Casa de Austria war, nämlich nichts weniger als eine Verkörperung der Christenheit schlechthin. Er rief das Abendland zum Kreuzzug gegen den türkischen Korsaren Chaireddin Barbarossa auf, der König Muley Hasan aus Tunis vertrieben hatte und schon das ganze westliche Mittelmeer beherrschte. Die Pläne dazu könnte Karl noch in seinem von muslimischen Emiren gebauten Retiro auf dem Burghügel über Granada gefaßt haben. Aber von dort war er ja auch schon gegen einen anderen Muslim, den Sultan Sulaiman I., ausgerückt. Erst solche Facetten vervollständigen das Bild, in dessen Rahmen sich Karl bewegte.

Der Türkenfeldzug des Jahres 1532 war ein voller Erfolg gewesen. Zwei Weltherrscher hatten einander gegenübergestanden: der Osmane, dessen Reich vom großen Donauknie östlich Wiens bis zum Schatt-el-Arab reichte, und der Habsburg, der sich sowohl um kubanische Indios als auch um sächsische Protestanten sorgen mußte. Wären beide miteinander ins Gespräch gekommen, sie hätten sich möglicherweise ganz gut verstanden, denn Sulaiman war – nicht anders als Karl – ein Edelmann vom Scheitel bis zur Sohle, ein leidenschaftlicher Jäger, ein

Herrscher, der an Gesetz und Ordnung glaubte, seine Lieblingsfrau verehrte und von der eigenen Sendung überzeugt war. Sie begegneten sich jedoch nicht einmal auf dem Schlachtfeld.

Karl hatte von Regensburg aus an seine Frau geschrieben: »Nun, da es sicher ist, daß die Türken gegen Deutschland marschieren, haben sich viele Ritter und Herren aus allen Teilen des Reiches und vor allem aus unseren spanischen Dominien hier eingefunden, um am Kampf gegen die Türken teilzunehmen.« Tatsächlich war er dem Sultan mit einem Heer entgegengerückt, zu dem Italiener, Spanier, Burgunder, aber auch Mitglieder des Schmalkaldischen Bundes gehörten. Sulaiman, der schon bis ins Burgenland vorgedrungen war, hatte es, angesichts dieser prächtigen Armada, vorgezogen, einem Treffen auszuweichen, und war abgezogen, »auf Wegen«, wie er selbst notierte, »mühseliger denn Allahs Gericht«. Den Kaiser hatte dieser leicht errungene Erfolg indessen nicht befriedigt, er brauchte die große Aktion, das kriegerische Schauspiel, das ihn in seiner vollen Macht und Herrlichkeit zeigte. So war schon 1532, als er Wien besuchte, der Gedanke in ihm gereift, es noch einmal auf einem anderen Schauplatz zu versuchen. Er streckte seine Fühler aus und erfuhr sowohl Zustimmung als auch Ablehnung. Papst Clemens VII., der sich in Rom von der Flotte Chaireddin Barbarossas bedroht fühlte, sagte zu, einige Schiffe für ein Unternehmen gegen Tunis zur Verfügung zu stellen. Alle anderen christlichen Fürsten hingegen zeigten dem Habsburg die kalte Schulter. Weder Heinrich VIII. von England noch Franz I. von Frankreich wollten sich die Blöße geben, unter Karls Kommando zu kämpfen. Es wäre ein zu offensichtliches Eingeständnis ihrer Zweitrangigkeit gewesen.

Immerhin, was Karl zusammenbrachte, reichte aus, seine Vorrangstellung in der christlichen Welt zu bestätigen. Nicht nur päpstliche Schiffe waren dabei, als er 1535 nach Afrika aufbrach, auch genuesische und portugiesische, von den spanischen zu schweigen. Und Bruder Ferdinand hatte ein großes Kontingent deutscher Söldner gestellt. Ein Mißerfolg wäre für Karl allerdings nahezu tödlich gewesen, zumal er sich selbst zum Führer oder, wie er sagte, »zum Fahnenträger« der Invasionsstreitmacht bestimmte. Er nahm den Titel wörtlich.

Vor der Festung »La Goulette«, die den Vorhafen der Stadt Tunis sichert, sieht man einen schlanken, zierlichen, in schwarzes Eisen gehüllten Mann gelassen zwischen den Belagerungsbatterien umhergehen, die selbst unter Beschuß stehen. Als Goulette nach drei Wochen endlich genommen ist, kämpft er sich, Schwert in der Hand, bei glühender Hitze auf das zehn Kilometer entfernte Tunis zu. Endlich – man schreibt den 31. Juli – hat die Strapaze sich gelohnt. Karl V. zieht in die von Chaireddin fluchtartig verlassene Stadt ein. Und ganz Italien jubelt auf, als Nachricht in Messina eintrifft. Kann einer zerrissenen Christenheit auf triumphalere Weise verdeutlicht werden, daß sie wieder einen starken Führer hat? Nun muß man dem Habsburg doch einfach den Kredit einräumen, den er für seine Tat beanspruchen darf, das Recht nämlich, diese Christenheit auch wieder zu einigen. Karl ist mehr denn je von diesem Recht überzeugt, und sein Gott scheint es gnädig zu bestätigen.

Ein Jahr nach Tunis schlägt er auch Franz von Frankreich zum dritten Mal. Und nochmals zwei Jahre später liegen sich beide Herrscher in den Armen. Der Franzose weiß seinen großen Gegner zu nehmen. Er serviert Austern aus dem Golfe du Lion, gibt ein Gastmahl nach dem anderen, besucht gemeinsam mit Karl den Gottesdienst, läßt Frankreichs schönste Frauen Spalier bilden, wenn man schon wieder »de la messa alla menza« schreitet, und sagt vor allem »ja«, wann immer der Kaiser etwas von ihm erbittet. »Nirgendwo«, ruft Karl schließlich aus, »habe ich bisher so angenehme Stunden verbracht wie hier.«

Hier, das ist Aigues Mortes, ein schwer befestigter, ehemaliger Kreuzfahrerhafen, errichtet von Ludwig dem Heiligen, gelegen am Westrand der Camargue in einer trostlosen Ödnis, über der im Hochsommer des Jahres 1538 die Luft vor Hitze flirrt. Aigues Mortes, die »Toten Wasser«, war schon immer ein übler Ort gewesen. Philipp der Schöne hatte hinter seinen Mauern die entmachteten Tempelritter eingesperrt und kläglich verenden lassen. »La Tour de Bourgogne«, einer der Türme des streng quadratischen Militärlagers, ist nicht etwa nach Karls geliebter Heimat benannt, sondern nach gefallenen burgundischen Landsknechten, die darin während des Hundertjährigen Krieges regelrecht eingepökelt wurden: eine Lage Leichen, eine Lage Meersalz – man konnte die Toten damals in der Hitze nicht schnell genug begraben. War Karl darüber unterrichtet? Wohl sicherlich nicht. Franz hingegen dürfte die makabre Geschichte gekannt haben. Und wenn es so war, hatte er seinen geehrten Gast dann nicht schon damit verhöhnt, daß er den unwirtlichen und abgelegenen Ort überhaupt als Treffpunkt vorschlug? Es mag in der Tat ein nicht eben subtiler Witz gewesen sein, den er sich auf Kosten des Habsburgs leistete, allerdings auch auf Kosten seiner eigenen Frau, der Schwester Karls. Eleonore von Habsburg war ebenfalls in Aigues Mortes anwesend, obwohl Franz sie, wie alle Welt seit spätestens 1531 wußte, mit seiner Syphilis angesteckt und deswegen aus dem königlichen Schlafzimmer verbannt hatte. Wußte Karl nicht einmal davon? Wie immer es gewesen sein mag, das Treffen von Aigues Mortes stand unter einem bösen Stern. Mit dem Salamander aus Cognac war keine Art von Zusammenarbeit möglich. Aber ohne davon etwas zu ahnen, fuhr Karl erleichtert in die Kühle der brunnendurchrauschten Arkadenhöfe von Granada zurück.

Im Mai des folgenden Jahres ging er dann zum ersten Mal ins Kloster. Er wählte das Haus der Hieronymiten bei Toledo, eines nicht übermäßig strengen Ordens, und er sollte dieser Gemeinschaft treu bleiben. Der Klausur ist er keineswegs deshalb bedürftig, weil seine Probleme größer sind als gewöhnlich, sondern weil Isabella gestorben ist, die kleine, stille Frau, die den Chronisten vielleicht wenig Anlaß bot, sie als strahlende Schönheit zu rühmen, die aber Karl etwas gegeben hatte, das er, wie die meisten Habsburger, dringend benötigte – ein ausgewogenes Familienleben. Er hatte drei Kinder mit der Portugiesin, seinen Sohn Philipp, an dem er ebenso hing wie dieser an ihm, und zwei Töchter, von denen die ältere deutsche Kaiserin, die jüngere Königin von Portugal werden sollte. Daß zu Karls Familie auch noch ein drittes Mädchen gehörte, welches nicht von Isabella, sondern von der Flämin Katharina van der Gheenst stammte, hatte ihm seine Frau nie übelgenommen. Schließlich war er ja oft lange unterwegs gewesen. Die Gewohnheit aber, gelegentlich ins Kloster zu gehen und dort auf Betten zu schlafen, die schwarz drapiert waren wie ein Katafalk, behielt Karl auch in den Jahren nach dem Tod Isabellas bei. Ein Hauch von Düsternis und Schwermut begann sich um ihn auszubreiten. Vor allem wurde er härter, als er es früher gewesen war.

Zu Gent steht Karl im April 1540 auf dem Fischmarkt und beobachtet ohne ersichtliche Regung, wie neun Bürger seiner Lieblingsstadt öffentlich hingerichtet werden. Zusammen mit anderen hatten sie sich gegen ihn empört, wenn auch keineswegs, wie Zeitgenossen vermuteten, weil sie Lutheraner waren, sondern weil ihnen – der klassische Grund für einen Genter – Karls Steuerforderungen zu hoch erschienen. Dafür wurden sie als Majestätsverbrecher angeklagt und dem

Henker überantwortet, die Kommune selbst verlor einige ihrer wichtigsten Privilegien.

Der junge Herzog von Alba, einer der vielversprechendsten Feldhauptleute des Habsburgs, schlug damals sogar vor, Gent dem Erdboden gleichzumachen »wie Karthago«. Karl soll ihn auf einen Kirchturm geführt und, über das blühende Gemeinwesen hinblickend, gefragt haben: »Wie viele spanische Häute würden wohl nötig sein, um einen ›Handschuh‹ von dieser Größe zu machen?« Sein autoritätsbesessener Begleiter mag das dunkle Wort nicht gleich verstanden haben. Es war ein Wortspiel. Der Genter Karl pflegte seine Heimatstadt flämisch »Gand« zu nennen, und »gant« heißt auf französisch »Handschuh«. Karls Schwester Maria von Österreich, der Witwe des Ungarnkönigs Ludwig II., inzwischen Statthalterin der Niederlande, wurde es gestattet, für die verurteilten Bürger um Gnade zu bitten, was auch schon hieß, daß sie huldvoll gewährt werden würde. Lediglich die große Glocke der Sint-Baafs-Kathedrale, die so oft zum Aufstand geläutet hatte, mußte fortan schweigen. Von Gent reiste Karl nach Deutschland weiter, im Gepäck eine juristische Waffe, von der er vielleicht noch gar nicht wußte, daß sie auch als Mittel der Politik tauglich sein würde.

Auf dem Reichstag des Jahres 1532 in Regensburg, bei dem Karl sich vor allem darum bemüht hatte, das Aufgebot gegen die Türken zusammenzubringen, war auch die »Constitutio Criminalis Carolina« oder, wie es auf deutsch hieß, »Des Kaisers Karl V. und des Hl. Röm. Reiches Peinliche Gerichtsordnung« verabschiedet worden, ein Strafgesetz, an dem die Experten des Reichsregimentes, durch viele Zwangspausen unterbrochen, mehr als dreißig Jahre lang gearbeitet hatten. Wie das Wort »peinlich« ausweist, erkannte dieses Strafgesetz die Folter ausdrücklich als Mittel der Beweiserhebung an und sollte sie bis ins achtzehnte Jahrhundert hinein sanktionieren. Ein Paragraph der »Carolina« bestimmte auch, daß Bigamie mit dem Tode zu bestrafen sei. Darüber hatte Luther sich hinweggesetzt.

Während der Zeit, in der Karl seinen dritten Krieg gegen Franz I. führte, war der Reformator vom hessischen Landgrafen Philipp bestürmt worden, ihm bei der Bewältigung einer höchst delikaten Affäre zu helfen. Der Vorkämpfer des deutschen Protestantismus und Wortführer des Schmalkaldischen Bundes unterhielt ein Dreiecksverhältnis mit seiner Frau Christine von Sachsen einerseits und der wahrscheinlich sehr schönen Margarete von der Saal andererseits. Diese Beziehung beruhte auf dem Einverständnis beider Frauen, galt als recht harmonisch, bedrückte aber dennoch das Gewissen des glaubensstrengen, mehr zum Calvinismus als zum Luthertum neigenden Mannes. 1540, als Philipp schon drohte, er werde wieder katholisch, wenn Luther ihm nicht, zum Segen Christines, auch noch den seinen erteile, ließ der Wittenberger sich endlich erweichen. Mit Melanchthon erstellte er ein theologisches Gutachten, das vor allem hervorhob, daß nach der Bibel Vielweiberei keineswegs verboten sei. Der Hesse nahm das Papier prompt als Lizenz für eine Doppelehe und ließ sich mit der Geliebten trauen, ohne von der Ehefrau geschieden zu sein. Er war sogar so überzeugt, damit keine Fehltat begangen zu haben, daß er sich Luthers Bitte, die Angelegenheit wenigstens geheimzuhalten, geradezu wütend widersetzte. Philipp hatte die Genehmigung des Reformators nicht begehrt, um mit Margarete heimlich in Sünde zu leben, das hätte er billiger haben können, er wollte sich offen zu ihr bekennen dürfen.

Durch das katholische Lager lief damals ein Raunen von beinahe freudiger Empörung. Da sah man, wie es mit der Moral der Evangelischen stand! Luther selbst erschrak zu Tode, und plötzlich ergriff auch Philipp Entsetzen. Er bekam ein Exemplar der »Carolina« in die Hand, darin stieß er auf den Bigamie-Paragraphen. War er jetzt wirklich des Todes schuldig?

Markgraf Philipp von Hessen, genannt »der Großmütige«, gehörte zu jenen deutschen Landesfürsten, die der Reformation nicht nur dienten, sondern sich der neuen Lehre auch bedienten, um ihre eigene »Libertät«, ihre Unabhängigkeit von Kaiser und Reich, zu festigen. Das war auf vielfache Weise möglich. Philipp hatte die hessischen Klöster aufgelöst und seinen Grundbesitz dadurch beträchtlich vergrößert. Die von ihm gegründete protestantische Universität in Marburg bot eine Position, welche sich auch ideologisch-politisch ausmünzen ließ. Sein Gedanke schließlich, den Schmalkaldischen Bund zu einer Opposition mit quasisouveränem Status auszubauen, deutet ebenfalls darauf hin, daß er nicht nur eine Kirchenreform anstrebte, sondern eine Neuformierung des Reiches, die ihm und seinesgleichen bedeutendere Machtpositionen bescheren sollte. Dem Haus Habsburg galt Philipp allerdings noch aus einem weiteren Grund als Erz- und Todfeind. Er hatte den Habsburgern einen Besitz entrissen, den sie seit den Tagen Rudolfs I. mit beinahe schmerzlicher Heftigkeit begehrten.

Herzog in Schwaben, dem Stammrevier der Staufer, zu sein, das war ein Traum, dessen Wurzeln tief in die Vergangenheit der mittlerweile österreichischen Familie hinabreichten. Schon Rudolf hatte ja gehofft, seinen gleichnamigen jüngsten Sohn hier zu etablieren, war aber an dem ungemein tüchtigen Grafen Württemberg gescheitert. Maximilian war dann dem durchaus habsburgfreundlichen Schwäbischen Bund beigetreten, einer Vereinigung von Reichsstädten und Reichsfürsten, die sich vor allem wittelsbachischer Ansprüche zu erwehren suchte. Daß auch er dabei nicht auf seine Kosten kam, hing mit den Aktivitäten der Schweizer zusammen. 1515 schließlich bot sich eine neue, wenn auch schwache Chance für die Casa de Austria, ihren Fuß in die schwäbische Tür zu setzen. Herzog Ulrich I. von Württemberg hatte seine Frau, Sabine von Wittelsbach, eine Enkelin Friedrichs III., derart schlecht behandelt, daß sie ihn unter lautem Protest verließ. Für Kaiser Karl war dies der willkommene Anlaß, Ulrich zu ächten und seinen Besitz an Bruder Ferdinand zu übertragen. Als daraufhin der Württemberg das zum Schwäbischen Bund gehörende Reutlingen überfiel, tauchte die noch bessere Möglichkeit auf, das Gemeinwesen von Bundesmitgliedern befreien, das ganze Land besetzen zu lassen und es – gegen Erstattung der Kriegskosten – für Habsburg zu erwerben. Es sah so aus, als habe sich der alte Traum endlich erfüllt. Ferdinand, Besitzer unter anderem des Allgäus, war in der Lage, um das eifersüchtige Baiern herumgreifend, eine Brücke hinüber zum alten Revier der Staufer zu schlagen. Daß er sich zu seinen sieben Herzogshüten bald noch einen achten aufsetzen würde, nämlich den von Schwaben, wurde greifbare Wirklichkeit. Diesen schönen Plan indessen durchkreuzte Landgraf Philipp, in sozusagen lauterster Absicht. Der aus seinem Land geflohene Ulrich trat zum Protestantismus über, womit er Anspruch auf Schutz und Unterstützung des Hessen gewonnen hatte. Im Mai 1534 führten Philipp und der Württemberg dann zwanzigtausend Landsknechte und viertausend Reiter gegen das weitaus schwächere Heer des österreichischen Statthalters in Schwaben. Bei Lauffen am Neckar gelang es ihnen, die habsburgischen Truppen nach stundenlangen Kanonaden und Scharmützeln aus dem Feld zu schlagen, und zwei Wochen später war Ulrich schon wieder Herr im eigenen Haus, was Ferdinand nolens volens anerkennen mußte. Im böhmischen Städtchen Kaaden schloß er einen Vertrag mit dem Württemberg samt seinen Hintermännern, es war der bedeutendste politische Erfolg, den die Protestanten bis dahin errungen hatten. Der deutsche König war nicht nur gezwungen worden, auf Schwaben zu verzichten, er mußte auch den sogenannten »Nürnberger Anstand« bekräftigen, ein kaiserliches Mandat, das den Religionsfrieden im Land verfügte, ferner mußte er alle beim Reichskammergericht anhängigen Prozesse gegen Protestanten niederschlagen. Das einzige Zugeständnis, das man ihm in Kaaden machte, war seine Anerkennung als Lehensherr von Württemberg. Auf dem Papier galt Ulrich fortan als habsburgischer Aftervasall, doch das beschwerte ihn nur wenig. In seinem ganzen Land wurde die Reformation eingeführt, 1536 trat er auch dem Schmalkaldischen Bund bei. Ohne die Unterstützung des mächtigen Landgrafen von Hessen hätte Ulrich sich das alles kaum leisten können. Aber ebendiesem Philipp starrte nun, vier Jahre später, in der »Carolina« jener Paragraph entgegen, der ihm bestätigte, daß er nach Recht und Gesetz ein Schwerverbrecher war. Ausgerechnet zur selben Zeit kam auch Kaiser Karl von Gent herüber, um in Deutschland wieder einmal nach dem Rechten zu sehen.

Prüde war der Habsburg aus Burgund mit Sicherheit nicht, was unter anderem das flämische Kind bezeugt, das er ganz unbefangen anerkannte. Dennoch verbot ihm seine strenge, mit den Jahren immer strenger werdende religiöse Überzeugung, Moral und Sitte öffentlich als Quantité negligéable zu behandeln. Andererseits freilich war Karl auch Politiker. Und in dieser Eigenschaft mußte er die Doppelehe Philipps geradezu für ein Geschenk des Himmels halten. Natürlich erklärte er sich bereit, den Markgrafen zu einem Gespräch zu empfangen, kaum daß er in Deutschland eingetroffen war. Natürlich geschah dies im geheimen, und natürlich lief es auf eine subtile Erpressung hinaus. Philipp erhielt Straffreiheit zugesichert, mußte dafür dem Kaiser aber gewisse politische Zugeständnisse machen. Da auch darüber nichts publik wurde, ist völlig unbekannt, welcher Art sie waren. Es gilt jedoch als sicher, daß der Markgraf sich verpflichtete, keine ausländischen Mächte in den Schmalkaldischen Bund aufzunehmen, vor allem nicht Franz I., der schon die Rückeroberung Württembergs mitfinanziert hatte.

Wichtiger dürfte für Karl gewesen sein, daß er nicht nur bei dieser Verhandlung hinter herabgelassenen Vorhängen, sondern auch aufgrund anderer Informationen den Eindruck gewann, die Ausbreitung der Reformation habe in diesem Jahr 1540 ihren Höhepunkt zwar erreicht, aber auch schon überschritten. Die Männer, die Luthers Lehren politisch vertraten, nötigten ihm nur wenig Respekt ab. Kaum einer von ihnen hatte Manieren, viele waren Säufer, und zu ihren hervorstechendsten Eigenschaften gehörten Geld- und Machtgier. Im Vergleich mit den groben Lastern, denen sich viele von ihnen hingaben, mutete die Affäre des Hessen schon beinahe wie eine zarte Liebesgeschichte an. Dergleichen freilich stieß nicht nur den Habsburg ab, sondern auch Luther. Der Reformator erklärte damals, er habe die Fürsten zu Göttern gemacht, nun benähmen sie sich wie die Schweine. Seinen neuen Landesherrn Johann Friedrich, Herzog von Kursachsen, hielt Luther sogar für einen ausgemachten Esel. Daß die katholischen Fürsten viel besser waren, konnte man indessen auch nicht behaupten. Heinrich von Braunschweig-Wolfenbüttel etwa ließ seine Hofdame Eva von Trott zum Schein beerdigen, um danach in aller Stille mit ihr nicht weniger als zehn Kinder zu zeugen.

Diese Eindrücke und dazu die Erkenntnis, daß Franz I. die Abmachungen von Aigues Mortes so wenig einzuhalten gedachte wie alle früheren Vereinbarungen, bewogen Karl dazu, das Schwert des Glaubenskampfes vorerst noch in der Scheide zu lassen. Statt dessen versuchte er es auf dem Reichstag von Regensburg noch einmal mit Religionsgesprächen zur Beseitigung der wichtigsten theologischen Differenzen zwischen allen konfessionellen Parteien, sie nahmen sogar einen recht erfreulichen Anfang. Erst als man zu den Grundfragen kam, päpstlicher Primat und Abendmahl, erwies es sich, daß zwischen Rom und Wittenberg ein unüberbrückbarer Abgrund klaffte. Karl selbst führte, während die Diskussionen darüber auf offener Bühne abliefen, hinter den Kulissen mit anderen Protestanten andere Gespräche. Er hatte sich seine Partner sorgfältig ausgesucht. Albrecht Alcibiades von Brandenburg-Kulmbach, ein alter Kriegsgefährte aus den Feldzügen gegen Frankreich, lag mit seinen Verwandten im Erbstreit. Vielleicht war er mit einigen Versprechungen für die kaiserliche Sache zu gewinnen. Erich von Braunschweig-Calenberg, Vetter des katholischen Heinrich von Braunschweig-Wolfenbüttel, wollte sich aus der erdrückenden Abhängigkeit von seiner protestantischen Mutter befreien. Warum bot man ihm nicht ein Regiment im Reichsheer an? Und schließlich war da auch noch der begabteste und ehrgeizigste unter allen diesen unsicheren Kantonisten, Moritz von Sachsen aus der albertinischen Linie des Hauses Wettin! Er neidete Vetter Johann Friedrich aus der ernestinischen Linie, den Luther für einen Esel hielt, die Kurwürde. Sollte man ihm nicht andeuten, daß sie mit kaiserlicher Hilfe unter Umständen zu gewinnen wäre?

Als Karl aus Regensburg wieder abreiste, hatte er kein einziges der konfessionellen Probleme aus der Welt geschafft, aber dafür ein paar wirksame Minen im gegnerischen Lager gelegt. Jetzt wollte er zunächst einmal seinen Triumph von Tunis wiederholen und die algerischen Seeräuber zu Paaren treiben, danach den treulosen Franz von Frankreich ein für allemal in die Knie zwingen.

Das erste dieser Unternehmen endete in einem Fiasko. Verheerende Stürme verhinderten zunächst die Landung an der afrikanischen Küste, dann legten sie auch Karls vierundzwanzigtausend Mann starke Invasionsarmee völlig lahm. Bereits drei Tage nach der Ausschiffung hatte der Habsburg hundert Schiffe samt Mannschaft, Lebensmitteln und Munition verloren. »Mit Tränen in den Augen« teilte er seinem Stab, zu dem auch Hernán Cortés und Herzog Alba gehörten, mit: »Es bleibt uns, meine Freunde, nur der göttliche Trost und Ratschluß.« In Klartext: der Rückzug.

Das Unternehmen gegen Frankreich schien sich zunächst auch nicht besser anzulassen. Immer häufiger wurde Karl von Gichtanfällen matt gesetzt. Anton Fugger, der für die Niederwerfung der nordafrikanischen Piraten 600 000 Dukaten herausgerückt hatte, wollte nicht schon wieder Geld geben. Herzog Wilhelm von Kleve war wegen eines Erbstreites mit Karl auf die französische Seite übergetreten. Und während der ersten Monate dieses Krieges errang Franz I. einen Erfolg nach dem anderen. Er fiel in den Hennegau ein, erlaubte es einer türkischen Flotte, in Toulon zu überwintern, kam auch in Oberitalien recht zügig voran. Diese unglückselige Entwicklung schlug erst in ihr Gegenteil um, als Karl auf dem Reichstag von 1544 in Speyer den Protestanten derartige Zugeständnisse machte, daß der Papst ihn zwar mit Nero verglich, sie ihm aber zwanzigtausend Fußkämpfer und viertausend Reiter stellten.

Mit dieser Streitmacht marschierte der Habsburg stracks auf Paris zu. Als er, Ende August, nur noch zwei Tagesmärsche von der französischen Hauptstadt entfernt stand, bot sein Schwager wieder einmal Frieden an. Wenn es nach Karl gegangen wäre, hätten Franzens Boten mit einem ablehnenden Bescheid zurückreiten können, doch es ging nicht nach ihm, sondern nach dem Heereszahlmeister. Die Kasse war leer, die Truppe erschöpft – nicht nur vom Marschieren, auch von den Ausschweifungen in französischen Weinkellern. Nahe Laon, in Crépy, beschwor man diesmal, am 18. September 1544, die Verträge. Karl behielt, was er hatte, der Franzose auch – für den Habsburg war es kein voller Triumph. Das Herzogtum Burgund, in dem alle seine Träume wohnten, mußte endgültig verloren gegeben werden. Dafür blieb Karl das lange umkämpfte Mailand, er gab es an seinen Sohn Philipp von Spanien. Den Friedensvertrag selbst unterzeichnete Karl mit wütenden Schmerzen. Bei einem Gelage in Brüssel hatte er wieder einmal zu viel und zu gut gegessen, seine Hand war von der Gicht fast gelähmt. »Wer nicht einmal die Feder führen kann«, sagte er, das Mißgeschick mühsam belächelnd, »wie soll der die Lanze führen können?«

Dabei hatte er sich gerade jetzt entschlossen, zu seinem bisher wichtigsten Kriegszug aufzubrechen. Während seiner Operationen in Frankreich hätten die Schmalkaldener ihn mühelos ausmanövrieren können. Daß sie statt dessen die Hände in den Schoß legten, bekräftigte Karl in der Meinung, es mangle ihnen an Entschlußkraft. Und diese Schwäche gedachte er auszunützen.

Tiziano Vercelli, bekannt unter dem Namen Tizian, einer der bedeutendsten Künstler der Hochrenaissance, seit 1533 Hofmaler Karls V., gehörte vermutlich zu den wenigen Menschen, die den verschlossenen Habsburg durchschauten. 1548 malte er ihn als Reiter in funkelnder Rüstung, der über das Schlachtfeld von Mühlberg an der Elbe reitet. Man sollte annehmen, daß er einen triumphierenden Sieger darstellen wollte. Warum tat er es dann nicht? Die einzig mögliche Antwort lautet: Es war unmöglich. Dieser Mann auf dem schönen andalusischen Rappen fühlt sich in seinem kriegerischen Aufputz nicht wohl, er erzwingt eine heldische Pose, gibt seinem Gesicht gewaltsam einen entschlossenen Ausdruck und wirkt deshalb verkrampft. Zudem hat Tizian den Kaiser vor einen düsteren Abendhimmel gestellt und seine Erscheinung in ein kränkliches, phosphoreszierendes Licht getaucht. So reitet kein Sieger in einen strahlenden Morgen hinein, so übt sich bestenfalls ein eigentlich friedfertiger Mensch in der Pflicht, heroisch zu erscheinen. Tizian war ehrlich genug, Karls innere Einstellung nicht zu verleugnen, zudem besaß er einen fast prophetischen Blick.

1546, ein Jahr vor Mühlberg, hatte Karl sich in Regensburg noch so gezeigt, wie er wirklich war, ein gelassener, weltläufiger Grandseigneur, der keinen Hehl daraus machte, daß er die angenehmen Seiten des Lebens bevorzugte. Obwohl die Protestanten schon ahnten, daß er gegen sie loszuschlagen plante und ein gewaltiges Heer zusammengezogen hatte, kam er mit nur geringem Gefolge in der alten baierischen Hauptstadt an, feierte dort erst einmal die Hochzeit zweier seiner Nichten und gab sich dabei derart ungezwungen, daß ein Beobachter der Schmalkaldener verwundert notierte: »Der Kaiser und seine Pfaffen sind fröhlich, sie bankettieren und tanzen, als ob keine Not vorhanden sei.« Karl erlaubte sich sogar den Luxus einer späten Liebe. Er traf sich mit Barbara, der Tochter des Handwerksmeisters Wolfgang Plumberger, einer lebensfrohen Neunzehnjährigen, und verleugnete sie auch später nicht, als sich zeigte, daß sie mit seinem jüngsten und letzten Sohn schwanger war, dem späteren Helden der Seeschlacht von Lepanto, Don Juan d'Austria. Alles das hieß freilich keineswegs, daß er in dieser Zeit nicht auch geplant und gearbeitet hätte, er arbeitete sogar sehr hart.

Luther, der am 18. Februar desselben Jahres gestorben war, hatte ihm noch vom Totenbett aus eine Kriegserklärung vor die Füße geschleudert. In seiner Schrift »Das Papsttum vom Teufel gestiftet« forderte er die Protestanten auf, »das ganze Gewürm des römischen Sodoma anzugreifen und die Hände zu waschen in ihrem Blut«. Seine Anhänger fühlten sich diesem Appell zumindest so sehr verpflichtet, daß sie ihren Widerstand verstärkten. Philipp von Hessen, noch immer Spitzenrepräsentant der Schmalkaldener, lehnte es wie auch seine Gesinnungsgenossen ab, das Konzil von Trient zu beschicken, obwohl auf dieser Versammlung Karls ganze Hoffnung ruhte. Fast fünfundzwanzig Jahre lang hatte der Kaiser die Päpste bestürmt, Vertreter aller Glaubens- und Lehrmeinungen zusammenzurufen, damit die Christenheit endlich wieder geeint werden könne. Weder Hadrian VI., der in Gent sein Erzieher gewesen war, noch Clemens VII., der ihn in Bologna gekrönt hatte, waren jedoch willens oder fähig gewesen, seine Bitte zu erfüllen. Nun hatte der neue Pontifex Paul III. die Stadt Trient immerhin als Ort eines Konzils benannt und alle interessierten Parteien zur Teilnahme eingeladen. Aber nun winkten die deutschen Protestanten ab, das ganze Unternehmen solcherart seines eigentlichen Sinnes beraubend. Markgraf Philipp erklärte, er werde Hessen selbst reformieren, worauf Karl, mit dem Lateinischen besser vertraut, erwiderte: »Reformieren heißt nit einen neuen Glauben annehmen.« In der Tat, es heißt nur »das Bestehende verbessern«.

Ein anderer Plan Karls war ebenfalls bei seiner Ankunft in Regensburg schon Makulatur. Geraume Zeit hatte der Habsburg mit dem Gedanken gespielt, innerhalb Deutschlands »eine gute, ehrbare Vergleichung der Religionssache« herbeizuführen, das Reich in eine Art Bundesstaat aus protestantischen und katholischen Ländern umzuwandeln und seiner Familie die erbliche Herrscherwürde in dieser Föderation zu übertragen. Eine garantierte »Reichsrente« sollte die Kaiser finanziell unabhängig machen, ein stehendes Heer die von Fall zu Fall gekauften Söldnerhaufen ersetzen. Der Plan war eine Mischung aus zum Teil schon uralten Vorschlägen der hennebergischen und vorhennebergischen Zeit, verbrämt mit spezifisch habsburgischen Vorstellungen. Auch an dieser Idee zeigten sich jedoch die deutschen Fürsten nicht interessiert, weder katholische wie der Herzog von Baiern noch protestantische wie der Kurfürst von Sachsen. Beide, der Wittelsbach und der Wettin, fühlten sich dem Habsburg ebenbürtig, sie wollten die Hoffnung, ihre Häuser könnten selbst einmal die Kaiserwürde gewinnen, nicht so ohne weiteres fahrenlassen.

Somit stand Karl auf den Trümmern seiner Friedenspolitik. Er hatte gar keine andere Wahl mehr, als jetzt militärisch aktiv zu werden. Der Vorbereitung des großen Rundumschlags galt denn auch alles, was er zu Regensburg wirklich tat. Die rauschenden Festbankette dienten teilweise nur der Verschleierung seiner Absichten, die Besuche bei der blonden Barbara im Haus Plumberger waren ein letzter Tribut an das Leben – solange er noch lebte.

Anfang Mai 1546 traf dann Moritz von Sachsen in Regensburg ein, um dem Kaiser einen politischen Handel vorzuschlagen. Wenn Karl, so bot er an, ihm wirklich zur Kurwürde verhelfe, sei er bereit, in der bevorstehenden Auseinandersetzung neutral zu bleiben. Moritz jedoch geriet an einen falschen Mann, den kaiserlichen Rat und Nachfolger Gattinaras Nicolas Perrenot de Granvelle aus Ornans in Burgund. Unmißverständlich machte dieser erfahrene Politiker dem Sachsen klar, daß es für derartige Halbheiten zu spät sei. Jetzt gelte nur noch der schlichte Grundsatz: Wer nicht für den Kaiser ist, ist gegen ihn. Entweder trete Moritz auf die habsburgische Seite über oder Karl werde nach seinem zu erwartenden Sieg Kursachsen für das eigene

Haus einziehen. Die Drohung wirkte. Moritz verbündete sich mit dem Kaiser. Er begriff auch sofort, daß es wahrscheinlich das Beste war, was er hatte tun können. Zu Karls offiziellen Alliierten gehörten schon der Papst, Herzog Wilhelm von Baiern und natürlich Ferdinand von Österreich. Sogar Sulaiman der Türke war indirekt mit von der Partie. Er hatte sich bereit erklärt, einen fünfjährigen Waffenstillstand mit dem Reich abzuschließen und Habsburg großmütig den winzigen Rest von Ungarn zuzugestehen, der noch nicht in osmanischem Besitz war. Bei den laufenden Gesprächen mit den Abgesandten des Sultans ging es nur noch um Details, so etwa um das »Ehrengeschenk« von 30000 Dukaten jährlich, das der Großherr beanspruchte. Doch der Fugger zahlte diesmal ohne Murren. Inzwischen marschierten von allen Seiten die Kaiserlichen schon heran. Am 20. Juli 1546 verhängte Karl über Philipp von Hessen und Johann Friedrich von Sachsen die Reichsacht. Als zwischen dem 10. und 13. August die letzten italienischen und spanischen Truppen eingetroffen waren, schlug der Habsburg los. Damit begann der »Schmalkaldische Krieg«.

Die Protestanten hatten so erfahrene Heerführer auf ihrer Seite wie den Veteranen der Kriege in Italien, Sebastian Schärtlin von Burtenbach, der Kaiser so hervorragende Strategen wie Moritz von Sachsen und Herzog Alba. Doch die Protestanten konnten sich nie recht einigen, wer eigentlich den Oberbefehl innehabe, der schlanke Philipp von Hessen oder Johann Friedrich von Sachsen, der derart dick war, daß ihn kein Pferd zu tragen vermochte. Der Schmalkaldische Krieg dauerte von August 1546 bis Mai 1547, aber eigentlich wurde er schon einen Monat vor Friedensschluß durch die Schlacht von Mühlberg entschieden.

Am 24. April 1547 hatten Albas Spanier ihren Harnisch abgelegt, die Säbel zwischen die Zähne geklemmt, im Morgennebel die Elbe durchschwommen und waren über die völlig ahnungslosen Sachsen des dicken Kurfürsten am anderen Ufer hergefallen. Als es ihnen dann auch noch gelang, eine Schiffsbrücke über den Strom zu schlagen und die Reiterei hinüberzubringen, war für Karl der Augenblick gekommen, jene Haltung einzunehmen, in der Tizian ihn später verewigte. Und möglicherweise rührt der angestrengte Ausdruck in seinem Gesicht auch daher, daß dem Gichtkranken das Reiten fast unerträgliche Schmerzen bereitete. Am Abend desselben Tages wurde Johann Friedrich dem Habsburg vorgeführt, der unförmige Mann machte einen mißglückten Versuch, sich zu verbeugen. »Allergnädigster Kaiser ...«, setzte er an. Karl schnitt ihm das Wort ab. »Bin ich jetzt Euer allergnädigster Kaiser? Früher habt Ihr mich anders genannt.« »Ich bin auf diesen Tag ein armer Gefangener«, gab Johann Friedrich zurück, »kaiserliche Majestät wolle sich gegen mich als einen geborenen Fürsten halten.« Karl erwiderte: »Ich will mich so gegen Euch halten, wie Ihr Euch gegen mich gehalten.« Nach dem Gesetz war der kurfürstliche Hochverräter ein Todeskandidat, ebenso Philipp von Hessen, der sich auf die Nachricht von der Niederlage bei Mühlberg hin gefangengab. Jahre später starben beide friedlich in ihren Betten. Aber warum hat Tizian den unter Qualen triumphierenden Karl in ein so giftiges Licht getaucht?

Die Antwort kann man zum Teil aus einem anderen Bild herauslesen, dem Porträt, das Lucas Cranach der Jüngere von Moritz von Sachsen malte. Ein kalter Rechner blickt da unter skeptisch hochgezogenen Brauen hervor; die vom Bart gerahmten Lippen machen nicht den geringsten Versuch, liebenswürdig zu wirken; das ganze Gesicht wird von einer hohen, mächtigen Stirn beherrscht. So blickt ein Mann, der vor allem nach Möglichkeiten Ausschau hält, weniger nach Lösungen. Moritz war einer der großen Gewinner des Schmalkaldischen Krieges, er bekam die Kurwürde zugesprochen, sein albertinischer Hausbesitz wurde durch beträchtliche Teile des ernestinischen, die man Johann Friedrich aberkannt hatte, ergänzt. Das ganze Sachsen indessen hatte Moritz nicht bekommen, vor allem nicht die angestrebte Schutzherrschaft über das Bistum Magdeburg. Diese Enttäuschung gehörte zu den ersten ernüchternden Erfahrungen, die er nach Mühlberg machen mußte. Später erkannte Moritz auch noch, daß es nicht ungefährlich war, sich bedingungslos an den Kaiser zu halten, denn auch Karl wandelte auf einem sehr schmalen Pfad.

Der Papst war noch während des Krieges gegen die Protestanten von ihm abgefallen und hatte das Konzil von Trient nach Bologna verlegt, zweifellos in der Absicht, seine Mitglieder härter an die Kandare nehmen zu können. In die päpstliche Stadt Bologna aber wollten die evangelischen deutschen Fürsten noch weniger gehen als nach Trient, sie fürchteten, eine freie Auseinandersetzung werde dort – außerhalb der »deutschen Lande« – völlig unmöglich sein. Hinzu kam, daß Paul III. sich mit Heinrich II. von Frankreich, dem Nachfolger des mittlerweile gestorbenen Franz I., verbündet hatte. Karl, der nie willens gewesen war, die Protestanten gewaltsam in den Pferch der Kirche zurückzutreiben, sah sich einer zunehmenden Isolierung ausgesetzt und beschloß deshalb, den Konfessionsausgleich mit seinen eigenen Mitteln herbeizuführen. Er war bedeutend weitherziger als der Pontifex in Rom.

Warum, so meinte der Kaiser, solle man die lutherischen Pfarrer denn nicht heiraten lassen? War der Zölibat denn ein so wichtiges Dogma? Und wenn sie das Abendmahl in beiderlei Gestalt beanspruchten, weshalb es ihnen nicht zugestehen? Mit den Hussiten war man sich in dieser Frage ja auch mehr oder weniger einig geworden. Um auf dieser Basis zu einer Einigung innerhalb des Reiches zu kommen, berief Karl einen Theologenausschuß ein, der entsprechende Gesetze erarbeiten sollte. Das geschah 1548 auf dem Reichstag von Augsburg.

Anfang Februar zog der Kaiser an der Spitze von zehntausend Spaniern in die Fuggerstadt ein. Sein Bruder König Ferdinand eröffnete die Reihe der bei diesen Gelegenheiten üblichen Lustbarkeiten. »Er tanzte mit seinen Gästen und machte gewaltige Sprünge dabei«, wie der Bürgermeister von Stralsund notierte. Karl selbst verbrachte die Abende einsam im Haus seines Leibbankiers. Ihm war nicht nach Feiern zumute, ihn quälte mehr den je die Gicht.

Das Theologengremium, zu dem auch zwei Protestanten gehörten, war zunächst keine große Hilfe. Es verrannte sich derart in Details, daß Karl ungeduldig wurde und schließlich selbst einen in sechsundzwanzig Artikel gegliederten Entwurf vorlegte. Nachdem dieser von drei katholischen Fachleuten nochmals überarbeitet worden war, konnte der Kaiser – inzwischen war es Mai geworden – vor die versammelten Reichsstände treten und bekanntgeben, was er als oberster Repräsentant des Reiches, aber auch als »Schirmvogt der Kirche« für richtig befunden habe. Es war das berühmte »Augsburger Interim«, erklärtermaßen eine Zwischenregelung. Seine Kernpunkte lauteten: Bei den Katholiken sollte alles so bleiben, wie es war, den Protestanten hingegen wurden Laienkelch und Priesterehe zugestanden, so lange wenigstens, bis das Konzil auch über diese Punkte endgültig befunden habe. Die Rede, in der Karl seine Ansichten vortrug, war ernst, würdig und so maßvoll wie das ganze Programm. Trotzdem notierte Bartholomäus Sastrow, der Stralsunder Bürgermeister: »Potztausend, das war ein geharnischter Reichstag!« Unter diesem Namen ist die Augsburger Versammlung bekannt geworden. Dem Habsburg schien sie endgültig zum Sieg verholfen zu haben, denn die Ständevertreter nahmen das Interim ohne Widerspruch an. Draußen im Land freilich wußte man es besser.

»Hüt' euch vor dem Interim«, sangen die Leute, »es hat den Teufel hinter ihm.« Auch dem scharfen Blick Moritz' von Sachsen entging nicht, daß der Kaiser sich mit seiner Hilfskonstruktion zwischen alle Stühle gesetzt hatte. Wer ernsthaft und aufrichtig glaubt, meint ja im Besitz einer Wahrheit zu sein, die durch Halbherzigkeiten nur verunglimpft werden kann. Moritz, der nicht nur aus reiner Kaltherzigkeit handelte, sondern durchaus auch eigene politischer Überzeugungen hegte, erkannte zudem die Gründe, die Karl vor allem bewegten. Er wollte Ruhe haben, um ganz Deutschland dem Haus Habsburg endgültig überantworten zu können. Auf dem nächsten Reichstag, der 1550 ebenfalls in Augsburg stattfand, gab der Kaiser diese Absicht sogar deutlich zu erkennen.

Aus Brüssel hatte Karl seinen ältesten Sohn Don Philipp mitgebracht, um ihn den Fürsten als Nachfolger auf dem kaiserlichen Thron zu präsentieren. Damit war er einen Schritt zu weit gegangen. Philipp, von Geburt und Erziehung reiner Spanier, überzeugter Katholik, vor allem aber ein Mann, der steif, beinahe finster und unnahbar wirkte, hatte von Anfang an nicht die geringste Chance, akzeptiert oder gar gewählt zu werden. Schon Karl, der inzwischen wenigstens so gut Deutsch verstand, daß er sich, nach eigenen Worten, in dieser Sprache mit seinem Reitknecht unterhalten konnte – während er mit Gott Spanisch sprach –, war seinen Schutzbefohlenen immer fremd geblieben und von kaum jemandem als Mitglied der deutschen Nation anerkannt worden. Aber nun sollte ihm ausgerechnet dieser Philipp nachfolgen, dessen einzige Beziehung zum Reich darin bestand, daß er den Namen Habsburg führte? Es hätte bedeutet, daß die über Jahrhunderte hin ingrimmig verteidigte Karlskrone engültig einem Ausländer zugefallen wäre und vermutlich für immer in Spanien bleiben würde. Nicht einmal die katholischen Reichsfürsten konnten so etwas hinnehmen, nicht einmal Karls eigener Bruder. Ferdinand, der als deutscher König auch designierter kaiserlicher Kronprinz war, fragte empört, warum er seinen Anspruch dem Neffen überlassen solle. Moritz von Sachsen aber glaubte angesichts dieser Entwicklung, handeln zu müssen. Er mußte es tatsächlich tun, wenn er nicht selbst unter die Räder kommen wollte.

Moritz' Schwiegervater, Philipp von Hessen, wie auch der dicke Johann Friedrich, ein Wettiner gleich ihm, befanden sich noch immer in kaiserlichem Gewahrsam, und zwar nicht etwa als eine Art Ehrenhäftlinge, sondern als ganz gewöhnliche Gefangene. Wenn Karl einen von ihnen auf den Reichstag mitnahm, trug er Ketten, und als Philipp einen Fluchtversuch unternahm, wurde er mit der Folter bedroht. Das alles legten die Protestanten dem »Judas« Moritz zur Last, während die Katholiken ihn als gewissenlosen Überläufer verachteten. Aus dieser mißlichen Situation gedachte der neugebackene Kurfürst sich mit einem großangelegten Unternehmen zu befreien. Daß er dazu schon wieder die Seiten wechseln mußte, beschwerte ihn kaum, denn Argumente zur Begründung eines solchen Schrittes ließen sich seit dem letzten Ausburger Reichstag mühelos finden.

Karl hatte nach dem Schmalkaldischen Krieg die spanischen Truppen nicht entlassen; damit verstieß er gegen einen wichtigen Punkt seiner 1519 abgegebenen Wahlkapitulation. Außerdem bedrohte er die fürstliche »Libertät« durch seinen Versuch, das Kaisertum erblich zu machen und ganz Deutschland der »viehischen spanischen Servitut« zu unterwerfen; das reichte aus, um Moritz' nachträgliche Enttäuschung über den Kaiser allgemein zu begründen. Der Sachse hatte zwar seinerzeit eine falsche Entscheidung getroffen, aber daraus durfte man doch nicht schließen, daß er weniger patriotisch gesinnt sei als seine Standesgenossen. Nun wollte er den Fehler von damals wiedergutmachen. Es gelang ihm binnen kürzester Frist.

In der Absicht, die spanisch-habsburgische Vormacht zu brechen, verbündete er sich 1551 mit seinem ehemaligen Widersacher, Markgraf Hans von Küstrin, den der Kaiser vor dem Schmalkaldischen Krieg ja auch umworben hatte, mit Herzog Albrecht von Preußen, dem ehemaligen Hochmeister des Deutschritterordens, der evangelisch geworden war, und mit Landgraf Wilhelm von Hessen, dem Sohn des gefangenen Philipp. Bei den Vorgesprächen zu ihrem geplanten Unternehmen erwies Moritz sich als ein Mann, der an alles dachte, vor allem an seine eigenen Interessen. Die ebenfalls ins Vertrauen gezogenen Söhne Johann Friedrichs, des früheren Kurfürsten von Sachsen, sollten um »des Wohles der gemeinsamen Sache« willen jeglichen Ansprüchen auf die ernestinischen Gebiete, die vom Kaiser ihrem Vater zugeteilt waren, entsagen. Als die beiden darin eingewilligt hatten, fehlte der »Fürstenverschwörung« nur noch ein Finanzier, doch den fand Markgraf Albrecht Alcibiades von Brandenburg-Kulmbach. Am 15. Februar 1552 erschien der Hohenzoller in Chambord an der Loire bei Heinrich II. von Frankreich und machte ihm deutlich, was er und seine Genossen für entsprechende französische Unterstützung bieten könnten. Er trug dem Franzosen die Reichsfestungen Metz, Toul und Cambrai an, versprach Unterstützung bei der »Wiedererlangung« der Grafschaften Flandern und Artois und bekundete außerdem, der Reichstag werde in Zukunft nur noch einen dem Franzosen genehmen Fürsten zum deutschen Kaiser wählen. Dieses ganze Paket war Heinrich eine Abschlagszahlung von 240 000 Goldstücken sowie die Zusage wert, das Unternehmen der Verschwörer mit weiteren 60 000 Dukaten pro Monat zu unterstützen. Noch im März schlugen die nunmehr verbündeten Gruppen gemeinsam los: der katholische König Frankreichs, der die Protestanten in seinem eigenen Land gewaltsam unterdrückte, die von Moritz angeführten protestantischen Fürsten in Deutschland – und Sulaiman, den Heinrich um zusätzliche Unterstützung gebeten hatte.

Ferdinand, auf der anderen Seite, tat sich mit dem Herzog von Baiern zusammen, versuchte Moritz gütlich zu gewinnen, schloß auch einen Vertrag mit ihm, der einen allgemeinen Friedenskongreß in Passau vorsah, erreichte jedoch in Wirklichkeit nichts. Der Sachse wußte, daß es diesmal um Kopf und Kragen ging, er wollte »den Fuchs in seiner Spelunke suchen«, wollte Karl gefangennehmen.

Karl aber, was tat er?

Zwei Jahre vor dem letzten Augsburger Reichstag malte Tizian seinen kaiserlichen Herrn noch einmal. Nach dem nur ein Jahr zuvor entstandenen Bild, das Karl als Triumphator zeigt, ist dieses sogenannte »Münchner Porträt« (heute im Besitz der Bayerischen Staatsgemäldesammlung) schon beinahe ein Abgesang. Es zeigt einen skeptisch blickenden, rotbärtigen Herrn in schwarzer spanischer Tracht, auf wenig prunkvollem Stuhle sitzend. Die stark entwickelte Unterlippe wirkt nicht mehr – wie bei Ambergers früherer Darstellung – fast grotesk, sie scheint vielmehr einem Trunk entgegenzulechzen. Die linke Hand steckt im Handschuh, als habe der Maler verbergen wollen, wie sehr sie von der Gicht geschwollen war. Daß im Reich dieses

Herrschers die Sonne nie unterging, ist nicht zu erkennen, vielmehr drängt sich der Eindruck auf, der sitzende Mann mißtraue einer von ihm beherrschten Welt zutiefst. Und wiederum war Tizian Prophet genug, um auch anzudeuten, wozu Karl im Notfall fähig sei: Er würde sich trennen von dem, was er besaß, nicht anders als ein Kaufmann, der verlorenes Kapital abschreibt. Was der Habsburg wirklich war, wird lediglich ausgewiesen durch den Orden, den er immer trug, das Goldene Vlies. Es dokumentiert bis zuletzt seine Herkunft, seine geheimen Träume und seine Auserwähltheit.

Als Heinrich von Frankreich gegen den Rhein vorrückt, Lothringen besetzt, Straßburg erobern will, denkt Karl vor allem an Burgund. So übersieht er fast, daß Moritz von Norden her auf Innsbruck marschiert, das er selbst aufgesucht hat, um die mittlerweile wieder in Trient tagenden Konzilsteilnehmer besser beobachten und beeinflussen zu können. Als die Absicht des Sachsen, ihn in seine Gewalt zu bekommen, endlich klar zutage tritt, ist es zum Handeln schon zu spät. Karl hat seine spanischen Truppen inzwischen entlassen, und Ferdinand, dem Tirol gehört, unternimmt nur halbherzige Anstrengungen, die wichtigsten Pässe zu sperren. Schon ist es Moritz gelungen, bei Reutte einen schwachen Sperriegel kaiserlicher Truppen zu sprengen, da wird dem Mann, dem Tizian die Skepsis ins Gesicht gemalt hat, klar, daß er das Spiel verloren geben muß – nicht weil er gar keine Macht mehr gehabt hätte, sondern weil es ihm einfach sinnlos erscheint, nach so vielen Bemühungen, so vielen wirklichen und scheinbaren Erfolgen noch einmal bei Null zu beginnen. Er hatte getan, was er tun konnte, hatte gehandelt, wie er glaubte handeln zu müssen, jetzt ist er gescheitert.

Am 19. Mai 1552 läßt sich Karl bei strömendem Regen in einer Sänfte über den Brenner nach Villach tragen, auf dem Pferd kann er längst nicht mehr sitzen. Zu seinen Begleitern gehört der – wenn auch aus anderen Gründen – ebenso bewegungsunfähige Johann Friedrich von Sachsen, um diese Zeit schon kein Gefangener mehr, sondern ein freier Mann. Vier Tage später dringt Moritz in Innsbruck ein, Ferdinand schließt sofort einen Waffenstillstand mit ihm. Den dadurch zurückerlangten geringen Handlungsspielraum benutzt Karl jedoch nur noch zur Rückgewinnung der eigenen Würde. Seine Niederlage hat ihm auch die Freiheit eingebracht, unmißverständlich und ohne Rücksicht auf die Folgen »nein« sagen zu können.

»Nein« hätte er am liebsten schon gesagt, als die katholischen und protestantischen Fürsten in Passau einen Vertrag mit Ferdinand aushandelten, der die im Reich herrschenden konfessionellen Verhältnisse vorläufig festschrieb, aber da konnte er es noch nicht tun, weil im Westen die Franzosen und im Osten die Türken vorrückten. Drei Jahre später jedoch ist Karls Freiheit abzulehnen noch größer geworden, denn mittlerweile hatte er bei dem Versuch, die Festung Metz zurückzuerobern, eine weitere Niederlage erlitten. Und so sagt er denn ganz entschieden »nein«, als der Augsburger Reichstag von 1555 ein Gesetzeswerk zur Herstellung des endgültigen Religionsfriedens erläßt, das später »ius reformandi« genannt wird. Er tut es sogar aus gutem Grund, denn der bis heute bekannteste Ecksatz des Gesetzes lautet in einer später geprägten Kurzfassung »cuius regio, eius religio«, »wessen das Land, dessen die Religion«. Das heißt: Wer in irgendeinem deutschen Territorium jeweils die Macht hat, der bestimmt auch, was seine Untertanen glauben müssen. Dieser Satz führte zur Begründung der evangelischen Landeskirchen einerseits und zur Einführung des geistlichen Absolutismus allgemeingültig. Ergänzend dazu hieß es, wenn sich ein Untertan den regierenden Herrn nicht beugen wolle oder es aus Überzeugung nicht tun könne, dann dürfe er gnädigerweise die Heimat verlassen.

Etwas Derartiges hatte Karl selbst in seinen strengsten Tagen nie gewollt, nicht einmal auf dem geharnischten Reichstag. Er lehnt das »ius reformandi« gänzlich und rundweg ab, weiß allerdings auch, daß es dabei nicht bleiben kann. Ein Kaiser, der vom Reichstag überstimmt worden ist, muß die Konsequenzen ziehen und abtreten. Diese republikanische Grundregel gilt in der deutschen Fürstenrepublik noch immer. Karl respektiert sie. Geschmückt mit dem Goldenen Vlies und wie üblich vollkommen schwarz gekleidet, betritt der Kaiser am 25. Oktober 1555 den Ständesaal des Brüsseler Schlosses. In seiner Begleitung: Maximilian, der mit Karls Tochter Maria verheiratete Sohn Ferdinands; Karls Schwester Maria, die Königinwitwe von Ungarn; sein Sohn Philipp; Prinz Wilhelm von Oranien, später »der Schweiger« genannt, sowie eine Reihe anderer Würdenträger und spanischer Granden.

Ein Mitglied des Staatsrates verliest die in dürren Worten gehaltene Abdankungsurkunde des Fünfundfünfzigjährigen. Dann spricht der nunmehr entthronte Herrscher selbst. Er legt Rechenschaft ab über sein ganzes Leben, er erinnert sich an alles. Großvater Maximilian wird heraufbeschworen, Sulaiman, gegen den er kämpfte, Luther, dessen »Häresie« ihm so schwer zu schaffen machte, König Franz von Frankreich, der ihn wieder und wieder hinterging, am Ende Moritz von Sachsen, der um diese Zeit bereits tot ist, gefallen im Kampf gegen seinen ehemaligen Bundesgenossen Albrecht Alcibiades von Brandenburg-Kulmbach. Aber auch seine Reisen zählt Karl noch einmal auf: Neunmal nach Deutschland, sechsmal nach Spanien, siebenmal nach Italien, zehnmal nach Burgund, viermal nach Frankreich, zweimal nach England und zweimal nach Afrika, »das sind insgesamt vierzig Reisen, ohne jene Fahrten zu zählen, die ich unternahm, um meine Länder zu besuchen«. Er schließt: »In der Regierung, ja, das gesteh ich, hab ich mich oft geirrt, aus Mangel an Erfahrung, aus übermäßiger Vertrauensseligkeit, manchmal aus brennendem Wagemut, aber niemals in der Absicht, jemanden zu verletzen; sollte ich es dennoch getan haben, so bitte ich alle, die es betrifft, um Vergebung.« Er will noch etwas hinzufügen, bricht aber ab. »Verzeiht«, sagt er zu den Umstehenden, »wenn mir altem Mann die Tränen kommen.« Nur Philipp weiß damals schon, wo der Vater seine letzten Jahre verbringen will.

Es war der »blonde Knabe Jerónimo«, der die Bürger des kleinen Ortes Cuacos am meisten beeindruckte und zuweilen auch ärgerte. Als er einmal beim Kirschenstehlen erwischt wurde, warfen sie mit Steinen nach ihm, obwohl ihnen bekannt gewesen sein dürfte, daß er zum Haushalt des »Emperadors« gehörte. Offensichtlich wußten sie jedoch nicht, daß Jerónimo in Wirklichkeit Don Juan d'Austria hieß und ein leiblicher Sohn des Kaisers war. Er besuchte Karl oft dort oben in dem an das Kloster San Yuste angebauten »Palacio«.

Karl hatte sich nach seiner Abdankung in die Sierra de Gredos zurückgezogen, einen waldreichen Mittelgebirgszug auf der Grenze zwischen Alt- und Neukastilien. Hier erhob sich die Klause der Hieronymiten-Mönche, zu deren Orden er sich seit dem Tod seiner Frau besonders hingezogen fühlte. Hier hatte ihm Philipp den »Palacio« gebaut, eine vierzimmerige Villa mit Bad und Küche. Was Karl an der Gegend gefiel, ist schwer zu erkennen. In Cuacos, dem Ort zu Füßen des Klosters, »beginnt das Jahr mit Regen und endet auch damit«, für einen Gichtkranken nicht eben das günstigste Klima. Aber auf seine Gesundheit hatte der Habsburg ja nie besondere Rücksicht genommen. Inzwischen, da er aller Lasten ledig war, ignorierte er sie sogar mehr denn je. Fast täglich kamen Lasttierkarawanen zu ihm herauf, beladen mit Austern, Hummern, Pasteten, Sardinen, Rebhühnern, Schinken – allem, was er auf gar keinen Fall hätte essen dürfen. Forellen gaben die Bergbäche im Überfluß her, Milch lieferten seine mitgebrachten Schweizer Kühe, frische Erdbeeren zur Sahne wurden von Eilboten herangeschafft. Die für Karl so wichtige Achse »de la messa alla menza« war in seinem letzten Refugium auf ein Mindestmaß verkürzt. Durch eine Öffnung in der Rückwand des »Palacio« konnte er, vom Bett aus, auf den Hochaltar der Klosterkirche blicken. Der Tisch stand in dem kleinen Eßzimmer, dessen Fenster einen weiten Blick über bewaldete Hügel und Täler freigaben. Im selben Raum befand sich auch der mechanische Gichtstuhl, er erlaubte es, das kranke linke Bein zur Ruhelage hochzukurbeln.

So lebte Karl nach seiner Abdankung in Brüssel, von Karten umgeben, mit deren Hilfe er seine Feldzüge noch einmal nachvollzog, umsorgt von Kammerdienern, Garderobenmeistern, mehreren Barbieren, einem Apotheker, einem Jäger, der ihn mit Wild versorgte, und einem Mechaniker, der sich um seine Uhrensammlung kümmerte. Er war vollkommen zu demjenigen geworden, den Tizian bei ihren letzten Sitzungen schon gesehen hatte, nur daß er mittlerweile die Möglichkeit, notfalls aufzugeben, nicht mehr nur erwog. Die Stimmung, die ihn in der Abgeschiedenheit von San Yuste umgab, muß aus Resignation und Gottvertrauen zusammengesetzt gewesen sein: Er hatte getan, was er tun konnte, es war mißlungen, nun mochte der Himmel über ihn urteilen.

Karls Rückzug nach San Yuste war im Grunde die Wiederholung von Rudolfs I. Ritt nach Speyer. Ein Habsburg wußte, wann das Leben vorbei war und das Sterben begann. Noch zwei Jahre hatte Karl Zeit, sich dieser wichtigen Aufgabe zu widmen. Am 1. September 1558 saß er ein letztes Mal auf der überdachten Terrasse des »Palacio«. In der Nacht darauf bekam er Fieber.

Als der Kranke begriffen hatte, daß er sich nicht mehr erholen werde, ließ er den Erzbischof von Toledo als geistlichen Beistand an sein Krankenlager rufen. Am 20. September schließlich traf er seine letzte weltliche Verfügung. Es handelte sich um eine an Philipp gerichtete Bitte, den Barbier Gila, den er besonders mochte, in den spanischen Hofdienst zu übernehmen. In der Nacht vom 20. auf den 21. September um zwei Uhr morgens ließ der ehemalige Kaiser sich ein Kruzifix und eine geweihte Kerze reichen. Er wußte, daß er den Sonnenaufgang nicht mehr erleben würde.

XIII.
Ein heimlicher Protestant im Hause Habsburg

Schon als Lebender zu wissen, wo man einst ruhen wird, und dort auch noch angemessen zu residieren, das scheint eine ungemein habsburgische Vorstellung zu sein. Sie war freilich auch in Burgund schon heimisch gewesen. Philipp der Kühne, Begründer des Valois-Staates im ehemaligen Lotharingien, hatte am Rande von Dijon die Chartreuse de Champmol errichten lassen, ein Kloster, in dem er und die Angehörigen seiner Dynastie einst beigesetzt werden sollten; nach den wenigen erhaltenen Resten zu schließen, muß es ein Prunkstück gotischer Architektur gewesen sein. Maximilian I. war von der Anlage so beeindruckt, daß er in Deutschland ein Gegenstück zu ihr schaffen wollte. Zuerst hatte er dabei an die Restaurierung der Kaisergruft im Dom von Speyer gedacht, dann war aus dieser Idee der Plan für jenes mit einer Armee von Statuen ausgeschmückte Mausoleum in Wiener Neustadt erwachsen. Karl V. hoffte ebenfalls lange Zeit, als Toter in die Kartause von Champmol einziehen zu können, doch während seiner letzten Jahre beschied er sich damit, in San Yuste zu ruhen. Sein Sarkophag steht indessen nicht dort, sondern in der gewaltigsten aller habsburgischen Totenburgen, einem düsteren, von felsiger Wüste umgebenen Monumentalbau nordwestlich Madrids. Karls Sohn Philipp II. hat ihn errichten lassen.

Der Escorial ist mehr als nur eine Grablege. Seine kahlen, auf der Längsseite über zweihundert, auf der Schmalseite rund hundertsechzig Meter langen Außenmauern umschließen auch eine königliche Residenz, eine riesenhafte Kirche und ein Kloster. Der Escorial verkörpert überdies die Geometrie der absoluten Macht und einer von ihr zu begründenden Ordnung. Namensgeber des riesenhaften Bauwerkes ist der heilige Laurentius, ein Spanier aus frühchristlicher Zeit, der in dem Ort Escorial geboren sein soll. Das Marterinstrument, auf dem man ihn zu Tode brachte, diente Philipps Architekten angeblich als Modell für ihre Planskizzen. San Lorenzo wurde auf einem Gitterrost verbrannt, und wie ein riesiger Rost wirkt auch die Klosterresidenz aus der Vogelperspektive. Sechzehn streng rechteckige Binnenhöfe, von Kreuzgängen gerahmt, umgeben an drei Seiten die Kathedrale, vier mächtige Ecktürme werden als Füße des Gitterrostes gedeutet. Das Bauwerk birgt rund dreihundert Räume: Bibliothekssäle, Wohngemächer, Arbeitszimmer. Seine eigentlichen Kernzellen jedoch sind zwei unter dem Hochaltar der Kirche gelegene Begräbnisstätten, das »Pantheon der Könige« und das »Pantheon der Prinzen«, in beiden werden wahre Bacchanalien des Todes dargestellt. An ihren Wänden dräut der Höllenschlund, schnappt ein riesiges Ungeheuer nach den fahlen, verwesenden Leichen der Verdammten, schützen Kirchenfürsten in farbenprächtigem Ornat den knienden, schwarzgekleideten König Philipp von Spanien. Der Rest ist kostbarer Marmor und leuchtender Goldschmuck. Karls Sohn soll gelobt haben, dem heiligen Laurentius ein Kloster zu weihen, nachdem spanische Truppen ein Laurentius-Kloster bei St. Quentin zerstört hatten. Doch dürfte er den Escorial vor allem seinem vergötterten Vater gewidmet haben. Wie der ehemalige Kaiser in San Yuste konnte auch er vom Bett seiner mönchisch kargen Schlafkammer durch ein Fenster auf den Hochaltar der Kirche blicken.

Philipp war der getreueste Nachfolger, den je ein abgetretener Herrscher fand. Er bemühte sich, die Vorstellungen des Vaters so genau und so streng wie möglich zu verwirklichen, wobei es allerdings unvermeidlich war, daß er sie zuvor in seine eigenen Begriffe und Dimensionen übertrug. Karl hatte etwa eine Vorliebe für den kleinen Ort Madrid gehabt und daran gedacht, ihn auszubauen; Philipp machte Madrid gleich zur Hauptstadt Spaniens. Der Vater war bis an die Grenzen seiner Möglichkeiten gegangen, um die katholische Kirche zu reformieren, ohne den von ihr gehüteten Glauben anzutasten; der Sohn setzte derart unnachsichtig auf einen Katholizismus herkömmlicher Art, daß er sich sogar neuerungswillige Päpste zu Feinden machte. Der Kaiser der halben Welt hatte sich immer wieder darum bemüht, sein riesiges Reich regierbar zu machen; der König, der »nur« über Spanien samt seinen Kolonien, die Niederlande, Mailand und beide Sizilien gebot, begründete den ersten, straff durchorganisierten Zentralstaat der neueren Geschichte. Philipp gehörte nicht mehr zu den Herrschern, die ihre Länder bereisten, um nach dem Rechten zu sehen, oder auch selbst in den Krieg zogen. Einsam saß er vielmehr an seinem

Schreibtisch im Escorial, wo alle Informationsstränge zusammenliefen und alle Entscheidungen entsprechend der Aktenlage getroffen wurden. Philipp war »Rey Burocrato«, Bürokratenkönig, Herr eines Apparates, der Befehle, Verfügungen, Gesetze produzierte. Er glich einer Spinne im Netz, scheinbar allgegenwärtig und doch der Realität nahezu entrückt.

Zwölf »Consejos«, Räte oder eigentlich Stabsabteilungen, verwalteten Philipps Weltreich streng nach jeweiliger Zuständigkeit. Die wichtigsten davon waren der »Consejo de Estado«, eine Art Außenministerium, und der für die Kolonien verantwortliche »Indienrat«. Innerhalb dieser Gremien wurde mit größter Offenheit diskutiert, sogar Kritik geübt. Das letzte Wort in allen Angelegenheiten stand jedoch allein dem König zu. Wenn sein »Yo, el Rey«, ich, der König, unter einem amtlichen Text stand, war über den betreffenden Vorgang ein und für allemal entschieden. Die Verantwortung teilte Philipp mit niemandem, was ihn nach außen hin starr und unbeweglich erscheinen ließ. Dabei war er ein durchaus schöpferischer Administrator.

Die Ordnung, die er seiner Bibliothek im Escorial verschrieb, machte ihn zu einem der Väter des modernen Bibliothekswesens, die von ihm gegründete Akademie der Wissenschaften zum Ahnherrn aller späteren Institutionen dieser Art. Auch einen der ersten Botanischen Gärten schuf er, und den bildenden Künsten war er nicht weniger zugetan als Karl, sein Vater. Daß allem, was er tat und bewirkte, dennoch der schale Geruch steriler Unfruchtbarkeit anhaftete, lag in Philipps einspuriger, unflexibler Natur begründet. Was ihn antrieb, waren Sorge um das Seelenheil der eigenen Untertanen und rein persönliche Angst vor dem göttlichen Strafgericht. Über die Vorstellungen, in denen er erzogen worden war, vermochte Philipp nie hinauszublicken, das führte dazu, daß ihm schließlich sogar die Päpste nicht päpstlich genug waren, daß er der Inquisition freie Hand gab, auch wenn sie Erzbischöfe anklagte, und daß er sich auf den berüchtigten Satz festnageln ließ: »Ich will lieber gar nicht herrschen als über Ketzer herrschen.« Den schlechten Ruf, den Philipp bis heute genießt, verdankt er dennoch nicht allein sich selbst, sondern vor allem seinen Feinden; er schuf sich deren viele.

Schon 1556, im Jahr seines Regierungsantritts, mußte er erfahren, daß der Papst nicht nur geistliches Oberhaupt einer Kirche, sondern auch weltlicher Herrscher mit durchaus weltlichen Interessen war.

Nach Karls Abdankung glaubte Paul IV., den noch unerfahrenen Philipp ausmanövrieren zu können, und griff ihn in Italien an. Für den neunundzwanzigjährigen König war dies eine um so schwerere Herausforderung, als der Verbündete des Papstes, Heinrich II. von Frankreich, gleichzeitig auch gegen die Niederlande vorrückte. Noch folgenschwerer war es aber für Philipp, daß seine Generale auf beiden Schauplätzen siegreich blieben, und am schlimmsten, daß seine zweite Frau mit Schwert und Feuer gegen die Mitglieder der anglikanischen Kirche Englands vorging.

Der früh verwitwete Philipp hatte noch vor seiner Thronbesteigung Karls V. Exverlobte, Maria Tudor, geheiratet, die sich nicht ohne Grund den Beinamen »Bloody Mary« erwarb. Als sie 1558 starb und Elizabeth I. Platz machte, hatte dank ihr auch Philipp sich in England den Ruf erworben, ein finsteres Monstrum zu sein. Und da der Inselstaat damals begann, sein weltumspannendes Imperium aufzubauen, wobei er wiederum vor allem mit dem Spanier über Kreuz geriet, verbreitete sich dieser Ruf bis in die Neue Welt hinüber, um von dort über die Jahrhunderte hinweg zurückzubranden.

Auch nützte es Philipp kaum, daß sein Halbbruder Don Juan d'Austria 1571 eine spanisch-venezianisch-päpstliche Flotte nach Lepanto, das griechische Naupaktos am Golf von Korinth, führte und der türkischen See-Armada dort eine vernichtende Niederlage bereitete. Überhaupt erweiterte der blonde Sohn der Regensburgerin Barbara zwar Philipps Macht tatkräftig, verdüsterte aber gleichzeitig den Nachruhm des Halbbruders. Als Philipp Don Juan in das burgundische Erbe schickte, um den Aufstand niederzuschlagen, der von Wilhelm von Oranien getragen wurde, dem Mann, auf den sich Karl V. bei seiner Abdankung gestützt hatte, errang Juan zwar entscheidende Siege, ging aber in die niederländische Geschichte als Unterdrücker einer Freiheitsbewegung ein. Zurückgekommen ist er von diesem Feldzug ohnehin nicht mehr, zumindest nicht in einem Stück. Er erlag der Ruhr, seine Leiche mußte in vier Teile zerlegt und jeder davon einzeln durch die feindlichen Linien nach Spanien geschmuggelt werden. Der Sarkophag, der Juans Überreste birgt, steht im Escorial.

An Philipp selbst erinnert jene Inselgruppe im Pazifik, die er seinem mexikanischen Vizekönig unterstellte und nach sich benennen ließ. Doch schreibt man ihm auch dieses Unternehmen nicht zugute, ebensowenig den Umstand, daß spanische Beamte die Philippinen geradezu vorbildlich verwalteten. Als 1898 die Amerikaner ihre Flagge in Mindanão aufpflanzten, meinten sie, die seit dreihundert Jahren gut katholische Bevölkerung des Archipels zum Christentum bekehren zu müssen – so schlecht war, dank intensiver Propaganda, der Ruf von Spaniens drittem habsburgischen König. Obwohl Philipp sich intensiver als irgendein anderer Herrscher seiner Zeit um Gott bemühte, schien dieser nicht auf seiner Seite zu stehen.

Diejenige Niederlage, die Karls Ältestem bis heute den Stempel des Versagers aufprägt, fiel in das Jahr 1588. Alonso Medina-Sidonia, ein überzeugter Katholik und treuer Untertan seines Herrn, mit der See vor allem deswegen vertraut, weil er sie von seinem Gut, nahe Cádiz, bei guten Tagen sehen konnte, wurde beinahe gezwungen, Spaniens Flotte, die »unüberwindliche Armada«, gegen England zu führen, um Elizabeth I. dafür zu bestrafen, daß sie Mary Stuart, die katholische Königin Schottlands, hatte hinrichten lassen. Der allzu gehorsame Herzog aus ältestem spanischen Adel machte sich mit hundertdreißig Kriegsschiffen, mehr als zweieinhalbtausend Kanonen und einer Invasionsarmee von dreißigtausend Mann auf die gefährliche Reise. Zwei Monate später trat er »zitternd« vor seinen Herrn mit der Meldung, ein Teil der Armada sei von den Engländern im Kanal zusammengeschossen worden, ein anderer, beim Rückweg um Schottland herum, den Septemberstürmen erlegen. Begütigend soll Philipp damals erwidert haben: »Ich sandte Euch gegen Menschen aus, nicht gegen Stürme und Klippen.« Mit Spaniens Vorherrschaft zur See war es dennoch vorbei und auch mit der Hoffnung, den Nordwesten Europas gewaltsam zum Katholizismus zurückführen zu können.

Philipp scheiterte mit nahezu allem, was er unternahm; in den Niederlanden, von denen ihm am Ende nur das heutige Belgien mit Luxemburg blieb, während Holland selbständig wurde; bei seinem Versuch, sich mit dem Kardinal Guise gegen die französischen Hugenotten zu verbinden und möglicherweise selbst den Thron in Paris zu besteigen; und bei dem noch schwierigeren Versuch, alle diese Aktionen zu finanzieren. Spanien blutete unter seiner Herrschaft derart aus, daß es, trotz seiner reichen Kolonien, wieder zu einem der ärmsten Länder Europas herabsank. Bei Philipps Tod war das Land mit Staatsschulden von insgesamt 100 Millionen Dukaten belastet, einer Summe, die sich der damaligen Vorstellungskraft völlig entzog. Und Portugal, das Philipp 1580 mit Spanien vereinigte, verlor dank seiner Politik den

Konkurrenzkampf auf den Weltmeeren gegen die von Spanien unabhängig gewordene holländische Republik. Selbst an der für einen Habsburg so besonders wichtigen Aufgabe, die eigene Familie zu stabilisieren, scheiterte Philipp, wenn auch nicht aus eigenem Verschulden.

Seine Schwester, nach der Großmutter Johanna getauft und mit dem portugiesischen Infanten Johann vermählt, starb wie ihre Namensgenossin in geistiger Verwirrung. Don Carlos, sein Erstgeborener aus der Ehe mit Maria von Portugal, wurde nach allem, was darüber bekannt ist, ebenfalls ein Opfer dieser unglücklichen Erbanlage; beide, Vater wie Mutter, waren ja Enkel der Wahnsinnigen von Tordesillas.

Schon als junger Mann hatte Carlos derartige Neigungen zur Roheit, zur Grausamkeit und zu einer tollen Verschwendungssucht gezeigt, daß Philipp schon früh ernsthaft daran dachte, ihn von der Thronfolge auszuschließen. Nachdem der Infant im April 1563 dann auch noch vom Pferd gestürzt und eine Gehirnoperation nötig geworden war, verschlimmerte sich sein Geisteszustand derart, daß es wirklich geboten erschien, alle Pläne zu vergessen, die sich auf seine Zukunft bezogen. Wien mußte informiert werden, daß eine Ehe mit Erzherzogin Anna, einer Enkelin König Ferdinands, nicht mehr in Frage käme. Der Oberbefehl über die in den Niederlanden stehenden spanischen Truppen wurde Carlos verweigert. Derartige Entscheidungen stürzten den Infanten endgültig in die Verzweiflung. Er versuchte, heimlich nach Flandern zu entkommen, soll auch von seinem Beichtvater im voraus die Absolution für einen Mord am eigenen Vater erbeten haben. Philipp ließ ihn verhaften, schloß den Dreiundzwanzigjährigen von der Thronfolge aus und erklärte öffentlich: »Ich habe mich entschlossen, Gott mein Fleisch und Blut zu opfern.« Er dachte an Prozeß und Hinrichtung. Der Prinz jedoch starb im Gefängnis, bevor es dazu kommen konnte. Zwei Jahre nach seinem Tod heiratete der König in vierter Ehe die junge Wiener Habsburgerin, die er Carlos vorenthalten hatte. Den Sohn, den sie ihm gebar, benannte er nach sich selbst und bestellte ihn zum Kronprinzen. Was dieser Philipp III. später bewirkte, hätte freilich der unausgeglichene Carlos kaum schlechter machen können. Der spanische Zweig an dem von Maximilian I. noch in die Luft gezeichneten, jetzt schon die Welt überschattenden Stammbaum begann bereits zu verdorren.

Nur in den Frauen schien die alte Kraft des Hauses damals noch fortzuleben. Margarete, Karls V. uneheliche Tochter aus dem Verhältnis mit Katharina van der Gheenst, schaffte es als Statthalterin der Niederlande, wenigstens ihre Heimat Flandern für Spanien zu sichern. Als dies getan war, verheiratete Philipp seine Tochter Isabella Clara Eugenia mit Albrecht VII. von Österreich, einem Bruder der eigenen Frau, und übergab dem Paar als Mitgift den Rest des burgundischen Erbes. Während seiner letzten Lebensjahre war Isabella die einzige Person in seiner Umgebung, auf die der König sich noch stützen und verlassen konnte.

Tizian, der auch Philipp porträtierte, zeigt ihn als jungen Mann im Schatten. Es muß der Schatten des Vaters gewesen sein, den der Venezianer über dem spanischen Habsburg liegen sah. Tatsächlich läßt sich erst an der Erscheinung, dem Verhalten und den Taten des Sohnes völlig ermessen, daß Karl V. ein Titan war, und zwar nicht nur im Vergleich mit Philipp. Auch die anderen Nachfolger des Kaisers, der eine Welt beherrscht hatte, waren in erster Linie nur noch Erben. Am Rande hatte dies damit zu tun, daß die Mitglieder des Hauses Habsburg damals mit Vorliebe andere Mitglieder des Hauses Habsburg heirateten. Andere ebenbürtige Herrscherhäuser gab es ja kaum noch in Europa.

»Da sah man«, berichtet Bartholomäus Sastrow, »junge Fürsten bei fürstlichen und gräflichen Damen auf dem Boden liegen. Denn es ist bei ihnen nicht Sitte, auf Bänken oder Sesseln zu sitzen; sondern man breitet mitten im Zimmer einen köstlichen Teppich aus; darauf kann man sich in aller Bequemlichkeit niedersetzen oder hinlegen. Und hierbei geht es nicht ohne herzhaftes Küssen oder Umarmen ab.«

Einer der Teilnehmer an den Lustbarkeiten, die der Stralsunder während des Reichstages von 1548 beobachtete, war der älteste Sohn König Ferdinands. Sein Onkel, Kaiser Karl, mochte diesen Maximilian sehr, was einigermaßen unverständlich anmutet, er liebte ja auch den eigenen Sohn Philipp, und die eine Neigung schien mit der anderen nicht vereinbar zu sein. Philipp und Maximilian waren absolute Gegensätze. Hätte man sich den Spanier etwa vorstellen können, wie er auf dem Boden saß und mit jungen Frauen herumtändelte? Doch unterschieden sich die beiden gleichaltrigen Prinzen nicht nur in Temperament und Lebensart voneinander, sondern auch hinsichtlich ihrer Gesinnung.

Maximilian, eines von fünfzehn Kindern der während des »Ersten

Wiener Kongresses« habsburgisch gewordenen ungarischen Königstochter Anna, war am kaiserlichen Hof in Spanien aufgewachsen, er hatte sich aber dort überhaupt nicht wohl gefühlt. Die straffe Selbstkontrolle der kastilischen Granden, die sich in einem würdigen, abgezirkelten Benehmen äußerte, mutete ihn pompös und gekünstelt an, die harte Ausschließlichkeit ihrer Haltung in Glaubensfragen stieß ihn geradezu ab. Einige wenige in Innsbruck verbrachte Kinderjahre verklärten sich in Maximilians Erinnerung zur paradiesischen Glückszeit, und die böhmischen Erzieher, denen er anvertraut worden war, da er ja eines Tages König von Böhmen sein sollte, bestärkten ihn noch darin. Da aber zumindest einige dieser Tschechen auch den Hussiten nahe genug standen, um Verständnis für das Luthertum aufzubringen, ergab es sich sogar, daß der junge Maximilian mehr zur evangelischen als zur katholischen Lehre hinneigte. Einem päpstlichen Nuntius, der ihm deswegen ins Gewissen redete, erklärte er jedenfalls: »Ich bin weder Katholik noch Protestant, sondern ein Christ.«

Das alles sollte Karl nicht aufgefallen sein? Er muß doch zumindest bemerkt haben, daß der Neffe an seinem Lieblingsfest Fronleichnam nur mit Widerwillen teilnahm und daß er die lutherische Bibel Johann Friedrichs von Sachsen, die nach der Schlacht bei Mühlberg von den Kaiserlichen erbeutet worden war, mit glühendem Eifer studierte. Aber vielleicht hat Karl es ja bemerkt und nur darüber hinweggeblickt, weil es ihn an die humanistischen Studien der eigenen Jugendzeit erinnerte oder weil er es richtig fand, daß ein künftiger deutscher Herrscher auch mit den Vorstellungen seiner evangelischen Untertanen vertraut sei, oder vielleicht sogar, weil er den streng katholischen Philipp und den geistig aufgeschlosseneren Maximilian für so etwas wie die zwei Seiten einer Medaille ansah. Beiden zusammen wollte er das Reich eines Tages anvertrauen, da mochte es ganz gut sein, daß sie imstande waren, einander zu ergänzen. Möglicherweise könnte es indessen auch so gewesen sein, daß Karl in den zwei künftigen Herrschern nur Spiegelbilder seines eigenen Wesens erkannte. Was er selbst in einer Person verkörperte, die Aufgeschlossenheit gegenüber neuen Gedanken und die strenge Grundüberzeugung, verkörperten jene in zwei verschiedenen Charakteren. Und sicherlich war es ein Zeichen geradezu besitzergreifender Liebe, daß der Kaiser Maximilian zwang, seine Tochter Maria zu heiraten. Karl wollte den jungen Mann so eng wie möglich an sich binden. Wollte er ihn damit aber auch dem eigenen

Vater entfremden? Es ist unmöglich, heute noch nachzuvollziehen, wie sich in dem gegen die Außenwelt hin fast schon abgeschotteten habsburgischen Familienclan Neigungen und Abneigungen herausbildeten, wie sich gefühlsmäßige Bindungen verwickelten und entflochten. Seinem jüngeren Bruder Ferdinand, soviel ist sicher, stand Karl schon frühzeitig eher distanziert gegenüber.

Maximilians Vater, 1503, zu der Zeit, da Philipp der Schöne seine Frau Johanna gerade verlassen hatte, in Alcalá de Henares, unweit von Madrid, geboren, fühlte sich in seinem Heimatland wohl und wäre auch gern Spanier geblieben. Aber genau das verhinderte der in burgundischer Pracht aus Gent angereiste ältere Bruder, dem die Krone von Kastilien und Aragon zugefallen war. Er schob Ferdinand zunächst in die Niederlande ab, wo es dem zum Hidalgo erzogenen Habsburg gar nicht gefiel, und übertrug ihm 1521 die sieben österreichischen Herzogtümer sowie Württemberg, das dann aber doch keinen achten Herzogshut erbrachte – wegen Philipp von Hessen. Ferdinand war von da an in der südöstlichen Ecke des Reiches eingesperrt, einem Dornengehege aus Problemen der widersprüchlichsten Art.

Böhmen, das ihm aufgrund seiner beim »Ersten Wiener Kongreß« geschlossenen Heirat mit Anna, der Tochter des polnischen Königs von Ungarn und Böhmen, nach dem Tod ihres Bruders seit 1526 zustand, erwies sich als die erste Hindernisstrecke, die er bewältigen mußte. Der tschechisch-mährische Adel hatte schon Ferdinands Schwiegervater erklärt: »Du bist unser König, aber wir sind deine Herren«, nun gaben sie dies mit anderen Worten auch dem Nachfolger zu verstehen. Was sie sagten, war einerseits zwar zutreffend, galt aber andererseits doch nicht so ganz, denn mit der Nobilität des Landes lagen die Bürger im Streit, außerdem standen sich innerhalb beider Lager auch noch hussitische Utraquisten und kirchlich gesinnte Katholiken fast unversöhnlich gegenüber. Alle zusammen beharrten trotzdem darauf, ihren neuen Herrscher erst einmal zu wählen, obwohl dies nach geltendem Recht, der Goldenen Bulle Karls IV., nur dann zulässig gewesen wäre, wenn von dem früheren Königshaus niemand mehr gelebt hätte. Aber Anna, die Schwester des toten Polenkönigs Ludwig II., lebte ja noch.

Ferdinand meisterte die scheinbar verzwickte Lage recht geschickt.

Er stellte sein eigenes wie auch das Erbrecht seiner Frau zurück und war damit zufrieden, »sich von den Ständen als König annehmen und gefallen zu lassen«, womit er die Wahl umgangen hatte. Trotzdem mußte er noch beträchtliche Zugeständnisse machen, ehe man ihm 1527 die Wenzelskrone endgültig zugestand. Vor allem die Landesschulden hatte er zu übernehmen und jene Garantien zu bestätigen, die schon von Kaiser Sigmund den Utraquisten gewährt worden waren.

Die Probleme, denen Ferdinand in Ungarn gegenüberstand, waren noch schwieriger als die böhmischen. Sie wurden nicht nur von dem ehemaligen Woiwoden Johann Zápolya und seinem Schutzherrn Sultan Sulaiman I. verkörpert, sondern auch von dem magyarischen Adel, der ihn 1526 nur widerwillig zum König erhoben hatte; es war in der Nothauptstadt Preßburg geschehen, denn über Buda und seiner Zwillingsstadt Pest leuchtete der Halbmond. Mit Zápolya konnte Ferdinand sich zwar vorübergehend arrangieren, indem er ihm versprach, dessen etwaige Töchter aus seiner Ehe mit einer polnischen Prinzessin königlich zu verheiraten. Dieser »Friede von Großwardein« wurde jedoch hinfällig, als Zápolya in seinem letzten Lebensjahr noch einen Sohn bekam. Der »Janos Kral«, wie er von seinen Landsleuten genannt wurde, ließ den Täufling sofort zum Thronfolger ausrufen und befahl ihn dem türkischen Schutzherrn an. Sulaiman seinerseits war nur bereit, Habsburg jenen schmalen Landstreifen zu überlassen, der sich von der Donau zwischen Preßburg und Raab, dem heutigen Györ, zur Adriaküste herabzog, außerdem verlangte er noch beträchtliche »Ehrengeschenke« dafür. Alles, was östlich des Plattensees lag, verblieb dem jüngeren Zápolya oder eigentlich seiner tatkräftigen Mutter, der Polin Isabella. An dieser Lage konnte selbst Karl V. mit seinem Türkenzug nichts ändern. Sie blieb bis zum nächsten großen Türkenkrieg mehr oder weniger unverändert. Ihn führte jedoch nicht mehr Ferdinand, sondern bereits sein ältester Sohn. Dem Chef des deutschen Zweiges der Familie Habsburg blieben trotzdem Probleme genug. Eines davon war ebendieser Maximilian.

Die Abneigung des jungen Prinzen gegen Spaniens strikten Katholizismus spiegelte nicht nur eigene Neigungen wider, sie deckte sich auch weitgehend mit den Ansichten und den Interessen des österreichischen Adels. Ferdinand hatte das »ius reformandi« mit aus der Taufe gehoben und damit gegen den Willen seines kaiserlichen Bruders ein Stück Politik verwirklicht, das trotz offensichtlicher Mängel die im Reich bestehenden Verhältnisse stabilisierte. Nun mußte er freilich auch die Folgen tragen, welche das Augsburger Gesetz in seinen eigenen Erbländern zeitigte.

Einflußreiche österreichische Familien wie die Starhembergs, Puchheims, Ungnads, Herbersteins beanspruchten für sich die gleichen Rechte, die vom Reichstag des Jahres 1555 den deutschen Fürsten zugestanden worden waren, vor allem das »cuius regio, eius religio«. Sie wollten bestimmen, wer in ihren Herrschaftsgebieten was zu glauben hatte. Und da sie als Protestanten auch Kirchengüter einziehen konnten, hingen die meisten von ihnen dem »neuen Evangelium« an. Erschwerend kam noch hinzu, daß im wendischen Krain, dessen Bewohner auch am Bauernkrieg teilgenommen hatten, die lutherischen Lehren recht radikal ausgelegt wurden und sich in den ungarischen Gebieten ein weiterer Graben zwischen Vertretern des »német hit«, des deutschen Glaubens, und jenen des »magyar hit«, des ungarischen Glaubens, des Calvinismus, auftat. Mit den daraus jeweils abgeleiteten Forderungen mußte Ferdinand sich auf allen Generallandtagen herumschlagen, bis hin zu seinem letzten, der 1556 in Wien zusammentrat. Die Möglichkeit, Protestanten, Calvinisten oder andere »sektische Richtungen« gewaltsam zu unterdrücken, hatte der Habsburg nicht. Um wenigstens als Katholik zu bestehen, wollte er deshalb die Reform der alten Kirche selbst in die Hand nehmen, wozu ihn ein noch von Friedrich III. erlassenes Privileg berechtigte. Als Mitarbeiter erkor er sich die Jesuiten, Roms jüngste und schlagkräftigste Organisation. Ein Spanier hatte sie geschaffen, ein König, der Spanien als seine heimliche Heimat betrachtete, drückte ihren Vertretern nun die Zügel in die Hand.

Petrus Canisius, das erste deutsche Mitglied der Societas Jesu, erhielt den Auftrag, für die Heranbildung von »ehrbaren, geschickten, wohlgelehrten, verständigen Predigern« zu sorgen, einen besseren Vollstrecker seiner Pläne hätte Ferdinand kaum finden können. Canisius setzte alle Mittel ein, die ihm zur Verfügung gestellt wurden. Er reformierte die theologische Fakultät der arg verlotterten Wiener Universität, verfaßte Katechismen, Lehrbücher, Predigtsammlungen und legte damit die Grundlagen für die spätere Rekatholisierung Österreichs. Ausgerechnet der Sohn seines Auftraggebers machte dann jedoch Anstalten, die Bemühungen des Jesuitenpaters zu unterminieren.

1550 kehrt Maximilian aus Spanien zurück, er befindet sich in einem Zustand, der Ferdinand zutiefst beunruhigt. Der Dreiundzwanzigjährige schwankt zwischen den extremsten Ansichten hin und her. Er interessiert sich für jeden neuen Gedanken, der in den Gelehrtenstuben zutage gefördert wird, liest die Schriften des Italieners Pietro Paolo Vergerio, eines ehemaligen päpstlichen Nuntius, der Protestant wurde und mittlerweile von Tübingen aus für die Sache der Reformation wirbt. Er unterhält einen heimlichen Briefwechsel mit Kurfürst August, dem Bruder Moritz' von Sachsen, fühlt sich von Agenten der römischen Kirche bedroht und hat vor allem eine heftige Abneigung gegen die Gesellschaft Jesu. Zweifellos fehlt ihm auch die Nervenstärke, sich für die eine oder die andere Seite völlig zu entscheiden, aber als Habsburg bringt ihn das in eine besonders prekäre Lage. Kann er sich als bereits designierter deutscher König denn gegen die eigene Familie wenden? Schlimm genug ist es schon, daß seine Frau Maria nicht um Haaresbreite von ihrer katholischen Überzeugung abrücken will.

Ebenso schlimm ist die Lage freilich für den amtierenden deutschen König, seinen Vater, zumal in diesem Jahr 1550. Bruder Karl hat Ferdinand zu verstehen gegeben, daß er nicht ihn, sondern Philipp von Spanien zum nächsten Kaiser des römisch-deutschen Reiches zu erheben gedenkt. Wenn Ferdinand diesen Plan zunichte machen will, muß er sorgfältiger denn je seine Beziehungen zu den Wahlfürsten pflegen. Was aber werden die Evangelischen unter ihnen sagen, wenn er seinen Sohn unnötig hart an die Kandare nimmt? Und was andererseits die Altgläubigen, wenn er Maximilian weiterhin in seiner auch schon vom Papst kritisierten »ketzerischen« Haltung verharren läßt?

Ferdinand entschließt sich zu einem sehr behutsamen Kurs. Er hört einfach nicht zu, wenn Maximilian lauthals bekundet, seine Kinder würden auf gar keinen Fall von Jesuiten erzogen werden. Und er sieht darüber hinweg, daß der Sohn die eigene Bibliothek mit Büchern protestantischer Gelehrter füllt. Aber auf Dauer, das steht fest, kann er diese tolerante Haltung nicht beibehalten.

Als Karl sich 1556 aus der Politik zurückzieht und Ferdinand zum Kaiser gewählt wird, beginnt er auch wirklich, etwas strengere Töne anzuschlagen. »Maximilian«, sagte er zu ihm, »du machst mir noch alle Untertanen zu Ketzern.« Und er deutet sogar an, daß er den Erstgeborenen zugunsten seiner beiden jüngeren Brüder enterben könne, wenn dieser sich nicht rückhaltlos zum Katholizismus bekenne. Der junge

Erzherzog unternimmt daraufhin einen Schritt, der ihm endgültig klarmacht, auf welch schwankendem Grund er sich bewegt. Die protestantischen deutschen Fürsten, die ihm bisher so wohlwollend auf die Schulter geklopft haben, zeigen sich nämlich auf einmal sehr zugeknöpft, als er um ihre Unterstützung gegen die Pressionen des Vaters bittet. Sie antworten mit verklausulierten Botschaften, sie machen Ausflüchte. Einen Gesinnungsgenossen am kaiserlichen Hof zu wissen, das hatte ihnen schon heimliche Genugtuung bereitet. Den Kaiser aber herauszufordern und die seit 1555 für sie gar nicht so unerfreuliche Lage im Reich zu gefährden, das erscheint ihnen dann doch zu riskant. Auf diese Weise werden dem jungen Schwärmer, der seine Zweifel und Überzeugungen ernst nimmt, zumindest die Augen dafür geöffnet, wie die Dinge im politischen Bereich zusammenhängen. Er erkennt, daß nicht jeder sich dröhnend zu seiner Konfession bekennende Reichsfürst auch ein glühender Glaubenskämpfer ist. Das ernüchtert ihn immerhin genug, um seinem Vater gegenüber ein wenig nachzugeben. Nach außen hin, so erfährt Ferdinand, werde er sich von jetzt an wie ein Katholik verhalten, an den Fronleichnamsprozessionen indes gedenke er auch fürderhin nicht teilzunehmen, und das Abendmahl wolle er nur nehmen, wenn es ihm »sub utraque«, in beiderlei Gestalt, gereicht werde.

Obwohl dies ein etwas schwammiges Kompromißangebot ist, erleichtert es den Vater so sehr, daß er vom Papst einen Dispens erwirkt, der seinem Sohn das »sub utraque« gewährt, sofern er nur in aller Heimlichkeit kommuniziere. Bei öffentlichen Anlässen hingegen müsse er das Herrenmahl auf alle Fälle »sub una« nehmen, nur die Hostie, nicht den Wein. Als Maximilian 1562 zum böhmischen König gewählt wird, macht er von dieser Regel zum ersten Mal Gebrauch, bei seiner Krönung zum deutschen König, im November desselben Jahres, weicht er schon wieder davon ab. Am Morgen empfängt er in seinem Frankfurter Domizil die Kommunion in beiderlei Gestalt, beim anschließenden Gottesdienst beruft er sich auf ein ärztliches Zeugnis, das ihm, wegen »Leibesschwäche«, verbietet, am Abendmahl überhaupt teilzunehmen.

Der Vater steht mit gemischten Gefühlen abseits und duldet das seltsame Spiel. Unternehmen kann er gegen Maximilian jetzt, da er deutscher König ist, nichts mehr. Aber vielleicht tut es ihm ohnehin leid, daß er den Ältesten nicht doch enterbt und dafür seinen Lieblingssohn Ferdinand für die Nachfolge erzogen hat. Eine Testamentsänderung immerhin, die er 1554, als Maximilian sich in der Konfessionsfrage besonders bockig zeigte, zugunsten des Jüngeren vorgenommen hatte, läßt er weiter bestehen, obwohl sie seinen eigentlichen Intentionen widerspricht.

Kaiser Ferdinand war jener Habsburg, der Österreich als erster aus dem Reich herauszunehmen suchte. Er stellte dem von Henneberg erzwungenen Reichskammergericht seine eigene für die Erbländer zuständige »Hofkammer« gegenüber, er baute den bereits bestehenden »Hofrat« zu einer zentralistischen Oberverwaltungsbehörde aus und gründete auch den erst später berühmt gewordenen »Hofkriegsrat«. Das alles weist ihn als einen Landesfürsten aus, der seinem Besitz absolutistische Strukturen gibt und solcherart die ständischen Einrichtungen, die Landtage vor allem, auszumanövrieren sucht. Um dafür den Adel zu gewinnen, bemühte er sich, seine Vertreter an den Wiener Hof zu ziehen, sie an seine Familie zu binden und ihnen – auch den Böhmen und Ungarn – ein Zusammgehörigkeitsgefühl einzuimpfen, das sie dem Reichsadel entfremden sollte. Seit Ferdinand gibt es – neben der deutschen – eine besondere österreichische Nobilität.

Um so härter mußte es den Kaiser deshalb treffen, daß ausgerechnet sein Lieblingssohn, der jüngere Ferdinand, 1557 eine Bürgerliche heiratete, Philippine, die Nichte des fünften Bartholomäus Welser aus Augsburg. Es war nicht einmal eine besonders glänzende Partie, die der Erzherzog da machte. Seit dem Rücktritt Karls V. ging es sowohl mit den Welsern als auch mit den Fuggern bergab. Das Gewürzmonopol, zu dem Karl, der Herr eines weltumspannenden Reiches, beiden Handelshäusern verholfen hatte, war ihnen längst entglitten. Ferdinand verfügte, daß die Ehe mit der Kaufmannstochter geheimzuhalten sei. Und Erzherzogin wurde sie natürlich ebensowenig wie später die Gräfin Chotek, gefürstete Hohenberg.

Mit seinen übrigen dreizehn Kindern hatte der Kaiser weniger viele Schwierigkeiten als mit Maximilian und dem jüngeren Ferdinand. Sieben der Töchter wurden in alle Welt verheiratet, eine nach Polen, eine nach Baiern, eine dritte nach Jülich-Kleve-Berg. Katharina, die vierte, wurde zuerst nach Mantua vergeben, dann, nachdem ihre älteste Schwester Elisabeth in Krakau gestorben und sie verwitwet war, als deren Nachfolgerin dem Polenkönig angetraut. Eleonore heiratete ebenfalls nach Mantua, Barbara nach Ferrara und Johanna, die jüngste, nach Florenz. Zwei der insgesamt elf Schwestern gründeten zu Hall in Tirol ein Damenstift und traten ihm bei, zwei weitere sowie ein Sohn starben bereits im Kindesalter.

Karl, der dritte überlebende Sproß, profitierte von dem geänderten Testament, das ursprünglich Maximilian benachteiligen sollte, er erhielt die Steiermark, Kärnten, Krain, Görz, Triest und das habsburgische Istrien, während der Mann der Welserin sich mit Tirol und den »Vorlanden« am Oberrhein zufriedengeben mußte, einem Erbe, das sich nur schwer verwalten ließ, weil seine verschiedenen Teilgebiete so weit auseinander lagen. Maximilian schließlich wurde das Erzherzogtum Österreich »ob und nid der Enns« übertragen, dazu bekam er Böhmen und Ungarn. Alle drei Söhne hatten zusammen aber auch noch gewaltige Schulden zu übernehmen, wie es bei den Habsburgs inzwischen schon Brauch war und woran sie sich längst gewöhnt hatten. Gleich Karl V. lebten sie äußerst sparsam. Selbst von dem an Ländern so reichen Kaiser wird ja berichtet, er habe, wenn er in einen Regen geriet, sofort sein Samtbarett abgenommen, damit es keinen Schaden erleide.

Ferdinand war seinem Bruder Karl in mancher Hinsicht sehr ähnlich: die gleiche lechzende Unterlippe, der gleiche abwägend-mißtrauische Blick. Aber trotz ständigen Geldmangels versuchte er, den Tod – wie so viele Habsburgs vor ihm – ohne Rücksicht auf die Kosten zu heiligen. In Innsbruck ließ Ferdinand jene Kirche erbauen, die das Grabmal seines Großvaters Maximilian I. aufnehmen sollte. 1564, im Jahr ihrer Vollendung, starb er, »gleich wie ein Liechtl in ainer Amppel erloschen«.

Maximilian II. aber, unmittelbar nach dem Tod des Vaters zum Kaiser gewählt, mußte zunächst einmal eine Situation bereinigen, an deren Entstehung er mittelbar beteiligt gewesen war.

Der fünfte habsburgische Inhaber der Karlskrone hatte als junger Mann am Schmalkaldischen Krieg teilgenommen und war auch dabeigewesen, als Johann Friedrich I. von Sachsen auf dem Mühlberger Schlachtfeld gefangengenommen wurde. Der unförmige Mann hatte nach seiner Entlassung aus kaiserlicher Haft noch die Universität Jena gegründet, wenig später war er gestorben. Sein von Karl V. so radikal verkleinertes Erbe übernahm 1557 Johann Friedrich II. Er hatte vom Vater nicht nur die Leibesfülle geerbt, sondern auch den Haß auf Moritz und seinen Nachfolger in Kursachsen, Maximilians heimlichen Brieffreund August. Unglücklicherweise war aber dieser Johann Friedrich, genannt »der Mittlere«, ein allzu vertrauensseliger Mensch.

Freilich, der fränkische Reichsritter Wilhelm von Grumbach, ehemaliger Held des Bauernkrieges, inzwischen zum reinen Mordbrenner verkommen, muß eine goldene Zunge gehabt haben. Er überredete den Sachsen dazu, sich an die Spitze einer Verschwörung von protestantischen Fürsten zu stellen, die angeblich bereit waren, ihm bei der Wiedererlangung der verlorenen sächsischen Kurwürde zu helfen und ihn, nach erlangtem Sieg, sogar zum Kaiser auszurufen. Daß diese Verschwörung nur in seiner Phantasie existierte, sagte der Franke Johann Friedrich nicht. Er war allein darauf aus, die Ritterschaft um sich zu scharen und sie noch einmal als geballte Macht ins Spiel zu bringen. Auf dem Reichstag von 1561 ließ Maximilian Grumbach ächten und befahl gleichzeitig dem in Gotha residierenden Johann Friedrich, ihn auszuliefern. Dagegen bot der rittergebürtige Desperado alle seine Überredungskünste auf. Es gelang ihm, einen prophetisch begabten Bauernburschen heranzuschaffen, der Johann Friedrich wundersame Erhöhung weissagte, dessen Kanzler auf seine Seite zu ziehen und ihm ein langes, an den Kaiser gerichtetes Rechtfertigungsschreiben in die Feder zu diktieren. Maximilian verhängte dennoch die Acht auch über Johann Friedrich und gab August von Kursachsen sowie dem Bruder des Geächteten den Auftrag, sie zu exekutieren.

Beide zusammen beendeten die sogenannten »Grumbachischen Händel« durch einen kurzen Kriegszug und eine lange Belagerung. Vom Dezember 1566 bis zum April 1567 berannten sie die stark befestigte Stadt Gotha. Sie hätten wohl noch länger vor ihren Mauern gelegen, wenn nicht den Eingeschlossenen allmählich klargeworden wäre, daß Grumbach sie von Anfang an beschwindelt hatte. Kein anderer protestantischer Fürst oder Ritter kam ihnen zu Hilfe, auch nicht, wie der Franke vorausgesagt hatte, die Schweden und Franzosen. Als die Vorräte in der Stadt allmählich knapp zu werden begannen, verhafteten Gothaer Bürger sowohl Grumbach wie auch den herzoglichen Kanzler und lieferten sie aus. Beide wurden erst gefoltert, dann vor Gericht gestellt. Kurfürst August erklärte im Urteil, die Übeltäter hätten eigentlich eine »ernste Strafe« verdient, »aus angeborener Güte«

wolle er sie jedoch nur bei lebendigem Leib vierteilen lassen. So geschah es auch.

Johann Friedrich aber wurde nach Wien gebracht, dort auf offenem Wagen durch die Straßen gekarrt und anschließend in Wiener Neustadt lebenslang eingesperrt. Alle Bitten seiner Frau Elisabeth, Gnade für Recht ergehen zu lassen, lehnte Maximilian ab. Dem letzten Gesuch der Herzogin gab er jedoch statt: Die Tochter Friedrichs III. von der Pfalz, des einzigen deutschen Fürsten, der sich bei der Königswahl gegen den Habsburg gestellt hatte, wollte die Haft ihres Mannes teilen, Maximilian ließ die Gefängnistore für sie öffnen. Hinter Gittern ist Elisabeth zweiundzwanzig Jahre später gestorben, ein Jahr vor ihrem Mann, dem Sohn des ebenfalls schon an der Wiener Familie gescheiterten Johann Friedrich I.

Die harte Art, in der Maximilian die Grumbachischen Händel beilegte, trug ihm sowohl bei den katholischen wie auch bei den evangelischen Standesgenossen des Sachsen Respekt ein. An einem Wiedererstarken der Reichsritterschaft waren weder die einen noch die anderen interessiert, außerdem zeigten sich die Vertreter beider konfessioneller Flügel mit der Politik des neuen Kaisers durchaus einverstanden. Den protestantischen Bürgern seines österreichischen Herzogtums verschrieb Maximilian eine Kirchenordnung, die ihnen uneingeschränkte Glaubensfreiheit gewährte. Seinen Bruder Karl, der rückhaltlos auf die Gegenreformation setzte, veranlaßte er, in der Steiermark ähnliche Regelungen zu erlassen und diese, nach einem Landtag in Bruck an der Mur, im sogenannten »Brucker Libell« festzuschreiben.

Daran aber stießen sich auch die katholischen Reichsfürsten nicht, weil ein anderer Habsburg ihnen bereits vorexerziert hatte, wozu es führte, wenn man den alten Glauben mit Feuer und Schwert verteidigte. 1578, im Jahr des »Brucker Libell«, war Don Juan d'Austria bei dem Versuch ums Leben gekommen, von den durch spanische Strafexpeditionen schon völlig verwüsteten Niederlanden für seinen Halbbruder noch zu retten, was zu retten war. Er hatte die Holländer jedoch ebensowenig bei der Stange halten können wie seine Nachfolger, zu denen auch Maximilians Sohn Matthias gehörte.

Aber selbst wenn das von den Spaniern gegebene Beispiel nicht ausgereicht hätte, den Deutschen zu verdeutlichen, wie gut sie mit ihrem toleranten Herrscher fuhren, so wäre zumindest die Pariser

»Bartholomäusnacht« geeignet gewesen, sie davon zu überzeugen. Binnen weniger Stunden waren am 24. August 1572 in Frankreichs Hauptstadt ungezählte Protestanten hingeschlachtet worden, kurz nachdem der Protestant Heinrich von Navarra, der spätere Heinrich IV., die Schwester des katholischen Königs geheiratet hatte.

Dafür, daß es so etwas im Reich nicht geben konnte, bürgte Maximilian, der nach der französischen »Bluthochzeit« öffentlich erklärte, es schmerze ihn, mit »Mördern« wie dem König von Frankreich verwandt zu sein. Er sagte dies knapp fünfzig Jahre vor dem größten Religionskrieg aller Zeiten, dem »Dreißigjährigen«, der dann doch auf deutschem Boden ausgetragen werden sollte. Hätte ein Mann wie er diese Katastrophe verhindern können?

Maximilian sah gewiß, daß nichts dringender not tat als Versöhnung zwischen den Konfessionen, und er veranlaßte, was er konnte, um diese Versöhnung herbeizuführen. Doch wußte der Habsburg auch und sprach es in einer Stunde der Resignation sogar aus: »Der Lauf der Welt geht gegen jede Vernunft.«

Als unvernünftig empfand er nahezu alles, was sein Vetter (und Schwiegersohn) Philipp II. von Spanien tat oder plante, sowohl seine Aktionen in den Niederlanden, »diesem schönen und guten Lande«, als auch seine Absicht, den unglückseligen Don Carlos vor Gericht zu stellen.

Für einen Narren hielt er aber ebenso den »frechen Bischof von Rom«, Pius V., dem man nachsagte, er wolle den ganzen Kirchenstaat in ein Kloster verwandeln, und von dem er wieder und wieder bestürmt wurde, den Augsburger Religionsfrieden von 1555 sowie das »ius reformandi« abzuschaffen. Sich den Einflüssen beider gänzlich zu entziehen war Maximilian indessen unmöglich. Den Papst konnte er nicht einschüchtern, weil die katholische Kirche aus dem 1563 zu Ende gegangenen Tridentiner Konzil als eine zwar zurückgestutzte Organisation Spaniens hervorgegangen war, die aber dennoch über neue innere Macht- und Kommandostrukturen verfügte, deren sie sich gezielt zu bedienen wußte. Und Philipp konnte er nicht desavouieren, weil der als der eigentliche Chef des Hauses Habsburg galt und weil die habsburgische Heiratspolitik sie beide in ein unzerreißbares Netz verstrickt hatte. Als Philipp Rudolf, Maximilians Ältesten, anforderte, um ihn in Madrid streng katholisch erziehen zu lassen, mußte der Kaiser nachgeben. Nicht anders war es, als auch Maximilians dritter Sohn

Matthias quasi an Philipps Hof abkommandiert wurde. Die beiden jungen Männer kamen Jahre später als unsichere, gespaltene Persönlichkeiten zurück. Matthias in den Niederlanden gescheitert, Rudolf ein weltfremder Spintisierer und Sonderling. Beide zusammen waren später dafür verantwortlich, daß Böhmen eine unangemessen starke Position in den habsburgischen Ländern gewann, und begünstigten so eine Entwicklung, die im Ausbruch des Dreißigjährigen Krieges mündete. Ihr großzügiger, toleranter Vater war dafür zumindest auf indirekte Weise mit verantwortlich, was die rhetorische Frage, ob er die Katastrophe hätte verhindern können, die ein halbes Jahrhundert nach seiner Zeit ausbrach, ihres Gewichtes beraubt. Überspitzt könnte man freilich sagen: Seine Schuld bestand darin, daß er ein Habsburg war.

Er war sogar ein sehr typisches Mitglied seiner Familie. Wie Maximilian I. liebte er die Musik, wie Karl V. interessierte er sich für die Naturwissenschaften, wie beide Vorfahren hing er an den Niederlanden und dem burgundischen Erbe. Als einer der ersten westeuropäischen Herrscher führte er in seinen Ländern den Kartoffelanbau ein. Und die Wiener verdanken Maximilian II. den Flieder, den sie so auführlich besingen.

Flieder, Levkoje, Roßkastanie und Tulpe waren Importe aus der Türkei, dem Reich seines gefährlichsten Gegners Sulaiman I.

1566 war der zweiundsiebzigjährige Sultan, der gerade seine Lieblingsfrau, die Russin Khurrem, verloren hatte, zum dreizehnten großen Kriegszug seines Lebens aufgebrochen. Johann Sigmund Zápolya, der spätgeborene Sohn des »Janos Kral«, hatte ihn gegen ein siegreiches kaiserliches Heer zu Hilfe gerufen. Sulaiman wollte direkt nach Preßburg vorstoßen, wandte sich dann aber gegen die Festung Szigetvár in Nordkroatien, die erst seit kurzem wieder habsburgisch war. Hinter den Mauern des vorgeschobenen Forts lag nur eine geringe Besatzung, befehligt von dem Ungarn Miklós Graf Zrínyi. Anfang August begann der türkische Angriff, rund sechs Wochen später erhielt Zápolya ein Schreiben, in dem es hieß: »Durch Allahs Gnade – groß ist er und ruhmreich – wurde also nunmehr die Festung Szigetvár erobert. Die darin befindlichen Giauren, dem Untergang geweiht, hat man sämtliche über die Klinge springen lassen und der genannte Giaur Zrinyi ward die Speise des blinkenden Säbels. Jetzt geht die Richtung meines kaiserlichen Zuges nach der Seite von Buda.« Gesiegelt war der Brief mit dem Zeichen Sulaimans, geschrieben hatte ihn sein Großwesir Mehmet Sokolli.

Der zum Islam übergetretene Christ übermittelte eine etwas geschönte Botschaft. Den Türken war nach achtunddreißig Tagen der Belagerung ein völlig zerstörtes Szigetvár in die Hand gefallen. Und Zrínyi hatte sein Leben nicht im Kampf verloren, er war bei einem Ausfall gefangengenommen, anschließend geköpft worden. Vor allem aber verschwieg Sokolli, daß Sulaiman zwei Tage vor dem Fall der Grenzfestung gestorben war. Maximilian, der mit einem Heer bei Raab stand, erhielt aus diesem Grund keine Gelegenheit mehr, sich mit dem Sultan zu messen. So blieb es ihm erspart, sein Feldherrntalent jemals unter Beweis stellen zu müssen. Statt dessen hätte er sich nun als Diplomat bewähren können. Er nützte diese Chance jedoch ebenfalls nicht.

Sulaimans Nachfolger wurde mit gutem Grund Selim »der Säufer« genannt, er brachte für Politik nicht das mindeste Interesse auf. Da dies jedoch in Wien unbekannt blieb, gelang es dem gerissenen Sokolli, Maximilian einen Frieden zu diktieren, der alles beim alten ließ. Die jährlichen »Ehrengeschenke« sollten weiterhin nach Konstantinopel überwiesen werden, dafür gestand der regierende Wesir Maximilian wenigstens eine gemischte Kommission zur Regelung strittiger Grenzfragen zu. Wichtiger war es für Habsburg, daß Zápolya zwei Jahre nach dem »Frieden von Adrianopel« darauf verzichtete, sich König von Ungarn zu nennen, und daß sein Nachfolger Stephan Báthory 1571 dem Kaiser einen heimlichen Treueid leistete. Fast wäre Maximilian damals auch die Krone von Polen in den Schoß gefallen.

1572 starb der letzte Herrscher aus dem Haus der Jagiellonen. Als Sohn der polnischen Königstochter Anna hatte Maximilian einen Erbanspruch auf deren verwaisten Thron. Er bemühte sich auch, ihn wahrzunehmen, und wurde schließlich gewählt. Aber das geschah erst im März 1576, als er selbst bereits sterbenskrank daniederlag. Spaniens König, der ihn um mehr als zwanzig Jahre überleben sollte, schickte damals den Theologen Gallo nach Wien, damit er den Vetter vor der ewigen Verdammnis bewahre. Doch war Philipp nicht der einzige, der um die Seele des sterbenden Kaisers rang.

In Regensburg, wo Maximilian während eines Reichstages aufs Krankenlager geworfen wurde, bedrängten ihn auch die katholischen Fürsten, vor allem aber seine Frau Maria, wenigstens das letzte Abendmahl nicht in beiderlei Gestalt zu nehmen, sondern sich mit dem »sub una« zur römischen Kirche zu bekennen. Maximilian indessen erklärte, daß er längst zum Protestantismus übergetreten wäre, wenn dessen Vertreter sich auf eine für alle evangelischen Christen verbindliche Lehre hätten einigen können und wenn er nicht verpflichtet gewesen wäre, damit zu rechnen, daß Philipp keinen Erben mehr zeuge und sein Besitz also an das Wiener Haus zurückfalle. Von den Spaniern wäre nur ein Katholik als König anerkannt worden.

Dieser Sorge freilich fühlt er sich nun enthoben. Alles, was er regeln konnte, ist geregelt. Sein ältester Sohn trägt die Kronen Böhmens, Ungarns und Deutschlands. Maximilian II., Kaiser des Heiligen Römischen Reiches, weigert sich, die Sterbesakramente aus der Hand eines römischen Priesters entgegenzunehmen.

Er stirbt, getreu seiner Überzeugung, nicht als Katholik noch als Protestant, sondern als Christ. Und beide Konfessionslager betrauern den Toten als »Vater«, obwohl sich in keinem davon Männer gefunden hatten, die zu seinen Lebzeiten bereit gewesen wären, ihn auf seinem einsamen Weg zu begleiten und seine tapfere Haltung zu teilen.

XIV.
Ein Bruderzwist und die Folgen

Eine Landkarte zeigt gewöhnlich Flüsse, Gebirge, Staatsgrenzen, Verkehrswege, Städte und Dörfer. Sie zeigt nie, wie die geistigen Kraftlinien verlaufen, von denen das Leben der Menschen bestimmt wird. Es wäre jedoch möglich, für das beginnende 17. Jahrhundert eine derartige Darstellung zu entwerfen. Diese Karte wäre von drei Orten beherrscht, welche durch eine leicht gebogene Linie miteinander verbunden werden müßten. Die Linie begänne am Südrand des Flämings in Sachsen, um sich dann zwischen Paris und Straßburg hindurch nach Nordspanien hinzuziehen. Von den drei Orten wären nur zwei exakt zu benennen, der dritte müßte irgendwo in Westfrankreich vermutet werden, aber für alle gilt das gleiche: Sie waren Schauplatz von Ereignissen, deren jedes im Inneren eines einzigen Mannes stattfand. Kein anderer nahm wahr, was diesen Männern widerfuhr, und nichts deutete darauf hin, daß diese Ereignisse einmal die Welt in ihren Grundfesten erschüttern könnten, weshalb man sich beinahe versucht fühlt, sie mit kosmischen Vorgängen zu vergleichen.

Der erste der drei Orte ist Wittenberg. Hier hatte Luther sein sogenanntes »Turmerlebnis«, als er über den Römerbrief I, Vers 17, nachgrübelte, jene Stelle, in der es heißt: »Der Gerechte wird aus dem Glauben leben.« Beim Anblick dieser wenigen Worte überfiel den einsamen Mann die niederschmetternde Erkenntnis, daß der Mensch allein durch Gottes Gnade verdirbt oder gerettet wird und daß er daran durch gute Werke oder Taten so gut wie gar nichts ändern kann. In dem Choralvers »Es ist doch unser Tun umsonst, auch in dem besten Leben« faßte Luther diesen Gedanken später auf geradezu überpräzise Weise zusammen. Es war eine jener Formulierungen, von denen man ohne Übertreibung sagen kann, sie hätten die Welt verändert.

Am zweiten Ort auf der Linie, jenem, der nicht genau zu bestimmen ist, ereignete sich etwas fast Identisches. Der achtundvierzigjährige

Johannes Calvin aus Noyon in Nordfrankreich erfuhr dort genauso jäh und unvermittelt wie Luther in Wittenberg, daß Gott ihn nicht für »ein ruhiges Leben fern vom Treiben der Welt« bestimmt, sondern mit der Aufgabe betraut habe, der Menschheit die »wahre evangelische Frömmigkeit« zu lehren. Es geschah, wie er selber schreibt, »durch eine plötzliche Bekehrung«, einen Vorgang also, bei dem außer ihm selbst niemand körperlich anwesend war. Der Blitz zuckte aus heiterem Himmel herab und traf Calvin in der Stille seiner Kammer. Wo es geschah, sagt er nicht, es muß jedoch irgendwo zwischen Straßburg und Paris gewesen sein. Als Datum gibt Calvin das Jahr 1557 an. Von da an begann sich die Welt erneut zu verändern. Calvins Gnadenlehre war härter, kompromißloser und konsequenter als jene Luthers, deshalb zog sie auch harte, rationale Geister seiner eigenen Art an.

Der dritte Ort heißt Manresa, er liegt unweit des Wallfahrtsortes Montserrat in Katalonien. Hier wurde der ehemalige Soldat und gerichtsnotorische Abenteurer Ignatius von Loyola, ebenfalls in strengster Abgeschlossenheit, Opfer einer »subita conversio«, einer jähen Bekehrung. Loyola, aus dem Baskenland stammend, acht Jahre jünger als Luther und wohl achtzehn Jahre älter als Calvin – sein genaues Geburtsdatum ist unbekannt –, hatte zuletzt als bettelnder Asket in der Einöde gelebt und sich mit der gleichen Grundfrage wie seine beiden Zeitgenossen herumgeschlagen: Auf welche Weise erlange ich Gottes Gnade? Nach Anfällen tiefster Verzweiflung, die ihn sogar an Selbstmord denken ließen, glaubte dann auch er zu erkennen, daß Askese und gute Werke zur Rettung der eigenen Seele fast gar nichts beitragen konnten. Die plötzliche Bekehrung in Manresa führte ihn jedoch auf eine völlig andere Bahn als den Deutschen oder den Franzosen. Kein »neues Evangelium« wollte er lehren, sondern seinen Willen und seine Sinne in härtester Selbstdisziplinierung der Vorstellung von einem gewaltigen, aber liebenden Gott unterwerfen und sich zu seinem bedingungslosen Werkzeug machen. Als Gottes Stellvertreter auf Erden erkannte er den Papst an. Nicht anders als ein Soldat stellte er sich und seine inzwischen gewonnenen Gefährten der römischen Kirche zur Verfügung. Aus Loyolas Freundeskreis entstand die 1540 von Paul III. anerkannte »Compañía de Jesús« oder, wie sie auf lateinisch genannt wurde, die »Societas Jesu«. Eine neu und straff organisierte Kirche konnte mit ihrer Hilfe zum Gegenangriff auf die Anhänger der von Luther und Calvin begründeten Gemeinschaften antreten – wobei es sich keineswegs als Nachteil erwies, daß der General der Jesuiten einst dieselben Erfahrungen gemacht hatte wie der Deutsche und der Franzose.

Spätestens seit der Bekehrung Calvins lag die Linie, die Wittenberg mit Manresa verbindet, wie eine Gewitterfront über Europa. Und bald bildeten sich neue, von diesen Orten beeinflußte Nebenzentren heraus. Die Linien nachzuziehen, die wiederum sie untereinander verbanden, hieße ein scheinbar wirres Muster auf die Landkarte zeichnen. In Wirklichkeit entstände dabei das Bild dreier mit ungeheurer Spannung aufgeladener Kraftfelder. Calvin hatte sich in Genf niedergelassen und dort einen totalitären Gottesstaat geschaffen. Dieser wiederum diente anderen ähnlichen Gemeinschaften als Vorbild und Energiequelle, der calvinisierten Pfalz etwa, der Handelsstadt Emden, aber auch einzelnen Zirkeln im habsburgischen Ungarn.

Loyolas Organisation dagegen wurde von Rom den Bedürfnissen der katholischen Kirche derart angepaßt, daß sie ihre spanische Unbedingtheit weitgehend einbüßte, sich dafür aber geschmeidig jedem auf Gegenreformation setzenden katholischen Fürsten zur Verfügung stellen konnte. Im Deutschen Reich waren dies vor allem die Wittelsbacher und einige der regierenden habsburgischen Erzherzöge.

Gleichzeitig bewirkte die Enthispanisierung der Societas Jesu, daß aufgrund einer Art Trotzreaktion um Philipp II. herum ein weiteres, vom Papst nahezu unabhängiges, gegenreformatorisches Kraftfeld entstand. Da aber das Wien Maximilians II., des anderen gekrönten Habsburgs, sich seinem Einfluß zu verweigern schien, wurde von Spaniens Hauptstadt eine Verbindung nach Prag angebahnt, wo böhmische Katholiken schon in den Tagen des Hussitenaufstandes zu einem festen widerstandsfähigen Block zusammengewachsen waren. In Frankreich endlich scharten sich die Anhänger der alten Kirche um das Königshaus und versuchten, mit staatlicher Hilfe die calvinistischen Hugenotten in Schach zu halten.

Die geringsten geistigen Energiequanten gingen eigentlich vom ältesten der drei großen Unruheherde aus, jenen Teilen Deutschlands, darin Fürsten und Bürger lutherisch blieben. Eine alte republikanische Tradition machte es hier möglich, den Glaubensproblemen auch mit politischen Mitteln beizukommen. Das »cuius regio, eius religio« hatte überdies zu einer Abstimmung mit den Füßen geführt und den protestantischen Ländern relative Ruhe beschert. Geistige Expansionsgelüste konnten in diesen Gebieten kaum aufkommen, was freilich insofern ohne Bedeutung war, als sie ja ebenfalls in dem ganz Europa überziehenden Magnetgitter mit seinen jeweils verschiedenen Schwerpunkten lagen. Wenn die sich anbahnenden Entwicklungen Opfer fordern sollten, würden sie auch hier, sogar gerade hier gefunden werden.

Doch zählten zu den vorbestimmten Opfern der kommenden Ereignisse genausogut Männer, die versuchen mußten, sich im Netz der unsichtbaren Linien als Herrscher zu behaupten. Das galt dann um so mehr, wenn diese Männer keine entschiedenen Täternaturen waren, sondern eher zu Nachdenklichkeit oder Verständnisbereitschaft neigten. Und welcher von den zuletzt aufgetretenen deutschen Habsburgern wäre schon ein Mann des harten, unbedingten Entschlusses gewesen? Auch Rudolf, der Sohn Maximilians II., 1576 im Todesjahr seines Vaters zum Kaiser gewählt, war nicht von dieser Art. Unglücklicherweise versuchte er dennoch, sich so zu verhalten, als wäre er es.

In seinem zwölften Lebensjahr war Rudolf nach Madrid geschickt und dort von Philipps Beauftragten zu einem Werkzeug der Gegenreformation herangebildet worden. Mit äußerster Strenge, so hatte man ihm eingehämmert, sollte er nach seiner Thronbesteigung den von Maximilian II. gehegten bunt blühenden Garten jäten und vor allem das Pflänzchen Glaubensfreiheit austilgen. Als Rudolf 1570 nach Wien zurückkehrte, war er bis zum Äußersten mit der im Escorial gespeicherten geistigen Energie aufgeladen, etwas Schlimmeres hätte ihm kaum widerfahren können. Weder seine geistige noch seine körperliche Konstitution reichten aus, diese Belastung zu verkraften. Zusammen mit dem unglücklichen Don Carlos hatte er überdies von allerlei verbotenen Früchten genascht; so gilt es als sicher, daß er homosexuell war. Philipp II. jedenfalls mußte schon früh befürchten, der Erzherzog werde die in ihn gesetzten Erwartungen nicht erfüllen.

Immerhin, während seiner ersten Regierungsjahre ging Rudolf II. forsch und scheinbar energisch gegen die österreichischen Protestanten vor. In Wien als einer »dem Kaiser eigentümlichen Stadt« wurden nur noch katholische Gottesdienste geduldet. Ein gleichartiger Befehl erging an die übrigen Gemeinden ob und nid der Enns. Den böhmischen Katholiken gegenüber äußerte Rudolf mehrmals, die Lutheraner nicht länger dulden zu wollen. Befolgt wurden diese geharnischten Anordnungen allerdings so gut wie gar nicht. Maximilians II. Sohn hatte weder die Energie noch die Entschlossenheit, sich mit seiner Politik gewaltsam durchzusetzen. Unter anderem lag dies auch daran, daß er heftigen Selbstzweifeln, jähen Schwermutsanfällen und – immer häufiger – auch schweren körperlichen Krankheiten ausgesetzt war. Der wichtigste Entschluß seiner Amtszeit – er faßte ihn sechs Jahre nach der Krönung – glich schon fast einer Flucht vor den auf ihn einstürzenden Problemen.

1582 verließ Rudolf II. die Wiener Hofburg und ging nach Prag. Wer beide Städte kennt, mag seine Wahl verständlich finden. Im Hradschin, hoch über der Moldau, lebte es sich bei weitem angenehmer als in der alten Habsburger-Residenz, einem etwas verwinkelten, unorganisch gewachsenen Bau am Rand der engen, mauerumgürteten Donaustadt. Dennoch war der Umzug in erster Linie ein Eingeständnis der Schwäche. Rudolf hatte nicht nur die aufmüpfigen österreichischen Protestanten und die ebenso rebellischen ungarischen Lutheraner satt, die sich damals um den Calvinisten Stephan Bocskay scharten, er war es ebenso leid, die Mahnungen, Appelle und Beschwörungen Philipps II. anzuhören, vor allem dessen immer wieder geäußerte Bitte, sich endlich mit seiner Tochter Isabella Clara Eugenia zu vermählen, jener Infantin, die der Spanier später Rudolfs Bruder Albrecht gab und in die Niederlande schickte. Sie war eine Nichte Rudolfs, doch steht keineswegs fest, daß gerade dieser Umstand den Kaiser von der spanischen Heirat abhielt. Er vermochte mit Frauen einfach nichts anzufangen. In Prag, wo Rudolf als Junggeselle viel ungestörter leben konnte als in Wien, sammelte er vor allem Männer um sich, in erster Linie Künstler und Wissenschaftler. Den berühmten dänischen Astronomen Tycho Brahe nahm er in seine Dienste, ferner Johannes Kepler, einen Verfechter des verpönten kopernikanischen Weltbildes. Von Rudolfs Künstlerfreunden kennt man heute noch Giuseppe Arcimboldi, einen manieristischen Maler, der es liebte, aus Früchten und Gemüsen menschliche Gesichter zu komponieren. Rudolfs Hofkapelle galt als eines der besten Orchester seiner Zeit, und von den Alchimisten, die für ihn arbeiteten, vermutete man, sie kennten alle Geheimnisse der irdischen wie der überirdischen Welt. Selbst für den Prager Astronomen, Mathematiker und Kabbalisten Rabbi Löw ben Bezahel interessierte sich der immer mehr in seine eigene Privatwelt abtauchende Kaiser. Die Wirklichkeit, das trat von Jahr zu Jahr deutlicher hervor, widerte ihn an. Er baute einen Verteidigungswall gegen ihre profanen Hervorbringungen, errichtete ein magisches Schloß voll von Schätzen materieller und immaterieller Art. Bilder von Dürer und Brueghel sammelte er, aber auch höchst seltsame Auftragsarbeiten. Einer seiner Hofmaler wurde etwa nach Tirol geschickt, um besonders groteske Felsen abzuzeichnen. Dazu kamen Edelsteine, Münzen, bibliophile Kostbarkeiten wie der »Codex argenteus«, die kostbar gebundene Bibelübersetzung des Gotenbischofs Ulfilas, außerdem Statuen, Heiligenbilder, geschliffene Gläser, alles eben, was die Bezeichnung »wundersam« verdiente. Diese Objekte indessen ordnete Rudolf nicht halb so sorgfältig wie Philipp von Spanien seine Bibliotheken, er raffte sie vielmehr wahllos zusammen, stopfte die Räume und Gewölbe des Hradschins voll damit, vergaß über Dingen, die er haben wollte, andere, die er schon besaß. Es mutet an, als habe er geformte Substanz auftürmen und seine Residenz mit ihrer Strahlungskraft aufladen wollen, damit neben den anderen geistigen Energiefeldern seiner Zeit ein weiteres, vollkommen anderes entstehe. Freilich, es mutet bestenfalls so an, denn über die Motive, die diesen Habsburg wirklich bewegten, läßt sich nur rätseln. Rudolf dürfte gespürt haben, daß sich in der Welt ein namenloses Unheil zusammenbraute, daß eine furchtbare Katastrophe drohte und eine ganze Kultur zugrunde gehen würde. Dieses Gefühl kristallisierte sich auch in einer immer stärkeren Abneigung gegen Spanien und alles, was spanisch roch, heraus. Dabei war gerade die katholische Gemeinde Prags damals im Begriff, den geistigen Strömungen, die von Madrid ausgingen, fast völlig zu erliegen.

Zu Füßen des Hradschin entstand das mit spanischem Geld geförderte Prager Jesuitenkolleg. Der in Spanien geborene Bischof von Olmütz, Franz Fürst Dietrichstein, Sohn eines Hofmeisters, der zusammen mit dem jungen Maximilian II. im Escorial gelebt hatte, verfocht mit großem Erfolg eine gegenreformatorische Politik nach den Regeln Philipps II. Angehörige der ehemals hussitischen Adelsfamilie Lobkowitz vertraten in der böhmischen Hauptstadt eine regelrechte, sehr einflußreiche spanische Partei. Selbst Mitglieder der böhmischen Brüdergemeinde, eine Art von frühen Pietisten, gerieten in den Sog dieser Strömung und scharten sich um die schöne Polyxena Pernstin, das Haupt des hispanischen Salons in Prag. Bei anderen böhmischen und vor allem mährischen Adeligen wurde es sogar üblich, die Söhne zur Ausbildung in das iberische Königreich zu schicken und die Töchter nach Möglichkeit mit spanischen Granden zu verheiraten. Zusammen bildeten alle diese Männer und Frauen eine »facción espagnol«, eine spanische Fraktion, auf die man in Madrid schon deshalb setzte, weil es sich zeigte, daß mit Rudolf überhaupt keine Politik zu machen war. Der Einsame auf dem Hradschin wurde mehr und mehr zur Unperson, er lebte in einem Vakuum. Aber auch von leeren Räumen gehen ja in der physischen wie in der geistigen Welt Kräfte und Wirkungen aus.

Im Reich aktivierte Rudolfs Tatenlosigkeit zunächst das stärkste protestantische Kraftfeld, die Calvinisten. Nachdem der Kaiser den Herzog von Baiern beauftragt hatte, einen Konfessionsstreit in der Reichsstadt Donauwörth gewaltsam und zugunsten der Katholiken beizulegen, projektierte Christian I. von Anhalt, der Leiter der pfälzischen Politik, ein Bündnis der evangelischen Fürsten mit Heinrich IV. von Frankreich. Dieser »Union« traten nach und nach sieben weitere Fürsten sowie siebzehn Städte bei, unter ihnen so reiche wie Nürnberg, Ulm und Straßburg.

Nach den Gesetzen, die in einem mit verschiedenartigen Spannungen aufgeladenen Raum gelten, mußte dieser Zusammenschluß alsbald zu einem ähnlichen Bündnis auf katholischer Seite führen. Tatsächlich brachten Maximilian I. von Baiern und Bischof Julius Echter von Würzburg noch 1609, ein Jahr nach Gründung der Union, eine altkirchliche »Liga« zusammen, deren Einfluß vom Erzbistum Köln ins Allgäu und natürlich bis nach München herabreichte. Auf deutschem Boden standen sich damit zwei mächtige Blöcke gegenüber, und zwischen beiden begann es bereits gefährlich zu knistern. Es war eigentlich nur noch eine Frage der Zeit, bis irgend etwas – ein König, ein Fürst, der Zufall – das angesammelte aggressive Potential zur Explosion bringen würde. Die »facción espagnol« zum Beispiel hätte einen sehr geeigneten Zündsatz abgegeben, ebenso freilich die besonders kompromißlosen Calvinisten.

Mit dieser Entwicklung im Reich ging aber noch eine andere, innerösterreichische einher. 1609 entlud sie sich beim »Bruderzwist im Hause Habsburg«. Maximilians Söhne, Rudolf und Matthias, gerieten aneinander.

Maximilian II. hatte mit der spanischen Maria genauso viele Kinder gezeugt wie sein Vater mit der Polin Anna, nämlich fünfzehn. Acht waren Mädchen, fünf von ihnen starben, noch bevor sie das zweite Lebensjahr erreicht hatten, die überlebenden Erzherzoginnen taten den harten Dienst, der weiblichen Mitgliedern des Hauses abverlangt wurde: Zwei heirateten ausländische Herrscher, eine ging ins Kloster. Rudolf war aus dieser Kinderschar als Thronfolger und späterer Kaiser hervorgegangen, weil sein ältester Bruder Ferdinand zu den kurz nach der Geburt verstorbenen, »unschuldig verblichenen« Prinzen aus der habsburg-habsburgischen Ehe gehörte. Sein um ein Jahr jüngerer Bruder Ernst wuchs in Spanien zum Mann, versuchte als Statthalter in Ober- und Niederösterreich, die vom Kaiser befohlenen gegenreformatorischen Maßnahmen durchzusetzen, zog es aber später vor, sich dieser undankbaren Aufgabe zu entledigen, und ging als Vertreter König Philipps in die Niederlande, wo er ebenfalls scheiterte und schließlich starb. Somit blieben vier weitere erwachsene Brüder Rudolfs übrig: Wenzel, der jüngste, war Groß-Prior des Johanniterordens in Kastilien, Albrecht, der zweitjüngste, hatte es als Geistlicher schon zum Kardinal gebracht, wurde dann aber durch den allmächtigen spanischen Chef des Hauses mehr oder weniger gezwungen, die von Rudolf abgelehnte Isabella Clara Eugenia zu heiraten und ebenfalls in die Niederlande zu gehen. Maximilian, ein Jahr älter als Albrecht, stand dem in Ostpreußen entmachteten Deutschritterorden vor. Matthias schließlich, vierter Sohn seines Vaters und fünf Jahre jünger als Rudolf, hatte – nicht anders als die übrigen Brüder – eine Ausbildung im Escorial absolvieren müssen, ehe er, gleich Ernst und Albrecht, in die Niederlande geschickt wurde. Seit 1581 war Matthias wieder zurück. Er lebte zunächst in Linz und hatte dort nicht viel zu tun. Vermutlich reichen die Wurzeln des »Bruderzwistes« bis in diese Zeit zurück.

Das deutsche Haus Habsburg bestand damals längst nicht mehr nur aus der von Maximilian II. begründeten »Österreichischen Linie«. Ferdinand hatte mit Philippine Welser und einer zweiten Frau die »Tirolische Linie« ins Leben gerufen; sie stand mittlerweile auf zwei erwachsenen Söhnen und zwei Töchtern. Außerdem gab es die auf Maximilians jüngsten Bruder Karl zurückgehende »Steirische Linie«, den blühendsten Ast am Baume Habsburg. Von seinen ursprünglich fünfzehn Sprossen lebten zur Zeit des Bruderzwistes noch neun, unter ihnen die beiden Erzherzöge Ferdinand und Leopold. Die steirischen Erzherzoginnen erfüllten, wie andere Habsburgermädchen auch, ihre Pflicht in polnischen, siebenbürgischen, spanischen und florentinischen Ehebetten. Dem wenig ausgelasteten Matthias blieben somit vor allem die männlichen Angehörigen der drei Linien als Gesprächspartner; überwiegend gehörten sie ja dem geistlichen Stand an. Zu seinem wichtigsten Berater schwang sich indessen Melchior Khlesl auf, der Sohn eines protestantischen Bäckers aus Wiener Neustadt, seit 1602 Bischof von Wien.

Khlesl, ein Konvertit und wie viele Konvertiten von geradezu glühendem Eifer für sein neues Bekenntnis erfüllt, hatte bereits Ernst bei Rekatholisierungsversuchen in Österreich unterstützt. Als Rudolf 1583 dann Matthias mit Ernsts Aufgaben betraute, weil dieser in die Niederlande gegangen war, bot Khlesl auch ihm seine Dienste an; es sollte eine überaus fruchtbare, für den Kaiser allerdings eher furchtbare Verbindung werden. Der Wiener Bischof nämlich dürfte es gewesen sein, der die anderen, von Spanien geprägten oder nach Spanien ausgerichteten Habsburger darauf hinwies, daß Rudolf den von Philipp II. gestellten Aufgaben gar nicht oder nur lustlos nachkam, möglicherweise suggerierte er ihnen sogar, der in Prag lebende Spintisierer könne geisteskrank sein. Zur wichtigsten Waffe geriet Khlesl jedoch ein drittes Argument: Rudolf war kinderlos, würde auch keine Nachkommen mehr zeugen, wer also sollte ihm eines Tages auf den Thron nachfolgen? Davon fühlte sich vor allem der freilich ebenfalls kinderlose Matthias angesprochen. Immer drängender ging er den älteren Bruder um eine Regelung der Sukzessionsfrage an. Letzten Endes liefen seine Vorschläge darauf hinaus, daß er selbst als König und designierter kaiserlicher Kronprinz eingesetzt werden wollte, was ohnehin die naheliegendste Lösung gewesen wäre.

Zu Matthias' Erstaunen reagierte Rudolf indessen auf dieses Ansinnen so lustlos wie auf alles, was aus der spanischen Ecke kam. Anstatt dem Verlangen des Bruder einen eigenen Vorschlag entgegenzustellen, verkroch er sich noch tiefer in seine magische Traumburg. Dieser in der Tat völlig unvernünftigen Reaktion begegneten die Erzherzöge schließlich mit einer Regelung unter Vettern. 1606 bestimmten sie Matthias zum Nachfolger seines Bruders. Aber erst drei Jahre später konnten die Verschwörer ihre bis dahin papierene Geheimwaffe auch zücken.

Matthias hatte in den nach Sulaimans Tod rasch wieder aufgeflammten Türkenkämpfen einen mittleren Erfolg errungen. Es war ihm gelungen, sich mit dem rebellischen Stephan Bocskay zu einigen, der unter osmanischem Schutz in Siebenbürgen regierte, außerdem hatte er mit Sultan Achmed I. einen nicht unvorteilhaften Frieden geschlossen. Konstantinopel überließ Österreich zwei ungarische Komitate, erkannte den seit Rudolf I. verfochtenen Anspruch Habsburgs auf ganz Ungarn an und verzichtete gegen eine einmalige Zahlung von 200000 Dukaten auf die jährlichen »Ehrengeschenke«. Bocskay, der die Gespräche vermittelt hatte, blieb Fürst in Siebenbürgen, jetzt aber nicht mehr von Sultans, sondern von Kaisers Gnaden. Auch den unzufriedenen Lutheranern, die er um sich gesammelt hatte, waren dadurch die Zähne gezogen. Mit gutem Grund glaubte Matthias stolz sein zu können, als er das Ergebnis seiner Bemühungen dem Bruder präsentierte. Rudolf jedoch verhielt sich nicht anders als bei dem Vorschlag, die Nachfolge zu regeln, er lehnte den »Frieden von Zsitvatorok« rundweg ab. Nur aus Abneigung gegen Matthias?

Der ältere Habsburg mag den politischen Kleinkram verabscheut haben, aber er wußte – zumal als Sammler teurer Kunstwerke –, wieviel Geld 200000 Dukaten waren und welcher Mühe es bedurfte, sie aufzutreiben. Außerdem lebte und dachte er in ganz anderen Dimensionen als Matthias. Abbas der Große, Schah von Persien, mit dem er in Verbindung stand, hatte ihm dargelegt, wie vorteilhaft sich ein Zweifrontenkrieg gegen das langsam ermattende Osmanenreich für Österreich und sein eigenes Land auswirken könne. Wenn man nur beharrlich genug, vom Westen wie vom Osten her, die Sultane in Atem hielt, müßten sie früher oder später die Konsequenzen ziehen und ihre riesenhaft langen Grenzen verkürzen. Diese großartige Vision hatte Matthias nun, eines Linsengerichtes wegen, zum Tode verurteilt! Der jüngere Bruder freilich hielt den älteren endgültig für verrückt, als er von dessen Verbindung mit dem Schah erfuhr. Und fortan begann er, sich nach Verbündeten für einen Staatsstreich umzusehen.

Wo fand er sie schließlich? Er fand sie unter den überwiegend protestantischen Ständen Österreichs, Ungarns und Mährens, der streng gegenreformatorische Bischof Khlesl hatte ihn auf die Idee gebracht. In Preßburg sicherte Matthias Lutheranern und Calvinisten weitgehende Glaubensfreiheit zu. Dafür stellten sie ihm ein Heer gegen den Kaiser zur Verfügung. Und da es eine sehr starke Streitmacht war, packte Rudolf zusammen, was ihm an Kostbarkeiten teuer war, sobald die Putschisten Böhmens Grenzen überschritten hatten. Wäre die »facción espagnol« nicht gewesen, er hätte sich auch tatsächlich davongemacht. Die Dietrichstein, Lobkowitz, Pernstin jedoch stärkten ihm in dieser Situation den Rücken, sie brachten auch die protestantische Mehrheit in Böhmen auf ihre Seite. Alle bestehenden Fronten schienen sich damit verkehrt zu haben, doch es blieb ein vorübergehender Zustand. Zu mächtig waren bereits die Kraftfelder, die den wahren Lauf der Dinge bestimmten.

Daß es Matthias und seinen Anhängern gelang, einen siebenundfünfzigjährigen Mann mit weichen, schwammigen Gesichtszügen, einem verkniffenen Mund und übergroßen, trostlos blickenden Augen aus dem Dämmerlicht seines Prager Fuchsbaus zu ziehen und ihn, trotz heftiger Proteste von böhmischer Seite, zum Verzicht auf Österreich, Ungarn und Mähren zu zwingen, an der bestehenden Lage änderte es nicht das geringste. Es war ja auch wirklich nur eine interne Angelegenheit, ein Bruderzwist eben im Hause Habsburg. Selbst Rudolfs schwächlicher Versuch, mit Unterstützung evangelischer Reichsfürsten zurückzuschlagen, blieb nahezu folgenlos. Die böhmischen Protestanten hatten nicht mehr viel davon, daß ihnen in der Stunde der Not von Rudolf Religionsfreiheit zugesichert wurde. Ihre Glaubensgenossen auf der anderen, auf Matthias' Seite kamen sogar noch schlechter weg. Der von Khlesl beratene neue Herr in Österreich dachte nicht im Traum daran, seine in Preßburg gemachten Versprechungen zu halten.

Rudolf aber zog sich nach der ihm widerfahrenen Demütigung noch mehr in sein abenteuerlich ausgestattetes Schatzkabinett zurück. Ein spinnwebhaftes Gespinst aus Gerüchten, Legenden und Sagen begann ihn einzuhüllen. »Hermes Trismegistos«, den Gott aller Magier, habe er verehrt, sein Gesprächspartner Rabbi Löw soll den Golem geschaffen haben, eine Lehmgestalt, die zu leben begann, wenn man ihr ein mit Bibelversen beschriebenes Papier in den Mund legte. Arcimboldi malte den Kaiser noch in seiner üblichen Manier, als »Vertumnus«, eine aus Spätgemüsen komponierte Verkörperung des Herbstes. Im Januar 1612 starb Rudolf. Fünf Monate danach wurde Matthias zum Kaiser gewählt, so wie die vereinigten Erzherzöge und Khlesl es beschlossen hatten. Der Bischof von Wien galt von da an als »Vizekaiser«, was heißen sollte, daß er das Reich in Wahrheit regierte.

Matthias aber blieb nicht mehr viel Zeit, irgend etwas Entscheidendes zu bewirken, schon wartete ein nächster Erzherzog darauf, auch ihn zu beerben. Er hieß Ferdinand und war der Sohn einer Mutter, die nicht aus der eigenen Familie, sondern aus Baiern stammte.

Ferdinands Alma Mater bescheinigte ihrem Absolventen, er sei ein »orator eloquens, mathematicus accuratus, philosophus politicus praeclarus, Iustianaeus peritus« gewesen, ein eloquenter Redner, akkurater Mathematiker, ausgezeichneter politischer Philosoph und guter Kenner des von Kaiser Justinian kodifizierten römischen Rechtes. Die Beurteilung könnte als Routinelob für einen hochrangigen Zögling abgetan werden, wenn Ferdinands Universität nicht in Ingolstadt domiziliert hätte. Das niederbaierische Gemeinwesen war, der festeste Hort der Gegenreformation in Deutschland, völlig anders als etwa Altdorf bei Nürnberg, wo ungefähr zur selben Zeit ein Protestant namens Albrecht von Wallenstein (Waldstein) studierte. Jesuiten hatten das Ingolstädter Kolleg gegründet. Nicht Wissenschaftler wurden hier herangezogen, sondern Glaubenskämpfer. Zu den Studiengenossen Ferdinands gehörte auch Maximilian, der Sohn Herzog Willhelms V. von Baiern, jener Mann, der – noch zu Lebzeiten Rudolfs II. – die katholische Liga begründen sollte, beide waren miteinander verwandt. Maximilians Großvater Albrecht von Baiern hatte Anna, eine Tochter Kaiser Ferdinands I., geheiratet, der Vater des Habsburgs, Erzherzog Karl, Maria, eine Schwester von Maximilians Vater. Daß sie in Ingolstadt auch Freunde wurden, hing jedoch mehr mit ihrer Erziehung und Gesinnung zusammen.

Ferdinand galt seinen Zeitgenossen als eine weiche Natur von nur geringen Geistesgaben, doch gerade aus diesem Grund war er auch formbar, führbar und lenkbar. Allen Gewohnheiten, die er als junger Mann angenommen hatte, blieb er bis an sein Lebensende treu, vor allem dem Brauch, zweimal täglich die Messe zu besuchen. Nach außen hin ließ diese Beharrlichkeit den Erzherzog folgerichtig und entschieden, ja sogar hart erscheinen. In Wirklichkeit gehorchte er nur einem einmal übernommenen Auftrag, weil er sich anders in der Welt kaum hätte zurechtfinden können. Und sein Auftrag lautete eben, das Bekenntnis, dem er angehörte, mit allen Mitteln zu verteidigen.

Die erste Bewährungsprobe als Glaubenskämpfer legte Ferdinand in den eigenen Erblanden ab. Fünf Jahre nach dem Tod seines Vaters übernahm er Kärnten, die Steiermark, Krain, und die Menschen dort erfuhren umgehend, was es hieß, einem kaum dem Ingolstädter Kolleg entronnenen Siebzehnjährigen ausgeliefert zu sein. Entschieden lehnte Ferdinand es ab, die im »Brucker Libell« verbrieften Zusagen an die Protestanten zu erneuern. Als daraufhin in Graz heftige Unruhen ausbrachen, machte er ungerührt vom »cuius regio, eius religio« Gebrauch. Am 28. September 1598 – der Erzherzog war gerade von einer Pilgerfahrt zum Haus der heiligen Familie im süditalienischen Loreto zurückgekehrt – erfuhren alle lutherischen Geistlichen, sie hätten »noch selbigen Tages bei scheinender Sonne« Graz zu verlassen. Es waren die ersten sogenannten »Exulanten«, die aus einem Gebiet des heutigen Österreichs in Scharen auswandern mußten. Mehr als hundert Jahre später folgten ihnen etwa zwanzigtausend Salzburger nach.

Ferdinands nächste große Aufgabe sollte die Vorbereitung auf das Amt des böhmischen, ungarischen und deutschen Königs sein. Da die österreichische und die tirolische Linie auszusterben drohten, stand nur noch seine, die »Steirische Linie«, zur Verfügung, er war ihr ältester Repräsentant. Berechtigte ihn aber dies allein schon zur Nachfolge auf alle Throne, die jetzt noch Kaiser Matthias innehatte? In Spanien sah man es nicht so. Dort regierte der direkt von Karl V. abstammende »karolinische« Zweig des Hauses, und dessen derzeitiger Chef hätte zumindest in Prag, wo die »facción espagnol« so tatkräftig für ihn eintrat, aber auch im ungarischen Preßburg recht gerne Fuß gefaßt. Es war eigentlich kein politisches Problem, das damit auf Ferdinand zukam, sondern – für Habsburger freilich kaum minder wichtig – ein familiäres.

1598, im Jahr der Grazer Austreibung, hatte Philipp II. die Augen für immer geschlossen; sie waren bis zuletzt auf den Altar der Escorialkirche gerichtet gewesen. Sein gleichnamiger Sohn und Nachfolger wäre bis an die Grenzen seiner Arbeitsfähigkeit ausgelastet gewesen, wenn er sich darum bemüht hätte, die wirtschaftliche Notlage des völlig heruntergekommenen Landes zu beheben.

Statt dessen tat Philipp III. jedoch alles, um den Ausspruch eines venezianischen Gesandten zu rechtfertigen: »Die Spanier sind zwar sittenlos, aber gute Christen.« Der neue König ergänzte den Lieblingsweg seines Großvaters um wenigstens eine Station, von der Messe ging er nicht immer nur zur Tafel, sondern ebensooft auch zu seinen Mätressen. Die Regierungsgeschäfte besorgte währenddessen Philipps allmächtiger Günstling, Herzog Lerma; es war das Schlimmste, was Spanien hätte widerfahren können. Der altadelige Kastilier, der die Arbeit seinerseits wieder an Günstlinge delegierte, stürzte das Land vollends in den Ruin, er preßte nicht nur die Bauern aus, sondern auch die Bürger, den Adel, sogar die Kirche. Erschwerend kam hinzu, daß er, wie Philipp, an der Illusion festhielt, Spanien sei immer noch eine Großmacht, und davon träumte, das Reich Karls V. aus seinen einzelnen Teilen wieder zusammenzufügen. Als endgültig feststand, daß Kaiser Matthias keine Nachkommen mehr zeugen würde, hielten der König und Lerma ihre Zeit für gekommen.

In einer Botschaft an die Wiener erklärten sie, Philipp, der nicht nur ein Enkel Kaiser Karls, sondern, durch dessen Tochter Maria, auch Enkel Maximilians II. war, habe einen besser fundierten Anspruch auf Ungarn und Böhmen als Ferdinand, der Steirer. Es roch nach schaler Intrige, aber Matthias riet seinem Vetter, die Madrider Verlautbarung schon deswegen nicht auf die leichte Schulter zu nehmen, weil er ja auch auf die »facción« Rücksicht nehmen müsse, seine zukünftig einzige zuverlässige Stütze im weithin protestantischen Böhmen.

So empfing denn der Erzherzog Philipps Abgesandten, den Grafen Iñigo Oñate, um zu hören, ob der spanische Verwandte seine Ansprüche ernsthaft verfechten wolle oder ob er etwa bereit sei, sich etwas davon abhandeln zu lassen. Oñate, so schien es, war ein Mann, mit dem man reden konnte. Nach längerem Hin und Her erklärte er, Philipp sei bereit, Ferdinand die Wenzelskrone und die Stephanskrone zu überlassen, wenn das deutsche Haus Habsburg dafür in Zukunft dem spanischen Haus Habsburg das Nachfolgerecht in beiden Ländern zusichere: Sollte auch die steirische Linie im Mannesstamm aussterben, werde ein Madrider Infant in ihre Rechte eintreten.

Beraten von seinem Onkel Maximilian, dem Hochmeister des Deutschritterordens, nahm Ferdinand das Angebot beinahe aufatmend an, erfuhr aber unmittelbar darauf, daß Philipp der großmütige Verzicht schon noch ein bißchen versüßt werden müsse. Er, Oñate, denke da an eine Abtretung der habsburgischen Besitzungen am Oberrhein, das Elsaß, die Ortenau und die Landvogtei Hagenau. Der Vorschlag kam überraschend, aber darauf war das ganze Manöver ohnehin angelegt.

Philipp hatte von Karl V. die Feindschaft Frankreichs geerbt, er suchte nach einer Möglichkeit, das gegnerische Land noch umfassender in die Zange nehmen zu können, als es ihm bisher schon möglich war. Seine Truppen standen bereits an den Pyrenäen, in Flandern und im Herzogtum Mailand, wenn er nun auch noch das Elsaß bekäme, wäre sein Einkreisungsring fast geschlossen gewesen. Natürlich muß das auch Ferdinand begriffen haben, ebenso dürfte ihm klar gewesen sein, daß er den Spaniern damit einen Zugang zum Reich eröffnete. Trotzdem gab der designierte Thronfolger schließlich einer Überlegung nach, die schon viele deutsche Habsburgs vor ihm angestellt hatten. Die Schwerpunkte ihrer Macht lagen im Osten, verglichen mit den Möglichkeiten, die sich ihnen dort boten, war das alte Erbgut im Westen praktisch nur Kleingeld. Ferdinand akzeptierte also den Vorschlag Oñates, verlangte allerdings, die Abtretung des Elsaß müsse in einer Zusatzklausel ihres Vertrages untergebracht und bis zu seinem Regierungsantritt geheimgehalten werden. Nicht einmal Kaiser Matthias und die anderen Erzherzöge dürften davon erfahren. Dies konnte Philipps Abgesandter mit einem Lächeln gewähren.

Der sogenannte »Oñate-Vertrag« vom Frühjahr 1617 war eine Abmachung unter Privatleuten über ererbten Besitz und ererbte Ansprüche. Dennoch gehört sein Inhalt zu den Materialien, die später das Feuer des Dreißigjährigen Krieges nähren sollten, was wiederum die Behauptung rechtfertigt, auch dieses Ringen sei zum großen Teil eine rein habsburgische Angelegenheit gewesen. Ferdinand war der letzte Vertreter des Hauses, der den Kriegsausbruch noch hätte verhindern können. Er tat aber alles, ihn herbeizuführen. Zuletzt opferte er dafür sogar Melchior Khlesl, den heimlichen Vizekaiser des Reiches.

Der inzwischen zum Kardinal ernannte ehemalige Bischof von Wien betrieb eine Politik, für die der Steirer ihm eigentlich hätte dankbar sein müssen. Khlesl wußte, daß der Einfluß der durch den Oñate-Vertrag besänftigten »facción« allein niemals ausreichen würde, Ferdinand die böhmische Krone zu verschaffen. Ebenso erkannte er, daß der Habsburg im Reich stärkerer Verbündeter als bisher bedurfte, wenn er auch die deutsche Krone einmal erlangen wollte. Aus diesen Gründen hielt Khlesl nicht nur enge Verbindung mit Heinrich Matthias von Thurn, dem Führer der Prager Protestanten, sondern auch mit den evangelischen Reichsständen.

Thurn, der auf dem Höhepunkt des »Bruderzwistes« Rudolf II. mehr oder weniger gezwungen hatte, seinen Glaubensgenossen Religionsfreiheit zuzusichern, erhielt nun das Versprechen, der »Majestätsbrief« von damals werde durch Ferdinand bestätigt werden. Den evangelischen Fürsten und Städten in Deutschland aber sagte Khlesl einen paritätisch besetzten Reichstagsausschuß zur Regelung aller Konfessionsfragen zu. Paritätische Besetzung, das hieß, daß sie auf keinen Fall überstimmt werden könnten. Für einen Mann, der früher erbarmungslos die Peitsche der Gegenreformation geschwungen hatte, waren das recht großzügige Zugeständnisse.

Gerade deswegen mißfielen sie jedoch Ferdinands wichtigstem Berater, seinem Onkel Maximilian. Als Khlesl am 20. Juli 1618 die Wiener Hofburg besuchte, wurde er von Beauftragten des Erzherzog-Hochmeisters gefangengenommen und im Schloß Ambras bei Innsbruck interniert. Der kranke, auf seinen Vizekaiser völlig angewiesene Matthias war damit ebenfalls entmachtet, er starb im Jahr darauf – und der Dreißigjährige Krieg konnte seinen Lauf nehmen. Begonnen hatte er ohnehin schon drei Monate zuvor.

Ende Mai 1618 war in Wien ein völlig aufgelöster Schreiber der Prager Ständekanzlei eingetroffen. Sofort zu Ferdinand gebracht, hatte er erzählt, am 23. des Monats seien Vertreter eines in der Stadt tagenden Protestantentages zu seinen Vorgesetzten, den kaiserlichen Statthaltern Martinitz und Slawata, vorgedrungen. Sie hätten sich lauthals beschwert, daß in den böhmischen Städten Kolstergrab und Braunau der Bau zweier evangelischer Kirchen gewaltsam behindert worden sei, und hätten im Verlauf des darüber ausgebrochenen Streites die Herren Martinitz und Slawata sowie schließlich ihn selbst aus dem Fenster in den fünfzehn Meter tiefen Burggraben des Hradschin hinabgeworfen. Wie durch ein Wunder seien alle drei mit dem Leben davongekommen. Er, Fabricius, habe sich heimlich davongemacht, um höchsten Ortes davon zu berichten. Was aus den beiden Statthaltern geworden sei, wisse er zur Stunde nicht. Ferdinand hatte dem erregten Mann mit verschlossener Miene zugehört. Später ernannte er Fabricius zum Herrn »von Hohenfall« – es war nur eine von vielen habsburgischen Namensschöpfungen ähnlicher Art. Daß sich in dem Titel, den der Schreiber erhielt, auch Humor spiegelte, ist jedoch nicht anzunehmen, Ferdinand hatte nämlich keinen.

Der berühmte »Prager Fenstersturz«, spektakulärer Auftakt des Dreißigjährigen Krieges, war keine spontane Aktion gewesen. Matthias Thurn von Valsassine, bis dahin ein treuer Diener der Casa de Austria, hatte ihn vielmehr mit Bedacht inszeniert.

Thurn, kein Tscheche, sondern ein Deutscher, kannte sich in der Welt sehr gut aus, er besaß einen scharfen Blick für Menschen, aber auch für politische Konstellationen. Mit den beiden letzten Kaisern, Rudolf und Matthias, war er zurechtgekommen, weil keiner von ihnen ein ähnlich fanatischer Verfechter seines Glaubens gewesen war wie Ferdinand. Als jedoch der Steirer zusammen mit seinem Mentor, dem Erzherzog-Hochmeister, nach den Zügeln der Macht griff, erkannte Thurn, daß es sinnlos sein würde, sich mit immer neuen Habsburgs herumzuschlagen und ihnen Zugeständnisse abzuringen, die der nächste Thronwechsel schon wieder in Makulatur verwandeln konnte. Wenn endlich in Böhmen, aber auch im Reich, sichere Verhältnisse entstehen sollten, mußte das Übel mit der Wurzel ausgerottet werden. Der einundfünfzigjährige Protestant wandelte sich zum Revolutionär. Er wollte Zustände schaffen, wie er sie auf seinen Reisen in Holland kennengelernt hatte: kein regierendes Haus mehr, sondern Landtage, die ordentlich gewählte Direktoren mit der Regierungsarbeit betrauten, und über allen Landtagen eine Institution gleich den niederländischen »Generalstaaten«.

Gegen den Anspruch Ferdinands, sich keiner Wahl stellen zu müssen, sondern die böhmische Krone aufgrund alter Erbrechte übernehmen zu können, wehrte Thurn sich bis zuletzt. Maximilian jedoch erwies als stärker, und der Erzherzog-Hochmeister setzte die sogenannte »Annahme« seines Schützlings durch, es war ein Ernennungsakt, der keiner Zustimmung bedurfte. Khlesls Verhaftung schließlich beraubte Thurn des letzten verständnisbereiten Gesprächspartners im katholischen Lager. Und kurz nach Ferdinands Krönung traf ihn dessen Rache: Der altgediente Offizier wurde seines Burggrafenamtes in der Feste Karlstein entsetzt. Um diese Zeit hatte Thurn sich freilich schon entschlossen, das neue Regime mit allen Mitteln zu bekämpfen. Er hatte den Protestantentag nach Prag einberufen und vor seinen Mitgliedern die Maßnahmen gegen den Bau zweier Gotteshäuser in Braunau und Klostergrab als Verletzung des von Ferdinand bestätigten »Majestätsbriefes« interpretiert. Der sorgfältig inszenierte Fenstersturz – eine Imitation jenes Ereignisses, das die Hussitenkriege ausgelöst hatte – war dann nur noch bewußte Provokation, das Signal zum Aufstand. Der Protestantentag riß die Macht an sich und setzte eine provisorische Regierung aus dreißig Direktoren ein, Matthias von Thurn war keiner von ihnen. Er hielt es für wichtiger, sich um die Aufstellung eines Heeres zu bemühen, denn daß es nun zum Krieg kommen würde, stand für ihn fest. Die Böhmen hielten dafür sogar weitaus bessere Karten in der Hand als Habsburg, denn um seine Soldaten hatte sich der Glaubenskämpfer Ferdinand bis jetzt noch kaum gekümmert. Gerade deshalb müssen ihm die Ereignisse vom 5. Juni 1619 wie eine wunderbare Errettung aus höchster Not erschienen sein.

An diesem Tag wurde Ferdinand in der Wiener Hofburg von niederösterreichischen Protestanten hart bedrängt. Einer aus ihren Reihen soll den König sogar an den Knöpfen seiner Jacke gepackt und mit drohender Stimme gefordert haben: »Nandl, gib dich, unterschreib, oder du mußt hin.« Das Papier, von dem er sprach, trug den Namen »Sturmpetition«. Die insgesamt sechzehn Edelleute forderten darin nichts Geringeres als Ferdinands Einwilligung zu ihrer Bewaffnung und zu ihrem Eintritt in die von Thurn ausgerufene böhmische Föderation. Der Habsburg soll sich mannhaft gegen dieses Ansinnen gewehrt haben. Da drang vom Burghof Waffenklirren und das Poltern von Pferdehufen herauf.

Überrascht traten die Versammelten ans Fenster. In unsicherem Fackellicht sahen sie die gezogenen Säbel von etwa hundert Reitern des Regiments Dampierre. Ihr Anführer, ein Hauptmann Saint Hilaire, kam heraufgestapft und meldete, er sei von Krems herübergeritten, um den König vor persönlicher Bedrohung zu schützen. Worauf er damit anspielte, ist nie völlig geklärt worden. Er könnte jedoch die Niederösterreicher ebenso gemeint haben wie das böhmische Heer, das unter Führung Thurns gerade vor den Mauern Wiens erschien. Die Protestanten jedenfalls waren von dem überraschenden Erscheinen der Reiter derart erschreckt, daß sie sich auf der Stelle »beurlaubten«. Ferdinand hingegen fühlte solche Erleichterung, daß er dem Dampierreschen Regiment ein Privileg einräumte, das bis zum Ende des Habsburgerreiches bestand. Die Einheit – seit 1888 trug sie den Namen »Reichsfürst Montecuccoli« (scharlachrote Aufschläge, gelbe Knöpfe) – durfte zum Dienstantritt mit fliegender Fahne und schmetternder Musik durch die Hofburg zu ihrem Exerzierplatz marschieren. Der Regimentskommandeur wohnte in der kaiserlichen Residenz, keiner seiner Untergebenen konnte zum Tod verurteilt werden – solange er dem Regiment angehörte. Hatte er ein Kapitalverbrechen begangen und mußte dennoch hingerichtet werden, war er zuvor auszustoßen.

Österreichische Militärgeschichte, kein herausragendes Ereignis, dennoch ein wichtiger Moment! Ferdinand begriff, daß er verläßliche Truppen hatte, das bestärkte ihn in seiner Entschlossenheit, um Böhmen zu kämpfen. Von Thurns Streitmacht mußte er fürs erste nichts befürchten. Sie wurde nach Prag zurückbeordert, weil ein anderer Heerführer der Stände, Georg Friedrich von Hohenlohe, im Kampf gegen den kaiserlichen General Bucquoy eine vernichtende Niederlagen erlitten hatte.

Wenig später unternahmen die Böhmen dann einen Schritt, der so etwas wie eine Kettenreaktion auslöste. Sie aktivierten das in die geistige Landschaft Europas eingebettete calvinistische Kraftfeld und schärften damit auch die anderen bereitliegenden Minen. Ein gigantisches, mit tödlicher Präzision ablaufendes Feuerwerk sollte daraus entstehen.

Am 19. August 1619 setzten die böhmischen Stände Ferdinand als König ihres Landes ab. Gleichzeitig boten sie die Krone dem erst dreiundzwanzigjährigen Kurfürsten Friedrich V. von der Pfalz an. Dessen leitender Minister war aber jener überzeugte Calvinist Christian I. von Anhalt, der bereits 1608 die protestantische »Union« ins Leben gerufen hatte. Sein Eintritt in das Geschehen wiederum führte dazu, daß Ferdinand am 9. September in Frankfurt zum Kaiser gewählt werden konnte, denn nun hatte er nicht mehr nur die drei geistlichen Kurfürsten auf seiner Seite, sondern auch Johann Georg I. von Sachsen, das Haupt der lutherischen Orthodoxie, dem der Calvinismus ein Greuel war. Außerdem riefen diese Ereignisse Papst Paul V. auf den Plan, der Geld für Habsburg bereitstellte, Philipp III., der Truppen aufbot, und am Ende Maximilian von Baiern. Am 8. Oktober führte der Schulfreund dem Schulfreund die katholische »Liga« zu – nicht ohne vorher die pfälzische Kurwürde für sein Haus gefordert zu haben, denn natürlich sollte sie Friedrich V. nach siegreich beendetem Krieg aberkannt werden.

»Ein Spiel war's bloß«, notierte damals ein böhmischer Katholik, »durch etliche Personen angeführt, gepfiffen und gespielt.« Der größte Religionskampf aller Zeiten sollte es werden. Aber das ließ sich noch nicht einmal am 20. Juni 1621 völlig absehen.

An diesem Tag ist vor dem Altstädter Rathaus in Prag, unter der berühmten Aposteluhr, eine drei Meter hohe, mit schwarzem Tuch verhängte Bühne errichtet. Auf dem Balkon darüber hat sich ein Richterkollegium unter dem Vorsitz des Fürsten Karl von Liechtenstein versammelt. Rings um den Rathausplatz sind Militäreinheiten verteilt, die viereckigen Lanzenblöcke der Infanterie, die ordentlich ausgerichteten Reihen der Kavalleristen. Ein Polizeikordon drängt das schaulustige Volk zurück. Und überall, auch unterhalb der Bühne, stehen Galgen.

Friedrich V. von der Pfalz hatte in Böhmen nur ein Jahr lang bestehen können, vom November 1619 bis zum November 1620. Da er sich auf seinem Krönungsbild auch noch »König winters und sommers« genannt hatte, ging der Wittelsbach als »Winterkönig« in den Volkswitz ein. Er war gescheitert, weil die von seinem Minister gegründete »Union« nicht den Mut aufbrachte, ihn zu unterstützen, und statt dessen der »Liga« den böhmischen Krieg regelrecht abtrat. Ferner war Friedrich gescheitert, weil Ferdinand und Maximilian von Baiern die besseren Feldherren auf ihrer Seite hatten und weil er selbst ein unfähiger junger Hohlkopf war. Die Böhmen, auch die protestantischen, hatten ihn schon bald nicht mehr ernst genommen, von den Anhängern der »facción« ganz zu schweigen. So genügte eine einzige einstündige Schlacht am »Weißen Berg« vor den Mauern Prags, seine kurze Herrlichkeit in Trümmer zu legen. In letzter Minute konnte Friedrich sich der Gefangennahme entziehen. Mit ihm zusammen floh auch Matthias Thurn. Der Exkönig selbst ging in den Wirren des von ihm mit angezettelten Krieges völlig unter, Thurn hingegen machte später als Heerführer Gustav Adolfs von Schweden und Verhandlungspartner Wallensteins noch einmal von sich reden. Gesiegt aber hatte auf der ganzen Linie Ferdinand, doch mit ihm auch der spanische Habsburg Philipp III. Nun, am 20. Juni 1621, nach einem Monsterprozeß wegen Hochverrats, feiert das Gesamthaus in Prag eine Art von blutigem Fronleichnamsfest.

Siebenundzwanzig Männer werden nacheinander auf das schwarz verhängte Schafott vor dem Rathaus oder zu einer der anderen Hinrichtungsstätten geführt. Johann Kuttenau, Bürgerhauptmann der Altstadt, kommt nicht an den Galgen, man hängt ihn an einen Strick, der aus einem Fenster des Gebäudes baumelt. Nikolaus Debis, sein Diener, wird mit der Zunge eine Stunde lang an die Wand genagelt, er stirbt erst später am Wundbrand.

Der Prominenz unter den Verurteilten ist ein würdigerer, aber nicht minder grausamer Abgang zugedacht. In schwarzen Samt gekleidet und von drei Stadtrichtern eskortiert, besteigt der deutsche Graf Schlick das Schafott. Er hält eine Bibel in der Hand, die ihm erst abgenommen wird, als der Henker schon zum Schlag ausholt. Ebenso sterben Wenzel Budowetz, ein Mitglied der Böhmischen Brüdergemeinde,

Christoph Harant, ehemals Kämmerer Rudolfs II., und der sechsundachtzigjährige Ritter von Sulewitz. Dionys von Czernin kann seinem Bruder Hermann, der oben bei den Richtern sitzt, ein letztes Mal zuwinken. Johannes Jessenius, dem Sprecher der Stände, wird die Zunge herausgeschnitten, ehe man ihn köpft, dann vierteilt. Drei andere ehemalige Direktoren werden vor der Hinrichtung ausgepeitscht, und die Köpfe aller stecken noch jahrelang auf den Zinnen des Prager Brückenturmes.

Das gesamte Ereignis findet nicht nur vor den Augen des kaiserlichen Tribunals, der schaulustigen Menge und der aufmarschierenden Soldaten statt. Aus aller Welt sind auch Zeichner angereist, die es sorgfältig festhalten und ihre Arbeiten später auf Flugblättern oder als Kupferstiche feilbieten. Es ist ja eine Haupt- und Staatsaktion, ein feierliches, sorgfältig in Szene gesetztes Ritual. Weihrauch wölkt empor, Gebete werden gemurmelt, unablässig poltern die schweren Landsknechtstrommeln.

Während dies zu Prag geschieht, liegt Kaiser Ferdinand im obersteirischen Mariazell vor dem Altar der Gnadenkirche. Er hat diesen Ort schon immer als seine eigentliche Heimat betrachtet. Nun sagt er dem Abt des Klosters: »Unter anderem ist dies die Hauptursache meiner Wallfahrt zur heiligen Zelle, damit ich jenen, deren ich sonst nicht schonen darf, wenigstens durch mein Gebet zu Hilfe eile.« Der an sich weichherzige Habsburg leidet durchaus mit seinen Opfern, nur ein harter, in Ingolstadt geschmiedeter Panzer schützt ihn gewissermaßen vor sich selbst.

Freilich, des einen Tod ist des anderen Gewinn. Drei Jahre nach dem böhmischen Blutgericht werden im Umkreis des Piseker Tores von Prag dreiundzwanzig Häuser, drei Gärten sowie eine Ziegelei aufgekauft und abgerissen. Auf der gewonnenen Fläche entsteht ein Palast, der selbst die Residenz auf dem Hradschin in den Schatten zu stellen scheint. Bauherr ist der ehemalige Protestant Albrecht von Wallenstein. Er war nach dem Aufstand Thurns in kaiserliche Dienste übergetreten, hatte aus Olmütz die Kriegskasse der mährischen Stände entführt und war auf den Mauern Wiens gestanden, als 1619 das böhmische Heer vor der Stadt erschien. Nach dem Sieg Ferdinands hatte der ohnehin schon vermögende Mann nicht nur das Prager Grundstück gekauft, sondern auch fünfzig Güter aus dem Nachlaß der Verurteilten; sie wurden unter Preis verschleudert. Mit dem Palast am Piseker Tor aber demonstriert Wallenstein auch bereits, daß er sich für den Mann der Stunde, den Repräsentanten der anbrechenden neuen Zeit hält. Das Bauwerk ist als eines der ersten diesseits der Alpen im Barockstil gehalten. Und Barock, so heißt sie, diese neue Zeit. Es ist der triumphale Höhepunkt nicht nur der gegenreformatorischen Bewegung, sondern auch der habsburgischen Geschichte. Kein Stil hat die Vertreter des Erzhauses besser gekleidet als der üppig theatralische Pomp und Prunk, der nun aufkommt. Daß er aus blutgedüngten Äckern emporschießt, ist ihm schon bald nicht mehr anzumerken.

Und nur von fern spiegeln seine Fassaden die schweren Kämpfe, die einst drei Männer einsam in ihren Zellen ausfochten, weil ein Wort wie »Der Gerechte wird aus dem Glauben leben« sie in tiefste Angst und Verzweiflung gestürzt hatte.

XV.

Ceterum censeo: Habsburg muß vernichtet werden

Für den »Nandl«, also Ferdinand II., Kaiser des Heiligen Römischen Reiches, waren die ersten elf Jahre des Dreißigjährigen Krieges recht zufriedenstellend verlaufen: Böhmen zurückgewonnen; die Pfalz, Heimat des »Winterkönigs«, erobert; Christian IV. von Dänemark, selbsternannter Vorkämpfer der deutschen Protestanten, aus dem Feld geschlagen; ganz Norddeutschland besetzt, kein Feind mehr weit und breit, der dem Herrscher des Reiches noch hätte Paroli bieten können. So unangefochten wie in diesem Jahr 1629 war Habsburgs Stellung seit dem Ende des Schmalkaldischen Krieges nicht mehr gewesen. Ferdinand stand vor der Frage, was er mit der unerwartet reichen Ernte anfangen sollte. Dabei erwies es sich, daß nichts schwieriger ist, als mit einer Fülle von Optionen fertig zu werden.

Ferdinand hätte nun die Pläne Karls V. hervorholen und versuchen können, auf sein Kaisertum zu setzen, mit der Absicht, Europa wieder in die alte Ordnung zurückzuzwingen: hier er, der Habsburg, als weltlicher Vertreter Gottes auf Erden, dort sein geistliches Pendant, der Papst. Fast ebenso naheliegend wäre es, zumindest für ihn, gewesen, mit dem in die Knie gezwungenen Deutschland nicht anders zu verfahren als mit dem niedergekämpften Böhmen: Errichtung eines absolutistischen Regimes – der Herrscher befiehlt, seine Organe setzen die Weisungen von oben durch, ohne sich um Stände, Reichstag oder Landtage zu kümmern. Und schließlich die dritte Möglichkeit: War er nicht angetreten, um vor allem das Reich wieder dem katholischen Glauben zuzuführen?

Während seine Heere, jenes der Liga unter dem Wallonen Johann Tserclaes Graf von Tilly, ein spanisches Kontingent unter dem nicht minder fähigen Ambrosio Spinola und eine mehr oder weniger private Streitmacht unter dem genialen Strategen Albrecht von Wallenstein nach Norden marschiert waren, hatte Ferdinand in seiner Hofburg wieder und wieder alle Möglichkeiten durchdacht, wobei ihm einmal diese, einmal jene, dann wieder die dritte erfolgversprechender erschien. Er war gewiß kein Mann, der zu hohen Geistesflügen neigte oder grandiose Visionen entwickelte, aber er konnte zuhören und aus den Vorträgen seiner Berater die Argumente herauslösen, die ihm zupaß kamen. Bei den Sitzungen saß er stumm und unbewegt da, die ziemlich üppige Unterlippe nachdenklich vorgestülpt, den Blick in die Ferne gerichtet. Bevor er jedoch einen Entschluß faßte, zog er sich – oft halbe Tage lang – zurück, um allein oder zusammen mit seinem Beichtvater, dem Jesuiten Germay Lamormaini, zu beten und zu meditieren. Er gehörte auch zu den langsamen, aber besonders gründlichen Denkern.

Die Frage, ob es ihm möglich sei, sich in die Schuhe Karls V. zu stellen, erwog Ferdinand eher mit Zagen. Ein universales Kaisertum, das war ihm bewußt, müßte vor allem auf den Widerstand Frankreichs stoßen. Der wiederum resultierte auch aus Frankreichs Gegnerschaft zu Spanien, und diese gehörte gewissermaßen zum gesamthabsburgischen Erbe. Dabei fiel es nicht einmal ins Gewicht, daß der König in Paris vom Oñate-Vertrag nie erfahren hatte und daß das Abkommen ohnehin nie in Kraft getreten war; König Philipp IV. hatte darauf verzichtet, das Elsaß zu kassieren, weil er dazu gar keine Mittel mehr besaß. Von viel größerer Bedeutung war indessen, daß ein Kaiser, der sich etwa an den Staufern orientieren wollte, auch Ansprüche auf Italien erheben mußte, denn von dort, vor allem vom spanischen Mailand her, fühlte Frankreich sich besonders bedroht.

Als Ferdinand 1628 versucht hatte, das Herzogtum Mantua nach dem Tod seines letzten rechtmäßigen Inhabers einzuziehen und an Spanien zu übertragen, waren die Franzosen prompt in Savoyen eingefallen, wo sie mit Philipps General, dem Marquis Ambrosio Spinola, aneinandergerieten. Der Habsburg in Wien hatte deshalb zunächst einmal nach einer Möglichkeit gesucht, die bedrohte norditalienische Flanke zu sichern, ehe er dem Plan, sich als weltliches Oberhaupt Europas zu etablieren, überhaupt nahetrat. Dabei war er auf den mittlerweile schon klassischen habsburgischen Ausweg verfallen. Philipp IV., als Herscher so unfähig wie sein 1621 gestorbener Vater, hatte eine Schwester namens Maria Anna, Ferdinand einen Sohn im heiratsfähigen Alter. Der dreiundzwanzigjährige Erzherzog war nicht mehr als einigermaßen gut gewachsen und von durchschnittlichem Verstand, seine Kusine hingegen eine jener blonden und blauäugigen Schönheiten, wie sie das Madrider Haus immer wieder einmal hervorbrachte. Der König von England hatte lange um sie geworben, er war jedoch an dem Sperriegel gescheitert, den die spanische Geistlichkeit gegen ihn, den Anglikaner, aufgebaut hatte. Mittlerweile war es Graf Khevenhüller, dem kaiserlichen Gesandten in Spanien, gelungen, unter Hinweis auf die Mantuanischen Schwierigkeiten Philipp IV. für eine weitere habsburg-habsburgische Ehe zu gewinnen.

Auf umständlichen Wegen – französisches Gebiet durfte nicht betreten werden, in Norditalien herrschte eine Seuche – reist die junge Frau nach Triest, um dort einem Bruder ihres Bräutigams übergeben zu werden. Marias Erleichterung darüber, daß Ferdinands gleichnamiger Ältester sich weder als verwachsen noch als stumpfsinnig erwies, wie man ihr gesagt hatte, war groß genug, um zunächst einmal in liebevolle Zuneigung zu ihm umzuschlagen. Ferdinands Absicht freilich, auf die Wiederherstellung der alten Kaisermacht zu setzen, wurde durch Maria Anna nicht wesentlich gefördert. Das spanische Haus Habsburg war auch nicht mehr in der Lage, hochfliegende politische Pläne zu unterstützen. Die Soldaten, die Philipp IV. nach Deutschland schickte, gehörten zwar immer noch zu den besten auf der Walstatt, aber der Madrider Regierung fiel es von Jahr zu Jahr schwerer, sie ausreichend zu besolden. Was Amerika an Reichtümern lieferte, verbrauchten Philipps Günstlinge im Land; nur aus den süditalienischen Besitzungen Spaniens konnte der König gelegentlich noch Gelder abziehen und nach Deutschland transferieren. Der Kaiser in Wien mußte sich also zumindest probeweise der zweiten Option zuwenden, die er zu haben glaubte. Hatte der Erfolg seiner Heere die deutsche Fürstenrepublik womöglich schon derart geschwächt, daß er sie in ein absolutistisches Staatswesen umwandeln konnte?

Unter Ferdinands Beratern gab es zumindest einen, der diese Frage ohne Wenn und Aber bejaht hätte: Wallenstein. Gerade dieser Umstand freilich rief in dem Habsburg Unbehagen wach, denn es ist schlichterdings unvorstellbar, daß er diesen Mann völlig verstand, durchschaute oder auch nur die Spur einer menschlichen Beziehung zu ihm herstellen konnte. Wallenstein war scheinbar aus dem Nichts emporgetaucht, eben noch ein böhmischer Adeliger unter vielen, ein Offizier, den man in Dienst nahm und wieder entließ, dann plötzlich durch Erbschaft und Geschäfte so reich geworden, daß man ihn zum Pfalzgrafen, zum

Fürsten, zum Herzog von Friedland erheben mußte. Schließlich, in entscheidender Stunde, wurde er auch noch zum Retter aus Not und Gefahr. 1625, als der König von Dänemark die deutsche Szene betreten hatte, um die siegreiche katholische Partei in ihre Schranken zu weisen, war Wallenstein mit einem Heer von vierzigtausend Mann zur Stelle gewesen, das den Kaiser keinen Heller kostete, denn der Friedländer hatte es selbst auf die Beine gestellt. Hinzu kam, daß er diese Streitmacht auch zu führen wußte.

Wo immer Wallenstein mit den protestantischen Kräften zusammentraf, wurden sie geschlagen. Daß Habsburgs Fahnen inzwischen auch an der Ostsee wehten, war vor allem sein Verdienst. Und was er dafür forderte, belastete auch weiterhin die kaiserliche Kasse nicht. Schon besaß der erfolgreiche Kriegsunternehmer neben seinem nordböhmischen Herzogtum Friedland auch das niederschlesische Sagan sowie als kaiserliches Lehen das Herzogtum Mecklenburg, und längst war er »Capo« des gesamten Kriegsvolkes im Reich wie in den Niederlanden. Überdies führte er den Prunk- und Prachttitel »General des ozeanischen und baltischen Meeres«. Ferdinand selbst drohte bereits in Wallensteins Schatten unterzugehen, doch war es nicht das, was die Gefährlichkeit dieses Mannes ausmachte: Es war vielmehr der Umstand, daß er auf ebenso nüchterne wie phantastische Weise denken konnte und es auch verstand, seine Überlegungen in die Tat umzusetzen.

Wo andere, von konfessionellen oder dynastischen Scheuklappen behindert, den Wald vor lauter Bäumen nicht erkannten, sah Wallenstein ganz einfach, was aus Gegebenheiten oder Situationen zu machen war, wenn man die Dinge richtig anpackte. Das hatte er bewiesen als mustergültiger Verwalter seiner Güter, als »Regierer des Hauses Wallstein und Friedland«, als Unternehmer, der nicht nur die geltenden Pferdepreise kannte, sondern auch wußte, wie ein Armeeführer wirtschaften mußte, um nicht Bankrott zu machen. Daß er, an der Ostseeküste angelangt, keineswegs innehielt, sondern im Geist vom Feldherrnzelt sofort auf die Kommandobrücke eines Admiralsschiffes umstieg, ergab sich ganz aus seiner Art, gebotene Möglichkeiten zu nutzen.

Philipp IV., so schlug er dem Kaiser im fernen Binnenland vor, solle eine spanische Flotte in die Nordsee schicken, er selbst werde mit Hilfe der Hansestädte eine kaiserlich-österreichische Armada auf Kiel legen und einen Nord-Ostsee-Kanal ausschachten lassen, durch den die beiden Seestreitmächte miteinander in Verbindung treten könnten. Gemeinsam wären sie dann in der Lage, das Reich, das ihnen bereits zu Füßen lag, auch von seiner Küste her in Schach zu halten, die Feindmächte Dänemark und Schweden wirkungsvoll zu bedrohen und den ganzen von Habsburg kontrollierten Raum zwischen Adria und den nördlichen Meeren in eine einheitliche Wirtschaftsregion umzuwandeln. Diese wiederum wäre das solideste Fundament für einen ebenso einheitlich gestalteten und von einer Zentrale aus regierten Großstaat absolutistischer Prägung.

Es klang phantastisch, war aber nichts anderes als die konsequente Überlegung eines »Machers«, der politische oder militärische Projekte kaum anders anzugehen pflegte als geschäftliche Unternehmungen. Und ebendiese Denkungsweise verbürgte die Solidität der Wallensteinschen Pläne, zumindest auf dem geduldigen Papier.

Ob Ferdinand auch bewußt war, daß ihr Urheber den Spuren jenes Ottokar folgte, den sein Vorfahr Rudolf I. vernichtet und beerbt hatte, oder daß er Träumen nachhing, wie sie zuletzt von einem anderen Herrscher in Prag gehegt worden waren, nämlich von Karl IV., ist nicht bekannt. Beide, der Přzemysl wie der Luxemburg, hatten von Böhmen aus Fühler zur Ostsee hin ausgestreckt, der eine, als er die Stadt Königsberg gründete, der andere, als er die deutsche Hanse förderte. Nun griff ein dritter Böhme ihre Vorhaben wieder auf – tat er es nur in der Absicht, dem Kaiser zu dienen, oder trachtete er bereits nach einem eigenen Königreich im mecklenburgisch-schlesisch-polnischen Raum? Er war undurchschaubar, dieser Wallenstein, von seinen eigenen Überlegungen derart überzeugt, daß es ihm sogar schwerfiel, sie einfach zur Diskussion zu stellen. Was in seinen Augen richtig war, war auch notwendig und mußte sofort realisiert werden. Takt und diplomatisches Geschick zählten nicht zu seinen Fähigkeiten, er sicherte sich weniger gegen Neider und Widersacher auf Erden ab als gegen das Schicksal, das er in den Sternen glaubte lesen zu können.

Mit seinen Seemacht-Plänen freilich scheiterte der kaiserliche Admiral an den sechs »wendischen« Städten der Hanse, an Lübeck, Hamburg, Wismar, Rostock, Lüneburg und Stralsund. Höflich, aber bestimmt weigerten sie sich, ihm ihre Werften zur Verfügung zu stellen. Und als er Stralsund erobern wollte, bereiteten ihm die Bürger der Stadt mit schwedischer und dänischer Hilfe die erste schwere Niederlage seiner bisherigen Feldherrnlaufbahn. »Selbst wenn die Stadt mit Ketten an den Himmel gebunden wäre, so müßte sie herunter«, hatte er noch im Juni 1628 gedonnert. Sechs Wochen später lagen zwölftausen seiner Soldaten tot vor den Wällen des noch immer unbesiegten Hafenplatzes, das war mehr, als sich ein so ökonomisch denkender Mann wie er an Verlusten leisten wollte. Am 1. August zog Wallenstein von Stralsund ab. Damit war auch dem Zentralstaat, den er für Ferdinand entworfen hatte, ein Teil seines Fundamentes entzogen. »Adler können nicht schwimmen«, spottete ein Zeitgenosse. Der Kaiser mußte umdenken.

Ferdinands dritte Option müßte eigentlich jene gewesen sein, der er als frommer Sohn seiner Kirche am meisten zuneigte: Rekatholisierung des ganzen Deutschen Reiches. Tatsächlich hatte aber gerade ein derartiges Projekt ihm bis jetzt ebenfalls nur Unbehagen bereitet. Ein Grund dafür lag darin, daß er seinem wichtigsten Verbündeten, dem Ingolstädter Schulfreund Maximilian von Baiern, nicht mehr so recht traute. Der Führer der Liga hatte sich seine Unterstützung im böhmischen Krieg und in der Auseinandersetzung mit dem Dänenkönig teuer bezahlen lassen. Die Oberpfalz samt der dem »Winterkönig« aberkannten pfälzischen Kurstimme war ihm zugefallen, außerdem hatte Ferdinand dem Wittelsbach das habsburgische Erbland »ob der Enns«, Oberösterreich, als Pfand für fällige Kriegsschulden überlassen müssen. Und schließlich hatte ein Bruder Maximilians zu seinen Bistümern Münster, Lüttich, Hildesheim und Paderborn das reiche Erzbistum Köln dazu erhalten. Nun wollte der Baier für einen Vetter auch noch Osnabrück bekommen. Worauf solche Erwerbspolitik abzielte, war bereits mit Händen zu greifen. Der Chef des von jeher auf Habsburg eifersüchtigen Hauses Wittelsbach wollte ein Gegengewicht zu der von Wien ausgeübten Macht schaffen, wollte seiner Familie die Chance bewahren, auch einmal das Präsidium in der deutschen Fürstenrepublik zu übernehmen.

Maximilian war es auch gewesen, der Ferdinand immer wieder drängte, der römischen Kirche alle Besitzungen zurückzugeben, die ihr seit den Tagen Karls V. verlorengegangen waren, er hatte Verwandte genug, denen man sie als Pfründe zuweisen konnte. Daß Maximilian ein erklärter Gegner der Wallensteinschen Zentralstaatsidee war, verstand sich endlich von selbst. Aber als der Friedländer, vor dem Angriff gegen Stralsund, auf dem Höhepunkt seiner Macht stand, rückten die

Mitglieder der Liga wie auch ihr Oberhaupt von dem Plan, das Reich gewaltsam zu rekatholisieren, plötzlich wieder ab. Und gerade das hatte den Kaiser nachdenklich gemacht.

Was Wittelsbach dienen mochte, so sagte er sich, konnte auch Habsburg nützen. Warum die bis jetzt von Protestanten verwalteten Klöster, Stifte, Bistümer, Prälaturen nicht doch zurückfordern, sie aber anstatt mit wittelsbachischen Prinzen mit kaisertreuen Adeligen besetzen? Ein solcher Schachzug könnte die Macht des Wiener Hauses fördern und Ferdinands Ruf bei der Kirche gewaltig verbessern. Nicht er, der scheinbar tatenlos in der Hofburg saß, galt ja beim Papst als Vorkämpfer des Katholizismus, sondern der aktive Maximilian von Baiern. Und da ihn sein Beichtvater Lamormaini in diesen Überlegungen bestärkte, entschloß Ferdinand sich wirklich zur unglücklichsten Aktion seiner ganzen Regierungszeit. Am 6. März 1629 erließ er das berüchtigte »Restitutionsedikt«. Aus kaiserlicher Autorität allein und somit verfassungswidrig wurde verfügt, der Kirche seien alle Gebiete zurückzugeben, die ihr seit 1555 entrissen worden waren. Das Edikt glich einem Anschlag auf die Grundfesten der bestehenden Ordnung schlechthin.

Wäre Ferdinands Erlaß befolgt worden, hätte sich die politische Landkarte des Reiches von einem Tag auf den anderen bis zur Unkenntlichkeit verändert. Fürsten, die sich nur deshalb Landesherren nennen konnten, weil sie soviel Kirchenbesitz geschluckt hatten, wären wieder auf die Stufe von Kleinadeligen herabgesunken, reiche protestantische Städte wie Augsburg, Dortmund, Rothenburg, Nördlingen, Heilbronn zu unbedeutenden Landgemeinden zusammengeschrumpft und Bürger, die seit drei Generationen auf ehemals klerikalem Grund saßen, zu heimatlosen Flüchtlingen geworden, denn natürlich hätten sie den neuen Eigentümern in der Soutane oder im Mönchshabit unverzüglich weichen müssen. Das alles aber wäre in einer Situation geschehen, die Ferdinands Bruder Leopold, ein ehemaliger Bischof, inzwischen Landesherr von Tirol, folgendermaßen beschrieb: »Solche Greuel wie jetzt habe ich nie gesehen, auch nie gestattet. Es kann nicht ohne allen Schaden abgehen! Allein das Brennen, das Weiberschänden, das Totschlagen, das Abschneiden der Ohren und Nasen, anderer Martern, welche den armen Leuten angetan werden, nicht zu gedenken! Diese Ausschweifungen könnten die Offiziere (Wallensteins) gar wohl verhindern. Ich könnte indessen mehrere nennen, die vor kurzer Zeit schlecht einhergezogen sind, jetzt aber drei- bis vierhunderttausend Gulden bares Geld besitzen. Diese Summen erhielten sie nicht vom Feind, sondern preßten sie den armen Untertanen auch der katholischen Fürsten ab. Die Ungeduld fängt an, so groß zu werden, daß ich mich in meinem Gewissen verbunden halte, dies alles Ew. Majestät zu berichten.« Das Elend, das Leopold schilderte, wäre durch den Umsturz aller bestehenden Besitzverhältnisse ins unermeßliche gesteigert worden, Ferdinands Erlaß hätte das Reich auch materiell ruiniert.

Trotzdem, das Edikt war nicht nur erlassen worden, der Kaiser machte auch Anstalten, es gnadenlos exekutieren zu lassen. Vor allem in Norddeutschland schwärmten kaiserliche Kommissare aus, vertrieben Protestanten von Haus und Hof, jagten Calvinisten, deren Konfession jetzt rundweg verboten war, außer Landes, besetzten evangelische Pfarreien mit katholischen Geistlichen und verhalfen dabei auch Konjunkturrittern der dubiosesten Art zu Einkommen und Besitz; so viele Äbte, Priester, Prälaten, wie man gebraucht hätte, um alle restituierten Posten zu besetzen, ließen sich in der Eile gar nicht auftreiben. Der rein politische Effekt der ganzen Aktion indessen war noch bedrohlicher. Es sah ja so aus, als hätte Ferdinand sich mit dem Edikt auch als absolutistischer Herrscher durchgesetzt, der Erlaß war von keinem Reichstag gebilligt, wurde durch keinen früheren Reichstagsbeschluß gedeckt. Allein der Herzog von Friedland sorgte dafür, daß niemand sich den Kommissaren entgegenstellte. Aus Augsburg, dem Rom der Lutheraner, wurden achttausend Bürger vertrieben, unter ihnen Elias Holl, einer der bedeutendsten Renaissancebaumeister in Deutschland. Sollte Ferdinand mit dem Edikt wirklich das Mittel gefunden haben, seinen kühnsten Traum zu verwirklichen? Genügte bereits ein Federstrich von ihm, um das Reich in eine autokratisch regierte habsburgische Erbmonarchie zu verwandeln?

Zu den ersten, die sich diese Frage stellten, gehörten Ferdinands engste Verbündete, der Katholik Maximilian von Baiern und der Protestant Johann Georg von Sachsen. Selbst der Papst sah das Edikt durchaus nicht mit den Augen des Wiener Jesuiten Lamormaini. Urban VIII. hatte nur zwei ernsthafte Interessen: Er wollte die Macht des Kirchenstaates und den Reichtum seiner Familie mehren. Ein starker absolutistischer Kaiser wäre ihm bei der Verwirklichung dieser Absichten bloß hinderlich gewesen. So kam, was schließlich kommen mußte: Katholiken und Protestanten – nicht nur in Deutschland, sondern in ganz Europa – schlossen sich zu einer Oppositionsfront gegen Ferdinand zusammen. Und natürlich nahmen die Führer des Widerstandes anstelle des Kaisers zunächst dessen wichtigsten Vasallen ins Visier, Albrecht von Wallenstein.

In Regensburg kam es 1630 zum Stechen. Ferdinand hatte einen Kurfürstentag einberufen, um das Edikt parlamentarisch absegnen zu lassen und seinem Sohn die Unterstützung der katholischen Fraktion für dessen Wahl zum deutschen König zu sichern. Dieses doppelte Verlangen erwies sich freilich als Zwickmühle. Der Wortführer der altkirchlichen Fraktion, Maximilian von Baiern, erklärte, ehe über die Thronfolge geredet werden könne, müsse Wallenstein entlassen und das Restitutionsedikt außer Kraft gesetzt werden.

Beide Forderungen zusammen dienten demselben Zweck: Jeder Versuch des Habsburgs, sich wie ein absolutistischer Monarch zu verhalten, sollte im Keim erstickt werden. Fiel der Mann, der das Schwert des Kaisers führte, war auch sein Auftraggeber machtlos, dies wiederum sollte er durch Rücknahme seines umstrittenen Erlasses selbst dokumentieren. Es war ein demütigendes Ansinnen, das der ehemalige Studienkollege da an Ferdinand stellte, doch der Kaiser hatte keine Wahl. Um sein Gesicht nicht völlig zu verlieren, führte er des Ediktes wegen hinhaltende Rückzugsgefechte und erreichte schließlich auch, daß es nicht aufgehoben, sondern nur noch einmal überprüft werden sollte. Den allmächtigen Vollstreckungsgehilfen jedoch mußte er fallenlassen.

In Memmingen, wo sich Wallenstein gerade aufhielt, erschienen zwei seiner besten Freunde, der Hofkanzler von Werdenberg und der Kriegsrat von Questenberg, den Absetzungsbrief in der Tasche. Die Verlegenheit stand ihnen derart deutlich ins Gesicht geschrieben, daß der »Capo« der kaiserlichen Kriegsvölker sie zunächst einmal zu trösten versuchte. Er bewirtete die beiden aufwendig, sprach mit ihnen über Gott und die Welt, um endlich, als sie das Papier auf den Tisch legen wollten, fast begütigend zu erklären, sein Astrologe habe ihm bereits gesagt, daß der »Spiritus des Kaisers« derzeit vom Spiritus seines Konkurrenten, des baierischen Kurfürsten, dominiert werde, Ferdinand selbst sei also für seine Handlungsweise nicht völlig verantwortlich. »Es tut mir weh«, schloß er trotzdem, »daß Seiner Majestät sich meiner so wenig angenommen haben.« Das war die Reaktion eines stolzen, selbstbewußten Mannes – und zugleich ein Taschenspielertrick. Wallenstein hatte Spione in Regensburg gehabt, die ihm laufend über die Beratungen dort berichteten. Somit wußte er längst, was Questenberg und Werdenberg ihm übermitteln sollten. Und ferner wußte er, daß Ferdinands Niederlage vor dem Kurfürstenrat nicht verheerender hätte sein können. Der Kaiser hatte weder die gewünschte Unterstützung für seinen Sohn erlangt noch Unterstützung in seinem Kampf um Mantua, noch Hilfe gegen König Gustav Adolf von Schweden, der wenige Tage vor Beginn der Sitzung in Pommern gelandet war. Vielmehr mußte er sogar sein Heer, die bisher Wallensteinsche Streitmacht, verringern und sie dem Kommando Tillys, des Feldherrn der Katholischen Liga, unterstellen. Binnen zwanzig Monaten, der Frist zwischen dem Erlaß des Ediktes und dem Ende der Zusammenkunft in Regensburg, hatte der Kaiser nahezu alles verspielt, was ihm in elf blutigen Kriegsjahren zugewachsen war. Vor allem mußte er nun auch sein großes Projekt beerdigen: die Wiederherstellung der alten Kaiserherrlichkeit auf dem Fundament eines stabilen Zentralstaates, was vor ihm schon so viele Habsburgs angestrebt hatten. Der Krieg aber, der schon so gut wie gewonnen gewesen war, trat nun erst in sein schlimmstes Stadium ein.

Er hätte nicht sinnlos sein müssen, dieser Krieg, ja, er wäre sogar geeignet gewesen, das Reich von Grund auf zu erneuern und ganz Europa eine gesunde, stabile Ordnung zu geben, welche sowohl Katholiken wie auch Protestanten hätte zugute kommen können. Nur eines wäre notwendig gewesen, um diesen Zustand herbeizuführen: Das Haus Habsburg mußte mit den Wurzeln ausgerottet werden. Habsburg war die Quelle allen Übels, kein Mitglied dieser Familie hatte jemals aus gemeinnützigen Motiven gehandelt, alle waren nur darauf aus, ihre eigene Macht zu mehren und zu festigen. Der Kaiser in Wien herrschte mit List, Tücke und Gewalt.

Wie hatte es angefangen? Als andere Fürstenhäuser, deutsche wie nichtdeutsche, schon längst auf eine ruhmvolle Tradition zurückblickten, war aus dem Dunkel des Schwarzwaldes ein namenloses Geschlecht ins Freie getreten, um die Macht über das Reich planmäßig zu usurpieren. Generationenlang betrieb Habsburg nun schon dieses sinistere Geschäft, listig und schlau, bald behutsam, bald brachial. Seit Karl V. gab es keine Möglichkeit mehr, diese Schlangenbrut mit friedlichen Mitteln aus ihrer Position zu verdrängen, also mußte sie endlich durch Feuer und Schwert vernichtet werden. Nicht nur die Vernunft forderte ein solches Unternehmen, sondern auch das Recht, denn schon Habsburgs schiere Existenz allein verletzte die deutsche Verfassung.

Das Reich, daran konnte nicht gezweifelt werden, war keine Monarchie, schon gar keine absolute, es war eine von gleichberechtigten Fürsten getragene Aristokratie. Die im Reichstag vertretenen Stände hatten die alleinige Regierungsgewalt inne. Der von ihnen gewählte Kaiser war wenig mehr als ein Sprachrohr des Staates. Er durfte nichts von sich geben, was sie nicht gebilligt hatten, und selbstverständlich konnte er auch jederzeit wieder abgesetzt werden. Daß Habsburg sich die Mittel verschafft hatte, seine Position gegen alle parlamentarischen Initiativen zu verteidigen, gehörte zu seinen schlimmsten Sünden. Niemand, der zum Sturz des Hauses antrete, verstoße deshalb gegen die Gesetze. Noch einmal also: Ceterum censeo, das Wiener Haus muß verschwinden.

Wer sollte es ersetzen? Ganz einfach. Wie in früheren Zeiten sollten die Kurfürsten wieder den jeweils besten und fähigsten Mann zum Kaiser wählen und ihm die den Habsburgs weggenommenen Erblande im Südosten übertragen, damit er seinen Stand und seine Stellung wahren könnte. Das käme auch einer vernünftigen Regelung der materiellen Verhältnisse gleich. Keine lästigen Diskussionen mehr um den »Hundertsten Pfennig«, den »Gemeinen Pfennig« oder irgendwelche anderen Steuern zur Alimentierung des Staatsoberhauptes, der Kaiser hatte Besitz und solide Bezüge, damit mußte er auskommen. Schlimm genug für die Wiener Familie, daß sie ihr Kapital bisher immer so sinnlos verschleudert hatte.

Blieb schließlich noch die Frage übrig, welche Mittel am besten geeignet seien, Habsburg zu stürzen. Auch das war längst kein Problem mehr. Die verschiedenen Parteien im Reich mußten sich nur eingestehen, daß sie längst nicht mehr aus konfessionellen Gründen gegeneinander im Feld standen, sondern nur noch ihre jeweiligen Rechte, Freiheiten oder Besitzstände verteidigten. Wenn sie sich nun untereinander einigten, dann würden ihnen auch Habsburgs alte Feinde zu Hilfe eilen, Frankreich vor allem, aber ebenso Schweden. Wozu denn wirklich noch das sinnlose Blutvergießen im ohnehin bereits verwüsteten Deutschland? Es gab doch eine saubere, klare Möglichkeit, alle Schwierigkeiten schlagartig zu beenden.

Die Schrift, in der dies alles zu lesen stand, kam neun Jahre nach dem Regensburger Kurfürstentag heraus und wurde fast sofort zum Bestseller. Ihr Titel lautete: »Dissertatio de ratione status in Imperio nostro Romano-Germanico«. Verfaßt hatte die Abhandlung über den Zustand unseres römisch-deutschen Reiches ein Mann, der sich Hippolithus à Lapide nannte, in Wahrheit aber Bogislav Philipp von Chemnitz hieß und in schwedischen Diensten stand. Er war ein politischer Pamphletist, dieser Nachfahre des berühmten lutherischen Theologen Martin Chemnitz, aber auch ein hinreißender Schreiber und ein hochgebildeter, gründlicher Denker. Wenn man Aristoteles' Theorie von den drei Staatsformen Monarchie, Aristokratie und Demokratie gelten läßt und wenn man Chemnitz ferner zugesteht, daß das »Imperio nostro« sich demnach mit einer aristokratischen Oligarchie noch am ehesten vergleichen ließ, ist das, was er vorträgt, absolut stichhaltig. Das gleiche gilt von Chemnitz' Vorwürfen gegen Habsburg. Dieses Haus hatte wirklich fast von seinen frühesten Anfängen an versucht, eine durch den hohen Adel beherrschte, später auch noch ständisch geordnete Republik in eigenen Besitz zu bringen und sie auf sich, seine Ansprüche und seine Bedürfnisse zuzuschneiden. Daß dabei nicht immer der reine Eigennutz gewaltet hatte, sondern auch Überzeugungen von halb mythischer Art ins Spiel gekommen waren, die Privatreligion etwa, die Friedrich III. und Maximilian I. entwickelten, der Glaube Karls V. an seine eigene hohe Bestimmung und nicht zuletzt Erinnerungen an die staufische Glanzzeit, das alles mag Chemnitz nicht gesehen haben. Doch selbst wenn es ihm bewußt gewesen wäre, hätte er derlei kaum erwähnen können, ohne seinen Absichten zu schaden. Er hatte eine Streitschrift abfassen wollen, kein ausgewogenes Geschichtswerk, hatte auf eine schwärende Wunde hingewiesen, die ausgebrannt werden sollte. Gerade deswegen aber war ihm eine brillante Analyse gelungen, ein Buch, das in allen politischen und konfessionellen Lagern hohe Anerkennung fand – nur natürlich in Wien nicht, dort wurde es vom Henker öffentlich verbrannt.

Hätte Ferdinand Chemnitz' Schrift indessen gründlich studiert, wäre auch ihm klargeworden, was seine Widersacher untereinander verband, nämlich in der Tat die Furcht vor einer habsburgischen Autokratie. Zudem hätte er vielleicht begriffen, daß diese Furcht sich durchaus aus einer Art von Unabhängigkeitswillen speiste, sogar aus einem – wenn auch bereits pervertierten – republikanischen Bewußtsein.

Die Schrift von Chemnitz enthielt ja im Grunde nur wenig Neues. Sein Vorwurf etwa, Habsburg bausche die Angst vor den Türken künstlich auf, um mit den Mitteln des Reiches seine Stellung im Südosten ausbauen zu können, war in ähnlicher Form schon von den Eidgenossen aufgestellt worden, als sie den »Gemeinen Pfennig« ablehnten. Gegen den Versuch der Wiener, das jeder zentralstaatlichen Regelung abholde deutsche Gemeinwesen in den Griff zu bekommen, hatten schon unzählige hochrangige Politiker angekämpft. Doch trug diese jahrhundertelange Auseinandersetzung auch tragische Züge. Zwei Prinzipien standen sich gegenüber: der Wille, sowenig Staat wie möglich zu dulden, und das für Herrscher von einigem Selbstbewußtsein nicht minder legitime Bestreben, eine menschliche Gemeinschaft nach ihrem Willen zu formen. Daß Ferdinand dieses Bewußtsein besaß, nicht aber die Kraft und Persönlichkeit, sinnvoll und planmäßig damit umzugehen, war im Rahmen des größeren Geschehens sein persönliches Dilemma.

Die unter dem jahrhundertealten Griff der Habsburgs bereits zermürbte Fürstenrepublik begann, sich in ihre Bestandteile aufzulösen. Das ist der eigentliche Inhalt des Dreißigjährigen Krieges. Maximilian von Baiern bestätigte als einer der ersten die Behauptung von Chemnitz, es stünden tatsächlich nicht mehr religiöse Überzeugungen auf dem Spiel, sondern allein eigene Interessen: Der Wittelsbach nahm Kontakt zu Frankreich auf. 1631 schloß er mit Kardinal Richelieu ein Defensivbündnis. Da sich die Franzosen aber im selben Jahr mit Gustav Adolf von Schweden liierten, war der Baier, wenn auch nur indirekt, Mitglied einer antihabsburgischen Allianz.

Der Schwede hatte sich ebenfalls nicht nur deshalb auf deutschen Boden vorgewagt, weil er für die protestantische Sache streiten wollte, ihm ging es in erster Linie um die Beherrschung der Ostsee – zumindest am Anfang. Später überlegte er laut, ob es nicht an der Zeit sei, dem Reich ein evangelisches Oberhaupt zu geben. Und das wiederum gefiel zwei so wichtigen protestantischen Fürsten wie jenen von Sachsen und Brandenburg überhaupt nicht. Zwischen allen Feuern aber stand der persönlich anständigste Protagonist des ganzen Krieges, Johann Tserclaes Tilly. Als Feldherr der Liga und der kaiserlichen Kriegsvölker hätte er sowohl prohabsburgisch und prowittelsbachisch wie auch antikaiserlich und antifranzösisch sein müssen, um alle zum Teil schon widersprüchlichen Interessen, für die er stand, unter einen Hut zu bringen. 1631 eroberte Tilly Magdeburg, womit er nicht nur Maximilian auf die Füße trat – er hatte Auftrag gehabt, dort das Restitutionsedikt durchzusetzen –, sondern auch den bisher noch kaiserlich gesinnten Kurfürsten von Sachsen und Brandenburg. Und letzten Endes tat er mit diesem Unternehmen nicht einmal seinem Herrn in Wien einen rechten Gefallen, denn nach dem Fall von »Unseres Herrgotts Kanzley« schlugen sich alle deutschen Protestanten auf die Seite des Schweden. Tilly selbst mußte mit den Folgen seiner blutigsten Tat nicht mehr lange leben, er fiel 1632. Gustav Adolf aber brach nun zu seinem klirrenden Triumphzug durch Deutschland auf. Noch im Todesjahr des Wallonen zog er in Nürnberg und München ein. Der Baier Maximilian, vor Schreck erstarrt, löste sich daraufhin wieder von Frankreich und trat erneut ins kaiserlicher Lager über.

Was tat Ferdinand in dieser gefährlichen Lage? Er griff zu Feder und Papier, um eigenhändig an Wallenstein zu schreiben. Es wurde ein wirrer, ungemein demütiger Brief, hastig hingekritzelt, voll Einfügungen, Korrekturen und durchgestrichenen Wörtern. »Hochgeborener Fuerst, lieber Öhaimb«, hebt er an, um zu enden mit »E. L. (Euer Liebden) Guetwilliger Freinndt Ferdinand. Wien den 11. Julj 1632.« Der Inhalt des Schreibens: Wallenstein solle sich mit dem Kurfüsten von Baiern vereinigen, »damit man dardurch zue einem bestendigen Frieden« komme. Was in Regensburg beschlossen worden war, hatte der Wind verweht. Seit Tillys Tod war Wallenstein wieder Oberbefehlshaber der kaiserlichen Truppen »in absolutissima forma«. Dummerweise gehörte der Herzog aber nicht zu den Männern, die man nach Belieben davonjagen und dann wieder zurückpfeifen konnte. Und vielleicht war auch er schon zu Überlegungen gelangt, die denen des Bogislav von Chemnitz glichen. Der Böhme war Reichsfürst, so gut wie der Herzog von Baiern oder von Sachsen, er konnte aus gleichem Recht wie sie selbständig denken und, wenn es zum Äußersten kam, auch eine selbständige Politik betreiben. Zunächst einmal stoppte er den Siegeslauf des Schweden. Allerdings sah es so aus, als wolle er ihn nicht wirklich schlagen, sondern nur von seinem hohen Roß herunterholen – um später mit ihm auf gleicher Ebene verhandeln zu können?

Bei Nürnberg ließ Wallenstein, ohne sich selbst zu rühren, die Schweden gegen ein schwer befestigtes Lager anrennen und sie im Feuer seiner Artillerie verbluten. Als Gustav Adolf daraufhin in Richtung

Wien marschierte, machte der Friedländer wiederum keine Anstalten, ihn davon abzuhalten, sondern zog ungerührt nach Sachsen. Es war der Zug eines überlegenen Schachspielers. Der »Löwe aus Mitternacht« mußte befürchten, daß ihm der Rückweg abgeschnitten werden könnte, er machte ebenfalls kehrt. Das zweite Zusammentreffen der beiden glich dann fast jenem vor den Wällen von Nürnberg.

Zwischen Leipzig und der kleinen Stadt Lützen verlief ein hoher Straßendamm mit tiefen Entwässerungsgräben auf beiden Seiten. Hinter ihm ließ Wallenstein seine Musketiere und Artilleristen Stellung beziehen, das flache Feld davor stellte er Gustav Adolf als Angriffsfläche zur Verfügung. Es sah wie eine offenkundige Falle aus, aber der Schwede hatte schon immer anders taktiert als die auf Abnützungskampf bedachten mitteleuropäischen Feldherren. Er vertraute der Wucht, der Wut und dem Mut seiner Angriffsspitzen. Tatsächlich gelang es den Männern aus dem Norden, Wallensteins Sperrfeuer zweimal zu durchbrechen. Sie waren dem Sieg schon auf Reichweite nahe, als plötzlich ein reiterloser, blutbespritzter Schimmel gespensterhaft aus den abendlichen Nebeln rat. Der stark kurzsichtige Schwedenkönig hatte sich selbst zu weit vorgewagt, ein Pistolenschuß hatte ihn aus dem Sattel geworfen, ein zweiter, als er schon am Boden lag, in den Rücken getroffen. Wallenstein war in der Schlacht von Lützen eigentlich unterlegen, aber Ferdinand ließ Tage später, als die Boten des Friedländers in Wien eintrafen, dennoch von allen Kirchtürmen Glokken läuten. Er hatte recht: Gustav Adolfs Tod machte die Niederlage wett. Ob der Herzog von Friedland die Lage ebenso sah, ist mehr als ungewiß.

Wenn es zutreffen sollte, daß Wallenstein in der Zeit zwischen Absetzung und Zurückberufung sein Verhältnis zum Haus Habsburg neu überdacht hatte und dabei zu völlig neuen Einsichten gekommen war, könnte man auch annehmen, er habe den Tod des Schwedenkönigs nicht begrüßt, sondern bedauert. Was in seinem Kopf vorging, weiß bis heute niemand genau, doch eine weitere Vermutung liegt zumindest nahe. Der Friedländer war kein Mann, der sich mit theoretischen Wenns und Abers herumschlug, vielmehr entsprach es seiner Natur, gewonnene Erkenntnisse in Taten umzusetzen. Über die Stärken und Schwächen Ferdinands machte er sich keine Illusionen mehr, der Kaiser verfolgte derart viele verschiedene Absichten auf so halbherzige Weise, daß er immer wieder Gefahr laufen würde, sich selbst ein

Bein zu stellen. Ferdinands kirchenreformerische Interessen widersprachen denen des Reiches, und als Familienpolitiker war er nur einer von vielen Fürsten, welchen die eigene Dynastie näher stand als das deutsche Gemeinwesen insgesamt. So konnte man von ihm auch nicht verlangen, daß er alles, was ihn persönlich betraf, hintansetzte, um eine neue Ordnung zu begründen. Er hätte das Kaisertum neu beleben können – er war davor zurückgeschreckt. Er hätte dem Reich eine absolutistische Struktur geben können und scheiterte, weil er es auf die denkbar falscheste Weise versuchte. Mittlerweile war der Weg, der dorthin führte, völlig verschüttet. Es würde schwerer denn je sein, den Habsburg noch einmal am Gürtel zu packen und hinter sich herzuziehen. Wer tun wollte, was er selbst für notwendig hielt, mußte Ferdinand unter Druck setzen. In Verbindung mit dem Schweden wäre das vielleicht möglich gewesen: Gustav Adolf und Wallenstein, zwei Männer, die in großen Zusammenhängen zu denken und zu handeln vermochten. Keiner von ihnen war von den innerdeutschen Querelen über Gebühr angekränkelt, keiner hätte sich gescheut, bestehende Verhältnisse über den Haufen zu werfen. Doch der Schwede lebte nicht mehr.

Allmählich trat allerdings auch die entscheidende Schwäche des Herzogs von Friedland zutage. Er hatte den Königsblick des Adlers, er vermochte ungeheuer weite Räume zu überblicken, er erkannte nur den gestirnten Himmel als Gesetzbuch an, doch schon mit einem gewöhnlichen Krähenschwarm kam er nicht mehr zurecht. Ein Mann von untadeligem Charakter, ohne Fehl, ohne persönlichen Ehrgeiz, ohne die Fähigkeit, zu hassen oder nachtragend zu sein, war Wallenstein natürlich ebensowenig wie irgendein anderer Zeitgenosse, aber diese menschlichen Schwächen hätten ihn in der Auseinandersetzung mit einem ebenbürtigen Gegenüber kaum behindert. Verhängnisvoll mußten sie erst für ihn werden, wenn er sich selbst kleinlicher Winkelzüge bediente, um kleine Kontrahenten auszuschalten. Ferdinand war – an ihm gemessen – klein, ebenso Maximilian von Baiern; selbst der kluge Axel Oxenstierna, der Gustav Adolfs Nachfolge antrat, besaß keineswegs seine Statur, von den Beratern, Einbläsern, Hofschranzen, die den Kaiser in der Hofburg umflatterten, ganz zu schweigen. Wallenstein scheiterte, als er sich in einer Disziplin versuchte, die er nicht beherrschte, als er die Hintertreppe betrat.

Daß er sich mit Madrid anlegte, das inzwischen doch wieder Appetit aufs Elsaß bekommen hatte, daß er mit dem Kurfürsten von Sachsen Verbindung aufnahm, daß er seinen Landsmann Matthias von Thurn als schwedischen Unterhändler bei sich empfing und durchblicken ließ, er sei durchaus bereit, den Protestanten im Reich politische Zugeständnisse zu machen, alles das gehörte zu seinem Spiel um die Gewinnung des Friedens. Daß er Maximilian von Baiern die Hilfe verweigerte, als ein schwedisches Heer gegen Regensburg marschierte und es auch einnahm, könnte ebenfalls noch der Absicht gedient haben, den Kaiser einzuschüchtern und ihn so gesprächsbereit zu machen. Daß er hingegen seine Verhandlungen mit den verschiedenen Parteien immer mehr mit dem Schleier der Geheimhaltung zu verdekken suchte, war schon deswegen taktisch falsch, weil geübte Intriganten für jedes intrigenähnliche Unternehmen einen sechsten Sinn besitzen und geradezu aufatmen, wenn sie andere auf ihren eigenen gewohnten Wegen ertappen. Intriganten kamen in Wien scharenweise vor, plötzlich wußten sie: Der Friedland wetzt ein Messer. Mit dem Schwert, das Wallenstein gemäß war, hatten sie nichts anzufangen vermocht, aber vergiftete Dolche erkannten ihresgleichen schon von weitem. Kreischend stoben die Krähenschwärme empor, der Adler wußte nicht mehr, wohin er zuerst hacken sollte. Wallensteins nächste Schritte waren bereits von leichter Panik diktiert.

In seinem Winterquartier versuchte er – schon nicht mehr ganz Herr des eigenen Entschlusses –, sich wenigstens der eigenen Offiziere zu versichern. Christian von Ilow, langjähriger Weggefährte Wallensteins und fast so etwas wie sein kompromißloseres Alter ego, legte der versammelten Führungselite zur Unterzeichnung den sogenannten »Ersten Pilsener Revers« vor, ein Papier, in dem der Feldherr ihnen versicherte, er werde nur mit ihrer Zustimmung zurücktreten – was für sie beträchtliche Soldeinbußen bedeutet hätte –, dafür verpflichteten sie sich ihrerseits, ihm bis zum letzten Blutstropfen treu zu bleiben.

Kein anderer Schritt könnte deutlicher dokumentieren, wie wenig der Friedland von Winkelzügen verstand. Wer legt sich schon schriftlich fest, wenn er ein heimliches Komplott gegen seinen obersten Kriegsherrn schmieden will? Offiziere sind selten gute Verschwörer, auch Wallenstein merkte bald, daß er eine Dummheit begangen hatte.

Ferdinand in Wien, der ja dazu verurteilt war, auch mit seinen Gegenspielern zu leiden, konnte nächtelang nicht schlafen, als er von dem streng geheimgehaltenen Revers erfuhr. Lamormain, der päpstliche, der spanische, der baierische Gesandte mußten den Kaiser gewaltsam aus seinen Anwandlungen rütteln und ihm das »Patent vom 18. Februar 1634« praktisch in die Feder diktieren. Wallenstein wurde darin der »meineidischen Treulosigkeit, der barbarischen Tyrannei, der Konspiration gegen den Kaiser« bezichtigt, wurde abgesetzt und seiner Güter enthoben. Feldmarschall Aldringen, Generalwachtmeister Octavio Piccolomini, ein entfernter Verwandter des Papstes Enea Silvio, sowie einige andere Offiziere erhielten Auftrag, sich des Herzogs »lebendig oder tot« zu versichern. Gegen dieses Urteil vermochte auch ein »Zweiter Pilsener Revers« nichts mehr auszurichten. Alle Unterzeichner des ersten Papiers wurden darin von ihrem geleisteten Schwur entbunden, für den Fall, daß Wallenstein je vom Kaiser abfallen sollte. Nur dreißig Mann fanden es noch der Mühe wert, überhaupt zur Feder zu greifen. Habsburg, für die Anhänger des Friedländers bisher nur ein fast schemenhaftes Gebilde, hatte sich mit einem Schlag zu furchterregender Größe aufgerichtet. Die Luft über Pilsen war schwarz vor Krähen und voll von ihrem Geschrei: »Vivat Ferdinandus!« Dagegen half kein Spieß, kein Schwert, keine Muskete.

Am 20. Februar war der zweite Revers den Offizieren vorgelegt worden, am 21. erfuhr Wallenstein, die Prager Garnison sei von ihm abgefallen, am 22. floh er nach Eger, vielleicht um mit den Schweden Kontakt aufzunehmen und sein Schicksal zu wenden, am 24. traf er dort ein. In der Nacht des 25. wurde er ermordet. Ferdinand weinte, als er von dem Attentat erfuhr, und befahl, für den Toten dreitausend Seelenmessen lesen zu lassen. Der Kaiser hatte ein gutes Herz, daran kann kein Zweifel bestehen.

Ein Jahr später war dann erreicht, was Wallenstein vermutlich angestrebt hatte: Die kriegführenden deutschen Parteien schlossen Frieden miteinander.

Es war ein guter Friede, den Ferdinand mit Johann Georg von Sachsen, seinem ehemaligen Verbündeten und späteren Gegner, im Mai 1635 zu Prag aushandelte. Das in den Wiener Aktenschränken langsam vergilbende »Restitutionsedikt« wurde auf vierzig Jahre ausgesetzt, was seiner endgültigen Beerdigung gleichkam. Die kaiserliche Armada sollte bestehen bleiben und mit den anderen Streitkräften im Feld zu einem »Reichs-Kriegs-Heer« zusammengeschlossen werden. Alle Sonderbündnisse, wie etwa die katholische Liga oder der »Heilbronner

Bund«, eine schwedisch-deutsche Nachfolgeorganisation der evangelischen Union, wurden aufgelöst. Reichstage und Kurfürstenversammlung zur Regelung weiterer Zukunftsfragen wurden in Aussicht genommen und das Ziel des Abkommens eindeutig definiert: Vertreibung aller fremden Kräfte von deutschem Boden. Jeder, der diesen Frieden und seine Bedingungen anerkannte, konnte ihm beitreten, die meisten Reichsstände taten es. Ferdinand hatte sein bisher erfolgreichstes und positivstes Unternehmen auf den Weg gebracht. Wäre er ans Ziel gekommen, man würde heute nicht von einem Dreißigjährigen Krieg sprechen können, da er dann ja nur siebzehn Jahre gedauert hätte. Zwischen Kaiser, Reich, Reichsfürsten einerseits und dem Frieden andererseits erhob sich jedoch plötzlich ein unüberwindbares Hindernis. Dieses Hindernis trug den Namen Habsburg.

Frankreich, das bisher nur als Subventionsgeber und mit diplomatischen Mitteln in die Auseinandersetzung eingegriffen hatte, wollte nicht zulassen, daß die in Wien und Madrid regierende Familie so ungeschoren davonkam. Es hatte auf deutschem Boden weniger die Deutschen in Schwierigkeiten zu bringen versucht als vielmehr die mit dem Haus Österreich so eng verbundenen Spanier. Im Grunde ging es Paris noch immer um das einst von Habsburg erheiratete Burgund und um die Korrektur der Lage, die sich aus der burgundischen Heirat ergeben hatte. Frankreichs eigentlicher Gegner waren die Schatten Maximilians I., Philipps des Schönen, Karls V. Für deren Taten wollte es die lebenden Habsburgs in Schuldhaft nehmen.

Am 19. Mai 1635, noch während in Prag verhandelt wurde, erklärte Kardinal Richelieu Spanien den Krieg. Und schon damit war alles, was Ferdinand mit seinen Vertragspartnern aushandelte, in den Wind geschrieben. Bernhard von Weimar, seit Gustav Adolfs Tod Befehlshaber der schwedischen Truppen, inzwischen von den Kaiserlichen mehrmals geschlagen, trat in französische Dienste. Sein Preis: Die habsburgische Landgrafschaft Elsaß sollte ihm als eigenes Fürstentum übertragen werden – nach dem Sieg. Bernhard tat alles, um diesen Sieg herbeizuführen, er galt nach Wallensteins Tod als der fähigste Stratege auf dem Feld. Da er dennoch in den nächsten beiden Jahren nicht übermäßig erfolgreich war, verbündete sich Richelieu, Fürst der römischen Kirche, 1638 auch noch mit den protestantischen Schweden. Und deren Generäle Johan Banér und Lennart Torstensson verstanden nun wirklich etwas vom grausamen Handwerk des Krieges.

»Soll der Soldat leben, so gehört Geld dazu«, hatte einst Ernst von Mansfeld geschrieben, ein Mann der ersten Stunde, ihrer aller Lehrmeister. »Gibt man es ihnen nicht, so nehmen sie es, wo sie es finden, und zwar nicht auf Rechnung dessen, was man ihnen schuldig ist. Da hilft kein Zaun mehr noch eine Schranke.« Seine schwedischen Schüler waren inzwischen schon bedeutend weiter fortgeschritten. Im »Abenteuerlichen Simplicissimus« erzählt Christoph von Grimmelshausen: »Den Knecht legten sie gebunden auf die Erde, steckten ihm ein Sperrholz in den Mund und schütteten ihm einen Melkkübel voll garstigen Mistlachenwassers in den Leib – das nannten sie einen schwedischen Trunk.« Wer die Tortur überleben wollte, gab endlich preis, wo die Schweinehälfte, die Eier, das Geld vergraben waren und das Vieh versteckt. Mit größerer Brutalität als nach dem »Prager Frieden« war der Krieg noch nie geführt worden. Glauben, Gesinnung, Recht und Gesetz spielten nun wirklich keine Rolle mehr. Eine entfesselte Soldateska wälzte sich über das geplagte Land. Die Franzosen und die Schweden wollten erobern oder verteidigen, was sie schon besaßen, die Deutschen schlossen sich mehr und mehr unter dem Doppeladler zusammen, um die Fremden zu vertreiben, aber geplündert, gemartert, geschändet haben sie alle in der gleichen Weise. Es ging gar nicht anders, der Krieg mußte den Krieg ernähren. Ferdinand bekam von alledem nicht mehr viel mit.

In Prag hatte er sich zum letzten Mal vor der Öffentlichkeit gezeigt, seither atmete er vor allem die dumpfe Luft seines Krankenzimmers. Hinter zugezogenen Vorhängen, umgeben von geistlichen Beratern, bereitete sich der achte habsburgische Kaiser auf den Tod vor. Er war neunundfünfzig Jahre alt, von allerlei Leiden geplagt, zermürbt durch ein Leben, das sein weiches Gemüt auf eine zu schwere Probe gestellt hatte. Um überhaupt bestehen zu können, hatte er sich panzern müssen, mit strikten religiösen Überzeugungen und mit der längst denkmalsstarren ererbten Würde. Trotzdem mögen sich um sein Sterbebett noch einmal die Geister all der Toten versammelt haben, deren Leben er geopfert hatte, die Hingerichteten von Prag, die unzähligen Gefallenen des Krieges, der viehisch abgeschlachtete Wallenstein. Ferdinand wußte, daß er an seinem bedeutendsten Feldherrn indirekt zum Mörder geworden war, das bezeugen schon die sorgfältig redigierten Berichte aus der Hofburg, durch die der Friedländer zum Hochverräter gestempelt wurde – bearbeitet von jenem Wilhelm von Slawata, der 1618 aus dem Fenster des Hradschin stürzte, nunmehr Oberkanzler von Böhmen. Wallenstein war jedoch weitaus mehr als ein Unruhestifter gewesen, nämlich ein Mann, dessen stürmischen Schritten sich Habsburg nicht mehr anpassen konnte, weshalb es ihn früher oder später ohnehin unter sich begraben hätte, spätestens bei seinem eigenen Zusammenbruch. Ferdinand und der Friedland, das war ein zu ungleiches Gespann, als daß sie gemeinsam einen steckengebliebenen Karren aus dem Dreck ziehen oder ihn gar zum Triumphwagen für einen allmächtigen Kaiser hätten umbauen können. Der Sterbende konnte sich sagen, daß er mit all seinen großen politischen Plänen wenigstens auf die ihm eigene Weise gescheitert war.

Nicht gänzlich gescheitert indessen: Sein gleichnamiger Sohn, ältestes überlebendes Kind aus des Kaisers erster Ehe mit Maria Anna von Wittelsbach, war am 30. Dezember 1636 in Regensburg doch noch – sogar ohne Gegenstimmen – zum deutschen König gewählt worden. Nach Ferdinands Tod würde er selbstverständlich auch die Karlskrone übernehmen. Außerdem versicherten die geistlichen Räte, Ferdinand könne stolz darauf sein, daß Österreich sich während seiner Regierungszeit von einem überwiegend protestantischen zu einem nahezu rein katholischen Land gewandelt habe. Der hinsiechende Mann meinte, den Tod nicht fürchten zu müssen. Am 15. Februar 1637 starb er. Der Leib wurde im Stephansdom beigesetzt, das Herz im Grazer Sankt-Klara-Kloster, wo auch seine Mutter lag.

Ferdinand III. war neunundzwanzig Jahre alt, als er dem Vater nachfolgte. Seine spanische Kusine und Ehefrau hatte ihm bereits drei Kinder geboren, ihm selbst schrieb man etwas Kriegserfahrung zu, weil er als nomineller Nachfolger Wallensteins an entscheidenden Schlachten teilgenommen hatte. Einen Mann des Krieges freilich konnte man ihn nicht nennen, obwohl er sich äußerlich ganz wie ein schneidiger Reiteroffizier gab: aufgezwirbelter Schnurrbart, kleines Kinnbärtchen, den Schlapphut in schrägem Winkel auf den Kopf gestülpt. Ferdinand III. wollte mit allen Mitteln zu einem Frieden kommen. Aber welche Mittel besaß er schon? Die Wahlkapitulationen, die er hatte abgeben müssen, schränkten seine Rechte noch mehr ein, als das bei seinem Vater der Fall gewesen war. Ohne Zustimmung der Kurfürsten durfte er nicht einmal über einen Friedensbrecher die Acht verhängen.

Dennoch, den Dreißigjährigen Krieg konnte der dritte Ferdinand beenden, wenn auch nicht aus eigener Kraft allein. Seine größte Begabung bestand wie bei seinem Vater darin, daß er zuhören konnte. Gute Beamte rieten ihm vor allem, Geduld zu haben und unnütze Vorbringungen, kämen sie selbst vom Papst, höflich zu überhören. Der beste und fähigste unter den Mitarbeitern des jungen Herrschers hieß Maximilian von Trautmannsdorff. Die Biographie dieses Kärntners war praktisch mit der Geschichte des Dreißigjährigen Krieges identisch.

Als Sohn protestantischer Eltern in Graz geboren, hatte Trautmannsdorff rasch erkannt, daß selbst höchste Begabung ihn nicht weiterbringen würde, wenn er nicht konvertierte. Darin dürfte er sich auch mit seinem Jugendfreund Wallenstein einig gewesen sein. Auf fast parallelen Bahnen machten beide zunächst Offizierskarriere. Schon früh, noch zur Zeit von Kaiser Matthias, ging Trautmannsdorff jedoch in den Hofdienst. Als tätiger Mithelfer beim Sturz von Melchior Khlesl lenkte er dann das Interesse des damaligen Erzherzogs Ferdinand auf sich, und fortan war er an sämtlichen wichtigen Verhandlungen vor und während des Krieges beteiligt. Das hatte zur Folge, daß er alle Welt kannte, Maximilian von Baiern, Oñate, die jeweiligen päpstlichen Nuntien, aber auch Pater Joseph, den Agenten Richelieus, das Ur- und Vorbild aller späteren »Grauen Eminenzen«. Trautmannsdorffs wichtigste Waffe war eine zumindest glaubhaft gespielte Bonhomie. »Kinder«, pflegte er zu sagen, »nun geht's hin und seid's fein brav.«

Im Juli 1648 wehte die schwedische Fahne auf den Türmen des Prager Hradschins, während die Alt- und Neustadt noch von kaiserlichen Truppen gehalten wurde. Am 2. November erfuhren beide Parteien, daß die kriegführenden Mächte einen Waffenstillstand geschlossen hätten. Die Botschaft kam aus zwei kleinen Bischofsstädten in Westfalen, in denen schon seit drei Jahren zwischen Scheunen, Bauernhöfen und Misthaufen verhandelt wurde. »Münster hinter dem Saustall«, datierte Trautmannsdorff seine ersten Briefe vom Schauplatz des Diplomatentreffens.

Rein äußerlich mutete der westfälische Kongreß wie ein komplementäres Gegenstück der Hinrichtungsorgie an, die Habsburg 1621 in Prag gefeiert hatte. Prunk, Pracht und Aufwand auch hier, barocker Faltenwurf, die ersten Allongeperücken, theatralische Gebärden, gestelzte Formen und komplizierte Anreden, nur lag nicht mehr der Schatten des Todes über den versammelten Exzellenzen und Eminenzen, sondern das schüchterne Licht der Hoffnung. Und anstelle der Landsknechtstrommeln klangen Geigen, Flöten, Bratschen. Spanisches

Schwarz, französischer Brokat, kirchlicher Purpur kontrastierten miteinander und mischten sich zum Bild.

Doch gab es noch einen weiteren Gegensatz zwischen dem Prager Blutfest und den Versammlungen in Münster und Osnabrück. Damals hatte Habsburg triumphiert, jetzt konnte nicht einmal der gewandte und einflußreiche Trautmannsdorff verhindern, daß die Familie eine der schwersten Niederlagen ihrer bisherigen Geschichte erlitt – als Kaiserhaus, als Herrscherfamilie, als Hort des katholischen Glaubens.

Im Elsaß mußte Frankreich die lang angestrebte Rheingrenze gewährt werden; die Schweiz, das habsburgische Stammrevier, schied, wie auch der holländische Teil des ehemaligen Burgund, aus dem Reichsverband aus; die Religionsfrage wurde auf der Basis des von Karl V. abgelehnten Augsburger Religionsfriedens geschlossen, er galt sogar für die Calvinisten; und fast alle Rivalen der Casa de Austria gingen stärker aus den Verhandlungen hervor, als sie vor Beginn des Krieges gewesen waren. Baiern behielt die Oberpfalz wie auch das Kurrecht, nicht aber Oberösterreich. Der Kurfürst von Brandenburg, der in den vergangenen Jahren keine sonderlich imponierende Rolle gespielt hatte, erhielt Hinterpommern und noch einige weitere Gebiete; Sachsen die Lausitz. Selbst das Madrider Haus kam besser weg als jenes von Wien, es blieb mit dem heutigen Belgien, der Franche Comté und Mailand in Westeuropa vertreten, während Österreich dort nur noch ein paar kleine Landfetzen hielt, den Breisgau, ein bißchen Allgäu, Vorarlberg. Habsburg war nun endgültig in den Osten abgedrängt, dort freilich so mächtig wie kaum je zuvor: Schlesien, Böhmen und Mähren gesichert und Ungarn einigermaßen fest ans Haus gebunden. Immerhin ergab das einen Staat, der von Schwiebus an der Oder bis Fiume am Adriatischen Meer herabreichte. Damit konnte man noch immer große Politik machen und die Kaiserkrone verteidigen. So oder so ähnlich lautete denn auch die Erklärung, die Trautmannsdorff seinem Herrn gab, als er im Oktober 1648 aus Westfalen zurückkam. Noch wichtiger aber war, daß er den Frieden mitbrachte, bevor die Erblande ernsthaft vom Krieg berührt worden waren.

Aber eines hatte auch der stets optimistisch wirkende Diplomat sich selbst und Ferdinand gegenüber einzugestehen: Der Versuch Habsburgs, sich der deutschen Fürstenrepublik zu bemächtigen, mußte endgültig als gescheitert angesehen werden.

Literaturverzeichnis

Allmayer-Beck: »Die K. (u.) K. Armee«, München
Allmayer-Beck: »Die kaiserlichen Kriegsvölker«, München
Ashley, M.: »The Age of Absolutism«, o. O. 1974
Atkinson, W.: »A History of Spain and Portugal«, Harmondsworth 1964
Becker, C. L.: »History of Modern Europe«, 2 Bde., Madison 1944
Bogyay, Th. von: »Grundzüge der Geschichte Ungarns«, Darmstadt 1967
Brandi, K.: »Kaiser Karl V.«, München 1937
Brandi, K.: »Deutsche Reformation und Gegenreformation«, 2 Bde., Leipzig 1930
Buchholtz, F. B. von: »Geschichte der Regierung Ferdinands I.«, Wien 1831
Buchner, R. (Hrsg.): »Quellen zum Verfassungsorganismus des Heiligen Römischen Reiches Deutscher Nation«, Darmstadt 1976
Diwald, H.: »Wallenstein«, Esslingen 1969
Eickhoff, E.: »Venedig, Wien und die Osmanen«, München 1970
Evans, R.: »Rudolf II. and his World«, o. O. 1973
Frank, G.: »Die Herrscher der Osmanen«, Düsseldorf 1980
Gachard, L. P.: »Retraite et Mort de Charles-Quint au Monastère de Yuste«, Brüssel 1854
Gebhardt: »Handbuch der deutschen Geschichte«, Bd. 3–12, Stuttgart 1971
Grimm, H. J.: »The Reformation era«, New York 1954
Heer, F.: »Das Heilige Römische Reich«, München 1967
Heer, F.: »Europäische Geistesgeschichte«, Stuttgart 1953
Herm, G.: »Des Reiches Herrlichkeit«, München 1980
Hintze, O.: »Die Hohenzollern und ihr Werk«, Berlin 1915
Huch, R.: »Römisches Reich deutscher Nation«, Zürich 1949
Huch, R.: »Das Zeitalter der Glaubensspaltung«, Zürich 1949
Huch, R.: »Untergang des Römischen Reiches deutscher Nation«, Zürich 1949
Huizinga, J.: »Erasmus«, Basel 1928
Hurter, F. von: »Geschichte Ferdinands II.«, Wien 1864
Kluxen, K.: »Geschichte Englands«, Stuttgart 1968
Kreutel, R. (Hrsg.): »Kara Mustafa vor Wien«, Graz 1955

Kreutel, R. (Hrsg.): »Im Reiche des Goldenen Apfels«, Graz 1963
Lilje, H.: »Luther«, Nürnberg 1946
Peuckert, W. E.: »Die Große Wende«, Hamburg 1948
Pölnitz, G. von: »Die Fugger«, Frankfurt 1960
Preuss, H.: »Martin Luther. Der Prophet«, Gütersloh 1933
Pusch, M.: »Der Dreißigjährige Krieg«, München 1978
Ranke, L. von: »Weltgeschichte«, Bd. 12–13, Zürich
Ranke, L. von: »Geschichte Wallensteins«, Zürich
Ranke, L. von: »Deutsche Geschichte im Zeitalter der Reformation«, Bd. 4, Berlin 1847
Raumer, F. von: »Geschichte der Hohenstaufen und ihrer Zeit«, Düsseldorf 1968
Redlich, O.: »Rudolf von Habsburg«, o.O. 1903
Ritter, G.: »Luther, Gestalt und Tat«, München 1943
Scherr, J.: »Deutsche Kultur- und Sittengeschichte«, Berlin 1927
Schrott, L.: »Die Herrscher Bayerns«, München 1966
Schwarzenfeld, G. von: »Karl V.«, Düsseldorf 1954
Sieburg, H. O.: »Grundzüge der französischen Geschichte«, Darmstadt 1973
Straganz, P. M.: »Geschichte der Neueren Zeit«, Wien 1914
Treue, W.: »Kulturgeschichte des Alltags«, München 1952
Wandruszka, A.: »Das Haus Habsburg«, Wien 1959
Wedgwood, C. V.: »The Thirty Years War«, London 1963, dt. 1967
Zeeden, E. W.: »Das Zeitalter der Gegenreformation«, Freiburg 1979

Stammtafeln

Stammtafel des Hauses Habsburg und Habsburg-Lothringen (im Auszug)

Haus Habsburg

- **Rudolf I.** Graf v. Habsburg, deutscher König, * 1218, † 1291, ∞ I Gertrud (Anna) v. Hohenberg, II Agnes v. Burgund
  - **Albrecht I.**, deutscher König, * 1255, † 1308 ∞ Elisabeth v. Kärnten
    - **Rudolf III.**, König von Böhmen, † 1307
    - **Friedrich d. Schöne**, deutscher König, * 1286, † 1330 ∞ Elisabeth v. Aragonien
    - **Albrecht II.**, † 1358 ∞ Johanna v. Pfirt
      - **Rudolf IV.**, * 1339, † 1365
      - **Albrecht III.**, * 1349, † 1395 ∞ II Beatrice v. Nürnberg
        - **Albrecht IV.**, * 1377, † 1404 ∞ Johanna v. Bayern
          - **Albrecht II. (V.)**, deutscher König, * 1397, † 1439 ∞ Elisabeth, Tochter Kaiser Sigismunds
            - **Ladislaus V. Postumus**, König von Böhmen und Ungarn, * 1440, † 1457
      - **Leopold III.**, * 1351, † 1386 ∞ Viridis Visconti (v. Mailand)
        - **Ernst d. Eiserne**, * 1377, † 1424 ∞ II Zimburg v. Masowien
          - **Friedrich III. (V.)**, Kaiser, * 1415, † 1493 ∞ Eleonore v. Portugal
            - **Maximilian I.**, Kaiser * 1459, † 1519, ∞ I Maria v. Burgund
              - **Philipp I. d. Schöne**, König v. Kastilien, * 1478, † 1506, ∞ Johanna die Wahnsinnige v. Kastilien
                - **Karl V. (I.)**, Kaiser, * 1500, † 1558 ∞ Isabella v. Portugal
                  - **Philipp II.**, König v. Spanien, * 1527, † 1598, ∞ I Maria von Portugal; II Maria v. England; III Elisabeth von Frankreich; IV Anna, Tochter Kaiser Maximilians II.
                    - **Don Carlos**, * 1545, † 1568
                    - **Philipp III.**, König v. Spanien, * 1578, † 1621 ∞ Margarete, Tochter Erzherzog Karls
                      - **Anna**, * 1601, † 1666 ∞ Ludwig XIII. v. Frankreich
                      - **Philipp IV.**, König v. Spanien, * 1605, † 1665, ∞ I Elisabeth, Tochter König Heinrichs IV. v. Frankreich, II Maria Anna, Tochter Kaiser Ferdinands III.
                        - I **Maria Theresia**, * 1638, † 1683, ∞ Ludwig XIV. v. Frankreich
                        - II **Karl II.**, König v. Spanien, * 1661, † 1700
                - **Ferdinand I.**, Kaiser, * 1503, † 1564, ∞ Anna, Tochter König Wladislaws von Böhmen und Ungarn
                  - **Maximilian II.**, Kaiser, * 1527, † 1576, ∞ Maria, Tochter Kaiser Karls V.
                    - **Rudolf II.**, Kaiser, * 1552, † 1612
                    - **Matthias**, Kaiser, * 1557, † 1619 ∞ Anna v. Tirol
                    - **Albrecht VII.**, * 1559, † 1621, ∞ Isabella, Tochter Philipps II. v. Spanien
                  - **Ferdinand**, * 1529, † 1595 ∞ Philippine Welser
                  - **Karl**, * 1540, † 1590 ∞ Maria v. Bayern
                    - **Ferdinand II.**, Kaiser, * 1578, † 1637, ∞ I Maria Anna v. Bayern II Eleonore Gonzaga
                      - **Ferdinand III.**, Kaiser, * 1608, † 1657, ∞ I Maria Anna, Tochter Philipps III. v. Spanien
                        - **Ferdinand IV.**, deutscher König, * 1633, † 1654
                        - **Leopold I.**, Kaiser, * 1640, † 1705, ∞ I Margarete Theresia, Tochter Philipps IV. v. Spanien, III Eleonore Magdalene, Tochter des Kurfürsten Philipp v. d. Pfalz
                        - **Eleonore**, * 1653, † 1697 ∞ Karl IV. v. Lothringen
                    - **Leopold**, * 1586, † 1632 ∞ Claudia Medici
                      - **Ferdinand Karl**, * 1628, † 1662 ∞ Anna Medici
          - **Albrecht VI.**, * 1418, † 1463
        - **Friedrich IV.**, mit der leeren Tasche, * 1382, † 1439
          - **Siegmund**, * 1427, † 1496
  - **Rudolf II.**, † 1290
    - **Johann Parricida**, † 1313

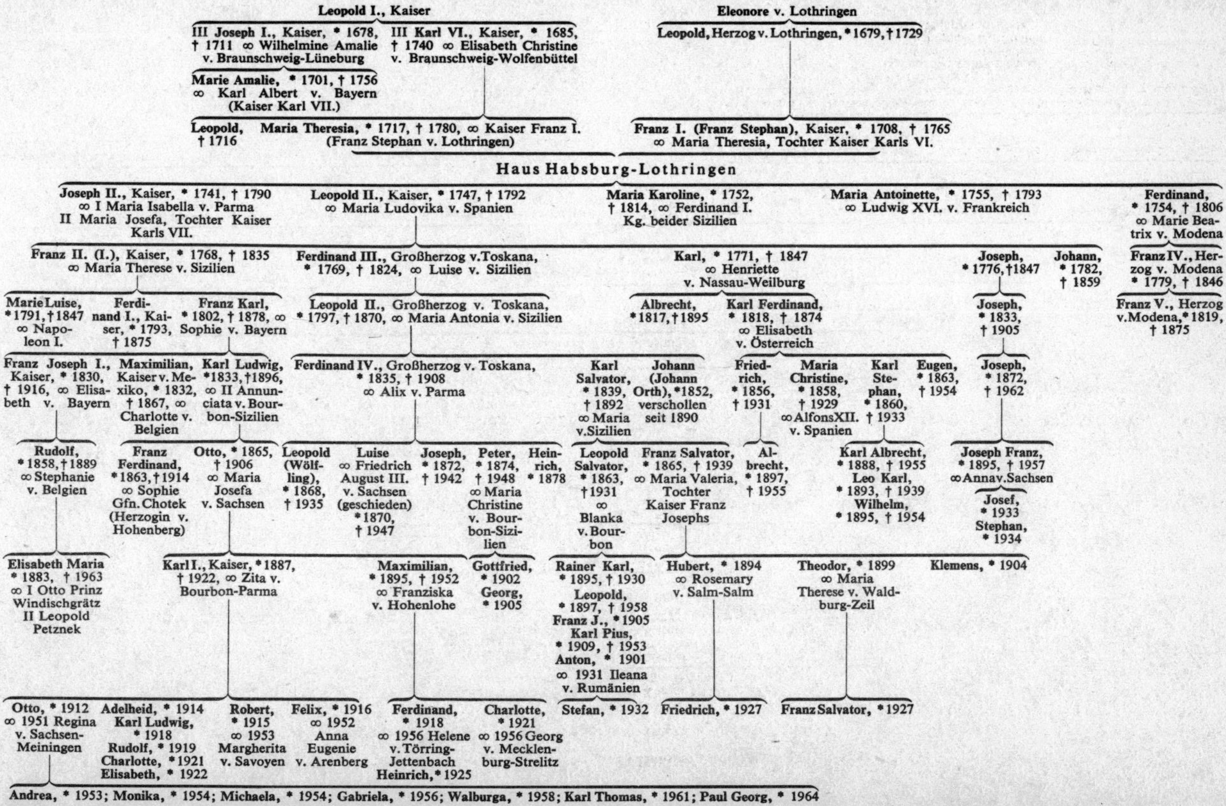
Leopold I., Kaiser
Eleonore v. Lothringen
III Joseph I., Kaiser, * 1678, † 1711 ∞ Wilhelmine Amalie v. Braunschweig-Lüneburg
III Karl VI., Kaiser, * 1685, † 1740 ∞ Elisabeth Christine v. Braunschweig-Wolfenbüttel
Leopold, Herzog v. Lothringen, * 1679, † 1729
Marie Amalie, * 1701, † 1756 ∞ Karl Albert v. Bayern (Kaiser Karl VII.)
Leopold, † 1716
Maria Theresia, * 1717, † 1780, ∞ Kaiser Franz I. (Franz Stephan v. Lothringen)
Franz I. (Franz Stephan), Kaiser, * 1708, † 1765 ∞ Maria Theresia, Tochter Kaiser Karls VI.
Haus Habsburg-Lothringen
Joseph II., Kaiser, * 1741, † 1790 ∞ I Maria Isabella v. Parma II Maria Josefa, Tochter Kaiser Karls VII.
Leopold II., Kaiser, * 1747, † 1792 ∞ Maria Ludovika v. Spanien
Maria Karoline, * 1752, † 1814, ∞ Ferdinand I. Kg. beider Sizilien
Maria Antoinette, * 1755, † 1793 ∞ Ludwig XVI. v. Frankreich
Ferdinand, * 1754, † 1806 ∞ Marie Beatrix v. Modena
Franz II. (I.), Kaiser, * 1768, † 1835 ∞ Maria Therese v. Sizilien
Ferdinand III., Großherzog v. Toskana, * 1769, † 1824, ∞ Luise v. Sizilien
Karl, * 1771, † 1847 ∞ Henriette v. Nassau-Weilburg
Joseph, * 1776, † 1847
Johann, * 1782, † 1859
Franz IV., Herzog v. Modena * 1779, † 1846
Marie Luise, * 1791, † 1847 ∞ Napoleon I.
Ferdinand I., Kaiser, * 1793, † 1875
Franz Karl, * 1802, † 1878, ∞ Sophie v. Bayern
Leopold II., Großherzog v. Toskana, * 1797, † 1870, ∞ Maria Antonia v. Sizilien
Albrecht, * 1817, † 1895
Karl Ferdinand, * 1818, † 1874 ∞ Elisabeth v. Österreich
Joseph, * 1833, † 1905
Franz V., Herzog v. Modena, * 1819, † 1875
Franz Joseph I., Kaiser, * 1830, † 1916, ∞ Elisabeth v. Bayern
Maximilian, Kaiser v. Mexiko, * 1832, † 1867, ∞ Charlotte v. Belgien
Karl Ludwig, * 1833, † 1896, ∞ II Annunciata v. Bourbon-Sizilien
Ferdinand IV., Großherzog v. Toskana, * 1835, † 1908 ∞ Alix v. Parma
Karl Salvator, * 1839, † 1892 ∞ Maria v. Sizilien
Johann (Johann Orth), * 1852, verschollen seit 1890
Friedrich, * 1856, † 1931
Maria Christine, * 1858, † 1929 ∞ Alfons XII. v. Spanien
Karl Stephan, * 1860, † 1933
Eugen, * 1863, † 1954
Joseph, * 1872, † 1962
Rudolf, * 1858, † 1889 ∞ Stephanie v. Belgien
Franz Ferdinand, * 1863, † 1914 ∞ Sophie Gfn. Chotek (Herzogin v. Hohenberg)
Otto, * 1865, † 1906 ∞ Maria Josefa v. Sachsen
Leopold (Wölfling), * 1868, † 1935
Luise ∞ Friedrich August III. v. Sachsen (geschieden) * 1870, † 1947
Joseph, * 1872, † 1942
Peter, * 1874, † 1948 ∞ Maria Christine v. Bourbon-Sizilien
Heinrich, * 1878
Leopold Salvator, * 1863, † 1931 ∞ Blanka v. Bourbon
Franz Salvator, * 1865, † 1939 ∞ Maria Valeria, Tochter Kaiser Franz Josephs
Albrecht, * 1897, † 1955
Karl Albrecht, * 1888, † 1955
Leo Karl, * 1893, † 1939
Wilhelm, * 1895, † 1954
Joseph Franz, * 1895, † 1957 ∞ Anna v. Sachsen
Josef, * 1933
Stephan, * 1934
Elisabeth Maria * 1883, † 1963 ∞ I Otto Prinz Windischgrätz II Leopold Petznek
Karl I., Kaiser, * 1887, † 1922, ∞ Zita v. Bourbon-Parma
Maximilian, * 1895, † 1952 ∞ Franziska v. Hohenlohe
Gottfried, * 1902
Georg, * 1905
Rainer Karl, * 1895, † 1930
Leopold, * 1897, † 1958
Franz J., * 1905
Karl Pius, * 1909, † 1953
Anton, * 1901 ∞ 1931 Ileana v. Rumänien
Hubert, * 1894 ∞ Rosemary v. Salm-Salm
Theodor, * 1899 ∞ Maria Therese v. Waldburg-Zeil
Klemens, * 1904
Otto, * 1912 ∞ 1951 Regina v. Sachsen-Meiningen
Adelheid, * 1914
Karl Ludwig, * 1918
Rudolf, * 1919
Charlotte, * 1921
Elisabeth, * 1922
Robert, * 1915 ∞ 1953 Margherita v. Savoyen
Felix, * 1916 ∞ 1952 Anna Eugenie v. Arenberg
Ferdinand, * 1918 ∞ 1956 Helene v. Törring-Jettenbach
Heinrich, * 1925
Charlotte, * 1921 ∞ 1956 Georg v. Mecklenburg-Strelitz
Stefan, * 1932
Friedrich, * 1927
Franz Salvator, * 1927
Andrea, * 1953; Monika, * 1954; Michaela, * 1954; Gabriela, * 1956; Walburga, * 1958; Karl Thomas, * 1961; Paul Georg, * 1964

Personenregister